▲鳴滝《なるたき》遺跡の倉庫群(和歌山市)　山脈から伸びた舌状の台地に，７棟の同構造の高床式《たかゆかしき》倉庫が整然と建てられている。敷地の４分の１ほどは広場となっており，物流基地にふさわしい構造となっている。

►大谷古墳《おおたにこふん》出土馬冑《ばちゅう》(和歌山市)　馬に装着する甲冑は，非実用的な威信財と考えられている。朝鮮半島の古墳からの出土事例は多いが，日本ではほかに，滋賀県甲山《かぶとやま》古墳と埼玉県将軍山古墳の例があるだけできわめて珍しい。国重文。

►『道成寺縁起《どうじょうじえんぎ》』　恋に狂った女房が若い僧を追って，大蛇に変身し，日高《ひだか》川を渡る場面。安珍《あんちん》と清姫《きよひめ》の物語として知られるが，絵巻には２人の名前はない。女房が大蛇に変身する過程をどう描くかに絵師の技量がかかっている。国重文。

▲岩橋千塚《いわせせんづか》古墳群大日山《だいにちやま》35号墳の横穴式石室《よこあなしきせきしつ》(和歌山市)　6世紀前半の首《しゅ》長《ちょう》墓。後円部に石棚や石梁《いしばり》をもつ横穴式石室であるが，羨道《せんどう》がかたよった位置につき，軟質の薄い石材を使用するなど，構造型式や石材使用技術が未発達である。国特別史跡。

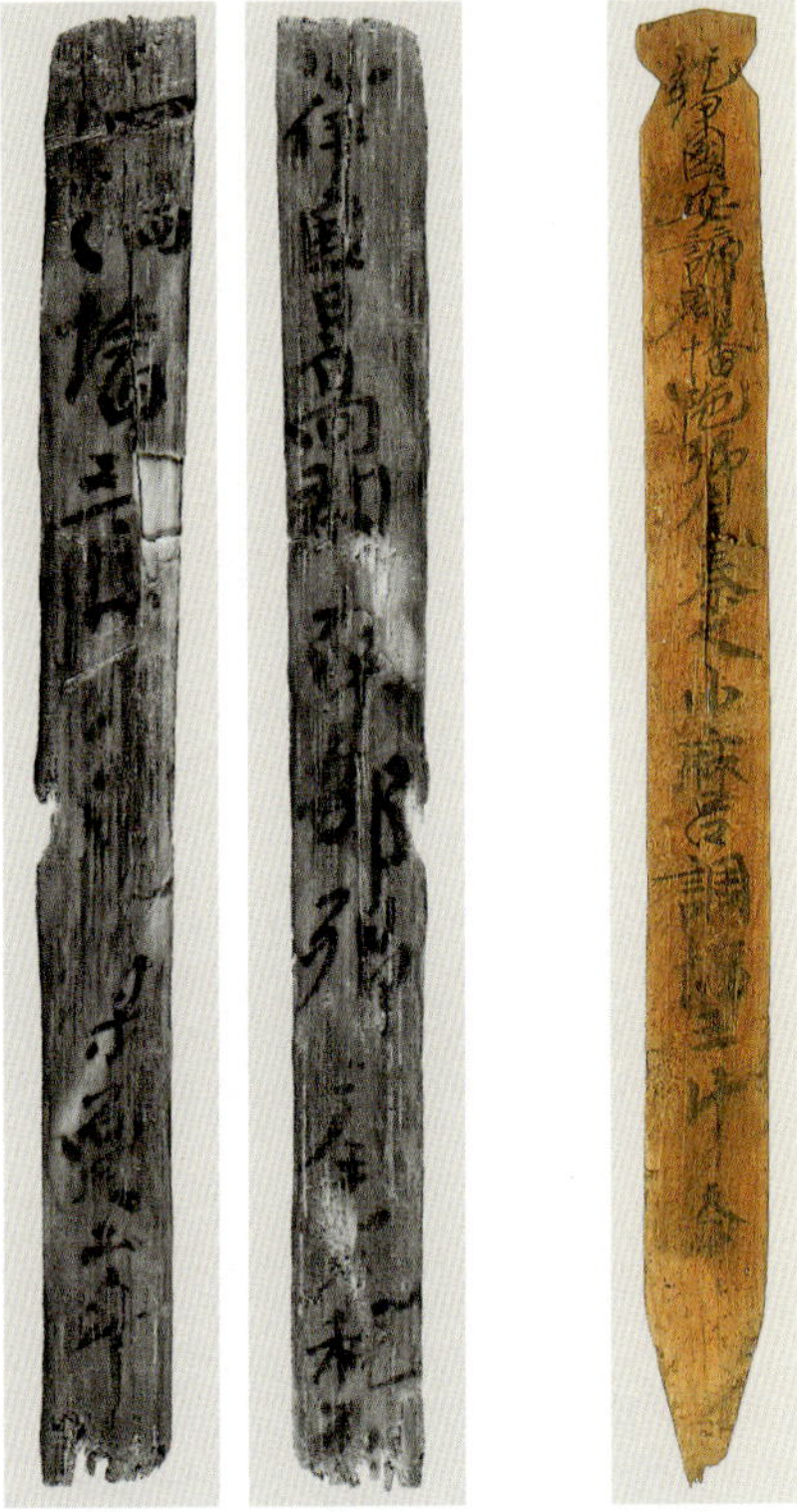

►紀伊国《きいのくに》の木簡《もっかん》　右は安諦《あて》(在田《ありだ》〈有田〉郡)，左は日高《ひだか》郡のもの(右・表，左・裏)。ともに塩を租税の調として中央に貢納する際に，その荷につけられていた荷札。紀伊から大量の塩が平城京に送られていたことを示す。

▲鎌倉時代の壇上の景観　金剛三《こんごうざん》昧院《まいいん》に伝来したといわれる『高野《こうや》山水屛風《さんすいびょうぶ》』。左から右に，春の壇上伽藍《がらん》，夏の大伝法院《だいでんぼういん》，秋の金剛三昧院，冬の奥院《おくのいん》を描く。この壇上伽藍の部分は，左端に大門，右中央に金堂《こんどう》・大塔などを描く。国重文。

►紀伊国分寺《こくぶんじ》跡（紀《き》の川《かわ》市）　発掘調査で二町四方の寺域に塔（写真右側），金堂，講堂（中央の建物部分）そのほかが確認された。元慶3（897）年に全焼。現在は，歴史公園として整備されている。

◄『粉河寺《こかわでら》縁起』　河内《かわち》国の長者の一家が，娘の難病を治してくれた童《わらわ》の行者《ぎょうじゃ》を訪ねて，ようやく粉河にたどりつき，千手《せんじゅ》観音と対面したところ，それが童の行者の化身であることを知って，ひれ伏している場面。国宝。

►『一遍上人《いっぺんしょうにん》絵伝』に描かれた熊野本宮《くまのほんぐう》　一遍が念仏札を配っている場面と，山伏姿の主神が一遍に託宣《たくせん》をさずけている場面が，異時同図に描かれている。主神の背後の社殿が証誠殿《しょうじょうでん》，那智《なち》・速《はや》玉《たま》の神は塀をへだてた左手の相殿《あいどの》に祀る。国宝。

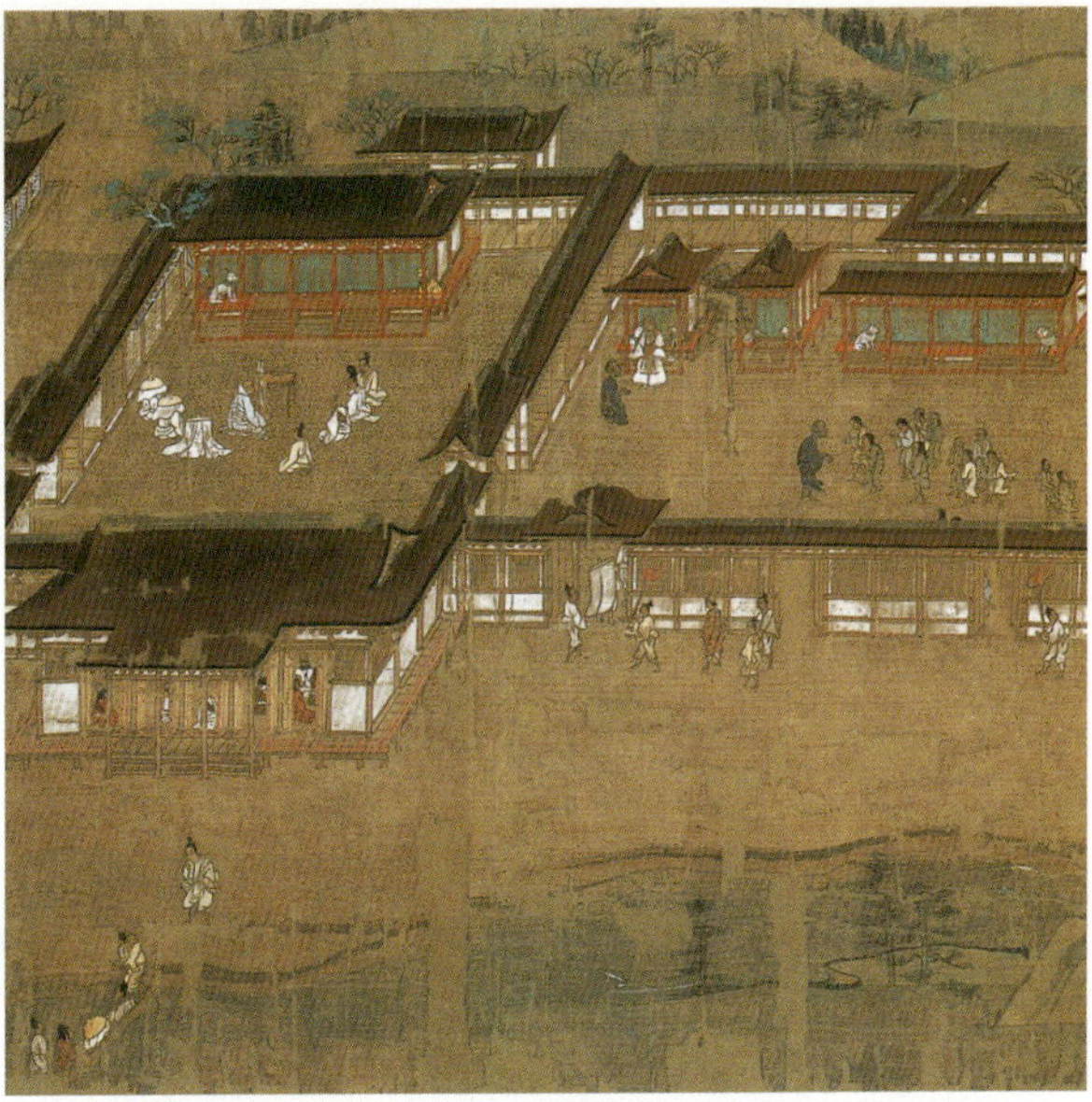

▼根来寺《ねごろでら》で発掘された大湯屋《おおゆや》(岩出《いわで》市)　境内地東南端の谷間で，天正 13 (1585) 年焼失の湯屋 2 棟が発見された。壁は瓦塼《がせん》貼りで，砂利敷部分が蒸気や湯を浴びる浴室床下である。赤い部分がカマドの底で，その外側に水溜めの埋甕《うめがめ》がある。

▲「那智参詣曼荼羅《さんけいまんだら》」 参詣曼荼羅は，信徒を勧誘するために，参詣者でにぎわう霊場の景観を，エピソードをまじえて描く。下段に世俗の空間，上段に聖なる空間を描くのが通例であるが，那智の場合は下端に補陀落渡海《ふだらくとかい》を描いている。

▼長保寺《ちょうほうじ》大門 11世紀の創立と伝わる名刹長保寺の大門。嘉慶2(1388)年の建立。寛文6(1666)年徳川頼宣《よりのぶ》が菩提所《ぼだいしょ》に定め，以後紀州藩の歴代藩主の墓所となる。国宝。

▲「熊野太地捕鯨図《くまのたいじほげい》」(渡瀬凌雲《わたせりょううん》筆)　十数艘の鯨船が鯨を追っている。網を鯨に巻きつけて動きを止め，鯨船に乗った羽指《はざし》がつぎつぎと銛《もり》を投げつけて仕止める網取り法。熊野灘でくりひろげる豪快な捕鯨の絵である。

▼新宮《しんぐう》城の炭納屋《すみなや》群遺跡(新宮市)　新宮城水ノ手郭《みずのてくるわ》で発見された炭納屋群遺構。19棟の炭納屋が1200㎡ 以上にわたり発掘された。熊野川流域の村々から川舟で運ばれた熊野炭を貯えておき，江戸などの市場の動向をみて廻船で出荷された。国史跡。

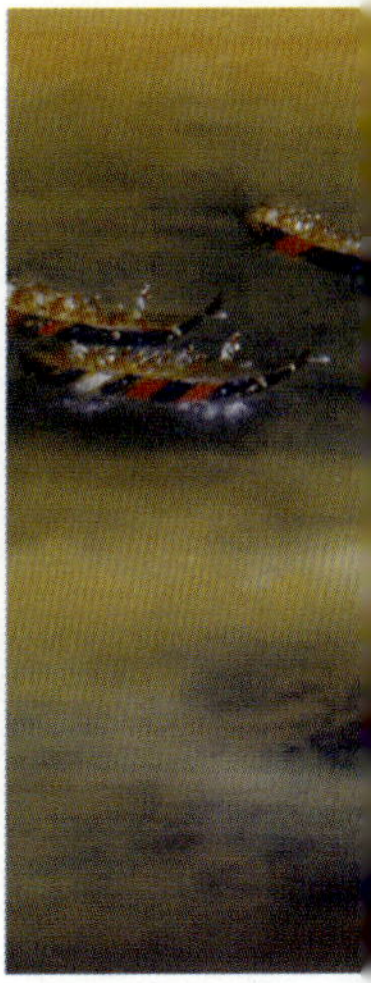

▲養翠園《ようすいえん》　10代藩主徳川治宝《はるとみ》が，文政元(1818)年から８年かけて造営した西浜御殿の別邸。池泉回遊式庭園で，中国の西湖《せいこ》を模したという。庭内には数奇屋造りの養翠亭が建つ。

▼復元された春林軒《しゅんりんけん》塾全景　塾の敷地は，約2600㎡，治療や塾生の講義に使用された主屋《おもや》・病室・薬の調合室・倉庫からなる。建物には溝がつけられ，排水施設を工夫している。浄化槽や引き出し式の「オマル」のようなトイレで衛生的である。

▲「和歌山藩交代兵洋式訓練の図」　和歌山藩は明治２(1869)年，プロシア式軍隊を創設し，英国公使パークスらも視察に訪れた。「交代兵制度」は四民平等の徴兵制の先駆けとなった。

▼世界リゾート博　平成６(1994)年の７月から９月にかけて，参加・体験型をうたう「ウェルネス・ワカヤマ世界リゾート博」が開催された。会場のマリーナシティは，予想を上まわる入場者であふれた。

地方史研究協議会名誉会長
学習院大学名誉教授
児玉幸多　監修

企画委員　熱田公―川添昭二―西垣晴次―渡辺信夫

和歌山県の歴史　目次

小山靖憲―武内雅人―栄原永遠男―弓倉弘年―笠原正夫―高嶋雅明

和歌山県の歴史

風土と人間——豊かな自然と信仰のさと

和歌山県の全国に占める位置●

和歌山県は紀伊《きい》半島の西半分を占め、東経一三五〜一三六度のあいだにほぼおさまるので、日本列島の中央に位置する。また、南端の潮岬《しおのみさき》は北緯三三度二六分で、本州の最南端にあたる。

和歌山県の総面積は四七二六平方キロである。このうち山地が三八三二平方キロで、総面積の約八一％を占め、ほとんど山国だといってもよい（ここでの統計は、いずれも矢野恒太記念会編『データでみる県勢二〇〇四年版』による。注記しない限り平成十四〈二〇〇二〉年の数値である）。これは、紀ノ川《きのかわ》が西流する中央構造線をはさんで、その北岸の内帯に属する和泉《いずみ》山脈の南斜面をのぞき、大部分が外帯に属する紀伊山地におおわれているからである。すなわち、紀伊山地の中央を大峰《おおみね》山脈とならんで南北走し、奈良県との境界をなす紀和《きわ》山脈が、陣ケ峰《じんがみね》（一一〇六メートル）から護摩壇山《ごまだんさん》（一三七二メートル）・安堵山《あんどさん》（一一八四メートル）を経て果無《はてなし》山脈に続き、それから分かれて西走する竜門《りゅうもん》・長峰《ながみね》・白馬《しらま》・虎ケ峰《とらがみね》などの諸山脈が北から南に並行し、さらにその南に大塔山《おおとうざん》（一一二二メートル）を中心とする山塊が半島の南端近くまでせまっている。

このように、和歌山県は紀伊半島の西斜面を占め、河川は諸山脈に規制されて、紀ノ川に並行して貴志《きし》川・有田《ありだ》川・日高《ひだか》川・富田《とんだ》川などは西流する（紀ノ川支流の貴志川のみは途中から北流する）が、南部ではしだいに南に方向をかえ、日置《ひき》川は南西に流れ、古座《こざ》川・太田《おおた》川・熊野《くまの》川はほぼ南流する。紀伊山地は全体として壮年期の山容を示すため、平野はとぼしく、紀ノ川流域をのぞくと流域平野を欠き、河口平野も紀ノ川河口部（和歌山平野）のほかは、日高川河口部（日高平野）にみられるだけである。そのため、可住地は九八五平方キロで、総面積に占める割合は約二〇・八％にすぎない。ちなみに、総面積は全国で三〇位、近畿圏でも上位を占めるが、可住地の面積は全国四一位で、総面積に占める割合は近畿圏の最低である。

　行政区画としての和歌山県は、明治維新《いしん》政府が定めた和歌山藩《はん》所轄地を引きついで成立した。和歌山藩の呼称は城下町《じょうかまち》和歌山に由来するが、その名は天正十三（一五八五）年の羽柴秀吉《はしばひでよし》による紀州《きしゅう》平定直後に

空からみた紀ノ川中流域　下流(西)から，上流(東)をみる。上部に船岡山という中島をはさんで，右に妹山《いもやま》，左に背山《せやま》が対峙する。この狭隘部は伊都郡と那賀郡の境界で，中央部の景観は左に名手《なて》荘，右に麻生津《おうづ》荘。

初見する。

また、和歌山県は災害の多い地域としても知られている。今でも語りつがれているのは、明治二十二（一八八九）年八月と昭和二十八（一九五三）年七月の大水害である。前者は台風によるもので、被害は県下全域におよんだが、家屋の倒壊・流失や死者は、東西牟婁《むろ》郡と日高郡にとくに多い。この大水害で、熊野川中洲《なかす》の大斎原《おおゆのはら》にあった熊野本宮大社《ほんぐうたいしゃ》の社殿が倒壊・流失し、現在地に移転した。また、奈良県十津川《とつかわ》村が壊滅的打撃をうけ、北海道に集団移住したのもこの大水害であった。後者の七・一八水害は、梅雨末期の集中豪雨によるもので、有田川・日高川・貴志川で大洪水となり、有田郡と日高郡の被害がとくに大きい。昭和二十、三十年代は台風の常襲地帯であり、また南海地震による津波の被害も周期的におこっており、かつては災害県ともよばれた。

ところで、和歌山県の地位を考えるうえで、しばしば話題になるのは、一人当りの県民所得の低さである。たしかに、平成十二（二〇〇〇）年の一人当りの県民所得は二四六万二〇〇〇円で、全国で四一位、近畿圏でも最低である。この数値は、大企業がほとんどないという産業構造に規定される面があり、本当に貧乏県なのかという疑念もわく。そこで、一人当りの個人預貯金残高をみてみると、全国第四位という高位にある。これは、家々の造りなどをみた印象とも合致するもので、個々人は結構裕福なのではなかろうか。裕福そうにみえる家はおおむね果実栽培農家である。和歌山県といえば、蜜柑《みかん》が通り相場のように思われるが、平成十三（二〇〇一）年の収穫量は愛媛県についで第二位である。柑橘類で全国一位は八朔、またネーブルオレンジは二位である（一位の広島県と大差ない）。このほか、果実の一位は梅と柿である。断トツの梅は、紀南《きなん》の南部《みなべ》町・南部川《みなべがわ》村（いずれも現みなべ町）・田辺《たなべ》市などを中心に栽培され、さまざまな梅干にして出荷される。柿は紀ノ川上流域に多いが、近年は桃への転作が盛んになっている（桃は岡山県を抜いて四位）。

つぎに人口をみてみると、一〇六万一〇〇〇人で、全国で三九位、近畿圏ではこれまた最低である。昭和五十五（一九八〇）年は一〇八万七〇〇〇人、平成二（一九九〇）年は一〇七万四〇〇〇人なので、しだいに減少する傾向にある。ただし、人口は県下の地域差がはなはだしい。和歌山市が約三九万人で、県下の三六・三％を占め、さらにその周辺の海南《かいなん》市・岩出《いわで》市・貴志川《きしがわ》町（現紀《き》の川《かわ》市）をあわせると、約四八％と半数近くになり（平成十五〈二〇〇三〉年）、西北部（和歌山平野）への集中が著しい。

紀北と紀南●

和歌山県の地域区分の仕方について、二つの見解がある。一つは紀北《きほく》と紀南に二分する見解で、今一つは紀北・紀中《きちゅう》・紀南に三分する見解である。近年は地理学者を中心に、後者の三分する見解が有力であるが、紀中には紀北と紀南の漸移地帯という以上の積極的な提言がみられないので、ここでは紀北・紀南に二分する伝統的な見解をとりたい。

これは、松井武敏「紀北の経済地誌」（『地理論叢』八、一九三六年）が、「地形・地質・気象・人口・産業・交通その他から、有田・日高両郡界をなす鹿ケ瀬《しかがせ》山脈の分水界を以《もっ》て紀北の南限としたい」と提起した見解であって、近代以前においては、伊都《いと》・那賀《なが》・名草《なくさ》・海部《あま》・有田の五郡が紀北、日高・牟婁両郡が紀南ということになる。近代になると、明治十二（一八七九）年に牟婁郡は四分割され、東西牟婁郡が和歌山県に、南北牟婁郡が三重県に属することになった。また明治二十九（一八九六）年、海部郡と名草郡が合併して海草《かいそう》郡となったが、近代の海部郡は前近代と同一ではなく、これ以後も海草郡には那賀郡からの一部編入があり、やや複雑である。

ところで、紀南と類似した言葉に南紀《なんき》がある。しかし、紀南と南紀はまったく範疇を異にする。たとえば『南紀徳川史《とくがわし》』という書物（紀州藩の藩政史）があるように、南紀は紀伊国（紀州）そのものをさす。あえて南紀と称するのは、南海道《なんかいどう》の筆頭にあるからだという。したがって、紀伊国を南北に二分する場合は、紀南・紀北とよぶのが正しい。

紀北・紀南という呼称に類似した地域区分は、近世にもあり、口六郡《くちろくぐん》・両熊野とよばれた。口六郡とは、伊都・那賀・名草・海部・有田・日高をいい、両熊野とは、牟婁郡を東西に二分し、おおむね現在の西牟婁郡を口熊野《くち》、東牟婁郡以東を奥《おく》熊野とよんだ。なお、現在は三重県に属する南北牟婁郡を東紀州と称している。

紀北と紀南の一番大きな違いは気候である。紀北の紀ノ川流域は瀬戸内式気候に近く、寡雨《かう》地帯で、年間降水量は約一五〇〇ミリである。これに対して、紀南は温暖多雨の南国的な気候であって、年間降水量は山間部で四〇〇〇ミリを超える。年平均気温は、紀北の山間部で一〇、一一度、紀南の海岸部で一六、一七度である。このような気候条件を反映して、紀北には溜池《ためいけ》が多く分布し、紀南では樹木の成育がはやく林業が盛んであるが、さらに産業構造から風俗・人情に至るまで、さまざまな違いが認められる。

風土と歴史

紀南は歴史的には熊野といいかえてもよい。熊野の「熊」は「隈」の意で、京都や奈良の都《みやこ》からみて、奥まったところ、すなわち辺境を意味した。しかしながら、平安時代中・末期には熊野三山《さんざん》（本宮・新宮《しんぐう》・那智《なち》）とよばれる霊場《れいじょう》が形成され、貴紳《きしん》の参詣が盛んになると、先進的な文化がつぎつぎともちこまれた。

また、室町《むろまち》・戦国期には「蟻《あり》の熊野参り」ともよばれた民衆の参詣が盛んになり、貨幣経済もいち早く浸透した。近世になると、熊野参詣はやや衰えるが、大坂・江戸間の海上輸送が活発化すると、紀南の廻船《かいせん》業者もこれに参加し、また関東に出漁する漁民も多い。明治期以降は、遠洋漁業や移民として海外に雄飛する人びとがあり、熊野は進取の気性にとんでいた。

このように、熊野は海とのつながりによって、外部の世界と広く接触していたが、鉄道や自動車による陸上交通が主力になると、半島の先端に位置するため、交通の不便な陸の孤島と化した。しかし、豊かな自然と美しい景観はまだ広汎に残っており、実現した世界文化遺産への登録によって、あらたな再生が期待される。また、古代の天皇がたびたび行幸した白浜《しらはま》湯崎《ゆざき》温泉、中世熊野詣の前後に利用された湯峰《ゆのみね》温泉をはじめ、龍神《りゅうじん》温泉・勝浦《かつうら》温泉・川湯《かわゆ》温泉など、古くからの名湯が多いのも紀南の有利な条件であろう。

那智の大滝(東牟婁郡那智勝浦町)

一方、紀北には、東に高野山《こうやさん》があり、西には和歌山平野が開け、紀ノ川が東から西に流れる。紀北は畿《き》内《ない》に接しており、古くから先進的な文化を育んできた。和歌山県の人口が紀ノ川河口部に偏在することは、今にはじまったことではなく、宣教師《せんきょうし》ルイス＝フロイスも一五八五（天正十三）年の手紙で、紀伊国の住民の四分の一が雑賀《さいか》に居住していると述べている。これは、和歌山平野が一貫して穀倉地帯であったことによるもので、古代にまでさかのぼるであろう。古代には、紀国造家《きのこくぞうけ》がとくに紀ノ川南岸平野を支配し、その残照は今も日前国懸神宮《ひのくまくにかかすじんぐう》（日前宮《にちぜんぐう》）や岩橋千塚古墳群《いわせせんづかこふんぐん》にみることができる。その後、戦乱の世を経て、羽柴秀長《ひでなが》の城代桑山重晴《じょうだいくわやましげはる》、ついで浅野《あさの》氏が和歌山城をきずいて城下町を形成し、さらに御三家《ごさんけ》の一つである徳川家がはいって発展させた。現在の和歌山市はこの近世城下町の延長線上にある。

高野山は、弘仁七（八一六）年、空海《くうかい》（弘法大師《こうぼうだいし》）によって開創された山岳寺院である。空海の死後いったん衰えたが、十一世紀の摂関《せっかん》期から十二世紀の院政《いんせい》期に、中世寺院に転生し、大教団を形成した。弘法大師廟《びょう》をまつる奥院《おくのいん》に大名《だいみょう》家の墓石が林立するように、日本国総菩提所《そうぼだいしょ》として全国にその名を広めた。現在も参拝者のための宿坊《しゅくぼう》寺院が多く、独特の景観を形成している。高野山とその表参道である町石道《ちょういしみち》も、熊野三山・熊野参詣道《さんけいみち》とともに、二〇〇四年七月に世界文化遺産に登録され、高野山の再生もまた期待される。

1章

紀伊の考古時代

溝ノ口遺跡でみつかったストーンサークル(縄文時代後期)　50cm大の石を直径3.2mの円形にならべ，内部には8cm大の礫がしきつめられていた。

1　黎明期の和歌山県

移動生活から定住へ●

現在の和歌山県域に人類の生活がはじまったのは、後期旧石器時代《きゅうせっきじだい》といわれる今からおよそ二万五〇〇〇年前のことであった。この時代は氷河期《ひょうがき》の終わりのころで、寒冷化気候のため海面が今より一〇〇〜一五〇メートルほど低く、大陸と陸続きの北海道と本州のあいだは氷床の上をとおって移動可能であった。和歌山県域の高地にはカラマツ、低地にはブナ林が広がり、ナウマン象やオオツノジカ・ヒグマなどが生息する環境にあったと考えられている。

この時代の遺跡は県内でおよそ四〇カ所しか発見されておらず、本格的な発掘調査が行われた例も少ない。発掘調査で一定の成果が得られた例としては、有田《ありだ》郡吉備《きび》町にある藤並《ふじなみ》地区遺跡と土生池《はぶいけ》遺跡があげられる。ここでは、奈良と大阪のあいだにある二上山《にじょうさん》や淡路《あわじ》島の岩屋《いわや》から運ばれたサヌカイトという石材や、地元で産出する硬質頁岩《けつがん》を使ったナイフ形石器や掻器《そうき》・削器《さっき》などが多数発見され、石器製作跡も確認されている。

ナイフ形石器は狩猟用の槍先、掻器や削器は獲物の解体や道具の製作用として使われたと考えられている。人びとはこのような石器を使い、狩猟のため移動しながら生活しており、遺跡に残された彼らの生活痕跡はきわめて少ない。藤並地区遺跡や土生池遺跡では、土を掘りくぼめたなかに、石器製作用の台石や石材のカスが残されている例がみつかったが、こうしたものが彼らのキャンプ跡であろう。

藤並地区遺跡では、縄文《じょうもん》時代に移行しつつある時代にも、人びとが頻繁に訪れたらしく、のちに弓矢に発展したと考えられる小型の有舌尖頭器《ゆうぜつせんとうき》のほか、弓矢の出現を示す石鏃《せきぞく》や矢柄研磨器《やがらけんまき》とよばれる矢の柄製作用の石器、それに土器片も出土している。

氷河期がおわり、温暖化が進行すると海面が上昇し、今の日本列島の形が形成された。和歌山県域では、シイ・カシなどに代表される常緑広葉樹林が広がり、シカ・イノシシが生息する環境となった。人びとは、狩猟のほかにシイ・ドングリ・クリなどの実を食料として盛んに利用するようになったが、これらの実のデンプン質は、加熱してはじめて食料となる。そのため、堅い実をすりつぶすための石皿《いしざら》・磨石《すりいし》などの石器や、煮炊きのための土器《どき》が発達・普及した。狩猟の道具は、槍から弓矢に変わり、石斧《せきふ》が頻繁に使われるようになる。

堅い木の実は貯蔵が可能なため、安定した生活ができるようになり、人口の増加と、一〇年から三〇年とも考えられる一定期間の定住生活が行われるようになった。また、漁労も盛んになり貝塚《かいづか》が各地に残されている。縄文時代のライフスタイルが確立したのである。

和歌山県では、この時代の遺跡は百数十カ所みつかっているが、発掘調査によって遺跡の内容がわかった例は少なく、列挙すると田辺《たなべ》市の高山寺《こうざんじ》貝塚、近畿ではじめて発見された貝塚である和歌山市の鳴神《なるかみ》貝塚・禰宜《ねぎ》貝塚・吉礼《きれ》貝塚などの貝塚遺跡や、竪穴住居《たてあなじゅうきょ》跡が確認された和歌山市川辺《かわなべ》遺跡、橋本《はしもと》市の芋尾《いもお》小島《こじま》遺跡、紀美野《きみの》町安井《やすい》遺跡、広川《ひろがわ》町鷹島《たかしま》遺跡、竪穴住居のほかにストーンサークルがみつかった海南《かいなん》市溝ノ口《みぞのくち》遺跡があり、ほかには後期の抜歯《ばっし》した女性の屈葬《くっそう》例がみつかった白浜《しらはま》町瀬戸《せと》遺跡や、中期の土器棺《かん》墓《ぼ》がみつかったみなべ町徳蔵《とくぞう》地区遺跡などがある。

このうち、高山寺貝塚から出土した土器は、早期中ごろの「高山寺式土器」、鷹島遺跡の土器は、中期初頭の「鷹島式土器」として年代をはかる標識土器にされており、学史に残る遺跡である。

和歌山市域にある貝塚は、標高七〜一〇メートルの高さに形成されており、いずれも海水域・汽水域・淡水域に生息する貝類が混在して貝塚を形成している。縄文時代には今より温暖な気候のころがあり、縄文海進とよばれる海水面上昇があった。これらの貝塚の分布は、当時の汀線《ていせん》が今より五〜七キロあまり内陸部におよんでいたことを示す。近年問題となっている温暖化が進行すると、和歌山平野のかなりの部分は水没し、縄文時代のような地形となるかもしれない。

戦いの時代●

縄文時代にも、ヒョウタンやエゴマなどの外来の植物の栽培は前期から行われていたし、後期には稲の発見すらある。しかしながら、こうした可食植物の栽培は部分的なものにすぎず、生活の基調をなすものではなかった。一万年以上続いた縄文時代の幕引きをしたのは、中国大陸および朝鮮半島からやってきた金属器をもち稲作・畑作をする人びとであった。彼らが、最初に到着したのは北部九州であるが、数百年後には和歌山県域でも彼らの生活がはじまっている。

御坊《ごぼう》市堅田《かただ》遺跡、みなべ町徳蔵地区遺跡、白浜町瀬戸遺跡が、弥生《やよい》時代前期初めの遺跡で、少し遅れた前期中ごろでは、海南市の岡村《おかむら》遺跡や亀川《かめがわ》遺跡、和歌山市太田黒田《おおたくろだ》遺跡などの海岸に近い遺跡だけでなく、岩出《いわで》市岡田《おかだ》遺跡のような内陸部にも集落が広がり、前期の終わりには、海南市溝ノ口遺跡のような山間の小河川流域にも集落がいとなまれている。

海岸部にいとなまれた拠点的な大集落から内陸部へと、分村により弥生社会が拡大したものと考えられているが、そのスピードは存外はやい。そして、弥生人は、先住の縄文人とうまく融合したらしく、太田黒田遺跡では、縄文晩期の深鉢《ふかばち》によく似た土器が使われていた。この土器は「紀伊型甕《かめ》」と命名されたが、似たような土器は県内各地で中期初めまでつくられ続けた。縄文人の土器づくり文化が形をかえて弥生文化のなかに生き続けたのである。

　こうした県下の初期弥生遺跡のうち、近年の注目すべき発見例として堅田遺跡があげられる。平成十一（一九九九）年に発掘調査されたこの遺跡は、周囲を幅二～六メートル、深さ一～二メートルの濠に囲まれた「環濠《かんごう》集落」とよばれるもので、集落は南北約一五〇メートルの規模と推定されている。そのうちの約三割を調査したことになるが、前期の竪穴住居が一七棟みつかっており、大規模で拠点的集落の典型といえよう。このほかここでは、青銅《せいどう》製ヤリガンナの

堅田遺跡の環濠集落(弥生時代前期)　三重の環濠の内部に竪穴住居や土壙・ピットが多数みえる。環濠の外にある竪穴住居跡は村に濠がつくられる前のもの。

鋳型片と溶炉遺構が発見され、いちやく著名な遺跡となった。今まで、日本の青銅器製作は弥生時代中期以降の例しか確認されておらず、目下のところ、堅田遺跡が日本最古の例となっている。堅田遺跡から出土した土器類には、今の韓国や瀬戸内中・西部、三河《みかわ》、伊勢《いせ》、土佐《とさ》、河内《かわち》、和泉《いずみ》、紀ノ川《きのかわ》流域でつくられた各地の土器が含まれており、こうした地域との人および物の交流が密であったことを示している。

前期から後期までいとなまれた太田黒田遺跡にも、近年の発掘調査で前期の環濠の存在があきらかとなっており、堅田遺跡とよく似た姿といえる。ほかに県内の環濠集落の確認例としては、和歌山市宇田森《うだもり》遺跡、有田川町田殿尾中《たどのおなか》遺跡があるが、この二つは、中期および後期の遺跡である。後期に属する和歌山市橘谷《たちばなだに》遺跡は、標高六〇〜八〇メートルの丘陵上につくられており、高地性《こうちせい》集落と分類されるが、ここでは周囲に幅約二メートルの溝がめぐっていた。

弥生時代の村はどうして周囲に濠や溝をめぐらせていたのだろうか。愛知県の朝日《あさひ》遺跡では、環濠の内部に逆茂木《さかもぎ》とよばれる一種のバリケードを設置したことがわかっており、環濠集落とは、外敵に対する防御施設をそなえた集落といえる。

弥生時代が、実は戦争の時代であったことが、武器で殺傷された遺体発見例から判明してきた。とりわけ、北部九州での発見例は多いが、近畿地方の発見例も増加している。農耕社会は、余剰生産物や土地および労働力をめぐる戦争をうみだしたのである。弥生人は、剣・矛《ほこ》・戈《か》などの金属製武器のほか、石剣や大型の石鏃などの縄文人にはなかった石製武器を所持し、木製の盾《たて》や鎧《よろい》で武装してたたかっていたのであった。

中期や後期に瀬戸内で多くみられる高地性集落は、異論もあるが一般的には、『魏志《ぎし》』倭人伝《わじんでん》に倭国大《わこくたい》

❖コラム

和歌山県の銅鐸

弥生《やよい》時代といえば銅鐸《どうたく》を思い浮かべる人が多いだろう。和歌山県では、銅鐸は三一カ所の出土地が確認されており、四一点が出土している。和歌山県は実は全国でも有数の銅鐸出土地域なのである。近年、島根県の加茂岩倉《かもいわくら》遺跡で一挙に三九点の銅鐸が発見されておどろいたが、そのなかには和歌山市出土銅鐸と同じ鋳型からつくられた四点の兄弟鐸がみつかっている。どこでつくられた銅鐸が、どのような経路で島根や和歌山の弥生の村にもたらされたのだろう。時空を超えた不思議な気持ちにさせる発見である。

島根・和歌山の兄弟鐸は、弥生時代中期につくられた振りならすことのできる「鳴らす」銅鐸であった。後期になると銅鐸は大型化し、ならすことのできない「見る」銅鐸となる。和歌山県では「鳴らす」銅鐸のほとんどが有田《ありだ》川以北で出土し、「見る」銅鐸の多くは日高《ひだか》川以南で出土している。銅鐸は工事中などに偶然発見されることが多い。和歌山県の発見例もほとんどが丘陵斜面での偶然の発見である。それでも、近年では発掘調査による発見例もふえ、考古学ブームのおかげで工事中の発見例でも現場が保全されるようになった。そのため、銅鐸の埋納には、集落からはなれた場所に、横向きに寝かせる作法があったことがあきらかとなった。時期の大きくはなれた銅鐸がいっしょに埋納される例はなく、役目をおえた銅鐸は埋納され、新しい銅鐸を入手するようである。そうすると、新しい銅鐸の出土例が少ない紀北《きほく》地域では、銅鐸祭祀《さいし》の単位の大規模化、つまりムラからクニへの統合が進行したのかもしれない。

乱《らん》と称された戦乱の時代を示す遺跡と理解されている。和歌山県でも、橘谷遺跡のほか、和歌山市千石山《せんごくやま》遺跡・滝ヶ峯《たきがみね》遺跡、有田川町星尾山《ほしおやま》遺跡などが高地性集落と考えられており、弥生人の戦死遺体の発見例はないが、環濠集落の存在とあわせて考えると、和歌山の弥生時代も戦争の危険にさらされた社会であったといえよう。

2 古墳時代の和歌山県

秋月遺跡の墳墓群●

秋月《あきづき》遺跡は、『日本書紀《にほんしょき》』に記載のある日前宮《にちぜんぐう》を中心に東西約六〇〇メートル、南北約五〇〇メートルの範囲に拡がる遺跡で、紀ノ川平野にある標高約三メートルの微高地上に立地している。小規模な発掘調査が何回か行われただけで全容ははっきりしないが、弥生時代前期中ごろから中世にかけての、遺構や遺物が多数発見されており、和歌山県の歴史にとって非常に重要な遺跡に間違いない。

さて、ここで問題にするのは、県立向陽《こうよう》高校の校舎建替え工事のための発掘調査でみつかった前方後円形の遺構である。二回にわたる調査で、長さ約二七メートルの大きさの、前方後円形に溝をめぐらせたものが一基と、一辺が七〜一二メートルの方形やL字状に溝を掘った遺構が八基みつかっている。のちの時代に地面が平らにけずられたため周囲の溝だけが残り、埋葬施設は確認できないが、類例からみてこれらの遺構は墓と考えられる。墓は近接してつくられているが、溝が重なった可能性のあるものは一基しかない。

出土した土器からみて、前方後円形の墓は、最古の前方後円墳《ぜんぽうこうえんふん》、箸墓古墳《はしはかこふん》と同じ時期で、これと同時期の方形の墓が三基、五世紀初頭とみられるものが四基あり、残り一基が不明である。これらの墓と重なって、弥生時代終末期の井戸がみつかっており、そのころには集落の一部であったところが、古墳時代前期からは墓地として使われたことがわかる。東側に約三〇〇メートルはなれた市立日進《にっしん》中学校校庭で、弥生時代終末期から古墳時代中期までの各時期の竪穴住居跡が確認されており、ここが造墓集団の集落と目される。奈良時代になると墓はこわされ、溝や井戸が掘られている。

それでは、秋月遺跡で発見された前方後円形の墓は、県内最初の前方後円墳とみてよいのであろうか。たしかに前方後円形の墓は他の墓よりは大きくて形も異なっており、集団墓地のなかでは特別な地位の持ち主であったに違いない。しかしながら、この墓は集団から独立した存在ではなく、むしろ、この墓を核にして多数の墓が近接してつくられていったとみることができ

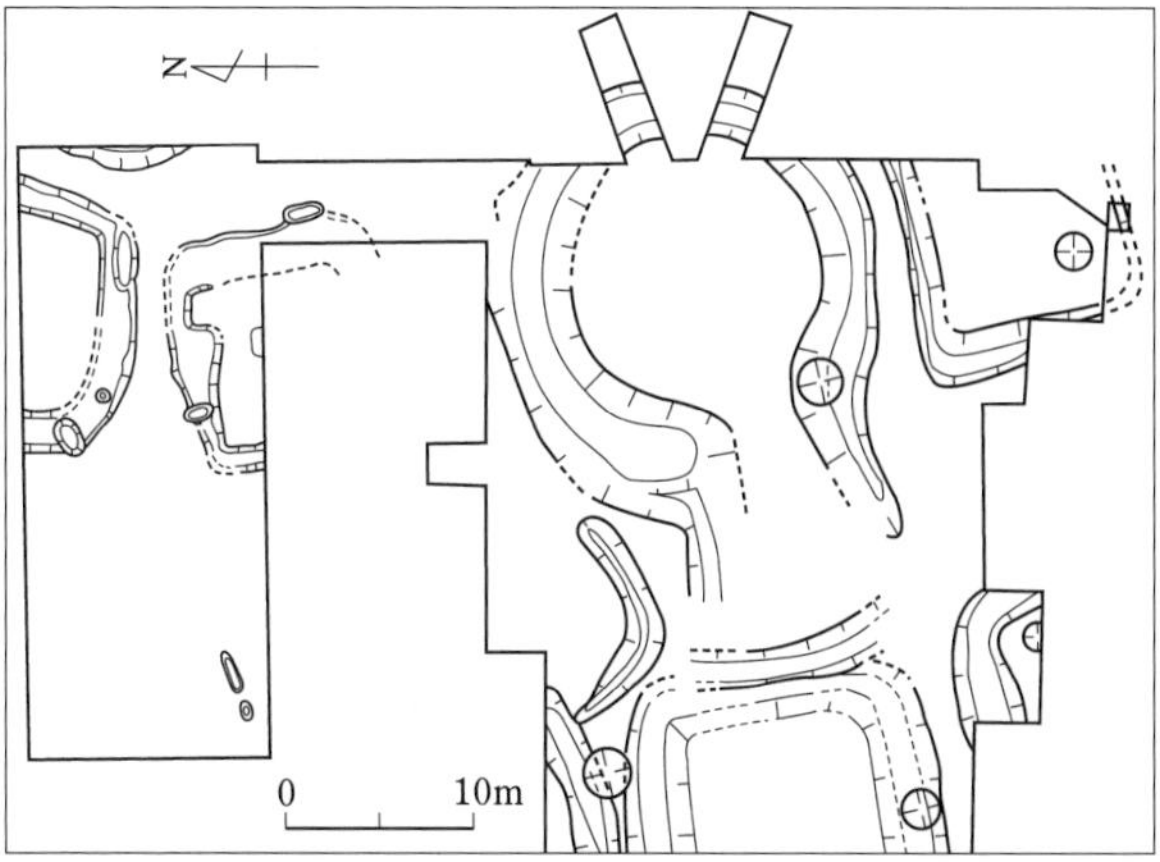

秋月遺跡の周溝墓群　左側の２基，前方部に接する１基と，その左側の１基が５世紀初頭のもの。

る。古墳時代後期の群集墳《ぐんしゅうふん》の形態とは似るが、前期や中期の古墳にはふさわしくなく、弥生時代以来の方形周溝墓《しゅうこうぼ》群と同じ造墓原理でつくられているのである。

また、前方後円形の墓は、前方部の周溝の底が後円部周溝より約四〇センチ高く、前方部南側角では周溝が途切れるなどしており、一つの連続した周溝とみることはできない。後円部に前方部をつぎたしたようなつくりで、円丘《えんきゅう》に方形の祭壇をつけたと想定されている弥生時代終末期の首《しゅ》長墓《ちょうぼ》と同じ構造といえる。このような状況から判断して、この遺構は前方後円墳ではなく、古墳時代につくられた前方後円形の周溝墓とみるのが適当であろう。

秋月遺跡に隣接した鳴神地区遺跡でも、弥生時代終末期や五世紀初頭の周溝墓の発見例があり、紀ノ川下流域では古墳時代まで継続する伝統的墓地が特殊な存在でないことがわかる。そして、こ

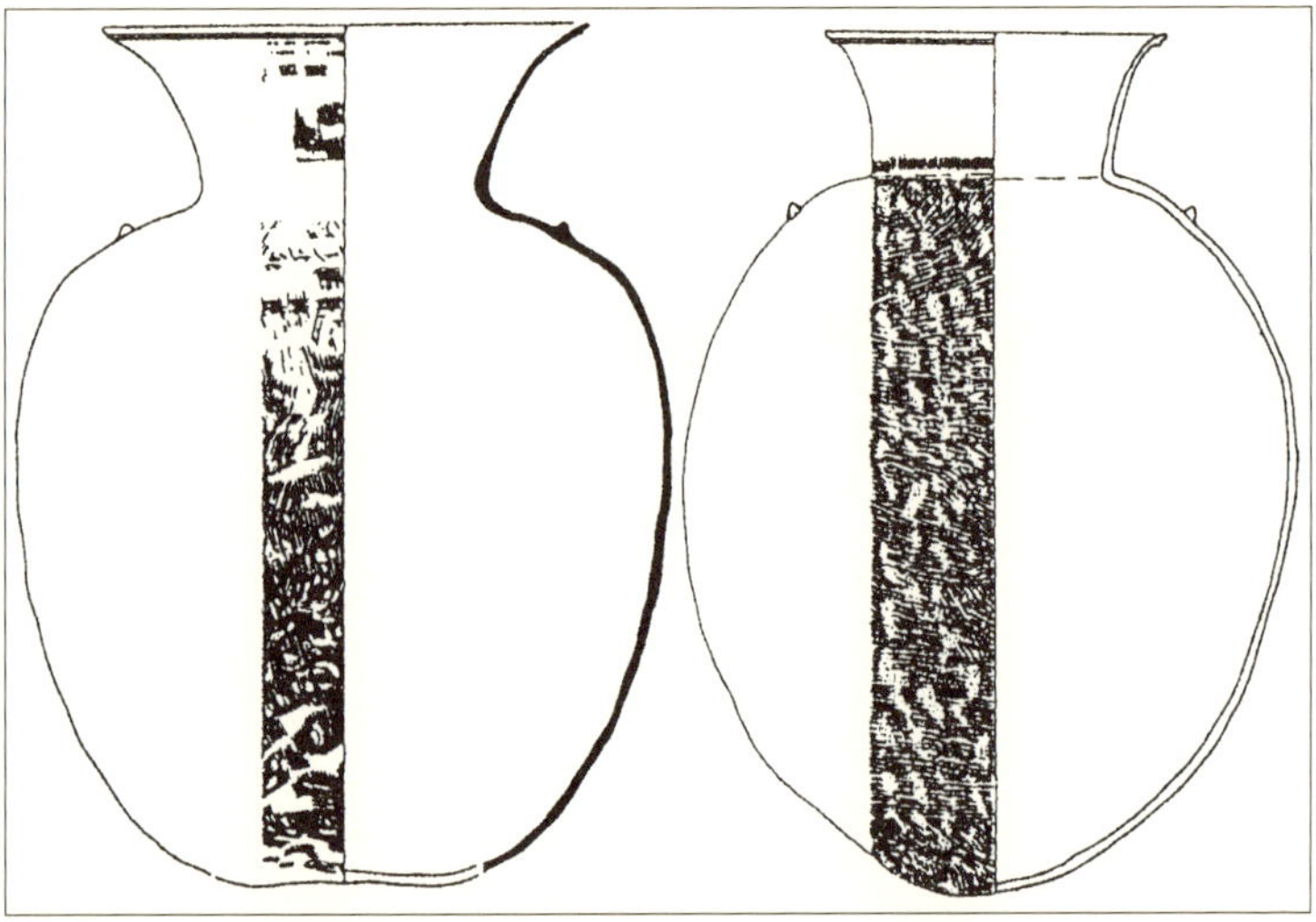

鳴滝遺跡(左)・秋月遺跡(右)出土の初期須恵器(S＝1/16)

れらの墓地でまだ周溝墓がつくられているあいだに岩橋《いわせ》地域の丘陵上で前方後円墳の造営が開始されるのである。

ところで、秋月遺跡の方形周溝墓から出土した初期須恵器《すえき》大型甕は、肩部に一対の小突起をつけていることや、製作技法の特徴が鳴滝《なるたき》遺跡倉庫群から出土したものとまったく同じである。同じ特徴の土器は、韓国の洛東江《らくとうこう》流域では多数出土しているが、日本国内では鳴滝遺跡周辺および秋月遺跡周辺で三十数個体が出土しているほかは、東大阪市池島《いけしま》遺跡の一例があるだけで、日本国内では紀ノ川下流域に偏在する特殊な存在といえる。

この土器が朝鮮半島から運ばれたのか、紀ノ川流域のどこかでつくられたのか今のところはっきりしないが、紀ノ川の両岸に居住した集団がこの特殊な土器をそれぞれ大量に所有している事実は、両者がその供給ルートを共有していたことを示している。土器の所有関係だけで政治的関係が判明するわけではないが、両岸の集団は、従来の学説のように対立的な関係にあるのではなく、むしろ同一集団であった可能性のほうが高いとみるべきであろう。だとすれば、三世紀後半から五世紀初頭にかけての紀ノ川下流域の首長は同一系譜であったとみることができる。

鳴滝遺跡倉庫群の造営●

この遺跡は、和泉山脈から派生した小丘陵上に立地するが、造営当時は南側に標高の高い丘陵があって、紀ノ川平野からは直接のぞむことのできない位置にある。近畿大学付属高校の用地造成前の調査で、棟方向をそろえて建てられた大規模な掘立柱《ほったてばしら》建物七棟が発見された。

建物の構造はすべて同じで、棟持ち柱があり、建物内部に床をささえる束柱《つかばしら》と屋根をささえる通し柱

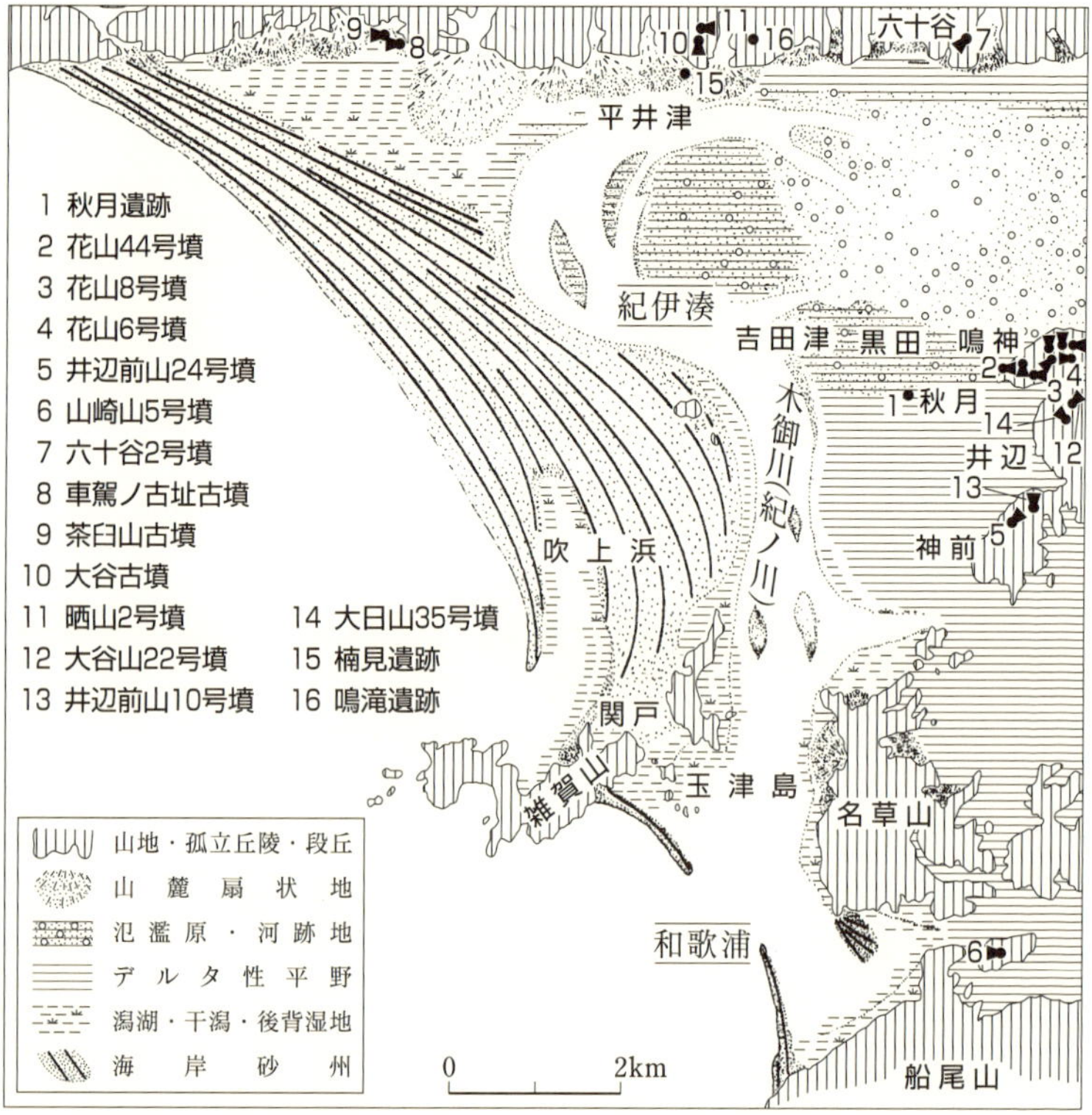

6～9世紀ごろの紀ノ川河口部と遺跡　日下雅義原図に加筆。『和歌山の研究１』による。

を配置した特異なものである。建物の平面規模は、約六三平方メートルのものが三棟あり、約五六平方メートルが二棟、六九平方メートルと八二平方メートルのものが各一棟となっており、面積におよその規格があることがうかがえる。規格性の達成は、周囲の長さを基準にしたものと推定しているが、いずれにせよ、このころの豪族《ごうぞく》居館が四〇平方メートル程度の大きさであることからみると、高床建物としてはかつてない規模のものであり、造営にあたっての規格性や計画性は画期的である。特異な柱構造も、正倉院《しょうそういん》のようなすべての柱が床をささえる「総柱建物」が考案されるまでの過渡的なものとみられ、建築史上重要な遺跡である。大阪市の法円坂《ほうえんざか》遺跡に類似の構造で一回り大きな建物群が造営されたのは、およそ五〇年後のことである。

内容物の手がかりはないが、高床《たかゆか》建物がずらりとならんでいることから、この建物群は倉庫群と考えられる。建物の柱はすべて抜き取られており、建物の床下にならべていた初期須恵器の大型甕はたたきわれて抜取り穴に投げこまれていた。火災をおこしたわけではなく、柱が自然に腐朽した兆候もなかった。倉庫群の存続期間は短く、計画的に撤去されたのである。

こうしたことから、この倉庫群は倭《わ》王権にかかわる政治的要因で設置され、情勢の変化により必要性がなくなったために撤去されたとみられるが、その造営主体が紀ノ川下流を本拠とする首長であることは、特徴的な初期須恵器の出土から推定できよう。鳴滝遺跡の西方約八〇〇メートルには、同じ特徴の初期須恵器が出土した楠見《くすみ》遺跡があるが、当時の地形からみて、この遺跡は津に関連する遺跡と推定されている。

最初の前方後円墳●

和歌山市の東郊から貴志川町《きしがわ》(現紀の川市)にかけての丘陵上には多くの古墳が分布している。とくに花《はな》山《やま》および井辺前山《いんべまえやま》から和歌山市禰宜《ねぎ》の矢田《やた》峠のあいだに集中しており、この分布範囲を岩橋千塚《いわせせんづか》古墳群という。その数は六〇〇基以上あり全国最大級の群集墳で、古墳群の一部は国の特別史跡に指定されている。朝鮮半島の墓制である横穴式石室《よこあなしきせきしつ》をはやくから採用し、梁《はり》を渡して結晶片岩の割石を高く積みあげた独特の石室を発達させた。

単に古墳の数が多いだけでなく、県内に四三基ある前方後円墳のうち二五基がこの古墳群中にある。前方後円墳の集中度からみて、この古墳群を紀伊のもっとも有力な首長層の墓域とみることに異論は少ないであろう。したがって、岩橋千塚古墳群の前方後円墳を基軸にして、周辺地域の前方後円墳のあり方を検討することは、紀伊の古墳時代を理解するうえで不可欠であろう。

ところで、近年は自然科学による年代測定法が発達し、四・五世紀の古墳の年代も、従来の学説より古く考える必要が生じてきた。以下に示す古墳の年代観は最近の成果を採用したものである。

岩橋千塚では明治以降の盗掘により副葬品《ふくそうひん》が散逸した古墳も多く、築造時期があきらかな古墳は少ないが、今のところ最初の前方後円墳は花山八号墳・花山四四号墳と考えられる。花山八号墳は全長三〇メートル、四四号墳は全長五二メートルの規模で、埋葬施設はいずれも割竹形木棺《もっかん》を粘土《ねんど》でくるんだ「粘土槨《かく》」とよばれる形式である。鉄剣や滑石《かっせき》製の玉類やガラス小玉が出土しており、これらの古墳は四世紀後半につくられたと推定される。

ほかには全長四四メートルの花山一〇号墳や全長六〇メートルの井辺前山二四号墳は、出土品がないためにはっきりしないが、柄鏡《えかがみ》形の墳形からみると同時期の可能性がある。大日山《だいにちやま》一号墳も同時期かもしれないが、これは「帆立貝《ほたてがい》式」古墳で首長墓とはみなせない。

❖コラム

下里古墳—古墳の空白地帯につくられた県下最古の前方後円墳

那智勝浦《なちかつうら》町に所在する下里古墳《しもさとこふん》は、昭和四十七（一九七二）年および平成十二（二〇〇〇）年の発掘調査により、葺石《ふきいし》でおおわれた全長四〇メートルの柄鏡《えかがみ》形の墳丘《ふんきゅう》のまわりに、幅約五メートルの濠《ほり》がめぐり、濠内出土土器から四世紀後半につくられたことが確定した。

後円部には長さ五・三メートルで、一短辺が丸くつくられた竪穴式石室《たてあなしきせきしつ》があり、濠と長大な竪穴式石室をそなえた県下最古の定型的な前方後円墳《ぜんぽうこうえんふん》である。ところが、奇妙なことに、この古墳の周囲六〇キロ以内に他の古墳は存在せず、周辺の平野には古墳時代の集落遺跡すら確認されていない。紀伊《きい》半島南部に、この古墳をつくった在地勢力がいたとは考えられないのである。誰のために誰がつくったのか、謎の古墳である。

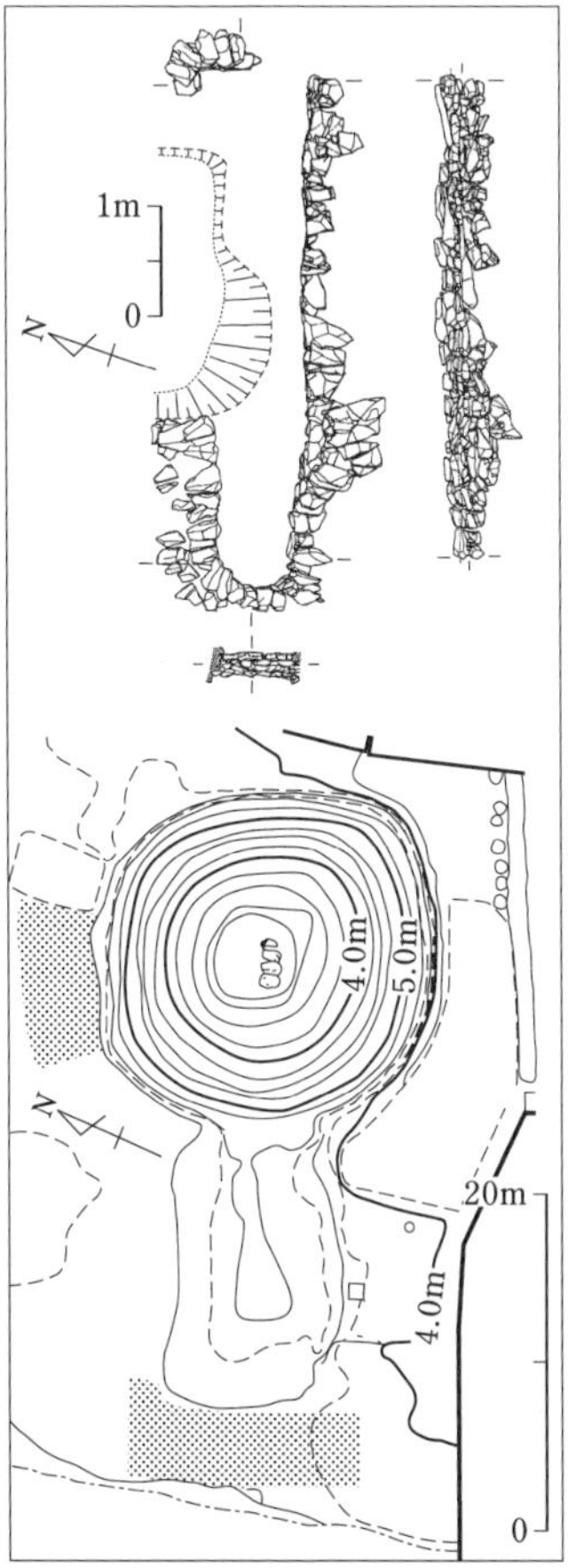

下里古墳の墳丘と竪穴式石室　墳丘測量図は滋賀県立大学考古学研究室作成図に筆者が加筆，竪穴式石室は『下里古墳発掘調査報告書(第１次)』より部分転載。

このように、岩橋千塚古墳群で前方後円墳をつくりはじめたのは、全国的にみるとかなり新しく、秋月遺跡ではまだ方形周溝墓がつくられている時期である。

この状況をどのように解釈すべきだろうか。秋月遺跡の造墓集団から首長墓が丘陵上に移転したか、あるいは別の集団によってあらたな造墓がはじまったかであるが、三世紀後半から五世紀初頭にかけてこの地域の首長層は同一の系譜とみられるので、前者と理解すべきであろう。だとすると、彼らは四世紀後半に倭王権と同盟関係を結び、前方後円墳に象徴される政治的秩序に組み入れられたと考えることができる。その最初の大仕事が鳴滝遺跡の倉庫群の造営であろう。

同じ時期の前方後円墳としては、海南市の亀川《かめかわ》下流に全長四〇メートルの山崎山《やまざきやま》五号墳があり、和歌山市六十谷《むそた》の六十谷二号墳も埴輪《はにわ》からみると同時期の可能性がある。六十谷二号墳は全長二七メートルと小さいが、ほかは同じような規模である。そうすると、岩橋以外にも、亀川下流や紀ノ川北岸に前方後円墳の造営をはじめる有力な階層がそれぞれいたことになる。数からみると、岩橋地域の造墓集団がもっとも大きな勢力となるが、個々の古墳には傑出した規模のものはない。複数以上の有力家系で構成された岩橋千塚の造墓集団を中核とした各地の首長層連合体が存在し、そこから倭王権との交渉にあたる人物が擁立されたと考えられる。

こうして築造がはじまった岩橋千塚の前方後円墳であるが、つぎにつくられるのは五世紀後半の大谷山《おおたにやま》六号墳である。これ以降、七世紀までのあいだに前方後円墳は少なくとも一〇基つくられているが、あいかわらず傑出した規模の古墳はみあたらず、六世紀には大谷山二二号墳・井辺《いんべ》八幡山《はちまんやま》古墳・大日山三五号墳・天王塚《てんのうづか》古墳など全長八〇〜九〇メートルクラスの最大規模古墳四基があいついで岩橋千塚の各丘陵につくられている。

このように、岩橋千塚では五世紀前半代の前方後円墳は確認できないが、六世紀には最大規模の古墳が多数つくられており、岩橋の造墓集団はこのころでも複数以上の有力家系で構成されていたと推定できる。一方、亀川流域では山崎山五号墳のあとには前方後円墳はつくられず、この流域の首長層の系譜は途絶えてしまうなど、地域間の首長層の力関係に変化がみられる。

五〜六世紀の首長墓●

それでは五世紀前半代の岩橋千塚の首長層はどこに葬られたのであろうか。紀ノ川下流域の五世紀前半の大型前方後円墳としては、北岸の和歌山市木ノ本《きのもと》にある全長八六メートルの車駕ノ古址《しゃかのこし》古墳がある。破壊が進み埋葬施設はあきらかでないが、幅一二メートルの周濠《しゅうごう》に囲まれ葺石《ふきいし》と多数の埴輪でかざられたその威容はたいしたものであったろう。発掘調査で出土した朝鮮半島製とみられる金製勾玉《まがたま》からも、本来の副葬品の豪華さがしのばれる。

墳丘《ふんきゅう》が完全になくなっているが、付近にほぼ同時期の茶臼山《ちゃうすやま》古墳という前方後円墳が存在しており、丘陵上につくられて葺石や濠をもたないのが通例の和歌山の前方後円墳のなかでは、木ノ本につくられたのは平地の本格的な前方後円墳群であった。

これらの古墳や大阪府岬《みさき》町の宇度墓《うどばか》・西陵《さいりょう》古墳などの大前方後円墳には、「淡輪《たんのわ》技法」とよばれる独特の技法の埴輪が樹立されており、それを根拠に淡輪と木ノ本の前方後円墳は、同一集団が造営したとする見方がある。「淡輪技法」による埴輪は、三重県・静岡県にも多数分布しており、埴輪製作技法だけで古墳築造集団の同一性を証明することはできないが、『日本書紀』に田身輪邑《たむわむら》の紀小弓宿禰《きのおゆみのすくね》の墓の記述が

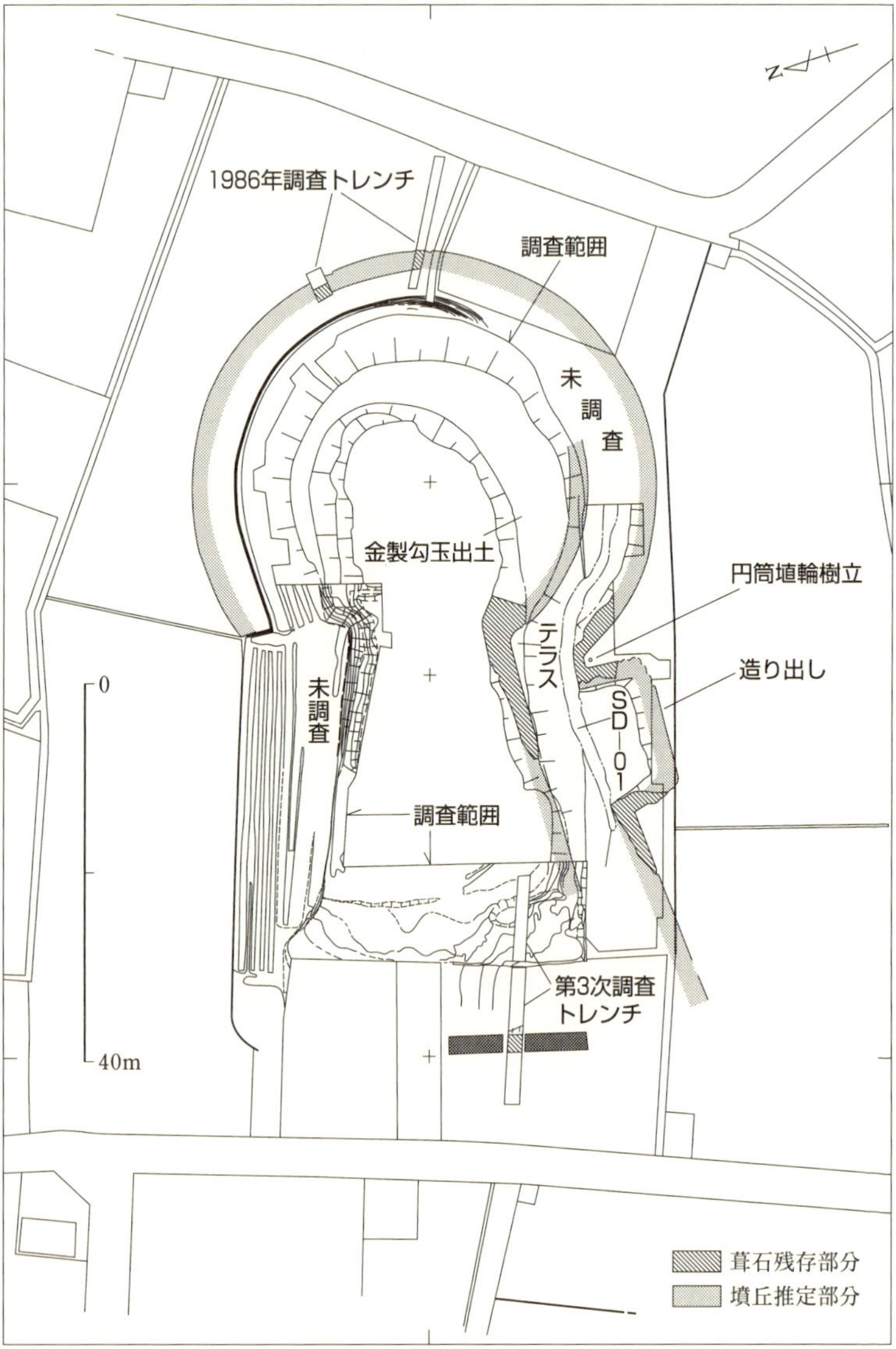

車駕ノ古址古墳　その後の調査で墳丘の周囲に幅8mの濠が掘られていることが確認された。『車駕ノ古址古墳発掘調査概報』による。

あり、魅力的な仮説である。「陵墓《りょうぼ》」のため内容があきらかではない宇度墓の調査が待望されるところである。

淡輪の大古墳との関係はさておき、岩橋千塚の空白期を埋める首長墓は木ノ本の前方後円墳以外にはなく、時間の流れからみると、鳴滝遺跡の造営主がこの古墳に葬られた可能性は高い。そうすると、五世紀初頭から前半代には、倭王権との関係で、紀伊を代表する首長は、紀ノ川北岸に本拠をかまえたと考えることができる。

それは、この時期に紀ノ川北岸が、倭王権にとって重要な地域になったためで、その理由として河内潟《かわちがた》の陸化が考えられる。河内潟におかれていた湊《みなと》が使用できなくなり、難波津などのあらたな施設が整備されるまで、紀ノ川河口の津と紀ノ川沿いの陸路が、倭王権にとってライフラインであった時期があったのであろう。このようにみると、瀬戸内から紀ノ川河口に至る要衝に位置する淡輪の大古墳が、紀伊の古墳である可能性は高くなる。

いずれにせよ、この時期は倭王権の力を背景にして紀伊の首長の勢力がもっとも強大になる。

木ノ本古墳群に続く北岸の前方後円墳は、全長七〇メートルの大谷《おおたに》古墳と、その北方につくられた全長三〇メートルの晒山《さらしやま》二号墳である。大谷古墳は五世紀後半、晒山二号墳は六世紀初頭の古墳とみられるが、大谷古墳は阿蘇《あそ》溶岩製の組合《くみあわせ》式家形石棺《しきいえがたせっかん》を直葬《じきそう》し、晒山二号墳は三カ所に木棺を直葬する。

大谷古墳の出土品には、馬甲《ばこう》・馬冑《ばちゅう》や華麗な銀製飾りがあり、副葬品からみた朝鮮半島との関係がかねてより考慮されてきた。副葬品の朝鮮半島色は南岸の古墳と共通する要素であるが、埋葬施設がまったく異なっている。

大谷古墳と同じ時期に岩橋千塚でつくられたのは全長二五メートルの大谷山六号墳であるが、埋葬施設には新式の片袖式の横穴式石室が採用された。六世紀の初頭になると、全長八〇メートルの大谷山二二号墳がつくられるが、これにも片袖式の横穴式石室がある。そして、これ以降、岩橋千塚では前方後円墳のみならず直径一〇メートルクラスの円墳《えんぷん》にも横穴式石室が採用されるが、組合式の箱形石棺や小型竪穴式石室は、小古墳の単独埋葬施設か横穴式石室に併設された付属埋葬施設としてあつかわれている。こうした状況から、横穴式石室を上位とする埋葬施設の格差が形成されたとみられる。

四世紀後半に前方後円墳を象徴とする政治秩序の枠組みに参加した紀ノ川下流域の首長層の埋葬施設は、粘土槨で統一されていた。粘土槨は竪穴式石室の簡略化と理解されるが、木棺や石棺の直葬と同様に一回きりの埋葬用施設である。死者の部屋に出入り可能な横穴式石室という新しい葬制の採用は、死生に関する新しい思想が広まり、埋葬儀礼が変化したことを意味する。

六世紀の中ごろ以降は、北岸の古墳にも横穴式石室が採用されるのだから、五世紀後半から六世紀初頭の特定時期にみられる首長墓の埋葬施設の違いには重要な意味があろう。大谷古墳や晒山二号墳の被葬者は、紀ノ川南岸の首長層が新しく採用し、その後主流となる埋葬儀礼にしたがわず、伝統的なスタイルに固執したと考えられる。共通の墓制に結ばれていた関係に亀裂がはいったのである。

墳丘の規模から判断すると、大谷古墳の時代には依然として北岸に権力が集中しているが、六世紀になると、その差は逆転し固定化する。このようなことから、六世紀初頭に北岸の首長層は紀伊の首長層連合体から離脱しただけでなく、その力は急速に衰えたとみることができる。一方、貴志川や日高《ひだか》川流域で、六世紀後半にはじめて前方後円墳がつくられるようになる。どうやら、六世紀は紀伊国の支配階層の再編が行われた時代のようである。

3　紀伊と倭王権

「紀氏集団」の展開●

紀伊の古墳時代の歴史は、「紀氏《きし》集団」を軸にしてみなければならない。遅くとも四世紀以降には、紀ノ川南岸地域、同北岸地域、同中流地域（那賀《なが》地方）、同河口部～沿岸地域、和泉の淡輪地域などの諸地域に、いくつかの集団が存在していた。これらの集団が同盟を結んで「紀氏集団」を形成し、古代紀伊の多くの部分を支配していたのである。

そのなかの最有力集団の長が「紀氏集団」の盟主となった。諸集団の勢力の消長によって、盟主は交代したであろう。しかし、文献史料から、諸集団間の勢力の消長をさぐることは、ほとんどできない。今後の考古学的研究の進展に待たなければならないが、紀ノ川をはさんで、おおよそ南→北→南と勢力が交代したと考えられる。

「紀氏集団」は、他の集団と、日本列島の多くの部分にまたがる大同盟関係を結んでいた。この大同盟を倭王権とよぶことにしよう。この倭王権に加わったのは、紀伊をはじめ、畿内《きない》・毛野《けぬ》・越《こし》・吉備《きび》・筑紫《つくし》などの諸勢力であった。このなかでは、畿内勢力が優位に立っていたので、畿内勢力の長が同時に倭王権全体の盟主すなわち倭王となった。

それでは、倭王権において、「紀氏集団」はどのような位置にあり、それは何によって保証されていたのであろうか。この点で注目しなければならないのは、「紀氏集団」には、紀ノ川河口部から沿岸部にかけて分布していた海人《あま》集団が含まれていたことである。「紀氏集団」は、それによって強力な水上交通上の能力をほこっていた。

おりしも朝鮮半島では、高句麗《こうくり》の勢力拡大によって、軍事的緊張が高まっていた。倭王権は、高句麗に対抗して、朝鮮半島への軍事的進出を決意した。その倭王権にとって、「紀氏集団」のこの能力は、重大な意味をもっていた。倭王権の軍事的進出は、「紀氏集団」による兵員・武器・食料の輸送によって、はじめてなしとげられたのである。前節でみた鳴滝遺跡倉庫群は、このために、倭王権の要請で「紀氏集団」が建造した軍事的性格の強い施設であった。

「紀氏集団」は、以上のように、倭王権のなかで重要な位置を占めていた。このことは、倭王権と「紀氏集団」の両方に大きな影響をあたえることとなった。まず倭王権内部では、優位に立つ畿内勢力と「紀氏集団」とのあいだで、矛盾が拡大していった。「紀氏集団」と畿内勢力とは、その勢力圏が隣りあっていることから、畿内勢力は、「紀氏集団」の重要性を認めつつも、その勢力があまりに大きくなることを警戒した。

一方、「紀氏集団」内部に目をむけると、上記の軍事的進出に積極的にかかわったのは、紀ノ川北岸の勢力であった。北岸勢力は、それによって倭王権の中枢部、とくに大伴《おおとも》氏集団と結びつき、その勢力を背景として「紀氏集団」内部で優位に立つことができた。すなわち「紀氏集団」の盟主の地位を確保したのである。

こうして、倭王権における「紀氏集団」の重要性と、「紀氏集団」における北岸勢力の優位とは密接に関係していた。ところが、六世紀前半ごろ、大伴氏集団は、対朝鮮政策の失敗によって勢力を失墜する。このことは、ただちに「紀氏集団」内部の勢力関係にも大きく影響した。倭王権を背景とする北岸勢力の優位は、このささえがくずれたことにより、大きくゆらいだ。そして、南岸勢力を中心とするその他の勢力のあいだの矛盾が激化した。

部民と屯倉●

南岸勢力が、北岸勢力にかわって「紀氏集団」の内部において優位に立つために選んだ道は、やはり倭王権との連携であった。倭王権の勢力を背景として、北岸勢力と対抗しようとしたのである。しかし、六世紀の倭王権は、それまでとは異なって、畿内勢力による全国支配がすでに格段に進展した段階のものになっていた。倭王権は、「紀氏集団」内部のヘゲモニー争いに介入して、「紀氏集団」全体の勢力削減を虎視《こし》眈眈《たんたん》とねらっていた。

倭王権は、まず部民《べみん》の設定に取り組み、海部《あまべ》や忌部《いんべ》の設定がある程度進んだらしい。海部は、海人集団を部民に編成したものである。海人集団は、「紀氏集団」の水上活動能力の基礎をなすものであるから、倭王権によるその部民化は、「紀氏集団」にとって重大問題であった。また、忌部の設定は、「紀氏集団」の在地の祭祀権をゆるがした。

しかし、部民の設定は、十分には展開しなかった。そこでつぎに倭王権がとった方策は、国造《こくぞう》制の導入と屯倉《みやけ》の設定であった。南岸勢力は、国造に任命される道を選んだ。倭王権と結びつきを強め、それを背景に、在地の支配権を確保しようとしたのである。これにより、それまで「紀氏集団」をリードしてきた北岸勢力とのヘゲモニー争いが激化し、「紀氏集団」の亀裂は進行した。

結局、南岸勢力との争いにやぶれた北岸勢力の主要部分は、やがて大和《やまと》の平群谷《へぐりだに》に移住していった。彼らはそこに勢力を扶植し、七世紀後半以降、中央貴族の紀朝臣《きのあそん》として活躍していくこととなる。『土佐日記《とさにっき》』や多くの和歌《わか》を残した紀貫之《つらゆき》は、その末裔なのである。

一方、勝者の南岸勢力は、倭王権によって紀伊の在地支配を保証されたが、半面、倭王権の地方官としての職務をも果たさねばならなくなった。そのため、倭王権による屯倉の設定の要求を飲まざるをえなかった。

『日本書紀』には、紀伊地方に三つの屯倉が設定された記事がみえる。経湍《ふせ》・河辺《かわべ》屯倉と海部屯倉である。経湍・河辺の二つの屯倉は、下流平野を東から押さえる位置におかれ、中流地域の勢力を南岸勢力から切りはなす効果をもった。また、海部屯倉は、紀ノ川旧本流の河口部におかれて、下流地域を西から押さえるとともに、その名称が示すように、部民の海部を統轄する役割をもっていた。

これらの三つの屯倉の設定により、「紀氏集団」は、

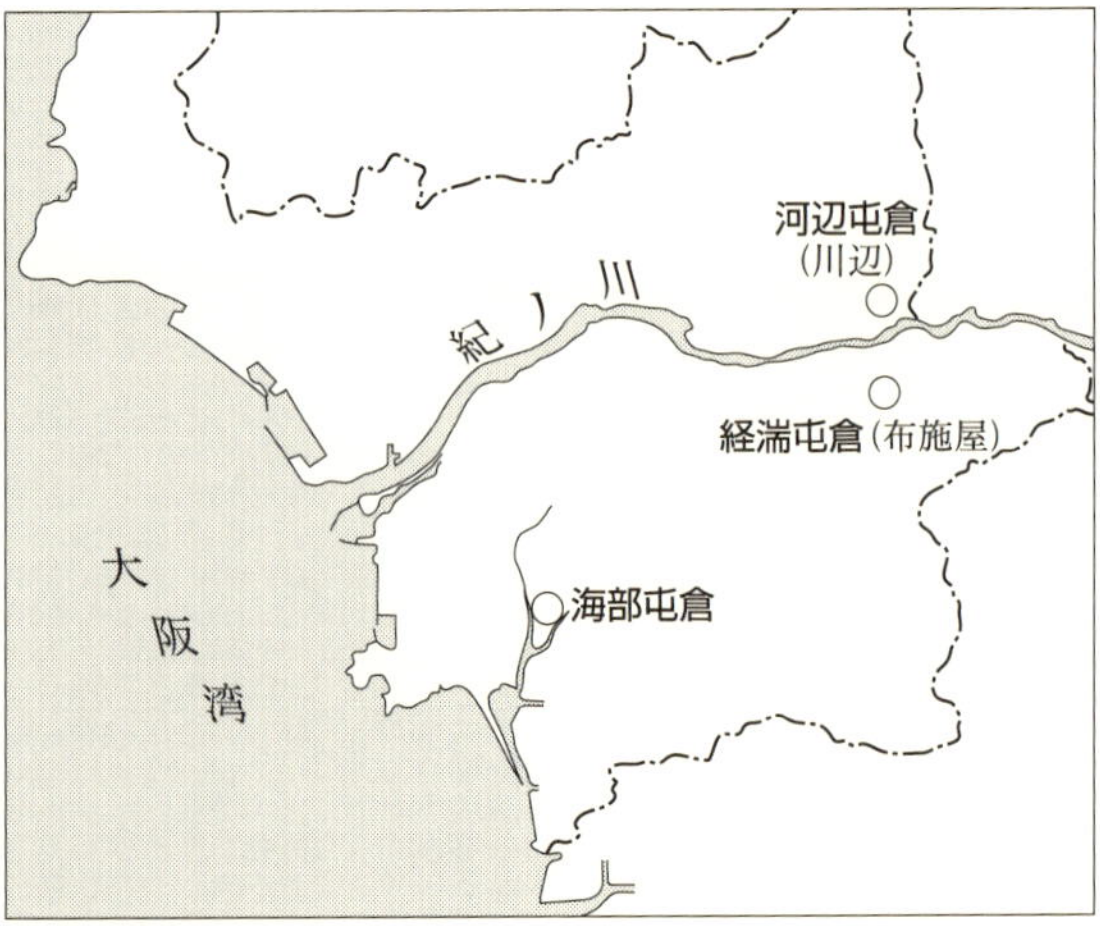

紀伊の三屯倉

その東西を押さえられ、紀ノ川下流の平野部に封じこめられた。「紀氏集団」の南岸勢力は、倭王権と結びつき、紀国造に任じられることによって、在地の支配権を確保できた。しかし、今やその支配権のおよぶ範囲は、紀ノ川下流部に限定されてしまったのである。

2章

紀伊の律令時代

白浜遠景

1　律令制の実施

紀伊国の成立●

隋《ずい》・唐《とう》という強力な統一王朝《おうちょう》が出現した影響で、高句麗《こうくり》・百済《くだら》・新羅《しらぎ》の三国では、いずれも六四〇年代に政変や権力集中がおきた。日本の支配者層も強力な政権をつくる必要を痛感し、中大兄皇子《なかのおおえのおうじ》を中心とするクーデタが決行された。

新政権による政治方針の大綱は「改新詔《かいしんのみことのり》」にもりこまれている。これはそのままでは信用できないが、和歌山県に関して注目されるのが、「畿内国《きないこく》」に関する規定である。第二条には「畿内国司《こくし》」をおくことがみえ、都《みやこ》から四方にのびる幹線道路上の一地点で畿内の範囲を示し、それより内側を一括して「畿内国」としている。

畿内とは、天子《てんし》の徳《とく》がおよぶ特別の地域で、都を中心とする一定の範囲が指定された。その南の境界が「紀伊の兄山《きいのせのやま》」とされているのである。この地には船岡山《ふなおかやま》があって紀ノ川《きのかわ》の流れを二分し、北に背山《せやま》、南に妹山《いもやま》がせまっている。紀ノ川下流の平野部への関門のようである。

「改新詔」では「郡《ぐん》」をおくとされているが、七世紀後半の実際の行政区画は「評《ひょう》」で、その官人《かんじん》は評《ひょう》造《ぞう》・評督《ひょうとく》・助督《じょとく》であった。評の制度は、大宝律令《たいほうりつりょう》施行まで行われた。評《こおり》は、国造《こくぞう》のクニを分割・再編しながら、大化・白雉《はくち》年間（六四五〜六五四）ごろ、全国的に設けられたらしい。紀伊には紀国造と熊野《くまの》国造がおかれていた。熊野国造のクニが、おおよそ牟婁《むろ》郡の東半地域とすると、このクニは、牟婁郡に包摂されたことになる。これに対して、紀国造のクニは、いくつかの評に分割された。

大化五（六四九）年、唐では高宗《こうそう》が即位し、ふたたび激動の時代がはじまった。六六〇（斉明《さいめい》六）年、唐・新羅軍によって百済はあっけなく滅んだ。この報に日本の支配者層は驚愕《きょうがく》し、救援軍の派遣を決めた。斉明女帝はみずから九州まで赴いたが、急死し、ただちに皇太子の中大兄皇子が実権をにぎった。しかし、日本の救援軍は、天智《てんじ》二（六六三）年、白村江《はくすきのえ》の戦いで大敗を喫した。これにより、日本は朝鮮半島から撤退することになった。

白村江の戦いで、日本は精鋭部隊を一挙に失った。このため、天智天皇は、防衛体制の整備と国内の引

畿内の範囲

締め・政治改革を行う必要にせまられた。北部九州や瀬戸内海沿岸地方に、亡命百済人の技術指導で朝鮮式山城《やまじろ》がつくられ、最新の政治方式である律令制を積極的に取りいれ、国力の回復をはかった。こうして日本は、律令制への道を本格的に進みはじめた。

律令制の導入は、壬申《じんしん》の乱《らん》（六七二年）に勝利した天武《てんむ》朝にいっそう押し進められ、持統《じとう》朝にうけつがれた。体系的な法典の編纂がはじめられ、律令政治体制にふさわしい新京の建設が計画された。こうして律令制は、大宝元（七〇一）年に施行された大宝律令によって、完成の域に達した。

国には、大国・上国・中国・下国の四等級があった。紀伊国は、神護景雲三年以前は、史料が欠けていて判断できないが、それ以後は上国であった。

国の行政の中心は国府《こくふ》であった。現在の和歌山市府中《ふちゅう》が所在地とされている。九世紀後半ごろの国府には、中心の「庁事《ちょうじ》」とそれ以外の「舎屋《しゃおく》」「学校」があり、周囲には「百姓家」が建ちならんでいたらしい。また、近くに「館《たち》」のような国司の居住施設があったようである。

各郡の等級

郡名	郷数	等級
伊都	5	下
那賀	7	下
名草	21	大
海部	3	小
在田	5	下
日高	5	下
牟婁	5	下

郷数は，一般郷・駅戸・神戸の合計で，余戸は加えていない。

郡の等級と郡司の定員

	大領	少領	主政	主帳
	人	人	人	人
大郡	1	1	3 (1)	3 (2)
上郡	1	1	2 (1)	2 (1)
中郡	1	1	1 (0)	1
下郡	1	1		1
小郡	領 1			1

養老職員令による。（　）内は，天平11(739)年5月の定員削減による。

国の下の行政区画は「郡」である。紀伊国には伊都《いと》・那賀《なが》・名草《なくさ》・海部《あま》・在田《ありだ》・日高《ひだか》・牟婁の七郡があった。郡も、郷の数によって大・上・中・下・小の五等級に分かれていた。『和名抄《わみょうしょう》』にみえる各郡の郷数によると、前頁上表のようになる。名草郡のみが大郡、海部郡が小郡のほかは、みな下郡であった。このことは、名草郡が巨大かつ重要な郡であり、この郡に根をおろしている紀直《きのあたい》一族の勢力が、いかに大

8～10世紀の史料にみえる公里(郷)名

郡名	8世紀の史料にみえる公里(郷)名	9世紀の史料にみえる公郷名	『和名抄』にみえる公郷名
伊都	指理		賀美，村主，指理，桑原
那賀	那賀，荒川，□前	山前，弥気	名手，橋門，那賀，荒川，山埼，埴埼
名草	大屋，直川，大田，忌部，旦来，片岡	直河，野応，忀香，御木，貴志，埴生	大屋，直川，菀部，断金，野応，有真，荒賀，大野，旦来，大田，大宅
海部	可太，浜中，木本，□	浜中	賀太，浜中
在田	吉備，英多，幡陀	吉備，秦	吉備，温笠，英多，奈耆
日高	財，清水，内原，南部	別	財部，清水，内原，石渕，南部
牟婁	岡田，牟婁，栗栖		岡田，牟婁，栗栖，三前

『日本霊異記』にみえる里(郷)名は，同書の最終的な成立の時代を考慮して，9世紀の欄にいれた。8，9世紀欄の下線を引いた里(郷)名は，『和名抄』にみえるものである。『和名抄』欄の下線を引いた郷名は，8，9世紀の史料にみえるものである。

きなものであったかを如実に示している。また、郡司《ぐんじ》の定員は、三八頁下表のように、郡の等級によって異なっていた。

つぎに、郡の下の里《り》について述べよう。一里は五〇戸からなり、里《り》（郷）長《ちょう》がおかれた。里は、霊亀三（七一七）年に「郷《ごう》」と改められ、その下にあらたに「里」がおかれた。郷には郷長、「里」には里正《りせい》が任命された。これを郷里制《ごうりせい》という。紀伊国でも郷里制が施行されたことは、木簡《もっかん》によって確かめられる。これに伴い、従来の戸を「郷戸《ごうこ》」とし、それを二〜三の「房戸《ぼうこ》」に分け、房戸を租税の負担や免除の単位とした。この郷里制は長続きせず、天平十一（七三九）年末から同十二（七四〇）年前半ごろに、下部の「里」が廃止され、郷のみが残った。

紀伊七郡の里（郷）の基本史料である『和名抄』は十世紀前半の成立である。したがって、『和名抄』の里（郷）が、そのまま八、九世紀までさかのぼるかどうかは検討を要する。こうした観点から里（郷）名を整理したのが前頁表である。

有間皇子の変●

斉明四（六五八）年十一月、孝徳《こうとく》天皇（軽《かる》皇子）の子の有間《ありま》皇子の事件がおきた。白雉四（六五三）年に、中大兄皇子は「倭京《わきょう》」に都を遷すことを主張し、難波長柄豊碕宮《なにわながらとよさきのみや》にこだわる孝徳天皇と対立した。中大兄皇子は飛鳥河辺行宮《あすかのかわべのかりみや》に移り、皇極《こうぎょく》元天皇・間人《はしひと》皇后・大海人《おおあま》皇子や政府の高官もこれにしたがった。孝徳天皇は憤激し、難波宮で失意の生活を送り、翌白雉五（六五四）年十月に没した。

このとき、有間皇子は一五歳であった。彼は、中大兄皇子たちに対する復讐を決意していた。また、時の権力者中大兄皇子は、有間皇子を皇位継承の有資格者として、疑惑をもってみていた。

有間皇子は狂気をよそおって牟妻温湯《むろのゆ》（紀温湯）にいき、帰ってきてからその景色のすばらしさをほめ、病気が治ったと報告した。これを聞いた斉明女帝も行幸《ぎょうこう》した。有間皇子は、斉明女帝や中大兄皇子を牟妻温湯にさそいだし、そのすきに飛鳥で挙兵しようと計画していたのである。その計画とは、まず飛鳥の宮室を焼打ちにし、五〇〇人を動員し、水軍で牟妻津や紀淡《きたん》海峡を封鎖する、というものであった。

この陰謀には、守君大石《もりのきみおおいし》・坂合部連薬《さかあいべのむらじくすり》・塩屋連《しおやの》鯯魚《このしろ》・蘇我赤兄《あかえ》らが加わっていた。有間皇子は、蘇我赤兄が斉明女帝の政治を批判したのを聞き、自分に同調していると知ってよろこび、つい「挙兵のときがついにきた」と口走ってしまった。有間皇子は蘇我赤兄の家の楼《ろう》で謀議をこらした。ところがその夜、蘇我赤兄は、有間皇子をとらえ、駅《えき》使《し》を天皇のもとに送り、翌日、有間皇子らを牟妻温湯にむけて送りだした。

『万葉集《まんようしゅう》』巻二の「挽歌《ばんか》」の項には、著名な有間皇子の歌二首がおさめられている。

有間皇子の歌碑と墓碑（海南市）

有間皇子、自ら傷みて松が枝《え》を結ぶ歌二首

磐代《いわしろ》の　浜松が枝を　引き結び　ま幸《さき》くあらば　またかへりみむ

家にあれば　笥《け》に盛る飯《いひ》を　草枕　旅にしあれば　椎の葉に盛る

前者の「磐代」は、現在の日高郡みなべ町西岩代《にしいわしろ》である。紀伊路を南下してきた一行が、日高郡印南《いなみ》町の切目崎《きりめざき》をまわるとはじめて、右手前方に海をへだてて牟婁温湯のある半島が、白くくっきりと目にはいってくる。この地は、有間皇子が二首の絶唱をよんだ地としてまことにふさわしい。

牟婁温湯に着いた有間皇子を、中大兄皇子がみずから尋問した。「なぜ謀反《むほん》をたくらんだのか」という問いに対して、有間皇子は「それは天と赤兄とが知っている。私にはまったく理解できない」とこたえたという。取調べがおわると、有間皇子は飛鳥に帰されることになったが、途中の「藤白坂《ふじしろざか》」で絞殺された。まだ一九歳の若さであった。

南海道と駅●

幹線道路は、都から東に三道（東海道《とうかいどう》・東山道《とうさんどう》・北陸道《ほくりくどう》）、西に三道（山陰道《さんいんどう》・山陽道《さんようどう》・南海道《なんかいどう》）の計六道が放射状に設定され、大宰府《だざいふ》管内には西海道《さいかいどう》がととのえられた。この七道は、大路・中路・小路に区分されていた。紀伊国の属する南海道は小路であった。

駅は、原則として三〇里（約一六キロ）ごとに設置され、駅馬《えきば》をおき、駅田《えきだ》が付属していた。南海道は小路であるから、一駅当り駅馬五匹、駅田二町であった。駅馬を使用する場合には、駅鈴《えきれい》が支給された。

駅の管理・運営は駅長《えきちょう》があたった。駅長は、駅戸《えきこ》のなかから選ばれた。

駅に付属させられた駅戸は、駅田を耕作し、駅長や駅子《えきし》をだし、駅馬を飼養した。この駅戸については、興味深い紀伊国関係の木簡が平城京《へいじょうきょう》から出土した。

・紀伊国安諦郡駅戸桑原史馬甘戸同広足調塩三斗

・　　天平四年十月　　　　二六二×二〇×四ミリ　〇三二型式

これによって、安諦《あて》（在田）郡内に駅戸が設定されていたことがあきらかとなり、駅戸は必ずしも駅の近辺の戸から設定されたのではないことが判明した。

一方、国府と郡家《ぐうけ》、郡家と郡家を結ぶ交通手段として整備されたのが伝馬《てんま》であった。伝馬は、郡家ごとに官馬《かんま》（軍団の馬）から一律に五匹ずつ充てられた。

都の位置と駅路のルートは関係が深かった。長岡京《ながおかきょう》以前の南海道は、紀ノ川北岸にそって西にくだり、紀伊国府を経て現和歌山市加太から淡路《あわじ》国にわたっていた。紀伊国内には、西から萩原駅（かつらぎ町大字萩原）、名草駅（旧名草郡内）、賀太駅（和歌山市加太《かた》）の三駅がおかれていた。

延暦十三（七九四）年に平安京《へいあんきょう》に都が移ると、翌々年に南海道のルートが変更された。この変更は南海道全域におよぶ大規模なものであったが、本州側では、大阪湾にそって進み、和泉《いずみ》国の呼唹《おお》駅から雄ノ山《おのやま》峠を越えて紀伊にはいり、紀伊国府を経て賀太駅に至るルートとなった。ところが、これに伴う駅の再編成は弘仁二（八一一）年まで遅れ、紀伊国にあった三駅はすべて廃止されてしまった。しかし、これは実情にあわなかったため、翌弘仁三（八一二）年、雄ノ山峠を越えて紀伊国の平地部にはいったところに駅を新設した。その地がたまたま萩原村であったため、新設の駅は萩原駅と命名された。これと前後して、賀太駅も復活されたらしい。こうして、これ以後、紀伊国の駅は、萩原駅と賀太駅の二駅となった。

天皇（大王《おおきみ》）や皇后（大后《おおきさき》）の紀伊行幸《ぎょうこう》（行啓《ぎょうけい》）は、有間皇子の変の時の斉明天皇の紀温湯（牟婁温

天皇などの紀伊行幸

天皇など	行　幸　年	目的地	ル　ー　ト
斉明天皇	斉明 4 (658) 年	牟婁温湯	
持統天皇	持統 4 (690) 年	紀　伊	(往復)紀ノ川沿い
文武天皇・持統太上天皇	大宝元(701)年	牟婁温湯	(往復)紀ノ川沿い
聖武天皇	神亀元(724)年	和歌の浦	(往)紀ノ川沿い，(復)和泉経由
称徳天皇	天平神護元(765)年	和歌の浦	(往)紀ノ川沿い，(復)弓削行宮経由
桓武天皇	延暦23(804)年	和歌の浦	(往復)和泉経由

湯）行幸が確実な最初の例である。以下、八〜九世紀初頭には、上表のような例がある。このうち、注意すべきものを取りあげよう。

神亀元（七二四）年の聖武《しょうむ》天皇の行幸は、同年十月五日に出発し、七日に那賀郡の「玉垣勾頓宮《たまがきのまがりのかりみや》」（紀の川市井田《いだ》小字垣内《かいと》・玉垣）に着いている。一行は、翌八日に「玉津嶋《たまつしま》頓宮」にはいったが、十二日には「離《り》宮《きゅう》」をつくらせている。聖武天皇は、和歌の浦が気にいったらしく、ここに恒久的な施設をつくろうと思い立ったのである。

この行幸については、遊覧的性格が指摘されているが、聖武天皇の即位と結びつける考えが重要である。『延喜式《えんぎしき》』にみえる践祚大嘗祭《せんそだいじょうさい》の由《ゆ》加物《かもの》の薄鰒《うすあわび》・生鰒《なまあわび》・生螺《なまにし》・都志毛《つじも》・古毛《こも》・螺貝焼塩《にしがいやきしお》などは、和歌の浦付近で採集されたらしい。これは、和歌の浦が天皇の即位と関係をもっていたことを示唆している。

称徳《しょうとく》女帝の行幸では、名草郡の前少領《さきのしょうりょう》であった榎本《えのもと》連千嶋《ちしま》が稲二万束を献上している。またこのとき牟妻采女《うねめ》の熊野直広浜《ひろはま》が位階をあたえられた。女帝が玉津嶋に滞在しているとき、淡路国に幽閉されていた淳仁《じゅんにん》前天皇は逃亡し、その直後に急死した。帰路には弓削行宮《ゆげあんぐう》にはいり、道鏡《どうきょう》を太政大臣禅師《だいじょうだいじんぜんじ》にしている。

2　租税と民衆

租税の負担●

律令時代には、租《そ》・調《ちょう》・中男作物《ちゅうなんさくもつ》・庸《よう》・贄《にえ》その他の物品でおさめる租税や、事実上の租税である出挙利稲、仕丁《しちょう》（女丁《にょちょう》）・衛士《えじ》・雑徭《ぞうよう》・兵士役などの労働税など、さまざまな租税などが人びとに重くのしかかっていた。これらの重税は、一方では天平《てんぴょう》文化をささえる活力源であったが、他方では人びとの生活を容赦なく痛めつけた。

これらの収取物や力役は、中央財政、地方財政のどちらの財源かという点でも区分される。調・庸は中央に運ばれて中央財政の財源となり、租は出挙利稲とともに地方財政に組み込まれた。調・庸の中央への輸送は民衆のたいへん重い負担であった。調・庸とは、中央までの輸送を含めた租税なのである。力役の場合は、仕丁・采女・女丁は中央で労役に服し、雑徭・兵士役は地方の労役であった。また、衛士は、徴発した兵士のなかから選抜して中央に送られるものである。

紀伊国では、どのような物品が租税として徴集されたのであろうか。幸い平城京や長岡京などから、租税の荷物につけられて諸国から都城《とじょう》に送られてきた荷札《にふだ》が出土している。これを手がかりとして、紀伊国における租税について考えたい。

調の荷札木簡は、そのすべてが沿岸部のもので、品目は塩である。伊都・那賀・名草の内陸三郡のものはない。沿岸部でとれた塩が、調として中央に運ばれたのである。

しかし、紀伊国の調は塩だけではなかった。糸、絁《あしぎぬ》、綾錦《あやにしき》、調銭などが木簡以外の史料で知られる。平安時代では、『延喜式』（主計上）に、絹製品（両面《りょうめん》・羅《ら》・綾《あや》・帛《はく》・糸・絹・綿）、海産物（塩・鮨《すし》・鰒《あわび》・堅魚《かつお》・久恵腊《くえのきたい》・滑海藻《あらめ》）、銭などがあげられている。

つぎに、米の荷札としては、庸と年料舂米《しょうまい》の二種類がある。このうち庸は、年一〇日の歳役《さいやく》の代納物としておさめられる租税であり、年料舂米は、当初は田租《でんそ》の一部を舂《つ》いて中央に運ぶことと規定されていたが、その後、公出挙《くすいこ》の利稲の一部を舂いて白米として運京《うんきょう》されている。

このように、庸米と年料舂米とは性格が異なるが、ここでは重貨《じゅうか》（一定価値当りの重量が重いもの）という共通点に着目したい。これまでに出土している紀伊国の米の荷札は、沿海部の安諦郡のものと、伊都郡・那賀郡などの内陸部のものに分かれる。

米は都の人びとの主食であるので、その確保は必要不可欠であった。ところが重貨であるため、輸送には大きな困難が伴う。平城京に近い場合は陸路で運ばれ、沿海地域からは、紀ノ川をさかのぼるにせよ、大阪湾にでるにせよ、水運を利用したとみるのが妥当であろう。

これまでに出土している紀伊国の年料舂米の荷札二点は、いずれももっとも平城京に近い伊都郡・那賀郡のものである。庸米の荷札も伊都郡のものである。中央に送るにあたって、輸送距離の短い二郡が選ばれたのであろう。この点からみて、この二郡からは、基本的には陸路で輸送したと考えられる。

沿海部から水運を利用して米が輸送されたらしいことは、今後の展開を暗示する。送付先が平城京の場合は、水運の優位は、それほどはっきりしたものではなかった。しかし、都が長岡京・平安京に移ると、水運のメリットはかなり大きくなる。紀ノ川と淀《よど》川を使えば、全行程のほとんどで水運を利用できる。この点からみて、長岡遷都にともない、紀伊国からの米の輸送は、水運による比重が高まったと推定できる。
贄は天皇に貢納される食料である。紀伊国関係の贄木簡は、これまでに海部郡と牟婁郡のものが出土している。このうち、海部郡について注意すべきは、『延喜式』の践祚大嘗祭の規定（巻七）との関連が浮上してきたことである。紀伊国からは、由加物《ゆかもの》としてさまざまな海産物を献ずることになっており、それらは「賀多潜女《かだのかつぎめ》十人」に採取させることになっている。この賀多潜女とは、加太地方の海女《あま》のことであろう。

この点で注意されるのが、和歌の浦行幸である。神亀元（七二四）年十月の聖武天皇の行幸は、大嘗祭直前に行われた。何らかの神事が重要な目的であったらしい。同様のことは、天平神護元（七六五）年十月の称徳《しょうとく》天皇の行幸にも認められる。

望海楼の碑（聖武天皇の行幸地。和歌山市）

❖コラム

鎌垣船と久恵

古代の紀伊国《きいのくに》からは、毎年さまざまな物品が租税として中央に貢納されていた。そのなかで、他国には例のない珍しいものとして「鎌垣船《かまがきぶね》」をあげることができる。年料別貢雑物《ねんりょうべっこうぞうもつ》という税目の一つとして、毎年九艘ずつ貢納することになっていた。しかし、どれくらいの大きさの船で、どのような形をしていたのか、残念ながら何もわからない。

鎌垣船の「鎌垣」とは、天平神護元（七六五）年に称徳《しょうとく》女帝が紀伊国に行幸《ぎょうこう》したとき、紀ノ川《きのかわ》中流の那賀《なが》郡の「鎌垣行宮《かりみや》」に一泊しているので、その辺りの地名であろう。おそらく鎌垣船とは、鎌垣付近でつくられていた河川航行用の船なのであろう。

それが、紀伊国にかぎって、毎年九艘ずつ貢上するように規定されていたということは、鎌垣船が河川用船舶として優秀であったためであろう。そのことは、紀ノ川の水上交通が盛んであったことをも示している。

紀伊国からの貢納物としては、やはり海産物が注意される。カツオ・タイ・イワシ・アワビなどの魚介類、アラメ・ワカメ・ミル・ツジモ・フノリなどの海草類が豊富に貢納されていた。そうしたなかで注目されるのが、調《ちょう》の品目としてあがっている久恵腊《くえのきたい》である。久恵の切り身を干したものである。クエは、美味な魚で、現在でも鍋物料理で珍重されているが、古代人も、もちろんそのおいしさを知っていたわけである。クエは、紀伊国のほかでは阿波《あわ》国からも貢納されることになっているので、昔も紀伊水道に棲息し、その両側の国で捕獲され、貢上されていたのである。

この点からすると、大嘗祭の直前に和歌の浦に行幸して行われる神事と、大嘗祭にそなえられる賀多潜女による由加物の採取とは、関係が深いのではなかろうか。和歌の浦一帯の島々は、加太郷に属していた。この点からすると、加太の海女たちは、八世紀から和歌の浦で海産物の採取を行っており、大嘗祭直前の神事にも関係したと考えられる。

浮浪と逃亡●

律令国家による租税の収取はきびしかったが、それ以外に、私《し》出挙などの地方豪族層によるさまざまな搾取があった。当時の民衆の生活は過酷であった。それにたえられなくなった人びとは、浮浪《ふろう》・逃亡《とうぼう》に走った。彼らのなかに、積極的・計画的に移住した者がいたことは確かだが、やはり没落農民が多かったと思われる。

なお、律令の法解釈では、浮浪とは本貫地《ほんがんち》をはなれているが課役（調・庸・雑徭）をおさめている者、逃亡は本貫地をはなれて課役も負担していない者をさす。しかし、実際には両者は混用されていた。浮浪・逃亡の実例のうち「山背国《やましろ》愛宕《おたぎ》郡出雲《いずも》郷雲下《うんげ》里計帳《けいちょう》」の出雲臣広足《ひろたり》の戸に、紀伊国伊都郡への逃亡の事例がみえる。

計帳の浮浪・逃亡に関する記載には、いくつかの問題が含まれている。第一に、正丁《せいてい》物は、本人がいないにもかかわらず、あたかもその事実がなかったかのように税金の調銭が課されている。これは、逃亡先で摘発された場合、逃亡先と本貫地の両方で調庸を収取するという過酷な処置がとられていたことを意味する。それによって、逃亡者の本貫地への帰還を促し、浮浪・逃亡の発生を未然にふせごうとした。

第二に、かなり以前の浮浪・逃亡者が記されている点も注意される。戸令の「三周六年之法」によると、一戸全体で逃亡した場合は三年間、戸口が逃亡した場合は六年間、五保《ごほ》（五戸ごとの隣保組織）が追跡しつづけ、それぞれ四年目、七年目の計帳から名前を抹消するという（除帳）規定である。

この規定を適用すると、出雲臣乎美奈売《おみなめ》は和銅五（七一二）年に紀伊国に逃亡しているから、それから七年目の養老三（七一九）年の計帳で除帳され、神亀三（七二六）年の「雲下里計帳」にはみえないはずである。ところが依然として記されている。ということは、ある時期から浮浪・逃亡者を除帳しなくなったためと考えられる。ではそれはいつからか。京畿《けいき》計帳をつうじてもっともはやい逃亡年は和銅元（七〇八）年であるから、それから数えて七年目の霊亀元（七一五）年から、三周六年之法の適用が停止されたのである。

第三に、京畿計帳によると、浮浪・逃亡全体の約六六％が和銅年間（七〇八〜七一四）に集中している。このような和銅年間における浮浪・逃亡の激発は、平城京の造営工事と関係が深い。浮浪・逃亡の仕丁たちは、畿内や近江《おうみ》国の「百姓」たちのもとにかくまわれ、本貫地や本主のところに帰らなかった。この「百姓」らは、浮浪・逃亡者をみずからの私的な経営のなかに囲い込み、その労働力として駆使していたのであろう。

豪族と住民

紀伊国における氏族《しぞく》分布の状況を、大局的にみることとしよう。

まず、紀直（宿禰《すくね》）一族の分布の中心は名草郡にあった。そのことは、当郡の郡司のポストを、八〜九世紀をつうじて押さえていたことによく示されている。

このうち、河北《かほく》の直川《のうがわ》郷には、紀直も分布するが、それを凌駕《りょうが》して紀朝臣《あそん》が根をおろしていた。紀直の本拠地は、河南《かなん》地域であったと考えられる。そのことは、紀直の奉斎《ほうさい》する日前《ひのくま》・国懸《くにかかす》神社《じんじゃ》（総称して日前《にちぜん》宮《ぐう》）の所在や、それを中心に大規模な条里《じょうり》地割《ちわり》が広がることなどから、十分に想定できる。

紀直（宿禰）は、名草郡以外では、在田郡・日高郡にも分布していた。このうち、日高郡では、内原直《うちはら》（紀打原直）や紀直の存在が確かめられるが、郡司のポストについていた史料はない。在田郡では、擬大《ぎだい》領《りょう》になっていたが、同時に紀朝臣も郡司のポストを押さえていたのであって、紀直（宿禰）が、名草郡のように、他に抜きんでる地位にあったわけではない。

このように、紀直（宿禰）は、紀ノ川河南部に広がる紀伊最大の肥沃な平野部を本拠地として確保するとともに、名草郡の郡司の要職を押さえ、国造のポストを独占していた。また、名草郡の南の在田郡にも進出し、郡司となっていたが、その地位は、必ずしも強固なものではなかった。さらに、日高郡にも一族が分布するが、在地の有力者程度にとどまっていた。

これに対して、紀朝臣（臣）の分布は対照的である。紀朝臣やその同族は、名草郡でも河北の直川郷に認められ、紀直（宿禰）の本拠地である河南地域にいた例はない。紀朝臣は、名草郡では郡司になっていたことを示す史料はなく、せいぜい河北地域の在地有力者にとどまっていた。

紀朝臣は、むしろ在田郡に勢力があった。郡司とともに保証刀祢《とね》としてもみえる。しかし、この郡の郡司には、紀直（宿禰）もなっており、けっして紀朝臣の地位は、他を圧するほどではなかった。紀朝臣は、ほかに那賀郡山前郷《やまさき》の土地所有者としてもみえるが、その勢力は小さなものであったであろう。

紀朝臣は、紀直をさけるように、紀直の本拠地である紀ノ川下流の河南平野を取り囲んで分布していた。このような分布のあり方は、かつて両氏が「紀氏集団」を構成しながらも、分裂し、紀朝臣の主要部分が紀伊を去ったことと関係があるのではなかろうか。

以上の両紀氏とならんで、紀伊に広く分布していたのが、大伴《おおとも》連とその同族である。とくに八世紀の名草郡では、大伴櫟津《いちいつ》連や榎本連が少領になっている。その状況は、大伴氏と紀氏が「同じ国近き隣の人」といわれたことと対応している。

また、同郡の片岡《かたおか》里には、大伴部《おおともべ》直がいた。この片岡里が、現在の和歌山市片岡町付近であるとすると、その地は、紀直の本拠地のまっただなかになる。大伴連の一族は、紀直をさけることなく、いりまじって分布していたのであろう。大伴連は那賀郡にも多く居住していたらしい。しかし、同郡では、在地の有力者にとどまったとみられる。

つぎに、渡来系氏族について概観しよう。まず、名草郡では、直川郷に小豆《あづき》首・川原伊美吉《かわはらのいみき》・秦《はた》伊美吉、能応《のお》村に三間名干岐《みまなのかんき》・武蔵村主《むさしのすぐり》、三上《みかみ》村に岡田《おかだ》村主などが居住していた。これらの地域は、いずれも紀直の本拠地たる紀ノ川河南平野の周辺にあたっている。すなわち、紀朝臣と同じように、紀直をさけるように分布している。

那賀郡・伊都郡でも、渡来系氏族の分布は濃密であった。那賀郡では、日置毗登《へぎのひと》・日置造・日置首・丈部忌寸《はせつかべのいみき》などがいた。このうち、日置毗登は、大領になったことがある。伊都郡では、文《ふみ》伊美吉・平田《ひらた》宿禰の勢力が大きかった。前者は、十世紀では、多くが郡司になっていた。

以上のほかに、各郡には、その地域の土着の豪族が存在していた。那賀郡では長我孫《ながのあびと》・長公《ながのきみ》、伊都郡では六人部《むとべ》連、海部郡では海部直、牟婁郡では熊野直などである。この点からすると、名草郡の紀直も、同郡の伝統的な大豪族であるといえよう。

3　カミとホトケ

神話・伝承の世界●

紀伊は、記紀《きき》の神話や伝承のなかにいくどか姿をあらわす。それらはそのまま事実とみることはできないが、そこに描かれた紀伊の姿は、古代の人びとが紀伊をどのようにみていたかを物語っている。そのおもなものを取りあげよう。

まず、天《あま》の岩戸《いわと》神話である。これは、素戔嗚尊《すさのおのみこと》の乱暴を怒った天照大神《あまてらすおおみかみ》が天の岩戸にとじこもったため、世の中は暗黒となった。そこで神々が相談し、さまざまな趣向を凝らして天照大神をさそいだす、というものである。

『日本書紀』という歴史書は、神話について多くの別伝承を記す特色をもっているが、そのなかに、さそいだした道具の一つである鏡が、日前・国懸神社の神体であるという伝承がみられるのである。また、この鏡を伊勢神宮の神体であるとする別伝もみえている。このことは、日前宮が皇祖神《こうそしん》と深く関係していたことを示している。のちに述べるように、ある時期から日前宮で皇祖神がまつられるようになった結果である。

つぎに、神武《じんむ》東征神話をみよう。天上の高天原《たかまのはら》から日向《ひゅうが》の高千穂峰《たかちほのみね》にくだった天照大神の子孫に神武天皇があらわれ、東方の美しい地をめざした。初めは大阪湾から大和《やまと》に攻め入ろうとしたが、兄の五瀬命《いつせのみこと》が負傷するなどして失敗した。そこで、紀伊まわりで雄水門《おのみなと》を経て紀伊の竈山《かまやま》で五瀬命を葬り、名草邑《むら》を経て熊野に上陸し、苦難の末、ついに大和の攻略に成功した、という。

これは、倭《わ》王権が日本を統一していく過程が、一つの神話にまとめられたものであろう。紀伊の勢力は、はやくから倭王権の一部を構成していたところから、この神話の舞台として紀伊が登場したものと考えられる。

最後に、神功《じんぐう》皇后にまつわる伝承を取りあげたい。仲哀《ちゅうあい》天皇が紀伊国を行幸しているときに、熊襲《くまそ》が反乱をおこしたので、徳勒津《ところつ》から九州にむかうとともに、神功皇后にも合流するように命じた。天皇は熊襲を攻撃するが、神が皇后に託宣して、熊襲ではなく新羅国を討つように指示した。天皇はこれにしたがわなかったために急死し、皇后が武内宿禰《たけしうち》の助けを借りて新羅をしたがわせた。凱旋してきた皇后に対して、麛坂《かごさか》王・忍熊《おしくま》王が反乱をおこしたので、皇后は紀伊水門にいき、紀伊を拠点にしてこの反乱をしずめた、という。

この伝承では、紀伊国から出発した倭王権の軍が、熊襲に加えて新羅を攻め、さらには麛坂王・忍熊王の反乱を鎮圧したように描かれていることが注意される。これは、水軍を中心とする紀伊の勢力が、倭王権の軍事力の重要部分をなしていたことを反映しているのであろう。

日前宮と神郡●

古代の紀伊国を宗教的に特色づけるのは、神郡《しんぐん》の存在である。神郡とは、とくに有力な神社の祭祀・経営をささえるためにおかれた郡のことで、伊勢国の多気《たき》郡・度会《わたらい》郡（伊勢神宮）、下総《しもうさ》国の香取《かとり》郡（香取神宮）、安房《あわ》国の安房郡（安房神社）、常陸《ひたち》国の鹿島《かしま》郡（鹿島神宮）、出雲国の意宇《おう》郡（杵築《きつき》〈出雲〉大社・熊野神社）、筑前《ちくぜん》国の宗像《むなかた》郡（宗像神社）の七郡とならんで、名草郡が指定されていた。

神郡である名草郡は、いうまでもなく日前・国懸神社のために設定されていた。このことは、律令時代に当社が非常に重視されていたことを示している。現在この二つの神社は、和歌山市秋月《あきづき》にならんで鎮座している。

では、これほどまで重視された日前宮とは、いかなる神社だったのであろうか。社伝によれば、伊勢大神と同じ皇祖神をまつっており、神体は、前述のように、天の岩戸にかくれた天照大神を招きだすためにつくった鏡であるという。

これに対して薗田香融は、これは同神社の祭神の性格が変化したあとの姿であり、本来は名草溝口神《みぞぐちしん》とよばれ、名草溝の溝口にまつられた農耕神であったとする魅力的な考えを示している。この名草溝とは、のちに宮井《みやい》用水・宮井川などとよばれ、紀ノ川下流南岸の広大な平野部をうるおしていた基幹用水である。はるか西方の和歌山市上三毛《かみみけ》で紀ノ川から取水するが、日前宮の北側の音浦《おとら》で分水して平野の隅々に広がっている。日前宮は、まさにこの用水ののど元にあたる場所に立地しているのである。

しかし、私見によると、日前宮の本来の祭神は、「紀氏集団」全体がまつっていた紀伊国の国土を象徴する在地の神々であり、そのなか

日前(左)・国懸神社(和歌山市)

には、名草溝口神のような農耕神や、紀伊国の語源ともなった森や木の神々、さらには海神なども含まれていた。日前宮の発祥は、これらの神々を奉斎する「紀氏集団」が形成された古墳《こふん》時代初頭にさかのぼるのであろう。

「紀氏集団」は、1章3節でみたように、倭王権の有力メンバーとして、とりわけ対外関係において重要な役割を果たした。しかし、その内部では、深刻なヘゲモニー争いが進行しつつあった。これにつけこんだ倭王権は、部民《べみん》や屯倉《みやけ》の設定をとおして、紀伊に介入する政策を進めた。これに呼応して、紀ノ川南岸の勢力が、倭王権と連携することにより、「紀氏集団」のなかで優位に立ち、紀伊の地元でヘゲモニーを確保することに成功した。しかし、その勢力範囲は、倭王権によって、紀ノ川下流の南岸部にほぼ制限されてしまった。

南岸勢力自身も、国造という倭王権の地方官に任命されたが、それに伴って、祭祀面でも倭王権の祭神である皇祖神の祭祀をうけいれざるをえなかったと考えられる。こうして、紀伊在地の神々に加えて、皇祖神がまつられること

伊太祁曽神社(和歌山市)

になったのである。これが、日前神と国懸神の原型であろう。
紀伊在地の神々と皇祖神の関係は、当初は前者が優位であったと考えられる。しかし、倭王権の紀伊への浸透が進むにつれて、しだいに後者の地位が上昇していき、前者を圧迫していった。そして、ついに大宝二（七〇二）年には、伊太祁曾《いたきそ》神はじめ三神が日前宮の地から各地に分祀されてしまった。その結果、現在の日前・国懸神社の形が定まったのであろう。

『日本霊異記』の寺々●

紀伊における仏教の普及は、寺院跡の検討によって知られるが、これは次項にゆずり、ここでは、現存最古の仏教説話集である『日本霊異記《にほんりょういき》』を取りあげる。紀伊出身らしい景戒《きょうかい》という僧によってまとめられたこの説話集には、紀伊を舞台とする話が多く収録されており、そのなかに寺々がみえている。そのいくつかをみることとしよう。

まず、中巻第十一話には「伊刀《いと》郡桑原《くわはら》の狭屋寺《さやでら》」という尼寺がみえる。文忌寸（字は上田三郎）は、妻である上毛野公大椅《かみつけぬのきみおおはし》の女《むすめ》が、平城京の薬師寺《やくしじ》から同寺に題恵《だいえ》禅師を招いて行われた法会《ほうえ》に参加して家をあけるのに腹を立て、強引に妻を連れ戻した。そのとき禅師をののしったので、そのむくいで急死したという。

これは佐野廃寺《さやはいじ》（伊都郡かつらぎ町佐野）に相当するとみられる。文忌寸は、渡来系の氏族で、伊都郡の郡司をだす有力氏族であった。同寺はその氏寺であった可能性が高い。文忌寸は、その地位を利用して京から高僧を招くなど、盛んに仏教文化を導入したのである。

つぎに那賀郡では、下巻第十七話に、村人が建てたという「弥気《みけ》の山室堂《やまむろどう》」がみえる。この堂に住んで鐘《かね》をついていた沙弥《しゃみ》の信行《しんぎょう》は、この堂に未完のまま放置されている仏像をみて、応急修理をほどこした。その後、痛い痛いという声がするので調べてみると、声の主はその像であった。信行はおどろき、この寺に滞在していた元興寺《がんごうじ》の沙門宝慶《ほうけい》と力をあわせて知識をつのり、この仏像を修理してお堂に安置したという。

この寺があった弥気という場所は、現在の和歌山市上・下三毛にあたる。この近辺の有力な寺院跡としては北山《きたやま》廃寺（紀の川市貴志川《きしがわ》町北山）があるが、ややはなれており、弥気の山室堂に比定しうるか問題がある。この説話によると、この寺は、村人たちが共同で維持運営していた知識寺《ちしきでら》の性格をもっていたらしく、那賀郡における仏教の普及を示している。

名草郡では、中巻第三十二話の薬王寺《やくおうじ》を取りあげよう。同郡の三上村の薬王寺（勢多寺《せたでら》ともいう）では、

『紀伊国名所図会』にみえる薬王寺

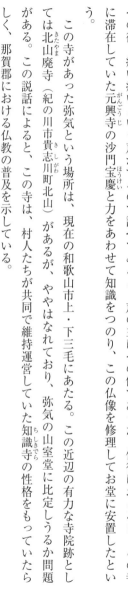

寺の稲を岡田村主姑女《おばめ》にまかせて酒をつくらせ、それを高利貸させて利益を寺の財源としていた。寺にきた子牛を雑用に使役していたところ、檀越《だんおち》の岡田村主石人《いわひと》（姑女の兄）の夢にこの子牛があらわれて、つぎのように訴えた。「自分は寺の酒を借りたが、返さないままに死んだので、いま牛となって返済している。皆の使役の仕方が手荒く苦痛なので、なんとかして欲しい」。不思議に思った石人が妹に確かめてみると、事実であった。檀越たちはあわれんで、お経をあげてやった。この牛は、返済に必要な年限がすぎると、どこかに姿を消してしまったという。

薬勝寺《やくしょうじ》廃寺（和歌山市薬勝寺）は、伽藍《がらん》配置などの詳細は不明だが、この説話の寺に相当する。檀越やその一族が寺の財源を元手として出挙（高利貸）を行い、その利益の一部を寺におさめていたのである。このように、寺と檀越が一体となって出挙を行うことは、広く行われていた。この説話でも、結局返済は最後まで行わせており、出挙を肯定的にあつかっている。

『日本霊異記』の例の最後は下巻第三十三話である。日高郡別里《わけり》の紀直吉足《よしたり》は、土地の有力者であるが、性悪で仏教を信じなかった。国司が正税《しょうぜい》の出挙を行うために当郡にきたとき、伊勢の沙弥という自度僧《じどそう》（国家の許可なく僧体をしているもの、私度僧ともいう）が家々をまわってものを乞うていた。紀直吉足は、ほどこしをせず、袈裟《けさ》をはぎとって打ったので、沙弥は別寺《わけでら》に逃げこんだ。吉足は、寺中まで追いかけて沙弥をとらえ、自分の家の門前まで引き戻してさらに責め立てた。その後しばらくして、吉足は急に地に倒れて死んでしまった、という。

この別寺は、道成寺《どうじょうじ》（日高郡日高川町鐘巻《かねまき》）の境内《けいだい》周辺で発見された現在の伽藍に先行する遺構に相当すると考えられる。紀直吉足はその檀越であったのであろう。この沙弥が逃げこんだように、自度僧たちは別寺のような各地の寺院を拠点に活動していたのである。

律令時代の遺跡●

紀伊では古墳の築造は七世紀中ごろまで続いていたが、六世紀にくらべると急速に数を減じる。墳丘《ふんきゅう》の形からみると、岩橋千塚《いわせせんづか》の井辺《いんべ》一号墳・二号墳や御坊《ごぼう》市にある岩内《いわうち》一号墳などの、飛鳥や河内に多い方墳《ほうふん》と、和歌山市鳴滝《なるたき》一〇号墳や紀の川市七ツ塚古墳群や吉備の天満《てんま》一号墳などの伝統的な形の円墳《えんぷん》がある。これらのうち、井辺一号墳は一辺四〇メートルの大きさで、岩橋千塚最後の首長墓《しゅちょうぼ》にふさわしい規模を有している。また、岩内一号墳からは、飾り金具付きの漆《うるし》塗り木棺《もっかん》や、柄《え》に銀線をまいた太刀《たち》などの高級品が出土しており、有間皇子墓比定説もあながち無視できない内容をそなえている。

これらの古墳の築造がおわるころ、古代寺院の造営がはじまる。寺院は地上に残る基壇・礎石《そせき》や古瓦から、古くから存在が知られた遺跡であるが、七・八世紀の寺院跡を数えると、紀ノ川流域では一一カ寺あるのに対し、海南《かいなん》市域や有田川・日高川・会津《あいづ》川流域では各一カ寺を数えるにすぎない。紀伊国における紀ノ川流域の経済的優位性を物語る数字である。

紀伊の寺院跡で発掘調査が実施された例としては、和歌山市上野廃寺《うえのはいじ》、国分尼寺《こくぶんにじ》に比定されている岩出《いわで》市西国分廃寺、国分僧寺《そうじ》に比定されている紀の川市紀伊国分寺跡、同北山廃寺、同最上《もがみ》廃寺、かつらぎ町佐野廃寺、橋本《はしもと》市名古《なご》曾《そ》廃寺、同神野々《このの》廃寺、日高川町道成寺、田辺《たなべ》市三栖《みす》廃寺がある。このうち、紀伊国分寺跡・西国分廃寺・上野廃寺・名古曾廃寺・三栖廃寺では、瓦積み基壇が確認されている。この工法の多用は寺院建築からみた紀伊の地方色といえる。

集落遺跡の発見例は少ない。海南市且来《あっそ》Ⅳ遺跡・和歌山市川辺遺跡が七世紀中ごろから後半にかけての

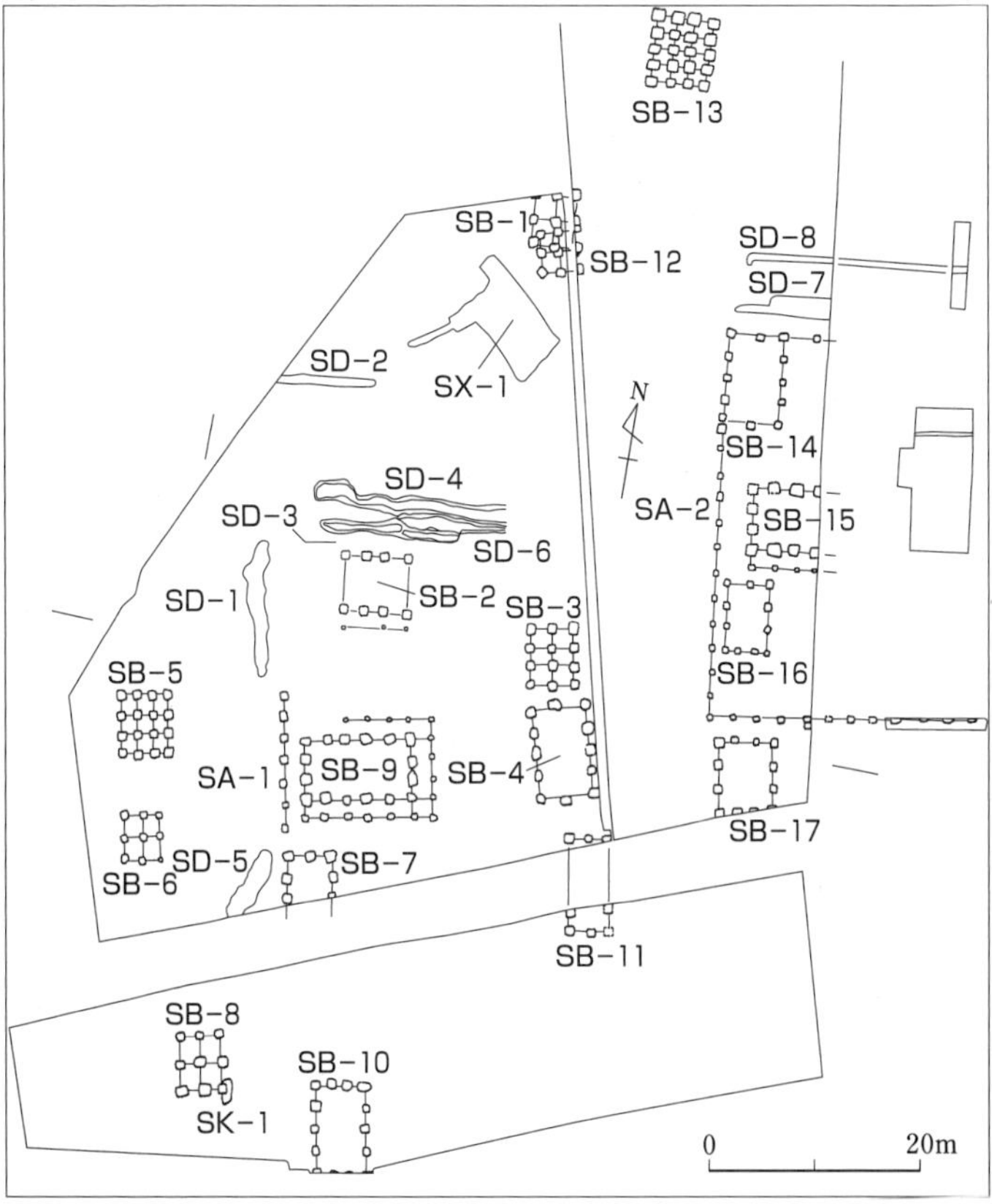

推定日高郡衙跡　『日高郡衙跡』による。

掘立柱《ほったてばしら》建物集落である。いずれの集落も二五平方メートル程度の倉と二四〜四〇平方メートル程度の屋で構成されているが、川辺遺跡は、七世紀中ごろに竪穴《たてあな》住居集落から掘立柱建物集落に転換したことが判明する例である。

八世紀の集落遺跡は、岩出市の吉田遺跡・岡田遺跡、御坊市の岩内Ⅱ遺跡や中村Ⅱ遺跡がある。いずれも、掘立柱建物と竪穴住居で構成された集落で、竪穴住居が八世紀まで残るのは紀伊の普遍的様相である。大多数の集落は、掘立柱建物が主となるが、中村Ⅱ遺跡では、掘立柱建物一棟と竪穴住居二棟がみつかっており、竪穴住居が集落内の特定機能を果たす施設とみるには構成比が高い。建物の形式差は、集落内の階層差を反映したものであろう。貧窮問答歌《ひんきゅうもんどうか》にうたわれた情景を彷彿《ほうふつ》とさせる。

遺跡を官衙に比定するためには、木簡や墨書《ぼくしょ》土器など文字資料のほか、掘立柱建物の規模や、格式ある庇《ひさし》付き建物の存在、正庁《せいちょう》と脇殿《わきでん》を典型とする「コ」字状配置と方位性などが考慮される。

紀伊国府跡は和歌山市府中に比定されているが、遺構が未確認で地名考証の域をでていない。岩出市西国分Ⅱ遺跡で発見された大規模な倉庫や庇付き建物は、真北方向で建築されており、那賀郡《ぐんが》衙の有力比定地だが、発掘調査が進展しておらず、遺構配置の面で確証を欠いている。これらの遺跡については、計画的な確認調査の実施がのぞまれる。

今のところ発掘調査の結果から、官衙遺跡とみなせる確実な例としては御坊市堅田《かただ》遺跡がある。ここでは、柵もしくは塀の区画内に、庇のついた掘立柱建物を中心に「コ」字状に建物を建て、その外側に倉庫群を配置した建物群が二組みつかっている。八世紀前半から後半にかけてのもので、遺構の特徴と付近に残る「西郡《にしのごおり》」の字名からみて、日高郡衙跡に比定して間違いはないであろう。

このほか、紀の川市粟島《あわしま》遺跡でも七世紀後半から十世紀にかけてつくられたという二九棟以上の掘立柱建物がみつかっている。庇付きの建物がないなど官衙遺跡との相違点もあるが、八世紀以降とされる建物群にかぎると、堅田遺跡と同規模の建物が「コ」字状に配置されており、柱穴の掘削《くっさく》状況からみても官衙風の集落である。この遺跡が七世紀後半から継続することからすると、郡司クラスの居館の可能性があろう。

3章

紀伊の平安前期

和歌の浦(片男波。和歌山市)

1　律令制の動揺

長岡遷都と紀伊●

延暦三（七八四）年六月、藤原種継《ふじわらのたねつぐ》以下が造長岡宮使《ぞうながおかきゅうし》に任命され、都城《とじょう》・宮殿《きゅうでん》の造営が開始された。同年十一月には桓武《かんむ》天皇は早くも長岡宮に移り、ここを都《みやこ》としている。これに伴って難波宮《なにわのみや》は廃止され、その建物は長岡宮に移築された。このことは、平城京《へいじょうきょう》と難波京が長岡京に一本化されたものと理解されている。

都が飛鳥《あすか》にあったときには、紀伊《きい》はそのすぐとなりの国として重視されていた。これは、藤原京《ふじわらきょう》が都となってもかわらなかった。平城京の時代には、まだ紀伊国は都のある大和《やまと》国の隣国として重要な位置を占めていた。しかし、長岡遷都によって、都はさらに紀伊国から遠くなった。

紀伊国と都との地理的関係の変化は、さまざまな影響を紀伊国にあたえた。南海道《なんかいどう》の駅路《えきろ》が、それまで

名草直と楢原造

紀伊《きい》の大豪族紀《き》氏《し》の同族のうち、中央の学問の世界で活躍した名草直《なくさのあたい》と楢原造《ならはらのみやつこ》という二氏があったことは、現在の和歌山県民も知っておいてよい事実であろう。名草直とは紀名草直のことで、紀伊の在地の雄族、紀国造《きのこくぞう》である紀直《きのあたい》の同族であった。また、楢原造も、紀楢原という氏がいることからみて、紀氏の同族と考えられる。

❖コラム

名草直は、嶋守《しまもり》—道主《みちぬし》—豊成《とよなり》—安成《やすなり》—良幹《よしもと》と系譜をたどれるが、嶋守は、右京人《うきょうにん》の宗形横根《むなかたのよこね》と名草直弟日《おとひ》の女《むすめ》を父母とし、母方の戸籍につけられて名草直を名乗った。

道主は大学寮の教官であり、豊成と安成は、承和六（八三九）年に名草宿禰《すくね》に改められるとともに、右京四条四坊に本籍を移された。豊成も大学寮の教官になったが、老荘《ろうそう》からはじめて儒学《じゅがく》に進んだ人物で、多くの学徒に教えた。その子安成も老荘の大家で、多くの人びとが彼の教えをうけた。仁寿二（八五二）年に滋野朝臣《しげののあそん》に改氏姓されている。

この系統では、豊成・安成の二代にわたって老荘の学に長じ、私塾を開いていたことや、道主・豊成と続いて大学寮の教官となったことが注目される。

一方の楢原造は、東人《あずまんど》のときに伊蘇志臣《いそしのおみ》と改められたが、この東人は、名儒《めいじゅ》と賞される学者で、大学頭兼博士であった。その孫の家訳《いえおさ》のときに、伊蘇志臣から滋野宿禰、さらに滋野朝臣に改氏姓されている。家訳には、貞道《さだみち》・貞主《さだぬし》・貞雄《さだお》の三子があった。

このうち貞主が学者・政治家として著名である。『文華秀麗集《ぶんかしゅうれいしゅう》』『内裏式《だいりしき》』『経国集《けいこくしゅう》』の編纂に関与し、『秘府略《ひふりゃく》』を編纂した。また、参議《さんぎ》となり、彼の女は仁明《にんみょう》・文徳《もんとく》天皇と結婚している。弟の貞雄も学問に秀でており、一族には文章生《もんじょうしょう》を経た者が多い。

このように、名草直（宿禰）と楢原造・伊蘇志臣の二氏は、ともに多くの学者を輩出した点で共通するところがあった。両者のうち、先行して学問・政治の世界で名をなしたのは後者で、滋野朝臣と氏姓を改めた。そこで前者の系統も滋野朝臣を称したが、それが可能であったのは、同じ紀氏の系統であったためと思われる。

の奈良盆地から紀ノ川《きのかわ》北岸を西に進むルートから、生駒《いこま》山脈の西麓を南下して現在の和歌山県橋本《はしもと》市にで て、そこから紀ノ川北岸を西行するものにかわった。

しかし、影響は、それだけにとどまらなかった。国司《こくし》に任命された者の位階《いかい》を比較すると、長岡遷都をさかいに、紀伊国と同じく諸道の始めの国である近江《おうみ》・丹波《たんば》・播磨《はりま》の三カ国との格差が開いている。紀伊国に対する評価は、残念ながらしだいに低下していったのである。

律令制の動揺●

紀伊国から律令《りつりょう》国家に貢納される物品は、多種多様にのぼったが、そのなかでは両面《りょうめん》・羅《ら》・綾《あや》などの高級絹織物や一般の絹織物が重視されていた。しかし、八世紀末ごろから、その貢納は、律令国家の要求どおりには行われなくなりはじめた。この傾向はしだいに進展し、九世紀末になると、事態はかなり深刻なものとなり、紀伊国から律令国家におさめられる絹織物の品質は、相当悪くなっていた。このような事態は、紀伊国だけでなく、ほかの多くの国々にも広がっていた。

しかし、このことは、紀伊国をはじめとする諸国で、律令国家が要求する品質の絹製品を生産することができないほど生産技術が低下したことを意味するわけではない。むしろ技術的には向上していたにもかかわらず、優秀な製品が律令国家への貢納品とされなかったにすぎない。優良品は別ルートで売却されていたのである。

このように、九世紀になると、律令国家の租税収取や物品確保の仕組みは、急速に動揺を深めていった。このような動揺は、律令国家存立の基礎で変動が進んだためであった。

律令国家の土地・人民に対する支配の根本は、つぎのような点におかれていた。すなわち、人民を

「戸《こ》」に編成し、「戸籍」と「計帳《けいちょう》」（あわせて籍帳《せきちょう》）に登録した。律令国家は、籍帳をつうじて、人民を「公民《こうみん》」として把握した。公民は、登録された本貫《ほんがん》（本籍地）に居住すべきものとされた。

また、土地は、「田籍《でんせき》」と「田図《でんず》」（あわせて図籍）に登録して掌握した。律令国家は、戸籍に登録された公民に対して、男子一人当り二段《たん》（女子はその三分の二の一段一二〇歩《ぶ》）の水田を基準として口分田《くぶんでん》を支給した。この水田は、六年ごとに支給しなおすこととされていた。律令国家は、このような班田収授制《はんでんしゅうじゅせい》を実施し、調《ちょう》・庸《よう》・雑徭《ぞうよう》などの人頭税や租《そ》を徴収した。さらに、地方では、穎稲《えいとう》（穂つきの稲束《いなたば》）を人別に貸しつけ、五割（のち三割）の利息とともに回収する公出挙《くすいこ》が行われていた。これは、事実上の租税である。この公出挙の利稲《りとう》は、各国の地方財政の主要な財源として重要な意味をもった。

これに対して、公民たちは、年齢や性別、また死亡年をいつわって重い租税の負担をまぬがれようとした。それがさらに進むと、ついには本貫の地からはなれるに至った。律令国家は、このような人びとを浮浪・逃亡とよんで問題視した。

浮浪・逃亡がふえてくると、戸の仕組みやそれを登録する戸籍・計帳は形骸化し、ひいては租税の減収につながる。このように、浮浪・逃亡は、律令人民支配の基礎を掘りくずし、国家財政にも重大な影響をおよぼすものである。律令国家は根絶にやっきとなったが、思うようにはならなかった。

そこで律令国家は、浮浪・逃亡を「浮浪人帳」に登録して把握し、租税を徴収する方式をとった。これは、律令国家が浮浪人の存在を公的に認めたことを意味する。とくに延暦十六（七九七）年の官符《かんぷ》は、親《しん》王《のう》・王臣《おうしん》の荘《しょう》の浮浪人にメスをいれた点で重要である。当時、各地にある中央貴族の荘には、多くの浮浪人が集まり、貴族はその労働力を開墾・耕作に用いた。浮浪人は、その貴族の勢いを借りて、租税の納入を拒否した。律令国家は、なかなかこれに手がつけられなかった。

このような事態は、紀伊国でもけっして例外ではなかった。寛平六（八九四）年二月や六月の太政官《だいじょう》符によると、当時の紀伊国内では、一般農民から豪族層までを含む多様な階層の公民が、中央の貴族や在地の大神社の家人《けにん》や神戸《かんべ》となり、律令国家への租税の納入をこばむことが一般化し、大土地所有が相当進展していたことがわかる。

このような中央貴族・大社寺と浮浪人（そのなかには在地の富豪も含まれていた）の結びつきは、大土地所有が展開する大きな要因であり、律令制的な土地制度や租税制が崩壊していく原因となった。

開発の進展●

紀伊国の経済状態はどのようなものであったのであろうか。この点については、八・九世紀では史料の制約がきびしく、なかなかその実情をあきらかにすることができない。そこで、ひとまず十世紀の史料を検討して、その結果を手がかりとしたい。

まず、『延喜式《えんぎしき》』（主計上）の「諸国出挙本稲《ほんとう》条」にみえる各国別の出挙本稲の合計数からは、ほぼ九世紀後半から十世紀前半にかけての、各国の国府《こくふ》財政における雑用《ぞうよう》支出の規模がわかる。これは、その国の国府財政全体の規模を反映しているから、「諸国出挙本稲条」の数値によって、その国のだいたいの財政規模を知ることができることになる。

それによると、紀伊国の財政規模は、山城《やましろ》や尾張《おわり》、三河《みかわ》・摂津《せっつ》などの国とともに、上国のなかで最下位グループに属しているということができる。

つぎに『和名抄《わみょうしょう》』の「諸国本田数《ほんでん》」を取りあげたい。「諸国本田数」とは、中央政府に対する各国司の貢物の請負額を定めるための指数である。すなわち、この「諸国本田数」とは、中央政府がそれぞれの諸国司に期待した貢納請負の基準数としての意味をもっていたのである。したがって、結局そこに中央政府からみた各国の国別の貢納負担能力があらわれていることになる。ただし、これはあくまでも中央政府が評価した負担能力にすぎないのであって、実際とどれほどずれているかはわからない。

このような性格をもつ諸国本田数では、紀伊国は、三河《みかわ》・豊後《ぶんご》・安芸《あき》などの国々とともに、やはり上国の下位グループを形成していることがわかる。

以上、『延喜式』の「諸国本田稲」における出挙本稲の合計数と、『和名抄』の「諸国本田数」の数値を手がかりにして、紀伊国のおおまかな位置をみてきた。それによると、国府財政の規模においても、中央政府が期待する貢納負担能力においても、九世紀後半から十世紀前半ごろの紀伊国は、全国のなかではほぼ上から三分の二ぐらいに位置したということができる。

これに対して、八世紀における紀伊国の位置はどうであったのであろうか。この点をあきらかにするためには、全国を網羅した史料がなければならないが、そのような史料は奈良時代には存在しない。そこで次善の策として、天平期の「正《しょう》(大)税帳《ぜいちょう》」を取りあげる。

出挙本稲合計数や諸国本田数の検討結果と対比してみると、天平期から九世紀後半ないし十世紀前半までの百数十年のあいだに、紀伊国は、かつては同等近い財政規模であった和泉《いずみ》や伊豆《いず》などの国々を大きく引きはなす財政規模をもつに至っている。反対に、かつては非常に大きな格差のあった国々の財政規模に、かなり接近している。これによると、紀伊国の財政規模はこの百数十年間に、他の国々に比較して、急速に拡大したのではないかと想定される。

そこで、紀伊国の経済的発展をさぐりたい。しかし、この点を全面的に検討することはできないので、ひとまず開発の進展の問題を取りあげる。

『続日本後紀《しょくにほんこうき》』の承和十五（八四八）年五月癸酉《きゆう》（十五日）条によると、在田《ありだ》郡はこのとき小郡から下郡に昇格したと考えられる。その理由は戸口《こぐち》・課丁《かてい》の増加にあったが、その基礎に、諸生産力の向上があったと考えられる。

天平時代以後、百数十年の間に、紀伊国の財政規模は、他国にくらべて急速に拡大したが、その背後に、九世紀前半ごろにおける在田郡地方の開発の進展があったと推定される。そして、国単位の財政規模の拡大をもたらすほどの巨大な開発の進展を考えようとすれば、単に在田郡における開発にとどまらず、おのずから紀ノ川筋に注目しなければならないことになる。

2　摂関期の紀伊

延喜の荘園整理令●

前節では、開発の進展と、その結果もたらされた律令制の動揺のようすをみてきた。これらに応じて、律令国家はさまざまな対策をとり、九世紀には何回も律令制の立てなおしが試みられた。これによって律令制は変容していった。

まず、「良吏《りょうり》」とよばれる一群の官人たちがあらわれ、国ごとに国例《こくれい》を定めるなど、実情にみあった地方政治を展開した。また、小野岑守《おののみねもり》は、国家による水田の直接経営方式である「公営田《くえいでん》」を提案した。これは、九州諸国で弘仁十四（八二三）年から実施されたが、結局短期間でおわった。

　地方財政の根本をなす公出挙制は、有力者を中心とする抵抗によって、本来の形を維持することが困難になっていった。元金である稲を実際に貸しつけることや、利息とともに回収することがむずかしくなってきた。そこで、利息を確実に確保できるように制度が変更された。すなわち、稲を貸しつけたことにし、それは富豪たちの倉庫（里《り》倉《そう》）にあることにして、その利息分のみを徴収するようにしたのである。これを利稲率徴《りっちょう》制《せい》という。この変革にもかかわらず、利息は必ずしも十分には確保できなかった。出挙利稲は、地方財政の収入の中心であったので、その運用は困難になっていった。

　年料租舂米《ねんりょうそしょうまい》と年料別納租穀《べつのうそこく》の制度が定着していったのも九世紀のことであった。年料租舂米とは、これまで正倉《しょうそう》に蓄積してきた租穀を舂《つ》いて

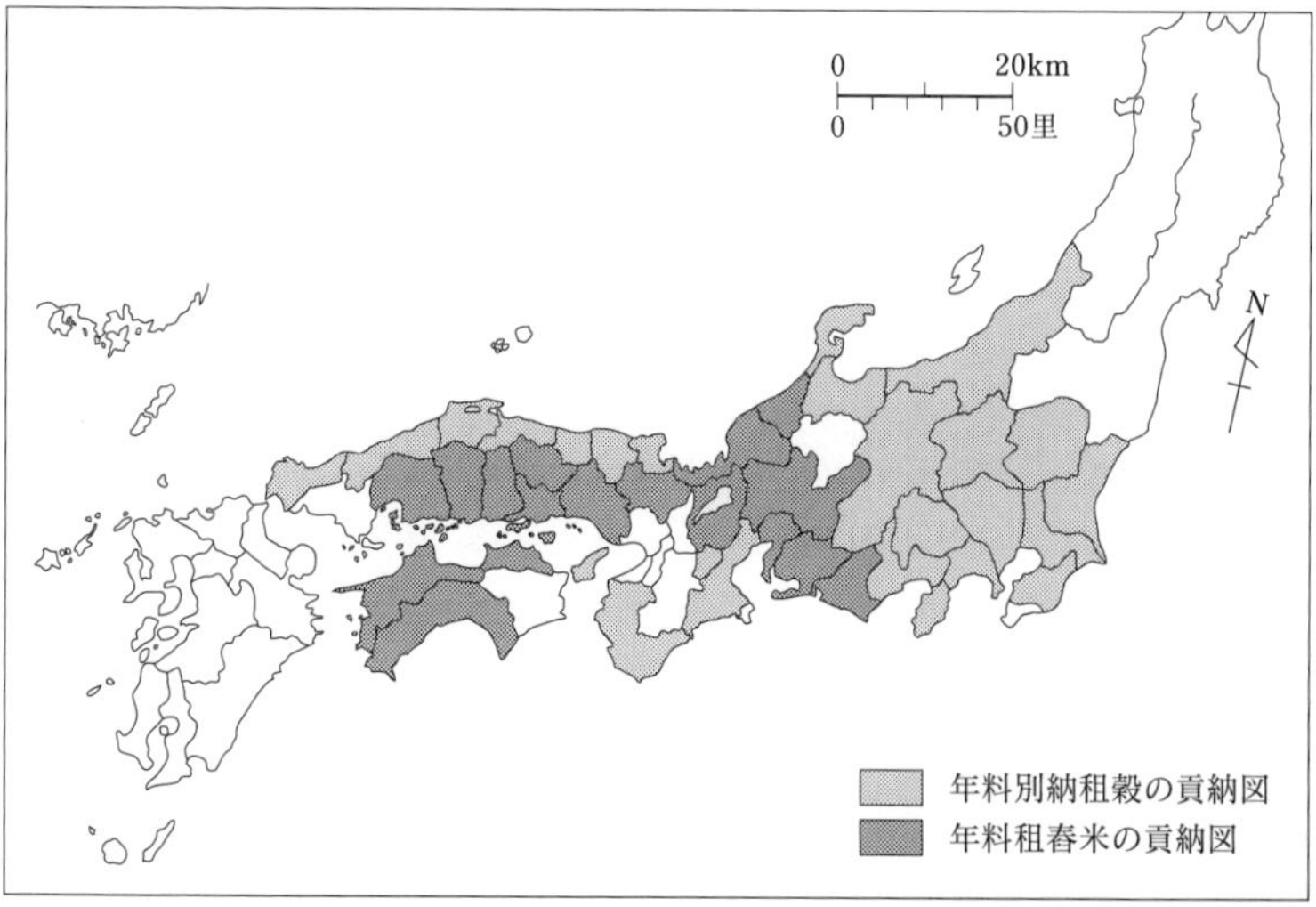

年料別納租穀と年料租舂米の貢納図

米にして中央に運ばせ、衛士《えじ》・仕丁《しちょう》・采女《うねめ》その他に支給する大粮《たいろう》にあてるものである。これはもともと庸米によって支給されていたから、年料租舂米は庸米にかわるものであった。また、年料別納租穀は、地方の正倉に蓄積されている租穀を、官人給与のうちの季禄《きろく》・時服《じふく》にあてるもので、中央には運ばれず、地方で支給された。

一つの国がこの両者を負担することはさけられた。紀伊国は、このうち年料別納租穀を負担することとなっていた。この二つの制度によって、租が正倉に運びこまれて蓄積にまわされることはなくなり、またこれまで蓄積してきた租穀がどんどん取りくずされ、そのストックは急速に減少していった。

元慶三（八七九）年になると、畿内《きない》五カ国に四〇〇〇町の官田《かんでん》を設定し、その収入で中央官人の給与をまかなう計画が立てられ、実施に移された。しかし、この元慶《がんぎょう》官田は、すぐに諸官司に諸司田《しょしでん》として分割支給され、それぞれの財源とされた。これは、それまで統一的に運用されてきた律令中央財政が、官司ごとに独自の財源をもつ分立した財政に変化していく大きな契機となった。

これらの律令制再建の諸施策は、いずれも十分な効果をあげることができなかった。この事態を打開するためにだされたのが、著名な「延喜《えんぎ》の荘園整理令《しょうえんせいりれい》」であった。これは、延喜二（九〇二）年三月の一連の太政官符からなる。そのなかには、つぎのような大土地所有に関する規定が含まれていた。

(1)諸院・諸宮・王臣勢家（一括して院宮王臣家《いんぐうおうしんけ》という）の諸国の厨《くりや》を停止する。

(2)院宮王臣家による山川藪沢《さんせんそうたく》の占有を禁止する。

(3)院宮王臣家が民の私宅を荘家《しょうけ》と称し、そこに稲穀を蓄積して官物をおさめず、国司の使者が公出挙を収納するのに応じないことを禁止する。

(4) 勅旨田《ちょくしでん》の設置を禁止する。
(5) 院宮王臣家が百姓の田地・舎宅を買いとって私田・私宅とすることを禁止する。

これらによると、当時の地方では、中央の院宮王臣家と在地の有力者（民、百姓）とが示しあわせて、院宮王臣家が在地有力者の私田・私宅を買いとったり、反対に在地有力者が院宮王臣家に寄進したことにして、租税や公出挙の負担をまぬがれるという事態が展開していたことがうかがえる。また、院宮王臣家は、暴力によって所領を拡大したり、国司の権力に対抗したりしていた。

有力百姓と中央の諸司・諸院・諸宮・諸家の結びつきは、紀伊国だけでなく、全国的にますます強まっていった。在地の有力者たちは、中央の権威を隠れ蓑《みの》にして、人民からの収奪を強めるとともに、国司の支配に抵抗し、調・庸などの租税の納入を拒否した。このような事態の進展は、国家財政を著しく悪化させることとなった。

この荘園整理令は、院宮王臣家と在地有力者とが結びついて荘園が増加していく事態に歯止めをかける目的で発布された。一定の成果をあげることができたが、しかし、簡単に両者の結びつきを切断することはできなかった。文書によって成立の由来を証明でき、国務の障害とならない荘園は、この整理令の対象からはずされたので、かえって個々の荘園を合法的に再確認する結果となってしまった。

受領の支配と国家の対応●

十世紀の前半ごろになると、各国の国内支配は、基本的には「受領《ずりょう》」（実際に任国《にんごく》まで赴任した国司のうち、最上席の者）にまかせられるようになった。そのかわり、受領たちには一定の権限があたえられ、中央に対して決められた額の貢納を行うことを義務づけられた。受領たちは、「基準国図《こくず》」（土地掌握の基本的な田図、最後の班田図）によって固定された「本田《ほんでん》」（公田《こうでん》・墾田《こんでん》などの総面積。『和名抄』国郡部にみえる各国の田数）の面積を維持することが求められ、その面積を基準とする一定額の貢納を、中央政府に対して請け負ったのである。

受領たちにゆだねられたのは、本田の租税の税率を決定できる権限と、土地を実地に調べ租税を賦課するか免除するかを決定できる検田権《けんでんけん》であった。受領たちは、この二つの権限を十二分に利用し、過酷な租税徴収と国内支配を行い、莫大な富を蓄積する場合が多かった。その典型として、「尾張国郡司《ぐんじ》百姓等解《げ》文《ぶみ》」で非法を訴えられた尾張守《かみ》藤原元命《もとなが》をあげることができる。

中央政府にとって重要なことは、受領たちがそれぞれ定められた額の貢納を欠かさないことであった。そのため、受領たちの国内支配の実態に対して、あまり大きな関心をもたなくなった。しかし一方で、中央では摂関家《せっかんけ》が受領の任免権をしっかりとにぎっていた。このため、受領たちは摂関家に対してさまざまな奉仕をせざるをえなかった。このことが、摂関家の政治権力を強固なものとし、その経済的基盤を保証していたのである。

荘園のみならず国衙《こくが》領でも、複数の経営体からなる徴税単位である「名《みょう》」が編成された。名の租税の納入を請け負ったのが「田堵《たと》」で、彼らは「負名《ふみょう》」ともよばれた。また、受領の交替のたびに、荘園の土地一筆一筆ごとに租税免除の可否を審査しなおすことが行われていた。これを「免除領田制《めんじょりょうでんせい》」というが、これによって荘園の土地の増加が抑制される仕組みとなっていた。

九世紀末以降、従来の郡司のポストは、国司が任命する擬任《ぎにん》郡司で占められるようになり、さらに国使が郡家《ぐうけ》に送りこまれるようになった。このように、しだいに郡家の権限は国衙に吸収されるようになり、それに対応して国衙機構が充実していった。このことは、郡家遺跡の衰退と、国衙遺跡の充実としてあらわれている。十一世紀には、国衙内にその行政を分掌する「税所《さいしょ》」「船所《ふなどころ》」などの「所《しょ》」が成立した。そして、この「所」に分属して国衙行政を担当したのが「在庁」や「官人」であった。

受領の過酷な国内支配に対して、郡司や百姓たちがそれを朝廷に訴えでるという「国司苛政《かせい》上訴闘争」が、十世紀後半から十一世紀中葉にしばしばおきた。また、荘園の乱立は一向にとどまらなかった。こうした事態に直面して、中央政府は、十一世紀中ごろにいくつかの制度改革を行った。

まず、官物《かんもつ》と雑役《ぞうえき》（雑公事《ぞうくじ》）の二本建ての租税のうち、前者の官物については、「公田官物率法《りっぽう》」が成立した。これは、官物の税率を固定するものである。段別三斗は基本額として諸国に共通するが、国ごとにさまざまな付加税が加算され、全体の税率は国ごとに異なっていた。これによって、受領が恣意《しい》的に税率をかえて過酷な収奪を行うことはむずかしくなった。また、中央政府の財政基盤はこれによって安定した。後者の雑役では、内裏《だいり》造営・伊勢神宮の造営のような国家的な大事について、荘園・公領《こうりょう》を問わずに「一国平均役《いっこくへいきんやく》」がかけられるようになった。

在地の有力者（武士）は、荒廃した公田の再開発や荒野の開発を進めた。これらは保《ほ》・浦《うら》・村・郷などと称された。開発者たちは、国衙の検田と課税を実力で阻止する行動にでた。公領の農民たちは、受領の苛政をのがれてこれらの開墾地に逃げこんだため、公領の田地の荒廃が進んだ。このような事態に対応して、中央政府は、これらの開墾地を「別名《べつみょう》」という形で公認し、国衙に直結する収取の単位とした。また、開発者たちを郷司《ごうじ》・保司《ほし》・院司《いんじ》などに任命した。

律令制的な国郡郷の地方行政制度は、すでに十分には機能しなくなっていたが、これをきっかけにして、あらたな郡郷制が形成された。郡・郷・保・別名・院などが、それぞれ官人や在地の土豪の独立の私領として公認されるようになり、収取の単位として国衙に直結するようになった。

あらたな郡郷制のありかたは、国・郡によってそれぞれ異なっていた。紀伊国の名草郡では、郡家を中心とする郡許院《ぐんきょいん》、日前宮を中心とする神宅院《しんたくいん》、東南部の三上院《みかみいん》、国衙を含む河北院《かほくいん》の四院に分割された。

4章

中世社会の形成

高野山町石道　144町石・1里石(伊都郡かつらぎ町)

1　貴紳の高野・熊野参詣

高野参詣●

高野山金剛峯寺《こうやさんこんごうぶじ》は、弘仁七（八一六）年、空海《くうかい》が真言密教《しんごんみっきょう》の「修禅《しゅぜん》の道場《どうじょう》」として開創し、九世紀後半には一応の伽藍《がらん》をととのえた。しかし、高野山は東寺《とうじ》との主導権争いにやぶれ、十世紀になると衰退し、延喜十九（九一九）年、東寺長者が金剛峯寺座主《ざす》を兼帯《けんたい》して東寺の末寺《まつじ》となった。さらに、正暦五（九九四）年の雷火によって伽藍の大半を焼失して存亡の危機を迎えたが、長和五（一〇一六）年、登山した興《こう》福寺《ふくじ》系の持経者《じきょうしゃ》祈親《きしん》らによって復興が進められた。祈親らが喧伝したのは、空海（弘法大師《こうぼうだいし》）が廟堂《びょうどう》（奥院《おくのいん》）に生身のまま禅定《ぜんじょう》にはいって衆生《しゅじょう》を救済しているという入定《にゅうじょう》信仰であった。

治安三（一〇二三）年、藤原道長《ふじわらのみちなが》が貴紳《きしん》としてはじめて高野山に参詣し、ついで永承三（一〇四八）年、子の関白頼通《かんぱくよりみち》も参詣した。彼らの参詣の目的は、空海の廟堂に詣で、そこに法華経《ほけきょう》や理趣経《りしゅきょう》などを埋納することにあった。これらの経巻《きょうかん》は弥勒菩薩《みろくぼさつ》が仏滅後五六億七〇〇〇万年を経てこの世に出現するさいに供養《くよう》するためのもので、廟堂（奥院）は弥勒浄土《じょうど》の地と考えられていた。なお、藤原道長は、高野参詣にさきだつ寛弘四（一〇〇七）年、吉野金峯山《よしのきんぶせん》に登山し、経巻を埋納しているが、これも同様の弥勒浄土観に基づくものであった。道長が金峯山に埋経した経塚《きょうづか》は、元禄四（一六九一）年に発掘され、金銅《こんどう》製経筒《きょうづつ》と経巻の一部が現存する（国宝）。

藤原道長・頼通父子の高野参詣は、高野山が復興し、中世寺院として再生する最初の画期となったが、院政期《いんせい》になると、上皇《じょうこう》や貴族《きぞく》の登山があいついだ。院政をはじめた白河《しらかわ》上皇は、寛治二（一〇八八）年・同五（一〇九一）年、および大治二（一一二七）年の三回参詣した。白河上皇の第一回参詣には、正暦の雷火で焼失したままになっていた大塔《だいとう》の再建が命じられ、二回目の参詣以降その実現にむかって動きだした。大塔が完成したのは康和二（一一〇〇）年、大塔と安置仏大日如来《だいにちにょらい》の落慶《らっけい》供養は同五（一一〇三）年であった。鳥羽《とば》上皇も三回参詣したが、二回目の大治二年の登山は、白河上皇と同道であって、このときは伽藍に建立された東塔《とうとう》と西塔《さいとう》の落慶供養のためであった。十二世紀になると、上皇のほか、貴族の参詣も盛んになり、伽藍が整備され、子院《しいん》（坊院《ぼういん》）もつぎつぎと建立された。また頼通の参詣以降、寺領《じりょう》も中世的な荘園《しょうえん》へと転換し、経済的な基盤が確立するが、このことについては次節で説明したい。

上皇や貴族が高野山に参詣する場合、もっぱら利用したのは、山下《さんげ》の政所《まんどころ》（慈尊院《じそんいん》）からのちに町石道《ちょういしみち》とよばれた参詣道である。この山下の政所から山上《さんじょう》の伽藍・奥院を結ぶルートは、「墾路《はりみち》」ともよばれるように、金剛峯寺の開創に

慈尊院多宝塔と丹生官省符神社参道（伊都郡九度山町）

伴って物資などを輸送するために開かれた道であるが、中世には高野山参詣のメインルートとなった。

上皇や貴族の場合、紀ノ川《きのかわ》べりにおかれた山下の政所（慈尊院）に一泊し、一日ないし二日かけて山上に至っている。途中で一泊する場合は、中間点の笠木に黒木の御所《ごしょ》などを設けた。白河上皇が最初に登山した寛治二年、道端に町数を記した卒塔婆札《そとばふだ》がすでに存在したことが知られるが、この木製卒塔婆が花崗《かこう》岩《がん》製のものに取りかえられたのは、鎌倉時代の文永二（一二六五）〜弘安八（一二八五）年で、以後、町石道とよばれるようになり、現在に至っている（国史跡）。なお、高野山の大門《だいもん》は、地主神丹生都比売《にうつひめ》神社との関係で、古くは鳥居《とりい》式であったが、永治元（一一四一）年楼門《ろうもん》式に変更され、現在地に移された。

近世においても、町石道が表参道とされたが、粉河高野辻《こかわこうやつじ》（紀の川市）—麻生津《おうづ》峠（紀の川市・かつらぎ町）—志賀《しが》（かつらぎ町）—花坂《はなさか》（高野《こうや》町）を経て矢立《やたて》（同）で町石道に合流する西国街道、および学文路《かむろ》（橋本《はしもと》市）—河根《かね》（九度山《くどやま》町）—神谷《かみや》（高野町）を経て不動坂《ふどうざか》（同）をのぼる京大坂道《きょうおおさかみち》が広く利用されるようになった。不動坂をのぼる京大坂道は、町石道に比してかなりの急坂であるが、距離が短いため、すでに中世の南北朝《なんぼくちょう》末期には、この道を通行する参詣人がいた。

覚鑁と大伝法院●

覚鑁《かくばん》は十二世紀の高野山に波乱をまきおこした風雲僧である。しかし、客観的にみれば、その活動は高野山を中世寺院に発展させる原動力になったといえよう。覚鑁は、仁和寺《にんなじ》領肥前国藤津荘《ひぜんのくにふじつのしょう》（佐賀県鹿島《かしま》市・太良《たら》町・嬉野《うれしの》市）の荘官《しょうかん》の家に生まれ、幼くして仁和寺成就院《じょうじゅいん》の寛助《かんじょ》の弟子となった。真言僧とはいうものの、しばしば南都《なんと》に遊学して諸宗を兼学《けんがく》したのち、永久二（一一一四）年高野山にのぼった。覚鑁が高野山で情熱をかたむけたのは、修学会《しゅがくえ》・練学会《れんがくえ》という伝法二会《でんぼうにえ》の復興であった。春の修学会は秘密の経教《けいきょう》をさずける法会《ほうえ》、秋の練学会は文義《ぶんぎ》の紕繆《ひびゅう》を糾《ただ》す法会である。伝法二会は空海が弟子に勤修《ごんしゅ》させたが、時とともに廃絶し、近年は師の寛助が再興したにもかかわらず、まもなく絶えてしまったという。

大治元（一一二六）年、覚鑁は伝法二会を行う料所《りょうしょ》として石手《いわで》荘（岩出《いわで》市）を獲得した。しかし、国司《こくし》が認可した国免荘《こくめんのしょう》であったばかりか、常荒《じょうこう》田畠と荒野の領有にかぎられていたため、収益をあげることが困難で、開発にしたがった住民は勅免《ちょくめん》を要求した。そこで、覚鑁は大治四（一一二九）年、仁和寺をつうじて鳥羽上皇に働きかけ、荘内のすべての土地を領有する領域型荘園として、石手荘を再立券《さいりっけん》することに成功した。伝法院《でんぽういん》（伝法堂）の建立に着手したのは、この年と考えられ、翌大治五（一一三〇）年に完成した。

山上の大伝法院（『高野山水屏風』）

伝法院は尊勝仏頂《そんしょうぶっちょう》をまつる宝形造《ほうぎょうづくり》一間《けん》四面《めん》（一間＝約一・八メートル）の小規模な建物であったため、まもなく大伝法院への拡張が企てられた。大伝法院は三間四面の大伝法堂と鐘楼《しょうろう》・経蔵《きょうぞう》などからなり、大伝法堂には大日如来・金剛薩埵《こんごうさった》・尊勝仏頂の三尊がまつられた。また、覚鑁の住坊《じゅうぼう》である密厳院《みつごんいん》も同時に建立され、長承元（一一三二）年、両者の落慶供養法会がいとなまれた。この法会には、鳥羽上皇が関白・前関白以下多くの貴紳をしたがえて三回目の登山をしたが、それは大伝法院と密厳院が上皇の御願寺《ごがんじ》として建立されたからである。覚鑁に対する上皇の絶大な庇護は、同年の寺領山崎荘《やまざき》（岩出市）・岡田《おかだ》荘（同）・弘田荘《ひろた》（同）・山東荘《さんどう》（和歌山市）・相賀荘《おうが》（橋本市）の認可にもみられる。

このような大伝法院（末院《まついん》）のめざましい発展は金剛峯寺（本寺《ほんじ》）との軋轢《あつれき》をもたらした。両者の対立は長承三（一一三四）年にははじまっており、金剛峯寺検校《けんぎょう》らは本寺と末院が別々に仏事を行うことを求めた。しかし、鳥羽上皇はその要求を認めず、金剛峯寺座主定海《じょうかい》や検校良禅《りょうぜん》を追放した。その結果、覚鑁が金剛峯寺と大伝法院座主を兼帯し、検校にも末院方の信恵《しんえ》が補任され、覚鑁派による一山《いっさん》支配が実現した。

その後、本寺と末院の和解が進められ、保延二（一一三六）年および翌年に、定海と良禅は座主・検校にそれぞれ還補《かんぶ》されたが、これがかえって本寺と末院の対立を再燃させ、無言行《むごんぎょう》にはいっていた覚鑁に誹謗《ひぼう》があびせられ、両者の武力衝突にまで至った。保延六（一一四〇）年十二月、本寺大衆《だいしゅ》が密厳院に乱入し、多くの末院方坊舎《ぼうしゃ》を切りはらう事件がおこったため、ついに覚鑁は弘田荘北端の根来《ねごろ》に下山した。

弘田荘は、長承元年以来、大伝法院領となっており、根来には末寺である豊福寺があった。豊福寺は葛《かつら》城修験《ぎしゅげん》系の寺院であるが、その境内に、覚鑁はあらたに円明寺《えんみょうじ》と神宮寺《じんぐうじ》を鳥羽上皇の御願寺として建立した。しかし、覚鑁は落慶供養が行われた康治二（一一四三）年末に死去した。覚鑁の死後、数年を経た久安三（一一四七）年、ついに本寺と末院の和解が成立し、根来にいた寺僧の多くは高野山に帰山した。その後も、高野山内には覚皇院《かくこういん》・菩提心院《ぼだいしんいん》など大伝法院系の寺院がつぎつぎと建立され、覚鑁とその門流は高野山の発展におおいに寄与したのである。

しかし、平安末期仁安二（一一六七）年の裳切《もぎり》騒動、鎌倉時代にはいると、仁治三（一二四二）年の大伝法院焼失事件、さらには弘安九（一二八六）年の大湯屋《おおゆや》騒動など、本寺と末院の抗争が断続的におこったため、ついに正応元（一二八八）年、大伝法院は高野山をはなれ、根来に移転するに至った。

熊野参詣●

紀伊《きい》半島南部の熊野《くまの》は、奈良時代以来、山林修行の地として知られていた。また天平神護二（七六六）年、熊野牟須美《むすび》神と速玉《はやたま》神にそれぞれ四戸の封戸《ふこ》があたえられており、このときまでにのちの本宮《ほんぐう》と新宮《しんぐう》が成立していた。牟須美（結・夫須美《ふすみ》）神は、平安中期以降、那智《なち》の神をさすようになるが、奈良時代は本宮の神であった。

平安時代になると、本宮の神は熊野坐神《くまのにいますかみ》ないし家津御子《けつみこ》神、新宮の神は従来どおり速玉（早玉）神とよばれた。一方、那智の神は十世紀の『延喜式《えんぎしき》』神名帳《しんめいちょう》にも登場しないが、古くから大滝《おおたき》を祭神とする神として存在したことは疑いない。これら三神は本来は別の神であったが、平安中期以降、三神を相互にまつりあう形をとって一体化し、さらに仏教色が加わって熊野三山《さんざん》あるいは熊野三所権現《さんしょごんげん》とよばれるようになった。ちなみに、本宮・新宮という呼称もちょうどこの時期からあらわれ、以後定着する。

熊野詣の初例とされる宇多法皇《うだほうおう》の延喜七（九〇七）年の参詣、ついで寛和二（九八六）年ないし翌永延元（九八七）年の花山《かざん》法皇の参詣は、熊野三山の成立期にはじまっている。さらに、十一世紀になると貴族の参詣がしばしばみられるようになり、これらを集大成する形で、寛治四（一〇九〇）年、白河上皇の第一回参詣が行われた。ただし、白河上皇の二回目の参詣は四半世紀後の永久四（一一一六）年であって、熊野詣が上皇・女院《にょいん》や貴族のあいだで大流行するのは、これ以後のことである。

とはいうものの、白河上皇の第一回参詣は、その後の熊野詣の規範となったという意味で重要である。第一に、これまで参詣道には紀伊路（中辺路《なかへち》）と伊勢路《いせじ》があったが、難路である前者がメインルートとされ、中世の参詣ではほとんどこのルートを利用するようになった。第二に、これ以前の参詣では、紀伊路（中辺路）ルートにおいても部分的に海路を船でいく箇所があったが、以後は徒歩を原則とするようになった（淀《よど》川・熊野川の川船による往復をのぞく）。このように、山道が多い紀伊路（中辺路）を、徒歩でいくことを原則としたのは、白河上皇第一回参詣の先達《せんだつ》をつとめた園城寺《おんじょうじ》の増誉《ぞうよ》の考えによるものと思われる。以後、

中辺路箸折峠《はしおりとうげ》の牛馬童子像　僧服姿の石像が牛と馬の背にまたがっている。

中世の上皇・女院や貴族の参詣において、先達をつとめたのはほとんど園城寺・聖護院《しょうごいん》系の山伏であって、増誉の流儀が継承されたのである。ただし、増誉の流儀においても、徒歩を原則としたのは、王子社奉幣《おうじしゃほうへい》などの儀式がある往路のみで、復路は伝馬《てんま》などを利用してはやく帰洛《きらく》することが多い。

白河上皇は、大治三（一一二八）年まで合計九回参詣したが、第二回以後は参詣の頻度が増し、平均すると約一年半に一度である。続く鳥羽上皇もほぼ同様の頻度であるが、参詣の回数は二一回におよんだ。こうして鳥羽上皇の時代には、熊野詣が準国家的な行事となり、複数の上皇や女院が同時に参詣する両院御幸・三院御幸も行われ大規模化した。もっとも参詣回数が多いのは後白河上皇の三四回、頻度が高いの

熊野参詣道

熊野《くまの》参詣道とは、熊野三山《さんざん》（本宮《ほんぐう》・新宮《しんぐう》・那智《なち》）に詣でるための道である。歴史的な旧道が遺存しているので、熊野古道《こどう》ともいう。紀伊路《きいじ》と伊勢路《いせじ》と大峯道《おおみねみち》に大別されるが、紀伊路はさらに大辺《おおへ》路《ち》・中《なか》辺路・小《こ》辺路に分かれる（多くの箇所が国史跡）。これらの参詣道の特色と相互関係を示すとつぎのようになろう。

- 紀伊路
  - 中辺路…田辺《たなべ》から本宮にむかう中世のメインルート
  - 大辺路…田辺─那智浜の宮間を海岸沿いにまわる道
  - 小辺路…高野山《こうやさん》─本宮間を直線的に結ぶ山間の道
- 伊勢路…田丸《たまる》から長島にでておおむね海岸沿いに新宮にむかう道
- 大峯道…山伏《やまぶし》が修行《しゅぎょう》する本宮─吉野《よしの》間のきびしい山岳ルート

このうち古くから存在したのは、紀伊路（中辺路）と伊勢路である。中世には前者がメインルートとなったため、後者は地域的な道となった。近世になると、伊勢路は復活し、大辺路・小辺路も参詣道になった。

紀伊路・中辺路は、伊勢路より難路であり、王子《おうじ》が多数出現したことに特色がある。熊野に道者《どうじゃ》（信徒）を案内した先達《せんだつ》が山伏であったため、難路が選ばれたのであろう。また、山伏が大峯・葛城《かつらぎ》の修行で勤行《ごんぎょう》する巨岩・怪石・奇窟・巨木など（神仏がやどるところ）になぞらえて、参詣道に設定したのが王子だと思われる。

伊勢路はすべて三重県に属するが、多雨地帯なので、随所に立派な石畳が敷設されている。大辺路は海のみえる風光明媚な道であるが、距離が長いので、時間に余裕のある文人墨客《ぶんじんぼっかく》や特別な宗教者に多く利用された。小辺路は一番距離が短く、畿内《きない》・西国《さいごく》からの参詣に都合がよいが、一〇〇〇～一二〇〇メートルの峠を三つ越えなければならない。大部分は奈良県に属し、両端の高野山の近くと果無《はてなし》山脈の南側が和歌山県に属する。

大峯道は、山伏が修行する千数百メートル級の山岳ルートであって、厳密な意味では参詣道でない。しかし、山伏は熊野から吉野《よしの》へ（順峯《じゅんぶ》）、あるいは逆に吉野から熊野へ（逆峯《ぎゃくぶ》）むかったので、広義の熊野参詣道に含められる。中世末～近世になると、いずれも京・大坂に近い吉野から入峯《にゅうぶ》するようになった（大峯奥駈《おくがけ》修行）。吉野から大部分は奈良県に属するが、大森山《おおもりやま》をくだったところで和歌山県にはいる。

これら熊野参詣道の大部分が、高野山参詣道のメインルートである町石道《ちょういしみち》とともに、平成十六

(二〇〇四)年七月、世界文化遺産に登録された。

❖コラム

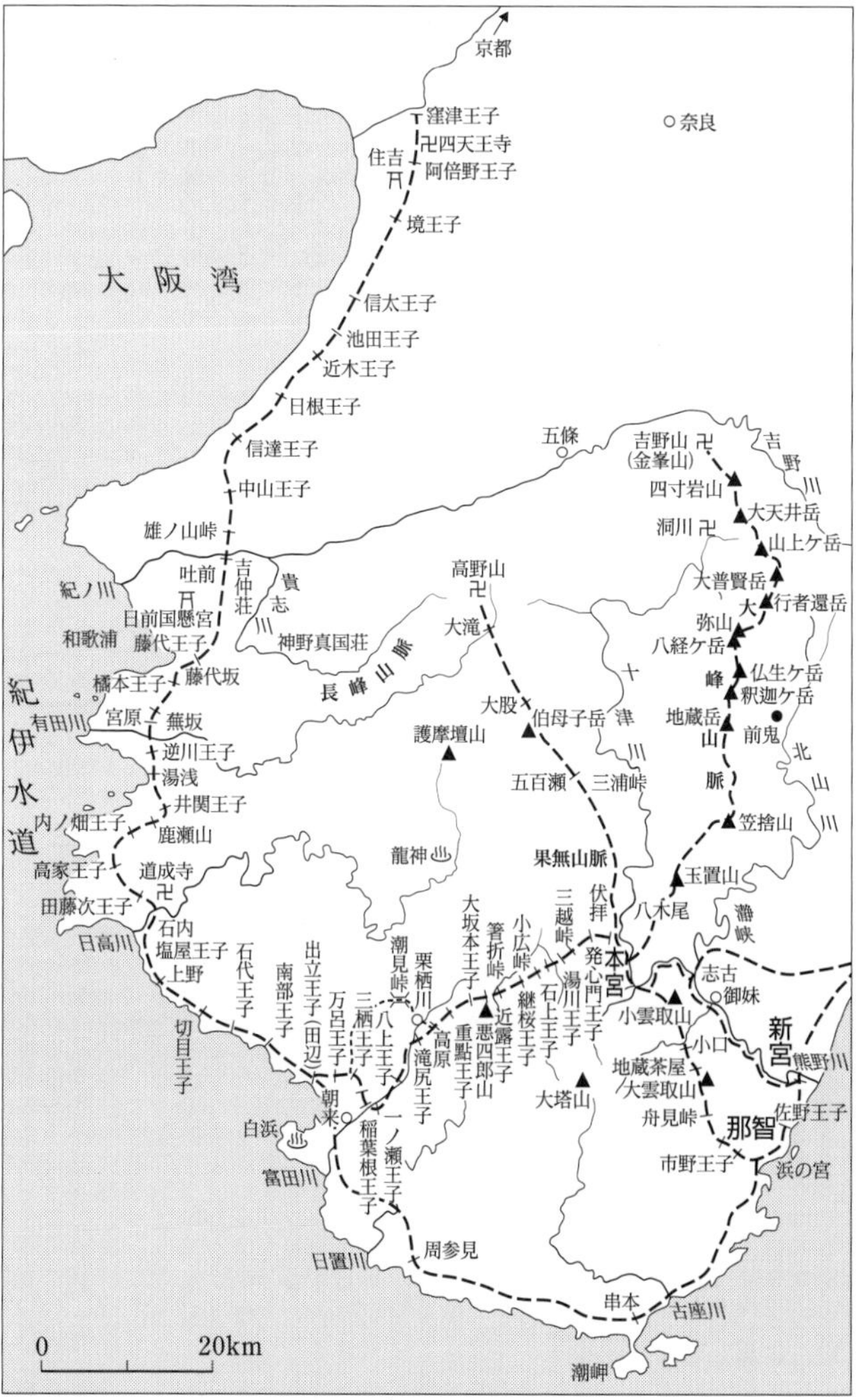

熊野参詣道　小山靖憲『熊野古道』(岩波新書)による。

は後鳥羽上皇で約一〇カ月に一度である。このような動向をうけて貴族の参詣も活発化し、判明する限りの参詣回数を数えると、二〇回以上の人が何人もいる。彼らが参詣の回数をきそったのは、修行の度数の多さによって臈《ろう》を積むという修験道《しゅげんどう》の考えに基づいている。

一方、熊野三山を現地において統括したのは熊野別当《べっとう》である。別当・権《ごん》別当に就任する家はしだいに固定し、田辺《たなべ》と新宮に有力な別当家が形成された。彼らは熊野詣を差配する御師《おし》であり、また水軍の組織者でもあった。田辺別当家の湛増《たんぞう》は、平氏《へいし》政権に反逆し、源平《げんぺい》内乱に源義経《みなもとのよしつね》軍に加わって、源氏《げんじ》の勝利に貢献した。

その後、熊野詣の流行に一大転機をもたらしたのは、承久三（一二二一）年の承久の乱であった。後鳥羽《ごとば》上皇の倒幕に、当時有力であった田辺別当家の多くがかかわり（中心は湛増の孫にあたる快実《かいじつ》）、壊滅的な打撃をうけた。その結果、上皇や女院の参詣は行われなくなり、貴族の参詣もしだいに衰退した。これにかわって登場するのが地方の武士で、鎌倉中期より彼らの参詣がはじまり、後期になるとかなり盛んになった。ついで、南北朝《なんぼくちょう》期になると武士が配下の住民をつれて参詣するようになり、室町期には民衆自身の参詣が活発化して、「蟻《あり》の熊野詣」という現象が出現した。

2　荘園公領制の成立

官省符荘の成立●
奈良時代の八世紀後半に成立し、平安時代初期の九世紀末までみられる荘園は初期荘園とよばれている。

初期荘園は、荘所《しょうしょ》（倉庫兼管理事務所）と墾田《こんでん》（開墾地）と野地《やち》（未開地）だけからなっていて、専属の荘民がいなかったため、律令《りつりょう》国家と運命を共にし、十世紀までに崩壊した。これにかわって、十世紀以降登場するのが免田《めんでん》・寄人《よりうど》型荘園で、摂関《せっかん》期に特有の荘園である。

紀伊国において、免田・寄人型荘園の実態がわかるのは、延久の荘園整理令に際して、石清水《いわしみず》八幡宮が記録荘園券契所《けんけいじょ》の審査結果を通告された延久四（一〇七二）年九月の太政官牒《だいじょうかんちょう》（「石清水文書」）である。当時、石清水八幡宮が紀伊国に有していた荘園は、野上《のかみ》荘（紀美野町）・鞆淵薗《ともぶちのその》（紀の川市）・名手《なて》荘（同）・隅田《すだ》荘（橋本市）・衣奈《えな》薗（由良《ゆら》町）・薗財《そのたから》荘（御坊《ごぼう》市）・出立《でたち》荘（田辺市）の七荘である。十一世紀後半において、これらの荘園はすべて免田・寄人型荘園であったが、隅田荘を例としてもう少し具体的にみておきたい。

隅田荘の起源は、藤原兼家《かねいえ》が石清水八幡宮内に建立した三昧院《さんまいいん》の料所にあり、当初は寛和二（九八六）年に作田見開数《さくでんげんかいすう》にしたがって正税《しょうぜい》が免除されるにすぎなかった。その後永祚二（九九〇）年に至って三昧供田《くでん》二〇町の官物《かんもつ》が免除され、ついで万寿五（一

丹生官省符神社（伊都郡九度山町）

〇二八）年には荘官・寄人などの臨時雑役《ぞうやく》が免除され、さらに延久四年の段階では免田が二九町に増加している。すなわち、隅田荘は十世紀末の永祚二年に免田型荘園となり、十一世紀前半の万寿五年に免田・寄人型荘園に発展したのである。

　このように、免田・寄人型荘園は、官物ないし雑役（あるいはその両方）が免除された免田の集合体にすぎず、また固有の荘民はおらず、耕作者も公民（田堵《たと》）を寄人という形でしか組織することができなかった。したがって、名手荘のように、「寄宿《きしゅく》の公民無きにより、所在の田畠すでに荒蕪《こうぶ》たり」という事態におちいることもあったのである。このような制約された荘園に対して、中世荘園の典型である領域型荘園はその性格をまったく異にしており、このことを高野山領官省符荘《かんしょうふしょう》の成立にみてみたい。

　永承四（一〇四九）年、高野山金剛峯寺は、これまで紀伊国内の伊都《いと》・那賀・名草《なくさ》・牟婁《むろ》の四郡に集積してきた不輸租田《ふゆそでん》（金剛峯寺領田ともよばれた免田）を国家に返進するかわりに、寺家政所（慈尊院）前の荒野と見作田《げんさくでん》を領有したいと申請し、この相博《そうはく》（交換）が認められた。当時、金剛峯寺領田は水田四一町四反余、陸田七町四反余あったが、遠郡《おんぐん》に散在していて、しばしば国司に収公されるなど、実態のないものになっていたので、山下の政所の前方に、紀ノ川をへだてて広がる長栖《なぐす》（名古曾《なごそ》）・大野《おおの》両村（橋本市）の荒野および見作田二五町一反余と交換することになったのである。

　こうして官省符荘（政所荘・高野本荘・金剛峯寺荘などともいう）が成立したが、それは旧来の免田を放棄したかわりに、あらたに一定地域の領有を実現したわけで、高野山寺領が中世的な形態に転換したことを如実に示している。このような集落と耕地と山野河海からなる一定の地域を領有する荘園を領域型荘園とよんでいる。高野山領官省符荘は、紀伊国のみならず全国的にみても、領域型荘園のはやい例に属するが、十二世紀になれば中世荘園の主流を占めるようになっていく。ただし、領域型荘園が成立する契機はさまざまであって、いわゆる寄進地系荘園もその原動力の一つであるが、前述した紀伊国の石清水八幡宮領が十二世紀にはすべて領域型荘園に発展するように、旧来の免田・寄人型荘園が領域型荘園に発展するケースも多い。とはいうものの、畿内《きない》の荘園には中世をつうじて免田・寄人型荘園のまま存続するケースがしばしばある。

大伝法院領荘園●

紀伊国において、官省符荘（橋本市・九度山町・かつらぎ町）に続く領域型荘園は、嘉承二（一一〇七）年に成立した高野山領名手荘（紀の川市）である。名手荘を高野山の大塔仏聖料《ぶつしょうりょう》にあてることを認めた官《かん》宣旨《せんじ》（「高野山文書」）には、紀伊国七カ郡のうち、名草郡をのぞく「六箇郡は毎郡十分の八九、已に庄領たり。公地幾ばくならず。……就中《なかんずく》伊都・那賀両郡中、十分の九已に庄領たり。僅かに残る所一両村なり」という有名な文言がみられる。しかし、これは誇張であって、この時期までの紀伊国の荘園はほとんど免田・寄人型の荘園であった。

紀伊国において、領域型荘園が急速に増大し、以後このタイプの荘園が主流になっていく最大の契機は、鳥羽院政期に覚鑁によって推進された大伝法院領荘園の設立であった。前節で述べたように、大治元（一一二六）年、覚鑁は伝法会料所として石手荘（岩出市）を獲得したが、常荒田畠と荒野の領有に限定されていたため、同四（一一二九）年十一月鳥羽上皇の庇護をうけ、石手荘を領域型荘園として再立券することに成功した。

ついで、伝法院を拡張して大伝法院とした長承元（一一三二）年から翌年にかけて、大伝法院領の岡田荘（岩出市）・山崎荘（同）・弘田荘（同）・山東荘（和歌山市）の四荘、および密厳院（覚鑁の住房）領の相賀荘（橋本市）があいついで立券された。これら五荘はすべて再立券された石手荘と同様に領域型荘園であり、岡田・山崎・弘田の三荘は石手荘を取りまくように分布している。また、弘田荘をのぞく他の諸荘はすべて一円所領であり、しかも官物と雑事国役を免除された当時としては破格の荘園であったので、康治元（一一四二）年、官使や国目代《くにのもくだい》・在庁官人《ざいちょうかんじん》らが大嘗会役《だいじょうえやく》を賦課するためにこれら諸荘園に乱入し、種々の乱暴をする事件がおこった。しかし、国司がこの事件を謝罪し、伊都郡の渋田郷《しぶたごう》（かつらぎ町）を大伝法院に割譲することになった。渋田（志富田《しぶた》）荘は久安二（一一四六）年に立券され、これで大伝法院領系荘園は合計七荘となった。

紀ノ川流域で、十二世紀前半に領域型荘園が大量に出現したことは、その周辺地域に大きな波紋を投げかけた。まず、これ以後あらたに立券される荘園がほとんど領域型荘園という形態をとった。はやいのは大治四（一一二九）年十月に成立した鳥羽院領荒川荘《あらかわ》（紀の川市）で、再立券された石手荘よりも一月ほど先行する。その後荒川荘は、鳥羽院没後の保元元（一一五六）年、皇后美福門院《びふくもんいん》に伝領され、同院の寄進によって平治元（一一五九）年以降は高野山領となった。康治元年には、神野《こうの》・真国荘《まくに》（紀美野町《きみの》）が立券されるが、これまた鳥羽院領であった。ついで、粉河寺領栗栖荘《くるす》（和歌山市）は保延四（一一三八）年に成立したが、日前宮《にちぜんぐう》から横槍がはいり、他所に改定されそうになったため、鳥羽上皇の庇護をあおぎ、久安二年、官物・国役雑事を免除される領域型荘園として再立券された。

一方、領域型荘園の出現は隣接する荘園との堺相論《そうろん》をほとんど例外なくもたらした。密厳院領相賀荘は隅田荘と官省符荘のあいだに位置し、成立直後から両荘との堺相論がおきたが、重要なのは隅田荘との相論である。相賀・隅田両荘間の相論は、境界の妻谷《つまだに》の帰属、およびその住人を隅田荘が「神人《じにん》」として把握した問題をめぐって、長承二（一一三三）年から応保二（一一六二）年まで断続的におこった。隅田荘はこの時期まで免田・寄人型荘園であったので、西隣に相賀荘という領域型荘園が出現すると、否応なく対抗手段をとらざるをえず、土地と住民の帰属をめぐる紛争を繰り返すことによって、領域型荘園に移行したのである。これは一例であるが、十二世紀なかばから後半にかけて、旧来の免田・寄人型荘園が領域型荘園に転換し、紀伊国において中世荘園が確立する画期となったのである。

日前宮領と高野山領荘園●

紀伊国荘園分布図（次頁参照）にみられるように、紀伊国には多くの荘園が設けられた。とくに濃密なのは紀ノ川流域であって、大小さまざまな荘園が分布する。これら諸荘園の成立時期をすべて特定するのはむずかしいが、十二世紀の鳥羽・後白河院政期に成立したか、免田・寄人型荘園から領域型荘園に移行したものがほとんどであろうと推測される。これだけ多くの荘園が設けられると、公領《こうりょう》（国衙《こくが》領）は皆無になったのではないかと思われるかも知れないが、けっしてそうではない。

　国衙が所在した名草郡の平安～鎌倉期の所領についてみると、河北では永穂《なんご》（長尾）郷（和歌山市、以下同）・田屋《たや》郷・田井《たい》郷・直河《のうがわ》郷・六十谷保《むそたのほ》などが確実な公領で、直河保（直河荘）や中村（平田《ひらた》荘）は荘公両属的な所領であった。また、紀伊湊《みなと》も国衙が管轄した公領であって、その近辺には船所《ふなどころ》・梶取《かんどり》・市《いち》小路《しょうじ》など湊に関係する地名、あるいは延時《のぶとき》・次郎丸《じろうまる》など在庁名に由来すると思われる地名が遺存しており、史料的所見にとぼしいが、紀ノ川下流域には公領が多く分布していたと思われる。一方、河南では楠《くす》見《み》郷・布施屋《ほしや》郷などの公領、あるいは宇治《うじ》保・且来《あっそ》保などの荘公両属的な所領が周縁部に分布するが、広

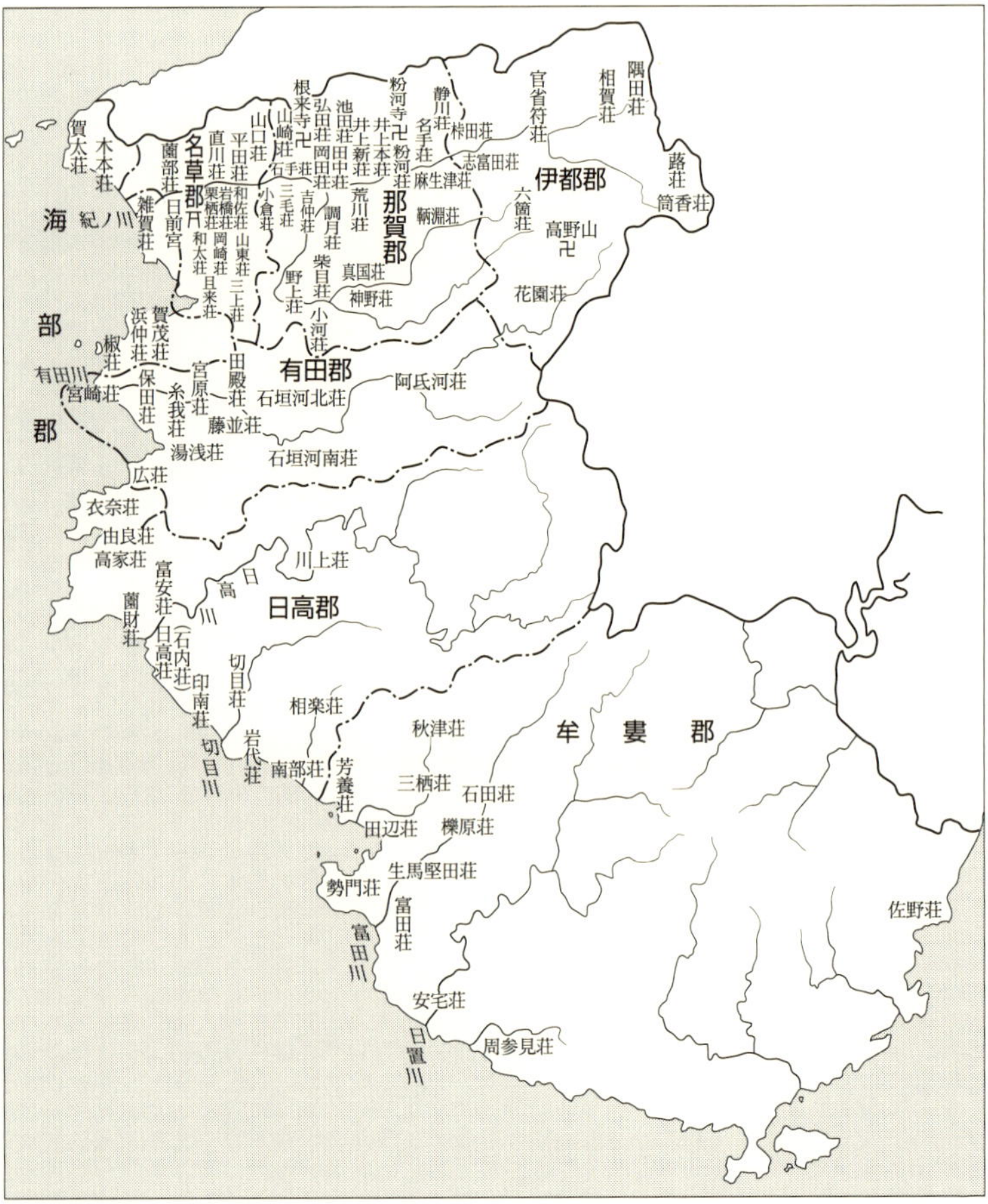

紀伊国荘園分布図　網野善彦ほか編『講座 日本荘園史』8による。

大な穀倉地帯は日前宮領が占めていた。日前宮は正しくは日前国懸神宮《ひのくまくにかかすじんぐう》といい、古代以来、紀国造家《きのこくぞうけ》が奉斎する名社で、中世には紀伊国の一宮《いちのみや》であった。日前宮領は名草郡を四分割したうちの一つ神宅院《かんやけいん》をほぼ継承する大規模なもので、永仁三（一二九五）年の検田《けんでん》・検畠取帳《けんばたとりちょう》などが残っている郷だけでも、秋《あき》月《づき》郷・太田《おおた》郷・有家《ありえ》郷・和太《わだ》郷など二〇郷以上にのぼり、また公領的性格がきわめて強い。このように、名草郡は和歌山平野の穀倉地帯や交通の要所を占め、公領や公領に準ずる所領が濃密に分布していたのである。

一方、紀伊国の荘園分布に関連して、高野山領荘園がどの程度の比重をもっていたのかをあきらかにしておく必要があろう。高野山金剛峯寺は紀伊国最大の権門《けんもん》寺院なので、当初から莫大な所領を有していたように思われがちであるが、必ずしもそうではなく、平安時代の荘園はごくかぎられている。

官省符荘や名手荘は早期に成立した重要な領域型荘園であった。しかし、平安～鎌倉期の両荘は金剛峯寺座主（東寺長者《ちょうじゃ》）の権限が強く、事実上、東寺の支配下にあった。また、高野山の鎮守社《ちんじゅしゃ》である天野社《あまのしゃ》

神野・真国荘絵図

紀伊《きい》国には、神野《こうの》・真国荘絵図《まくにのしょうえず》、桛田《かせだ》荘絵図、井上本《いのうえほん》荘絵図、高家《たいえ》荘絵図など、かなりの点数の中世荘園絵図が現存する。いずれも著名な絵図で、研究も多いが、ここでは神野・真国荘絵図を紹介しておきたい（次頁トレース図参照）。

この絵図は、荘園《しょうえん》の設立（立荘《りっしょう》）にさいして作成される立券図《りっけんず》である。図柄からいえば、荘園の境界をくわしく描いた四至牓示《しいしぼうじ》図ということになる。ちなみに、四至は境界の東西南北をいい、荘園

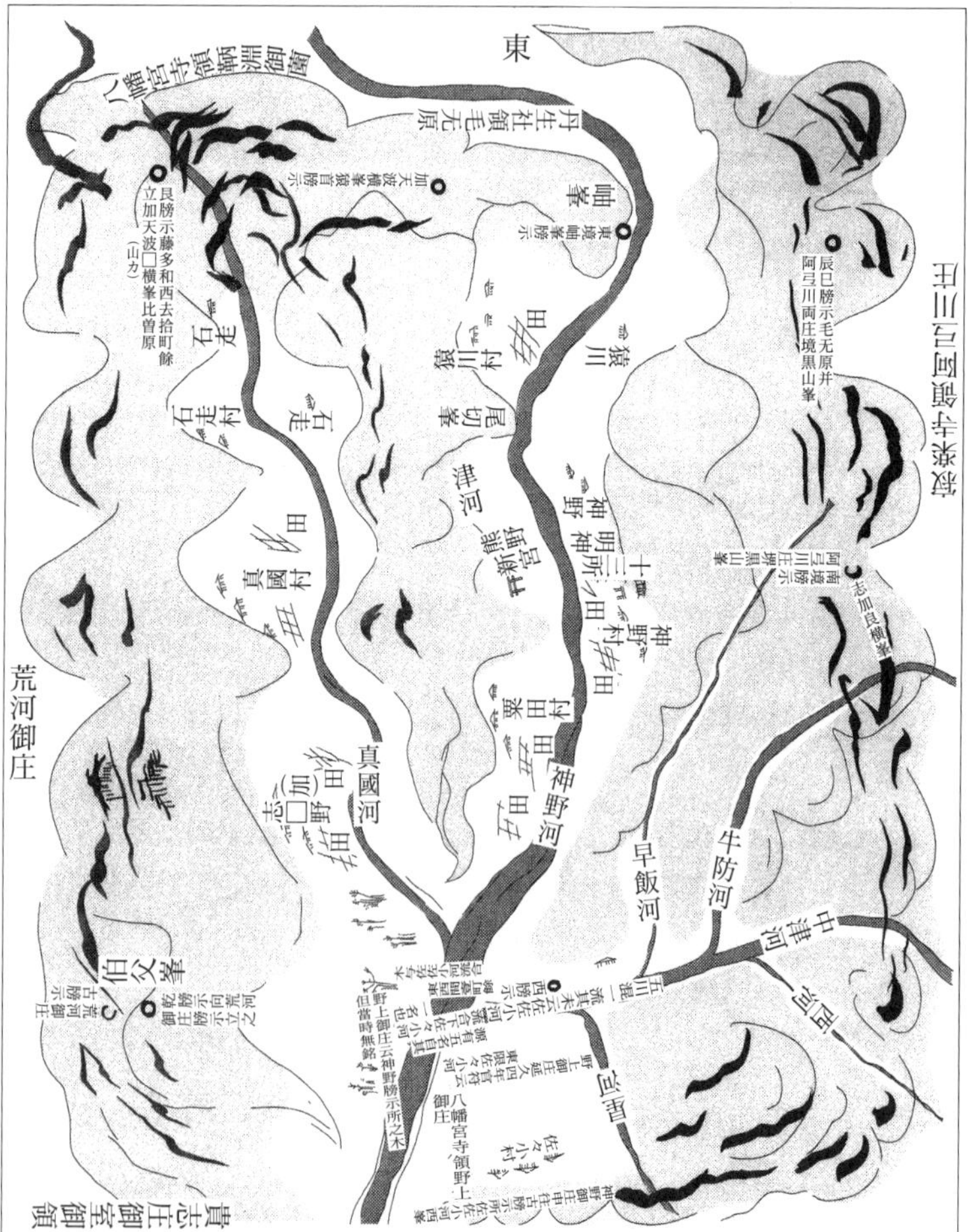

神野・真国荘絵図(トレース図)

❖コラム

牓示はその東西南北の交点に打たれる。このため、四至牓示図は、現実の地形のいかんにかかわらず、四辺形に変換された構図をとることが多い。

ほぼ中央を流れる神野《こうの》川が絵図の中軸線をなしており、これに左半を斜めに分割する真国《まくに》川、さらに右半下部では中津《なかつ》川など五川が合流する。これら河川はあたかも樹木の幹と枝のように描かれている。河谷を取りまくのは、絵図の大部分を占める山々の描写である。筆をハケのように使って、深山の樹木や山並みを雄渾《ゆうこん》なタッチで描いており、山深い景観が簡潔に表現されている。この河川と山々の描写から山間荘園の様相が読みとれる。

裏書《うらがき》によって、康治二（一一四三）年五月二十五日、神野・真国荘が鳥羽院《とばいん》領として立券されたときに作成された絵図であることがわかる。したがって、白ぬきの黒丸で記された牓示、および境界の描写に主眼がある。山間の複雑な地勢であるため、多くの牓示がみられるが、艮《うしとら》牓示、辰巳（巽《たつみ》）牓示、乾《いぬい》牓示の三つが本《ほん》牓示で、その他は脇《わき》牓示である。

この絵図の謎は、本来あるべき坤《ひつじさる》牓示が描かれず、本牓示が三つしかないことである。しかも、この西南部の描写は不正確で、五つの川が山を越えてくるように描かれている。坤牓示がないのは、この地が未開地で使者も立ちいらなかったからだという説もある。しかし、五川が一流となって神野川に合流する付近には、野上《のかみ》荘と神野荘の境界争いに関する多くの文字注記がみられ、神野荘の立券にあたって、当面は野上荘の主張にしたがって境界が定められたため、坤牓示を打つことができなかったと考えるのが妥当であろう。

紀伊国の高野山領荘園

平安時代末期		鎌倉時代	南北朝時代以降	
官省符荘		官省符荘	官省符荘	隅田南荘
六箇荘		六箇荘	六箇荘	相賀南荘
花園荘		花園荘	花園荘	志富田荘
名手荘		名手荘	名手荘	鞆淵荘
荒川荘		荒川荘	荒川荘	調月荘
浜仲荘		浜仲荘	浜仲荘	東貴志荘
南部荘		南部荘	南部荘	小河荘
石手荘	大伝法院領	蕗荘	蕗荘	柴目荘
弘田荘		筒香荘	筒香荘	細野荘
岡田荘		神野・真国荘	神野・真国荘	
山崎荘		猿川荘	猿川荘	
山東荘		麻生津荘	麻生津荘	
志富田荘		静川荘	静川荘	
相賀荘		阿氏河荘	阿氏河荘	

大伝法院領系荘園は，正応元(1288)年以降，根来寺領となるので，鎌倉時代の欄からはぶいた。その後，元弘の勅裁によって，志富田荘と相賀南荘は高野山領となった。

（丹生都比売神社）領の六箇七郷（かつらぎ町）も、平安時代においては仁和寺の支配権が強く、仁和寺領とみることもできる。したがって、高野山が独自の支配権を行使できた有力な荘園は、荒川荘にかぎられるのである。平安末の荘園制形成期において、寺領を多く獲得したのは、本寺の金剛峯寺ではなく、覚鑁に主導された末院の大伝法院であった。なお、大伝法院領系荘園は、鎌倉末期の正応元（一二八八）年以降、根来寺領となって、高野山領から分離する。

高野山が鎌倉時代に紀伊国内に寺領を拡大する武器としたのは、「御手印縁起《ごしゅいんえんぎ》」であった。「御手印縁起」は祖師《そし》空海に仮託して、院政期に偽作された一連の文書で、そこに記された四至《しいし》を「旧領」だと主張し、所領の回復運動（実はあらたな獲得運動）を展開したのである。高野山が「御手印縁起」をもちだして早期に獲得した荘園には、麻生津荘（紀の川市）、神野・真国荘があるが、阿氐河荘《あてがわ》（有田川町）は激しい抗争を経て鎌倉末期に高野山領となった。高野山が「御手印縁起」の四至内をほぼ寺領に編入できたのは、元弘三（一三三三）年の後醍醐《ごだいご》天皇綸旨《りんじ》（元弘の勅裁《げんこうのちょくさい》）によってであった。

3 武家政権の成立と紀州

平氏政権と紀州●

十二世紀なかばすぎの保元《ほうげん》・平治《へいじ》の乱《らん》を契機として、平氏政権の第一歩がふみだされた。平治元（一一五九）年十二月、藤原信頼《のぶより》・源義朝《よしとも》らが京都でクーデタをおこしたとき、平清盛《たいらのきよもり》は熊野参詣の途上にあった。この事件を記した『愚管抄《ぐかんしょう》』と『平治物語』では記述内容がいささか異なっている。史実に近いと思われる前者によれば、二川《ふたがわ》（田辺）宿で信頼・義朝らの蜂起を聞いた清盛は、子息二人と侍一五人しかつれておらず、一時筑紫《つくし》に落ちのびようかと思案したが、湯浅宗重《ゆあさむねしげ》と熊野別当湛快《たんかい》の支援を得て、ただちに京都に引き返し、義朝らの軍勢を撃破し、平治の乱に勝利した。当時、湯浅氏は三七騎といわれるれっきとした武士団を構成しており、湛快は「サブライ（侍）の数」にはいるほどではなかったものの鎧《よろい》七領と弓矢を提供したという。

宗重や湛快はこのころすでに清盛と親しい関係にあったと思われるが、それは平家一門がたびたび熊野参詣をしたことから生じたものであろう。平家一門は上皇の熊野御幸《ごこう》の供奉人《ぐぶにん》としてその名が多くみえる。

元永二（一一一九）年、白河上皇の参詣に平正盛《まさもり》（清盛の祖父）がしたがったのがはやい例であるが、鳥羽上皇の参詣には忠盛《ただもり》（清盛の父）のほか、頼盛《よりもり》・家盛《いえもり》・教盛《のりもり》（いずれも清盛の弟）らが供奉している。ちなみに、清盛の参詣は平治の乱のときを含めて前後四回あり、長男重盛《しげもり》も熊野信仰に厚い。

　湯浅氏の本拠、有田《ありだ》郡湯浅は熊野参詣道がとおっていて、参詣のさいにはしばしば宿泊地となったため、その接待などをつうじて、中央権貴《けんき》との関係を深めた。前述した平治の乱に、いち早く清盛を支援したことは、平氏との主従関係をいっそう強化することになったようで、のちには「平家家人の中、宗たる者」（「崎山家文書」）とよばれている。その後、湯浅一族は有田郡一帯に蟠踞《ばんきょ》したのみならず、紀ノ川流域の武士をも婚姻関係をつうじて一族に組み込み、鎌倉時代には紀州《きしゅう》随一の武士団《ぶしだん》に発展する。

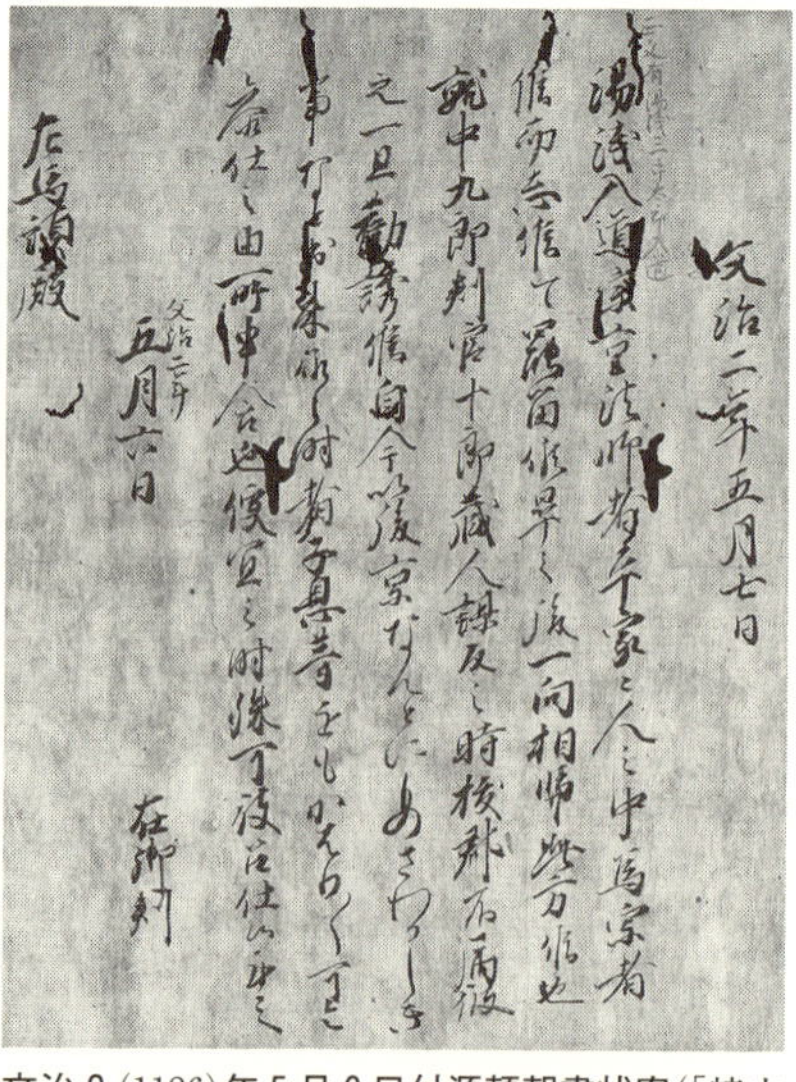

文治２（1186）年５月６日付源頼朝書状案（「崎山家文書」）

一方、熊野三山の最高位は検校《けんぎょう》であるが、園城寺の長吏《ちょうり》が兼帯する名誉職的な存在で、現地の長官である熊野別当が実質的な権限をにぎっていた。熊野別当には、同じ一族ながら新宮と田辺に拠点をもつ二つの流れがあり、両別当家は抗争を繰り返しつつ、交代で別当・権別当に就任した。湛快は、本宮から田辺に進出して新《いま》熊野社（現闘雞《とうけい》神社）を勧請《かんじょう》するなど、田辺に拠点を設けた別当として知られる。田辺は熊野（中辺路）の入口にあたり、この付近から本宮までの接待などをつうじて、中央権貴と結びつきやすく、いち早く平家家《け》人《にん》になったものと思われる。なお、田辺別当家は日高《ひだか》郡にも進出し、湛快の時代から南部《みなべ》荘（みなべ町）の下司《げし》として、年貢の納入を請け負っている。

このほか、平家家人であったと思われる武士に、那賀郡の佐藤仲清《なかきよ》・能清《よしきよ》父子がいる。佐藤氏父子は摂関家《せっかんけ》領田中《たなか》荘（紀の川市）の預所《あずかりどころ》という地位にあり、在地領主というよりは京都に生活の拠点をもつ武士のように思われるが、しばしば紀ノ川南岸の荒川荘（同）の侵略を企てた。ちなみに、歌人として著名な西行《さいぎょう》（佐藤義清《よしきよ》）は、『尊卑分脈《そんぴぶんみゃく》』という系

闘雞神社（田辺市）

図の記載を信じることができれば、この仲清の弟である。

仲清の荒川荘への侵略は、鳥羽上皇が没し、荒川荘が美福門院領となった保元元（一一五六）年ごろから本格化し、ついで高野山に寄進されたあとも続いた。そもそも紀ノ川の流路の変遷によって、荒川荘と田中荘の境界はあいまいであったが、荒川荘がいち早く領域型荘園として確立し、両属的な土地を取りこんだために、田中荘側が反撃にでたものであろう。ただし、仲清の行為は暴力的な押領《おうりょう》であって、清盛の家人である紀伊守《かみ》源為長《ためなが》とも結託していた。この堺相論は、長寛元（一一六三）年に至って領家による妥協がはかられ、一旦鎮静するが、源平内乱期に仲清の子能清にうけつがれて再燃した。

源平内乱●

紀州の源平内乱は熊野からはじまった。治承四（一一八〇）年四月、後白河《ごしらかわ》法皇の皇子以仁王《もちひとおう》は平氏追討を命じる令旨《りょうじ》を発した。この令旨を源頼朝をはじめ諸国の源氏に伝える役割を果たしたのが源行家《ゆきいえ》である。行家は為義《ためよし》の末子で、頼朝の叔父にあたるが、別当行範《ぎょうはん》の妻「たつたはらの女房」（鳥居禅尼《とりいぜんに》）が彼の姉であった関係で、一、二年前から新宮に住んでいた。そして、新宮十郎義盛《よしもり》と称していたが、八条院蔵人《はちじょういんくろうど》として上洛《じょうらく》中に、行家と改名したという。

治承四年八月、田辺の湛増（湛快の子）は前年より対立していた弟湛覚《たんかく》の城や民家を焼きはらい、鹿瀬《ししのせ》山以南を掠領《りゃくりょう》した。鹿瀬山は有田・日高両郡界にあり、湛増は本来の支配地域である牟婁郡を越えて、北の日高郡全域に勢力を拡大したことになる。さらに、同年末になると、熊野の動きは反体制的となり、別当範智《はんち》以下が清盛にそむいたとの噂もたった。翌養和元（一一八一）年初頭、熊野山衆徒《しゅと》は志摩《しま》から伊勢を攻め、伊雑宮《いざわのみや》（三重県志摩《しま》市）近辺を焼き、山田《やまだ》・宇治《うじ》両郷（三重県伊勢市）をおそって伊勢神宮にも損傷をあたえた。同年九月には、熊野法師がいっせいに蜂起し、鹿瀬山を切りふさいでいる。ここに至り、ほぼ熊野全体が反平氏となったと考えられ、知行国主《ちぎょうこくしゅ》平頼盛に熊野追討が命じられた。子の為盛《ためもり》が下向したが、その結末は詳らかでない。

このように、熊野はいち早く平氏を見限ったが、源氏の正規軍に加わるのは、かなり遅い。湛増は元暦元（一一八四）年十月に熊野別当に就任し、翌文治元（一一八五）年二月の屋島《やしま》合戦ののち、熊野水軍を率いて源義経軍に加わり、壇ノ浦《だんのうら》合戦に参加した。この決断にあたり、湛増が田辺の新熊野社で白鶏と赤鶏をたたかわせたという『平家物語』逸話は有名であるが、正規軍への参加はともかく、内乱の初期に平氏に反旗を翻しているので、この逸話はフィクションであろう。

これに対して、平氏の有力家人であった湯浅氏は、屋島から平維盛《これもり》とともに脱走した末弟忠房《ただふさ》を匿《かくま》うなど、平氏滅亡後も平家方にとどまっていた。ただし、湯浅氏は平家家人といっても、反主流派の故重盛《しげもり》と親しく、都《みやこ》落ち後の平家には積極的に加担していない。そのため、重盛の子維盛・資盛《すけもり》は湯浅氏をたよって脱走したのである。『平家物語』によれば、維盛は紀伊湊に上陸したのち、高野山にのぼり、ついで熊野三山を順拝し、那智の沖で入水《じゅすい》したとする。しかし、維盛は入水せず、紀伊半島のあちこちにひそんでいたという伝承もある。いずれも史実とはいいがたく、熊野参詣ののち、高野山を経て上洛し、頼朝の命で関東に下向する途中、相模《さがみ》で病死したというのが真実らしい。一方、湯浅氏に匿われていた忠房の周りに畿内近国の平氏が集まってきたため、頼朝は湛増に討伐を命じた。湯浅氏の坑戦は三カ月におよんだが、忠房の助命を条件に降伏させ、あざむいて忠房を近江《おうみ》で斬ったという。したがって、湯浅氏が頼朝にしたがったのは、これ以後のことで、文治元年の秋か冬であろう。

また内乱期における、田中荘の預所佐藤能清の行動も注目される。能清は父仲清をついで、荒川荘への乱入を繰り返した。治承四年には、能清の郎従《ろうじゅう》が荒川荘の中心東西三〇余町、南北一〇余町を押領し、翌養和元年には、平家の下知《げち》として近国の家人を集め荒川荘を焼きはらおうとし、その行動はいっそう過激になっている。また、文治二（一一八六）年にも能清の使者が源頼朝の仰《おお》せと称して荒川荘に乱入したという。このような能清の行動は、平氏政権を後ろ楯にしていたが、鎌倉幕府の支持するところとはならず、田中荘は同族の尾藤《びとう》氏に安堵《あんど》され、能清は没落したらしい。

この佐藤能清の荒川荘押領と前述した熊野別当湛増の日高郡掠領には、共通点がみられる。いずれも源平内乱を自己の所領拡大の好機ととらえ、そのために手段を選ばない行動にでているからである。しかし、鎌倉幕府は荘園制的秩序を重んじたため、彼らの押領を否定し、所領を縮小するか、没落するか、いずれかの道を選択させたのである。

守護・地頭と西国御家人●

元暦元（一一八四）年二月の一《いち》の谷《たに》合戦ののち、西国《さいごく》諸国に「守護人《しゅごにん》」がおかれ、紀伊国では豊島有経《てしまありつね》が任じられた。この「守護人」は、平氏追討の兵士・兵粮米《ひょうろうまい》の徴収を任務とした。そのため、翌文治元（一一八五）年三月の平家滅亡によって、その役割をおえ、六月には停止された。ついで十一月、全国的な「国地頭《くにじとう》」設置となる。紀伊国の「国地頭」は北条時政《ほうじょうときまさ》であった。時政は七カ国の地頭職を有し、翌年三月に辞退するが、紀伊国では六月ごろまで活動の痕跡がみられる。

大犯《たいぼん》三カ条を職権とする守護《しゅご》として、最初にその名がみえるのは、佐原義連《さはらよしつら》である。義連が建仁三（一二〇三）年に没したのち、しばらくは不明だが、承元元（一二〇七）年以降、仙洞《せんとう》（後鳥羽上皇）御計《おんはからい》となり、守護の検断権《けんだんけん》に伴う収益が熊野詣雑事《ぞうじ》にあてられた。この間、承久三（一二二一）年まで不設置であるが、守護の事実上の職権は国衙ないし有力御家人がになったものと思われる。承久の乱後は三浦義村《みうらよしむら》、ついで一族の佐原家連《いえつら》（義連の子）・光連《みつつら》が守護となったが、宝治元（一二四七）年の宝治合戦で三浦氏とともに滅んだ。その後またしばらく不明であるが、少なくとも弘安三（一二八〇）年以降、幕府の滅亡まで、北条氏の襲職であった。守護として確認できるのは久時《ひさとき》・時兼《ときかね》など、重時流北条氏で、彼らはしばしば六波羅探題《ろくはらたんだい》を兼務している。

元暦年間（一一八四～八五）の「守護人」豊島有経は、三上荘《みかみ》（海南市《かいなん》・和歌山市）の地頭にも補任された。また、湯橋《いわせ》（岩橋）荘（和歌山市）の地頭は新宮の鳥居禅尼であった。このように、初期の荘郷地頭には、幕府と由緒のある人物が多い。紀伊国の武士で地頭に任じられたのは湯浅氏だけで、宗重の嫡流が湯浅荘（湯浅町）、宗光《むねみつ》が保田荘《やすだ》（有田市）・田殿荘《たどの》（有田川町）・阿氐河荘《あてがわ》（同）・石垣北荘（同）、貞重《さだしげ》が糸我荘《いとが》（有田市）の地頭に、それぞれなっている。

平家の有力家人であった湯浅氏が、幕府にしたがったのはきわめて遅く、文治元年の秋か冬であった。このような来歴をもつ湯浅氏がどうして地頭に任じられたのであろうか。湯浅宗重の子に行慈《ぎょうじ》という僧がおり、彼は文覚《もんがく》の弟子であった。文覚は神護寺《じんごじ》の再興者として知られるが、伊豆《いず》に流されたこともあって、源頼朝と親密な関係にあり、頼朝に挙兵をすすめたという話もある。したがって、湯浅氏が幕府から厚遇されたのは、文覚・行慈というつながりがあったからで、湯浅氏もまた幕府と由緒のある特別な存在であった。

承久の乱は熊野別当家に大きな影響をもたらした。後鳥羽方に積極的に与《くみ》したのは、小松法印快実《こまつほういん》（湛増の孫）を中心とする田辺別当家であった。新宮別当家には幕府方や中立派が多く、田辺別当家にも少数ながら幕府方や中立派がいる。このように、熊野別当家は分裂したが、乱後、上皇や女院の参詣は途絶え、貴族の参詣も少なくなった。その結果、熊野がうけた経済的打撃は大きく、別当家も衰退した。しかし、地方の武士、ついで庶民が参詣するようになり、中世後期には熊野詣はかえって発展期を迎えるのである。なお、湯浅氏は在京御家人であったが、後鳥羽方には加わっていない。

承久の乱後には、後鳥羽方の所領が没収され、あらたに地頭が補任された。この新補《しんぽ》地頭も、賀太《かだ》荘（和歌山市）の八田知基《はったともと》（ついで一族の茂木《もてぎ》氏）、南部荘（みなべ町）の佐原家連・光連、粉河寺領丹生屋《にうや》村（紀の川市）の品川清尚《しながわきよひさ》・為清《ためきよ》など、すべて関東地方出身の御家人であって、紀州の武士が補任された形跡はない。湯浅氏以外の紀州の武士は、幕府御家人であったとはいえ、地頭には任じられない西国御家人

文覚画像

であった。

北条氏の守護襲職が続くと、北条氏と被官《ひかん》関係を結ぶ武士もあらわれた。その代表的な例が隅田荘（橋本市）の隅田氏である。遅くとも弘安八（一二八五）年には、北条業時《なりとき》が隅田荘の地頭になっており、同十一（一二八八）年北条時兼は隅田三郎兵衛入道会願《にゅうどうえがん》を隅田荘木原《きはら》・畠田《はたけだ》の地頭代職に補任している。このように、鎌倉後期には守護を襲職した重時流北条氏が地頭として隅田荘内に所領を形成し、西国御家人にすぎない隅田氏は、その代官という地位に甘んじた。しかし、隅田氏は北条氏によって六波羅検断に起用され、京都という活躍の舞台をあたえられた。その結果、幕府の滅亡時には近江番場《ばんば》（滋賀県米原《まいばら》市）の蓮華寺《れんげじ》で北条氏と運命を共にし、隅田氏の嫡流も一旦滅んだのである。

4 惣の胎動と悪党蜂起

用水堺相論●

堺相論の歴史を概観すると、平安末期には、前述したように、田地や住人（寄人）を争奪する例が多くみられるのに対し、鎌倉中期以降になると用水や山野をめぐる争いが中心となる。これは、平安末期には領主による領域の確定が主要な契機となっていたのに対し、鎌倉中期以降は荘園村落の再生産をめぐる争いにかわってきたためであろうと思われる。このような堺相論の様相を、高野山領名手荘（紀の川市）と粉河寺領丹生屋村（同）の事例にそくしてみてみよう。

紀ノ川北岸の名手荘と丹生屋村は、東西に水無川（現名手川）を境界として立地しており、いずれも水無川からの取水を水田耕作の主要な用水としていた。この地域は瀬戸内式気候に属し、もともと降水量のとぼしい地域であり、しかも水無川がその名のとおり水量のとぼしい小河川であったため、はやくから用水相論がおこり、しかも長期におよんだ。

仁治元（一二四〇）年、元名手荘の公文《くもん》で、高野山から追放され丹生屋村に居住していた源義治《よしはる》（大和《やまと》源氏宇野《うの》氏の系譜を引く）が、丹生屋村の地頭代《じとうだい》と結託して名手荘の古くからの「井水《いみず》」を打ち破るという事件がおこった。ついで翌年には、名手荘民と粉河寺僧徒の双方が武装して相手の用水を打ちとめるなどの狼藉《ろうぜき》をしたため、粉河寺は鎌倉幕府に訴え、高野山もこれに反論し、本格的な相論となった。両者の争点は、双方が取水する水無川の帰属、および水無川上流の椎尾山《しのおやま》の帰属にあった。粉河寺は源義治が椎尾山に山畑（焼畑であろう）を開き麦をつくっていたといい、高野山は椎尾山には香役《こうやく》を負担する香園が

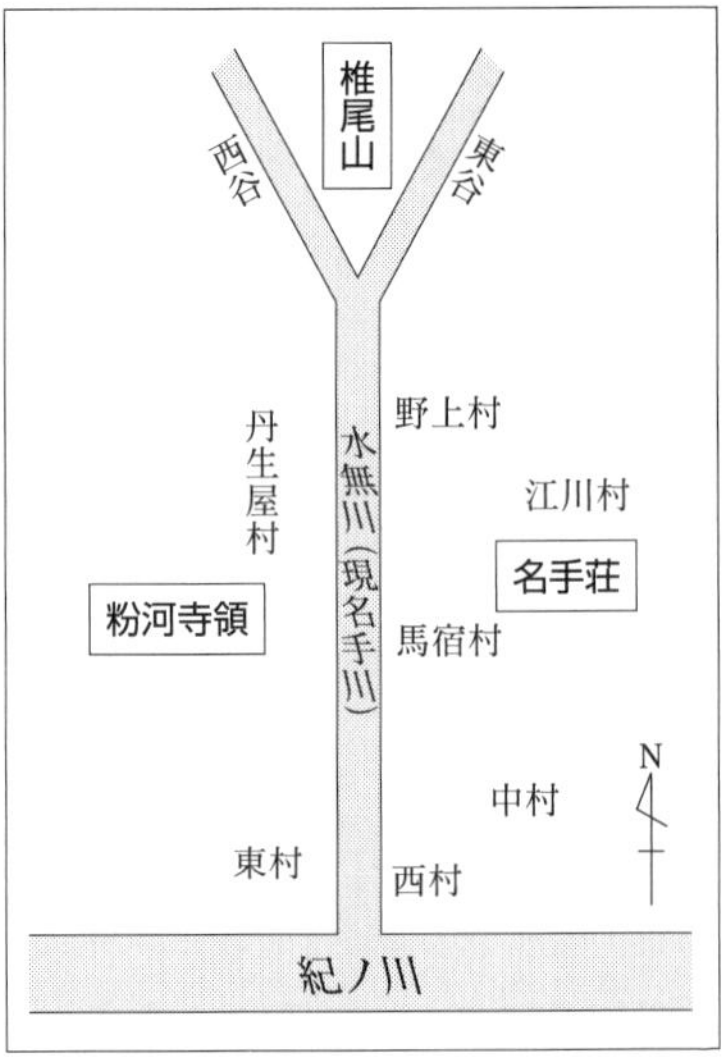

水無川と椎尾山関係概念図　山陰加春夫編『きのくに荘園の世界』下による。

あり、また材木を採出したこともあるといい、たがいに排他的領有を主張したが、これも水無川の水源にからんでいる。すなわち、椎尾山の南端で二つの谷川が合流して水無川となるが、粉河寺は東谷を本流、高野山は西谷を本流と主張して、水無川の帰属問題に結びつけたのである。したがって、名手荘と丹生屋村の堺相論の本質は用水相論であった。

訴訟は六波羅で審理が続けられ、現地の実検も行われ絵図も作成された（現存せず）が、宝治元（一二四七）年、幕府はこの相論を「西国堺相論」（西国の荘園領主間の堺相論に幕府は関与しないという原則）と認定し、問注記《もんちゅうき》を朝廷《ちょうてい》に回送した。その後、朝廷での審理を経て、建長二（一二五〇）年、ようやく官宣旨《かんせんじ》による裁許がなされた。水無川はいずれにも属さない「公領の河」としたことは妥当な判断であるが、水無川の水源を丹生屋村の主張する東谷とするなど、名手荘にかなり不利な判決であった。そのため、翌年には名手荘の住民が丹生屋村に乱入して用水堰《ぜき》を埋めるなど、紛争が再燃した。紛争は翌々年にもおこったため、建長五（一二五三）年、同六（一二五四）年の両年にわたって守護代《しゅごだい》が国内の御家人《ごけにん》を動員して、「用水中分の料《とがた》」を敷設した。料は

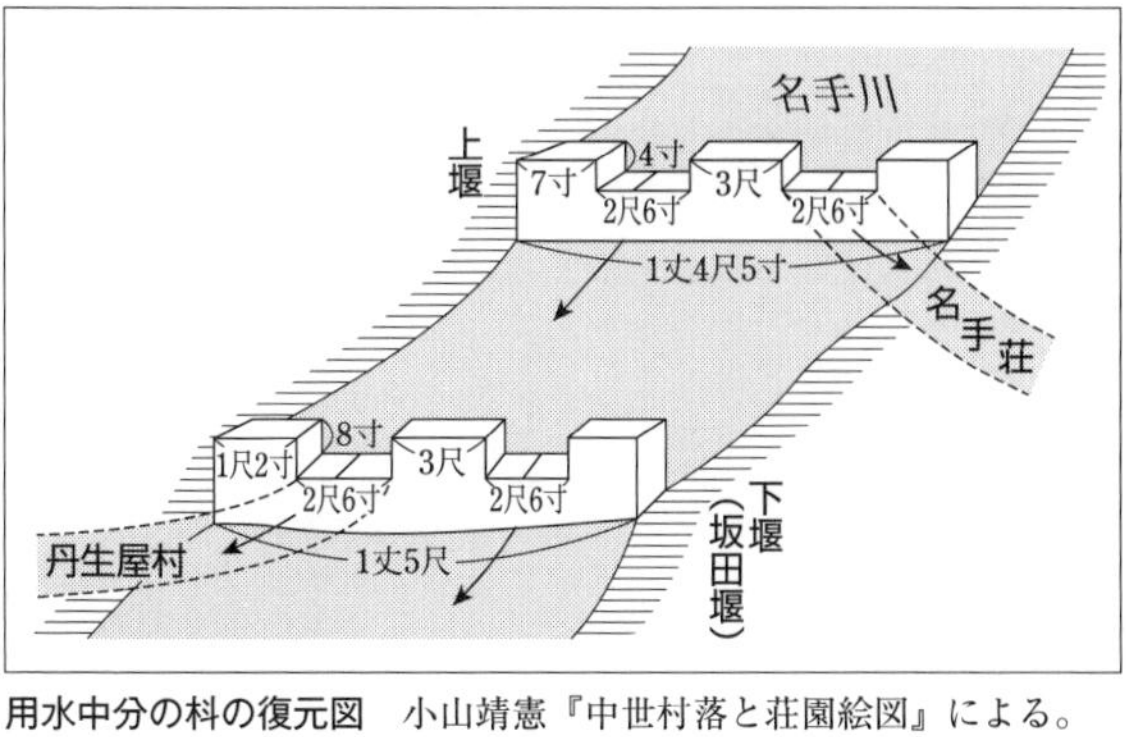

用水中分の料の復元図　小山靖憲『中世村落と荘園絵図』による。

上堰と下堰の二カ所に敷設されたが、これを復元すれば、前頁図のようになろう。下堰は坂田堰ともよばれているので、丹生屋村を灌漑《かんがい》する現在の半田井《はんだい》であろう。これとの関係で、上堰は名手荘野上村を灌漑する現在の大井と推定される。

これまで、丹生屋村の訴訟主体は粉河寺であったが、正嘉元（一二五七）年以降、地頭品川氏が主体となる。品川氏はもっぱら名手荘の刃傷《にんじょう》・狼藉などの暴力行為を訴えて、朝廷ではなく、幕府による裁許を求めようとした。しかし、弘長二（一二六二）年と文永五（一二六八）年に、六波羅が守護代に名手荘の沙汰人《さたにん》・百姓の召喚を命じているように、名手荘側はなかなか審理に応じようとしなかったのである。

これ以後、鎌倉時代の相論については不明であるが、中世の用水相論は少なくとも応仁元（一四六七）年までは続いている　一見、同じような相論を繰り返しているようにみえるが、建長二年の裁許の前後で相論の主体が変化するように思われる。すなわち、相論の初期には、

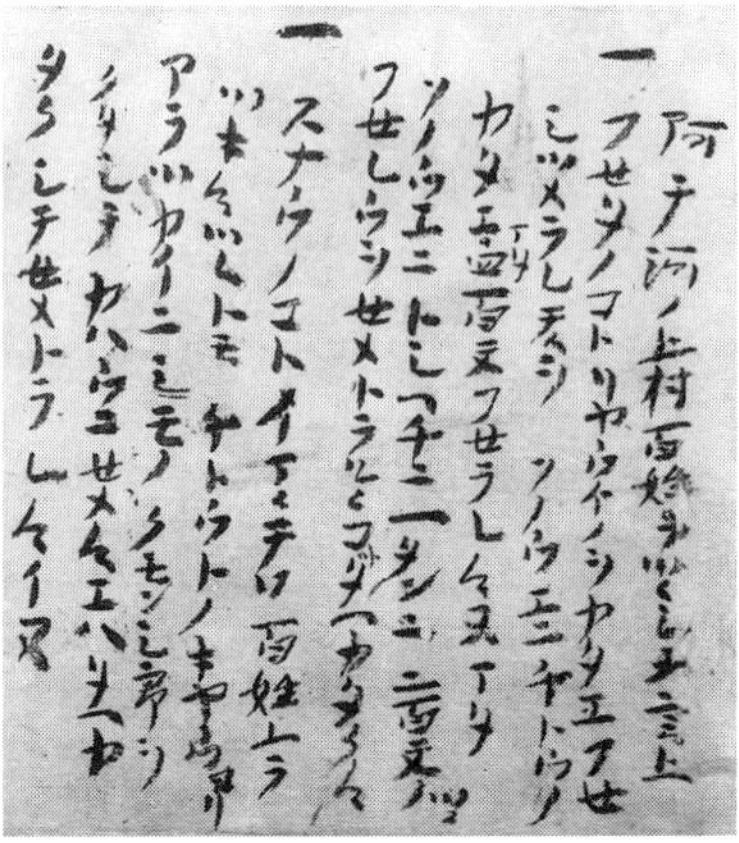

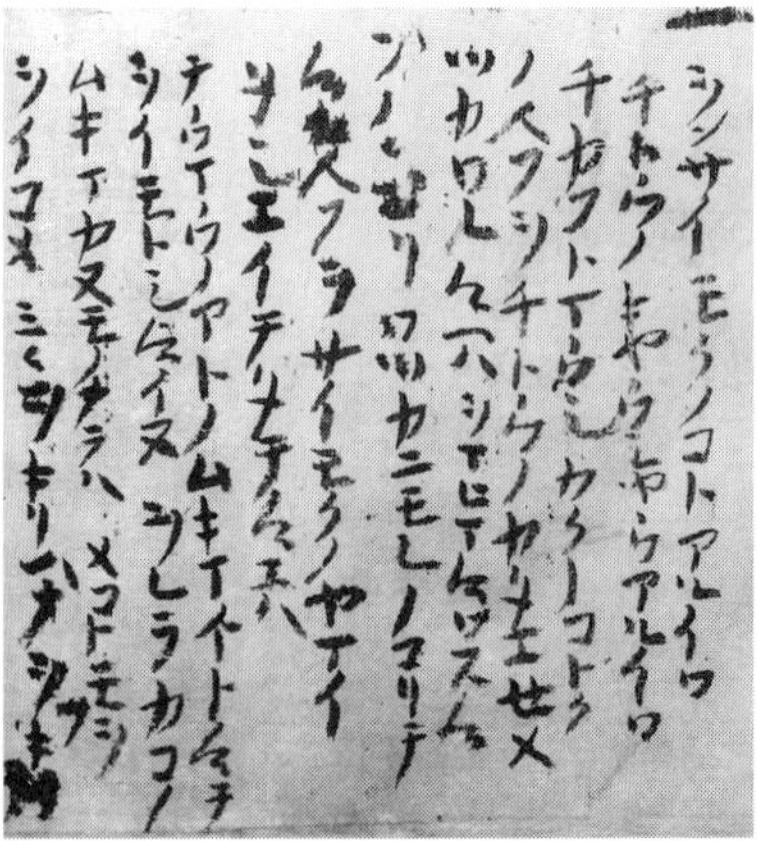

高野山・粉河寺の両荘園領主が領域の再確定をめぐって争うという性格が強いが、建長二年以後になると、水無川用水を受益する村落間の相論という性格が強くなり、名手荘では野上・馬宿《うまやど》両村が相論の主体となっている。

阿氏河荘片仮名書申状●

建治元（一二七五）年十月二十八日、阿氏河荘（有田川町）上村《かみむら》の百姓らは、地頭湯浅氏の非法を一三カ条に認《したた》めて荘園領主に訴えた。この百姓申状《もうしじょう》（言上状《ごんじょうじょう》）は、たどたどしい文言がほとんど片仮名で書かれており、高校・中学のほとんどの教科書にのせられているたいへん有名な文書である（ここでは原文の一部しか掲載できないので、全文は石井進『中世を読み解く』や黒田弘子『ミミヲキリ　ハナヲソギ』の写真・釈文《しゃくもん》を参照されたい）。この片仮名書申状に関する研究は多いが、意見の対立や齟齬《そご》もみられるので、それらを取捨選択しつつ、この文書が作成された背景をさぐってみたい。

　片仮名書申状が書かれた約半年前の建治元年五月、阿氏河荘上村の百姓は地頭湯浅氏の同様の非法を三カ条に

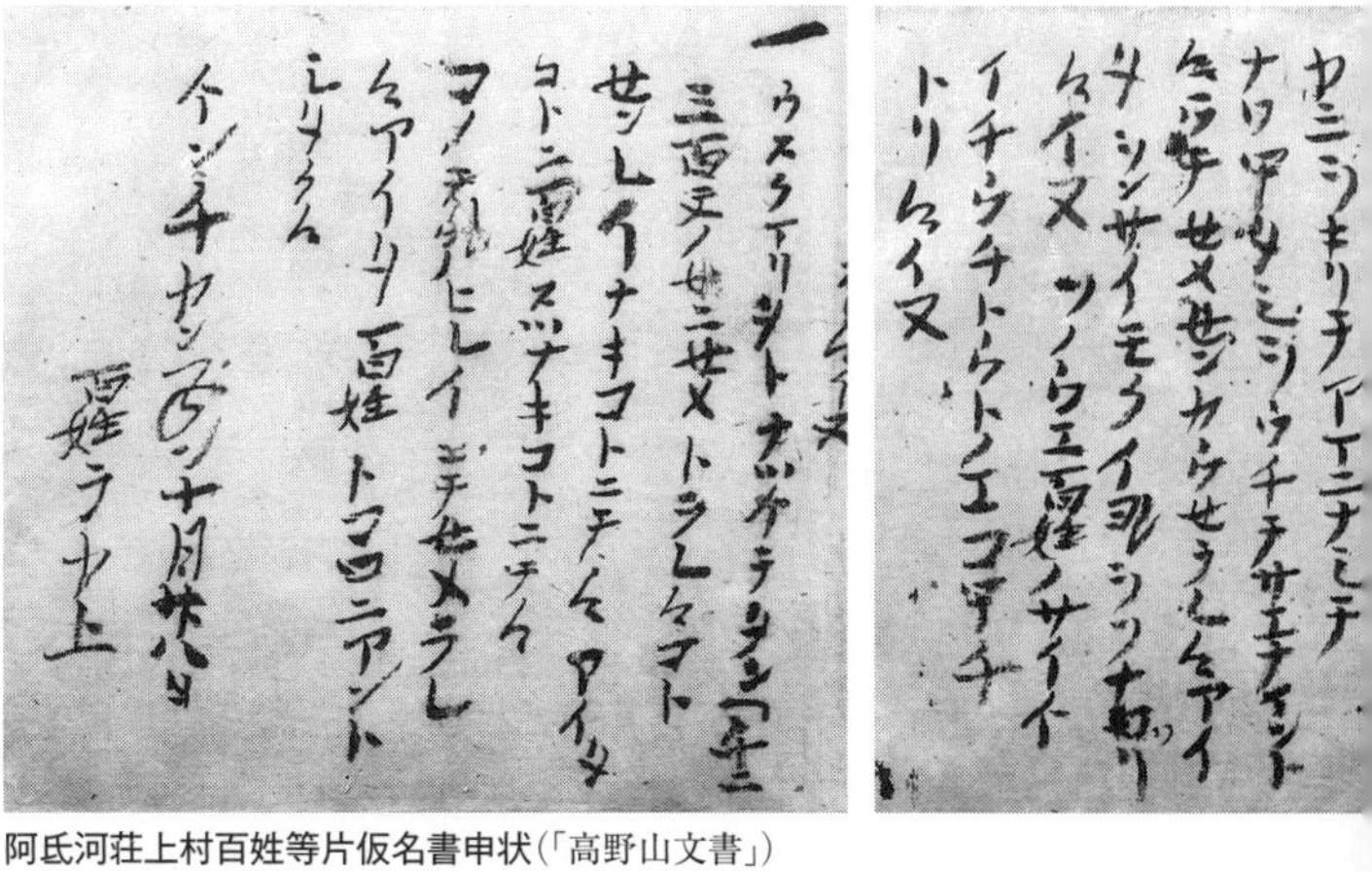

阿氐河荘上村百姓等片仮名書申状（「高野山文書」）

まとめて訴えている（この写真も石井前掲書にある）。この申状は全体が漢文で書かれており、これが通常の形態であった。そうすると、片仮名で書かれた十月二十八日の申状は、きわめて特異なものといわざるをえないのである。名主《みょうしゅ》クラスの上層農民が書いたから片仮名なのだと意見もあるが、百姓のしゃべった言葉をそのまま記した口頭表現なので、片仮名表記となったという見解をとりたい。

つぎに、一三カ条全体を通読してみると、第一条「フセタ《（伏田）》ノコト《（事）》、……」から、第五条「スナウ《（収納）》コト、……」までは、「……事」という、全体を要約する事書《ことがき》の形式がとられている。ただし、一つの事書で完結しているのは、第一～三条までであって、第五条は第二条「スナウノコト」とほぼ同じ事書ではじまり、また第四・五条には事書で要約した以外のことも書かれていて、しだいに文章が乱れている。さらに乱れるのは、第六条以下であって、第五条に十月二十一日の事件を記しているにもかかわらず、第六条には十月八日から三日間、十月十八日から二日間の事件を記しており、時日が順序立てられていない。また、第七条は「コノ四人ノ百姓ヲ、……」、第九条は「カクノコトク、……」という文言ではじまるが、前条のなにをうけているのかあきらかでなく、文意もがうまく通じない。

このように片仮名書申状が論理的でないのは、百姓がつぎつぎと証言する地頭非法《ひほう》をメモ書きした結果であって、正規の申状が作成される以前の土代《どだい》（下書き）と考えれば、よく理解できるのではなかろうか。したがって、この文書の筆者は、名主クラスの上層農民とは必ずしも断定できず、村落寺院の住侶などの可能性もある。しかし、内容は地頭非法を告発する百姓のなまなましい声に満ちあふれていることはいうまでもない。

ところで、阿氏河荘はその起源が平安中期までさかのぼる古い荘園であるが、平安末期以降は京都東《ひがし》山岡崎《やまおかざき》にあった円満院門跡《えんまんいんもんぜき》を本家《ほんけ》とし、またその近くにあった寂楽寺《じゃくらくじ》を領家《りょうけ》とする荘園であった。領家が荘務権をもち、本家は得分権《とくぶんけん》しかもたないのが、荘園支配の本来のあり方であるが、当時の阿氏河荘では円満院門跡が実質的な荘務権をもつようになっていた。これは、寂楽寺が弱体な寺院であったからだけでなく、園城寺が熊野詣雑事を当荘から徴収する必要上、園城寺三門跡の一つ円満院も支配を強化したのではないかと思われる。また、現地には地頭湯浅氏がおり、鎌倉中期までは、荘園領主と地頭の関係は円満で、湯浅氏は預所職《しき》を兼帯し、請所《うけしょ》のようになっていた。ところが、文永三（一二六六）年以降、荘園領主が湯浅氏の預所職を否定しようとしたため紛争となり、これに百姓の対領主闘争がからんで、続く建治年間（一二七五～七八）に激しい相論が展開することになった。

　このような荘園領主・地頭・百姓の三つ巴の争いのまっ只中で、片仮名書申状は書かれた。百姓はもっぱら地頭非法を糾弾しており、第四条には「メコトモ（妻子共）ヲヲイコメ、ミヽ（耳）ヲキリ、ハナ（鼻）ヲソキ、カミ（髪）ヲキリテ、アマ（尼）ニナシテ、ナワ（縄）ホタシ（絆）ヲウチテ、サエナマント候ウテ、セメ（責）センコウ」する地頭の暴虐もあばかれている。しかし、この申状から読みとる必要があるのは、逃散《ちょうさん》を武器に、地頭に抵抗し、荘園領主に要求をつきつける百姓のたくましい成長であろう。当時の阿氏河荘の百姓の結集単位は、上村（上荘）・下村（下荘）という惣荘《そうしょう》的な単位であったが、有田川上流の山間荘園にも惣的結合の萌芽が着実にみられるようになっていたのである。

荒川の悪党●

正応三（一二九〇）年から翌年にかけて、高野山領荒川荘（紀の川市）において未曾有の悪党《あくとう》事件がおこった。その張本と目された源為時《ためとき》（出家して高野寺《たかのでら》の寺僧法心《ほうしん》ともいう）は、すでに建治元（一二七五）年

荒川悪党の構成

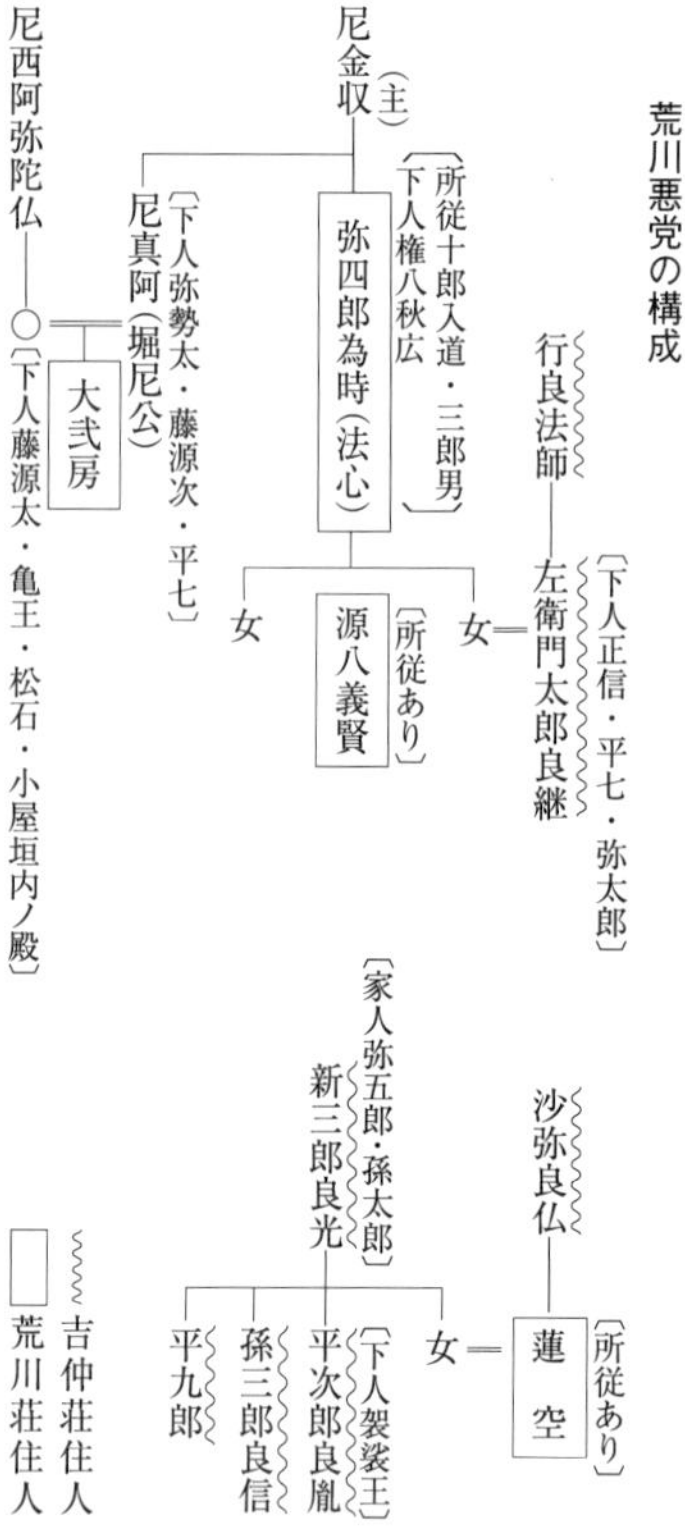

本多隆成「紀伊国荒川荘の領主と農民」『史林』56巻2号による。

ごろから悪党的行為をしており、北どなりの田中《たなか》荘（紀の川市）の預所の甥を白昼路次で殺害し、幕府方に拘禁されたが、赦免される前にひそかに荒川荘に還住し、和泉《いずみ》国麻生《あそ》荘（大阪府貝塚《かいづか》市）に乱入してふたたび殺害事件をおこした。さらに弘安八（一二八五）年には、荒川荘上田《こうだ》村において弥九郎光綱《やくろうみつつな》を殺害したため、高野山はその私領を没収し、身柄を拘束しようとしたが、西どなりの吉仲《よしなか》荘（紀の川市）にのがれたので追捕できなかった。しかし、翌弘安九（一二八六）年、為時は一二カ条にわたる起請文《きしょうもん》をささげ、高野山に敵対しないこと、荒川荘内で殺生・放火・博奕などの悪行《あくぎょう》狼藉をしないこと、百姓に対して牛馬・用水などの煩いをしないこと、また市津・路次において押買をしないことなどを誓約したので、還住を許された。

　こうして、荒川荘はしばらく平穏になったが、正応三年八月に至り、高野山が強圧的な態度に転じ、為時とその一族からつぎつぎと起請文を提出させ、さらに悪行を働いた為時の甥大弐房《だいにぼう》を義絶させ、黒河六《くろかわ》郎父子を追放ずるなどした。これが伏線となって、同月晦日、為時らは百姓宗恒《むねつね》の住宅に打ち入り、資財物を奪って家屋を焼失し、さらに高野山の堂衆《どうしゅ》を殺害し、牛馬を焼き殺すなどの狼藉を働いた。その後、翌正応四(一二九一)年六月まで一〇度にわたって四〇余宇の百姓の住宅を焼き、女人・牛馬を焼き殺し、資財を奪うなどの悪行狼藉を繰り返したという。

これに対し、高野山は同年七月、「荒川荘大犯人交名注文《たいぼんにんきょうみょう》」を作成し、検校以下の高野山住侶や沙汰人三毛心浄《みけしんじょう》・下司寂俊《じゃくしゅん》ら数百人が武装して為時の住宅を襲撃し、日吉《ひえ》神物などの資財を奪い、堂舎・仏像など三〇余宇を焼きはらった。さらに九月には、高野寺の西麓で為時の殺害をはかり、所従二人が殺されたが為時はかろうじてのがれたという。その後、高野山は悪党交名注文を作成して為時らを公家《こうけ》と武家《ぶけ》に訴え、為時も延暦寺《えんりゃくじ》をつうじて高野山住侶や三毛心浄らの悪行を公家と武家に訴えたので、悪党事件は法廷にゆだねられることになった。六波羅探題は、初め為時らを追捕対象としたが、まもなく追捕対象を三毛心浄に変更しており、その態度は上級権力の意向に左右され、首尾一貫していない。翌正応五(一二九二)年六月ごろまで裁判が続いていることが知られるが、この悪党事件の結末は詳らかでない。

鎌倉後期に悪党とよばれ、糾弾の対象になったのは、西国《さいごく》御家人・殿原《とのばら》あるいは悪僧などによる、荘園領主や幕府に対する反体制的な行動であって、幕府は謀叛・殺害などの大犯三カ条に準じる犯罪とみなして鎮圧した。したがって、荘園制的秩序が解体しはじめた時期における在地の反抗にほかならないが、荘園領主や得宗専制《とくそうせんせい》下の幕府による強圧的な態度がことさら殺害・放火・掠奪などの行為に走らせたのである。高野山は、従来膝下《しっか》荘園を守護不入の地として幕府勢力を排除してきたが、この悪党事件に遭遇して、ついに幕府の検断・裁判権に依存せざるをえなくなった。

ここで悪党の構成をみておくと、殿原層と思われる源為時と蓮空《れんくう》が張本で、この二人におのおの一族が加わって二つのグループが形成されている。蓮空の一族は西どなりの吉仲荘の住人が多く、為時の縁者にも同荘の住人がいて、荒川荘を追われると、しばしば吉仲荘にのがれた。この二つのグループの周縁に高野山領名手荘（紀の川市）の悪党がおり、彼らは東荒見《ひがしあらみ》（紀の川市）の地頭代や桛田《かせだ》荘（かつらぎ町）の悪党ともつながっていた。このような悪党の広汎な連携は、彼らが商業活動にもかかわっていたからで、その紐帯は血縁関係にとどまらず、紀ノ川という流通路にもあった。このような新しい経済社会の動きに、鎌倉幕府はそろそろ対応できなくなっていたのである。

5章

中世社会の変動

龍勝山城(西牟婁郡上富田町)

1　紀州の南北朝

建武の新政と紀伊●

元弘元（一三三一）年、後醍醐《ごだいご》天皇の再度の討幕《とうばく》計画は失敗し、これに応じた楠木正成《くすのきまさしげ》の赤坂《あかさか》城（大阪府千早赤阪村《ちはやあかさかむら》）は、湯浅《ゆあさ》党にまかせられた。討幕は熊野《くまの》にはいった護良《もりよし》親王によって続けられ、元弘二（正慶元＝一三三二）年、熊野山に討幕の令旨《りょうじ》がとどけられた。下《しも》赤坂城は楠木正成に奪回され、湯浅党はこれを機に討幕方に与《くみ》した。御家人《ごけにん》の湯浅党が討幕方についたことは、御家人たちの鎌倉幕府《かまくらばくふ》に対する不満が高まっていたことを示している。楠木正成が隅田荘《すだのしょう》（橋本《はしもと》市）を攻撃し、護良親王が高野山《こうやさん》に願文《がんもん》をささげるなど、討幕方の動きは活発化した。元弘三（正慶二＝一三三三）年正月の河内《かわち》甲斐《かい》荘・天見《あまみ》（大阪府河内長野《かわちながの》市）の合戦《かっせん》では、紀伊《きい》の御家人井上入道《いのうえにゅうどう》以下五〇余人が、楠木方に討ちとられた。粉河寺《こかわでら》行《ぎょう》人《にん》も討幕方につくなど、南近畿の状況は緊迫化した。

幕府は大軍を三手に分けて派遣したが、その一つ紀伊道は、北条氏《ほうじょうし》一族の名越貞家《なごえさだいえ》が大将、御内人《みうちびと》の安東円光《あんどうえんこう》が軍奉行《いくさぶぎょう》となり、紀伊など六波羅探題《ろくはらたんだい》管轄下一一カ国の軍勢が動員された。討幕方の湯浅党や粉河寺行人は幕府軍とたたかったが、赤坂城が陥落し、吉野《よしの》も陥落して護良親王が高野山に走るなど、楠木正成のこもる千早城の命運はつきたかにみえた。千早城攻めには、紀伊の御家人栗栖《くるす》氏も加わっていた。その隙をつくかのように、護良親王に与する湯浅党の保田宗顕《やすだむねあき》と生地師澄《おいじもろずみ》が、栗栖氏の所領《しょりょう》である安原《やすはら》（和歌山市）に押しよせて、屋敷に放火するなどの乱暴を働いた。戦火の拡大と地の利をいかした討幕方の戦法が、千早城をもちこたえさせた。幕府が熊野の国人《こくじん》小山《こやま》三郎に対して、護良親王や楠木正成らの誅伐を命じたのは、このような混乱を背景にしてのことであろう。

元弘三年五月、後醍醐天皇方についた足利高氏《あしかがたかうじ》が六波羅探題を攻略した。この戦いには、愛洲忠保《あいすただやす》ら紀伊の討幕勢力も加わっていたと伝えられている。六波羅主従は落ちのびたものの、近江《おうみ》の番場《ばんば》（滋賀県米《まい》原《はら》市）で力つきて自刃《じじん》した。このとき、六波羅の検断頭人《けんだんとうにん》であった隅田時親《すだときちか》らも自害し、隅田氏の嫡流は滅びた。鎌倉も陥落して鎌倉幕府は滅亡し、後醍醐天皇による建武《けんむ》の新政《しんせい》が行われることとなった。紀伊は護良親王の知行国《ちぎょうこく》となったらしい。「小山文書」には、生馬《いくま》荘（上富田《かみとんだ》町）に関して、在地領主の河合《かわい》盛房《もりふさ》の権利を認める護良親王の令旨がだされたあと、本領主の甲斐与一太郎《よいちたろう》・同孫五郎《まごごろう》の権利を認める後醍醐天皇の綸旨《りんじ》が発給されたことにより、河合盛房が本領主の権利をさまたげないとする契状《けいじょう》がみられる。この事例は、綸旨万能といわれた建武の新政の実態をよく示している。

建武元（一三三四）年、湯浅党の六十谷定尚《むそたさだひさ》が北条高時《たかとき》の一族（佐々目憲法《さざめけんぽう》といわれる）を擁して、飯盛《いいもり》山《やま》（紀の川市）に兵をあげた。楠木正成らが紀伊・和泉《いずみ》の武士や高野山衆徒《しゅと》を率いて攻撃したものの、うまくいかず、反乱の鎮圧は、翌年までかかった。飯盛山合戦で湯浅党の木本宗元《きもとむねもと》は、建武政権側の軍勢として、同じ湯浅党の六十谷定尚とたたかっている。このように飯盛山合戦では、湯浅党が敵味方に分かれてたたかっていた。南北朝《なんぼくちょう》の動乱が深刻化した原因の一つとして、惣領《そうりょう》制が崩壊し、惣領と庶子《しょし》が幕府方（北朝）と南朝に分裂したことがある。その意味からも飯盛山合戦は、南北朝の動乱を予告するかのような戦いであった。

紀伊守護畠山国清

建武政権に反旗を翻した足利尊氏《たかうじ》（高氏を改名）は、延元元（建武三＝一三三六）年京都を占領し、事実上政権（室町幕府）を確立した。これを認めない後醍醐天皇は吉野にはいり、南北朝が分立することとなった。だが、紀伊では、那智（那智《なち》勝浦《かつうら》町）や塩《しお》崎浦《ざきうら》（串本《くしもと》町）などで、足利尊氏方と後醍醐天皇方の合戦があったと伝えられるなど、全国的な戦乱は、これ以前からはじまっていた。

尊氏は足利氏一門で和泉守護《しゅご》の畠山国清《はたけやまくにきよ》を、建武三（延元元＝一三三六）年紀伊守護に任命した。紀伊では湯浅党をはじめとする南朝方の勢力が強く、畠山国清は苦境に立たされることとなった。そこで幕府は、建武四（延元二＝一三三七）年、畠山国清の和泉守護職をとき、紀伊守護に専念させるとともに、同じ足利一門の細川皇海《ほそかわこうかい》を国大将として増派して、紀伊の南朝にあたらせた。細川皇海は暦応元（延元三＝一三三八）年末ころまで紀伊で活動し、海《あ》

龍門山　紀州富士ともよばれる龍門山一帯では，建武の新政期から南北朝期にかけて，２度の激しい戦闘が行われた。

南北朝時代の紀伊国守護

氏　　名	在　職　期　間
畠山国清	←─建武 3 (1336) 年 9 月──観応 2 (1351) 年 3 月──→
細川皇海1)	建武 4 (1337) 年 4 月──暦応元 (1338) 年10月…→
小俣覚助2)	←…暦応 3 (1340) 年 7 月…→
畠山国清？	←…延文 5 (1360) 年 4 月……康安元 (1361) 年11月 ?
畠山義深3)	延文 5 (1360) 年 4 月……同年 6 月…→
細川氏春	←─応安 6 (1373) 年 6 月──→
細川業秀	←─永和 4 (1378) 年12月
山名義理	永和 4 (1378) 年12月──明徳 2 (1391) 年12月

本表は，小川信『足利一門守護発展史の研究』などより作成した。1)＝紀伊国大将。のち海部郡・有田郡の分郡守護とみられる。2)＝牟婁郡分郡守護とみられる。3)＝紀伊守護か牟婁郡分郡守護に就任した可能性がある。

部《ま》郡・有田《ありだ》郡の守護（分郡《ぶんぐん》守護）に就任したらしい。畠山国清や細川皇海の活動によって暦応元年中に幕府方は、ほぼ紀《き》北《ほく》を平定した。

紀南《きなん》では熊野那智山は幕府方であり、その御師《おし》である泰地《たいじ》氏・塩崎氏も幕府方であったが、湯浅党や愛洲氏・小山氏・山本氏などは南朝方であった。暦応五（興国三＝一三四二）年の勧学院《かんがくいん》領の目録（「九条家文書」）には、紀伊国では櫟原《いちはら》荘・岩田《いわた》荘（上富田町）・有馬《ありま》荘（三重県熊野市）・日高《ひだか》荘（御《ご》坊《ぼう》市）・宮原《みやはら》荘（有田市）が、南朝方に押領《おうりょう》された所領として記載されている。これらのことから、南北朝の動乱の緒戦においては、湯浅党の本拠地である有田郡を境に、南朝方が優勢であったとみてよい。

緒戦で有力武将が戦死し、劣勢に立たされた南朝は、正平年間（一三四六～七〇）になると、北畠親房《きたばたけちかふさ》を中心に戦線を整理し、各地で反攻作戦を展開した。この一環として、正平二（貞和三＝一三四七）年、熊野水軍が東福寺《とうふくじ》城（鹿児島市）など薩摩《さつま》の諸城を攻撃し、楠木正行《まさつら》が隅田城（橋本市）を攻め、熊野の軍勢は和泉・摂津《せっつ》に進出した。南朝の積極策は、貞和四（正平三＝一三四八）年正月の四條畷《しじょうなわて》の戦い（大阪府四條畷市）の敗北で崩壊し、翌年には吉野の行宮《かりみや》が一時幕府軍に占拠されるに至った。このとき、後村上《ごむらかみ》天皇が紀伊にのがれたとの話もあり、幕府は足利直冬《ただふゆ》（尊氏の庶子で直義《ただよし》の養子）を南朝追討のため、紀伊に派遣した。直冬は日高郡まで進攻し、南朝の勢力は紀伊においても大きく後退した。

観応元（正平五＝一三五〇）年、以前から犬猿の仲であった足利尊氏の弟直義と、尊氏の執事《しつじ》高師直《こうのもろなお》の間が決裂した。この争いは観応《かんのう》の擾乱《じょうらん》とよばれ、幕府の分裂を招いた。紀伊では守護の畠山国清が、直義方から尊氏・高師直方に変節したこともあり、南朝の勢力が復活することとなった。南朝の勢力復活は紀伊ばかりでなく、勢いを得た南朝は、正平七（文和元＝一三五二）年一時的に京都を回復した。このとき紀伊からは、湯河氏らが四条高資《しじょうたかすけ》に率いられて、南朝の軍に加わっている。だが、南朝は兵站《へいたん》が続かず、京都を放棄して撤退した。湯河氏はこの一戦で南朝に見切りをつけ、幕府方についた。

紀伊の南朝勢力を一掃するため、幕府は当時関東執事の職にあった畠山国清を起用した。延文四（正平十四＝一三五九）年、畠山国清は弟の義深《よしふか》とともに上洛《じょうらく》し、翌年、軍を紀伊に進めた。これに対して南朝は、最初峰《さいしょがみね》から龍門山《りゅうもんざん》（紀の川市）の線で畠山軍を迎え撃ち、一カ月以上にわたり国清らを釘付けにしたが、地力にまさる畠山軍に龍門山を攻略され、阿瀬川《あせがわ》城（有田川町）に後退した。畠山国清らは有田郡に進攻し、有田（有田市）・湯浅（湯浅町）・石垣《いしがき》（有田川町）など、湯浅党の本拠を攻略した。湯河氏らと連携した畠山義深は、牟婁《むろ》郡富田《とんだ》（白浜《しらはま》町）にまで軍を進めている。小山氏一族の久木《ひさき》八郎は、これを契機として幕府方についた。

畠山国清と義深の紀伊進攻により、ひとまず、紀伊は幕府方が平定したかにみえた。しかし、畠山国清は康安元（正平十六＝一三六一）年に失脚し、義深もこれに連座して没落した。このため、紀伊では守護権力が確立せず、南朝勢力が復活することとなった。正平十八（貞治二＝一三六三）年に発生した粉河寺領丹生屋《にうや》村（紀の川市）と高野山領名手《なて》荘（同）の用水相論《そうろん》で、両者が南朝に提訴し、後村上天皇の綸旨がだされたことは、紀伊の大半が南朝の勢力下にあったことを示している。

山名氏・大内氏と南北朝合一●

南朝の勢力は、足利義満《よしみつ》が将軍に就任した応安元（正平二十三＝一三六八）年ころになると、畿内《きない》一帯や九州をのぞいて、ふるわなくなっていた。紀伊の守護職は、応安年間（一三六八〜七五）には細川氏一族の手に渡ったらしく、応安六（文中二＝一三七三）年には淡路《あわじ》守護の細川氏春《うじはる》が紀伊守護であった。しかし、紀伊の守護権力は弱体で、依然として南朝の勢力が強大であった。そこで幕府は、永和元（天授元＝一三七五）年、紀伊平定の軍を派遣した。ところが、永和四（天授四＝一三七八）年、和泉の国人橋本正督《はしもとまさたか》が幕府方からふたたび南朝方に寝返り、紀伊守護細川業秀《なりひで》を攻撃したため、事態が緊迫化することとなった。幕府は援軍を派遣したが戦意にとぼしく、南朝が撤退すると、大半の軍勢はたたかわずして京都に引きあげる始末であった。これは管領細川頼之《よりゆき》に対する諸将の反発が強かったからで、幕府の内紛をみた南朝は攻撃を加えて幕府軍を粉砕し、細川業秀は淡路へ敗走した。

幕府軍の敗北に対して将軍足利義満は、紀伊の守護を細川業秀から反細川派の山名義理《やまなよしまさ》に変更し、加えて和泉守護も山名氏清にかえて、南朝にあたらせた。永和五（天授五＝一三七九）年二月、和泉から紀伊へ進攻した山名義理らは、有田郡に軍を進め、藤浪《ふじなみ》（有田川町）・湯浅（湯浅町）・石垣（有田川町）と、湯浅党の諸城をあいついで攻略した。山名氏の軍功は幕府内部の力関係の変化を招き、康暦元（永和五＝一三七九）年閏四月、いわゆる康暦《こうりゃく》の政変《せいへん》で細川頼之は失脚した。山名氏の攻撃で本拠地を失った湯浅党の勢力は、大きく凋落《ちょうらく》することとなった。山名義理らは康暦二（天授六＝一三八〇）年には隅田一族を没落させて生地城を攻略し、紀北をほぼ平定することに成功した。しかし、山名義理らは山間部や紀南には進攻せず、この地域では、南朝の勢力が存続していた。康応元（元中六＝一三八九）年九月、将軍足利義満は高野山に参詣したと伝えられている。将軍が紀伊に遊覧したことは、山名氏が守護に就任して約一〇年がすぎ、紀伊の南朝勢力が衰退したことを示す出来事であった。

山名一族は明徳二（元中八＝一三九一）年十二月の明徳《めいとく》の乱《らん》で、大きく勢力を削減された。紀伊守護山名義理も氏清らに連座して失脚し、あらたに紀伊守護に就任した大内義弘《おおうちよしひろ》に、追い落とされた。西国《さいごく》の有力守護大名である大内義弘が、紀伊・和泉の守護職を得たことは、義弘が南朝とのあいだに太いパイプがあり、南朝勢力が根強く存続している紀伊・和泉の安定化をはかる意図があったといわれている。

康安年間（一三六一〜六二）まで南朝は、幕府の内紛に乗じて、その勢力を幾度か復活させていた。しかし、明徳の乱で南朝は勢力を示すことができず、山名氏の反乱は幕府内部の出来事として収拾された。これは世の中が、南朝を必要としない時代となっていたことを示している。南北朝の合一は、明徳の乱がおわって一年もたたない、明徳三（元中九＝一三九二）年閏十月のことであった。南朝の勢力が衰退していたとはいえ、南北朝の合一が紀伊にあたえた影響は少なからぬものがあった。たとえば、応永六（一三九九）年大内義弘は、牟婁郡の国人小山八郎に日高郡印南本郷《いなみほんごう》（印南町）の地頭《じとう》職をあたえている。これは南北朝の合一後、大内義弘が紀伊守護として、紀南に勢力を伸張させていったことをあらわしている。対外貿易で裕福であり強大な勢力を有する大内義弘は、足利義満との対立を深めた。応永六年大内義弘は鎌倉公方《くぼう》足利満兼《みちかね》ら反義満勢力と連絡をとりつつ、堺《さかい》(大阪府堺市)に籠城し、応永《おうえい》の乱《らん》が始まった。大内義弘は紀伊の国人をも動員しており、牟婁郡の国人富田氏は堺に籠城している。義弘は堺の町を要塞化したとはいえ、井楼《せいろう》や櫓《やぐら》は木造であり、幕府軍はその弱点をつき、大左義長《おおさぎちょう》を用いて火攻めにした。乱戦のなかで義弘は畠山満家《みついえ》に討ちとられ、応永の乱は収束した。

2　幕府守護体制と紀伊

守護家畠山氏●

応永の乱によって紀伊の守護職を獲得したのは、当時管領《かんれい》であった畠山基国《もとくに》(義深の子)で、畠山氏は約四〇年ぶりに、紀伊守護に復帰した。応永の乱の直前に基国は、河内・越中《えっちゅう》・能登《のと》・尾張と摂津東生郡《ひがしなり》(大阪市)の守護をかねていたが、紀伊の守護職はこれに追加するのではなく、尾張を手放す代償としてであった。しかし、河内に隣接する紀伊の守護職を畠山氏が得たことは、のちに守護職を獲得した大和宇《やまとう》智郡《ち》(奈良県五條《ごじょう》市)とともに、戦国時代に至っても守護畠山氏を存続させる原動力の一つとなった。

応永十三(一四〇六)年正月、畠山基国が没した。嫡子の満家は、応永の乱で大内義弘を討ちとるなど、家督継承予定者として、十分な働きをしていたが、そのような満家を差しおいて次子の満慶《みつのり》が畠山氏の家督を継承した。これは満慶が足利義嗣《よしつぐ》(義満の次子)に近かったとみられるからで、晩年義嗣を寵愛した足利義満の意向とみられる。応永十五(一四〇八)年五月、足利義満が急死し、これに伴い畠山氏の家督は、満慶から満家に移った。満家は管領家の家督として紀伊・河内・越中の守護職を継承し、満慶は能登

室町時代の紀伊国守護

氏　　名	在　　職　　期　　間
大内義弘	明徳２(1391)年12月——応永６(1399)年
畠山基国	応永６(1399)年12月……応永７(1400)年３月——応永13(1406)年１月
満慶	応永13(1406)年１月……応永15(1408)年６月…→
満家	←…応永15(1408)年９月——永享５(1433)年９月
持国	永享５(1433)年９月——永享13(1441)年１月
持永	永享13(1441)年１月——嘉吉元(1441)年７月
持国	嘉吉元(1441)年７月——享徳３(1454)年８月
政久[1]	享徳３(1454)年８月——享徳３(1454)年11月
持国	享徳３(1454)年11月——享徳４(1455)年３月
義就	享徳４(1455)年３月——長禄４(1460)年９月
政長	長禄４(1460)年９月——文正２(1467)年１月
義就[2]	文正２(1467)年１月——応仁元(1467)年５月
政長	応仁元(1467)年５月——明応２(1493)年４月

本表は，弓倉弘年「室町時代紀伊国守護・守護代等に関する基礎的考察」(『和歌山県史研究』17）より作成した。1)＝弥三郎のこと。幕府内部での交代であり，紀伊は持国方が押さえていた。2)＝文正元(1466)年12月から，義就の養子政国が，紀伊で活動していた。なお，応仁元(1467)年５月以降の義就の立場を，西軍で守護とする見解もある。

一国の守護となった。畠山氏の分国《ぶんこく》支配をみてみると、紀伊の場合、口《くち》郡守護代遊佐家久《ゆざいえひさ》が、満家のときには奥《おく》郡守護代の任について いるなど、満家は満慶以来の内衆《うちしゅう》（有力被《ひ》官《かん》）を分国支配に登用している。これは畠山氏内部で、管領家の家督は嫡子の満家が相続することを想定して、基国以来の内衆を満慶が引き継ぎ、それを満家が引き継いだからであろう。

畠山氏の分国の支配体制であるが、紀伊は南北に長いため、満慶のときに守護代は口郡と奥郡に分かれた。守護代は畠山氏譜代《ふだい》の最有力内衆である遊佐氏が就任することが多く、在京することも多かった。このため、国元には又《また》守護代（のちの小守護代）がおかれ、各郡には郡奉行《こおりぶぎょう》（のちの郡代《ぐんだい》）がおかれた。また、必要に応じて守護使《しゅごし》が派遣された。守護所は名草《なくさ》郡の大野《おおの》（海南市《かいなんし》）におかれ、畠山政長《まさなが》のころに、有田郡の広《ひろ》（広川《ひろがわ》町）に移った。これとは別に奥郡の守護所が、日高郡の南部《みなべ》（みなべ町）におかれていた。また、伊都《いと》郡の支配拠点が相賀《おうが》（橋本市）に、那賀郡の支配拠点が粉河（粉河町）におかれていたように、牟婁郡をのぞく各郡にも支配拠点があった。

応永十六（一四〇九）年、室町幕府は守護畠山満家に対して、紀伊国内の小松原《こまつばら》・山東《さんどう》・近露《ちかつゆ》・塩見坂《しおみざか》の関《せき》を停廃することを命じている。小松原（御坊市）は日高郡、山東（和歌山市）は名草郡、近露（田辺市）と塩見坂（田辺《たなべ》市と旧中辺路町〈現田辺市〉の境）は牟婁郡に位置している。このことから、満家のときには、守護畠山氏の権力が紀伊の大半におよんでいたことがわかる。さて、「醍醐寺文書《だいごじもんじょ》」には、大伝《だいでん》法院《ぼういん》領の寺領安堵《あんど》や諸公事《しょくじ》免除などに関する文書がまとまって残っている。このような文書は、畠山基国が守護に就任したときを手初めに、満慶・満家のときまではみられるが、持国以降はみられない。これは持国のころになると、紀伊の守護職が、河内や越中とともに畠山氏相伝《そうでん》の職とみなされるようになり、守護の代替わりごとに、権利関係を承認してもらう必要がなくなったことを示している。

ただし守護の分国支配は、基本的には鎌倉時代以来の大犯三箇条《たいぼんさんかじょう》や、将軍からゆだねられた軍事動員権に基づくものであり、民生の概念があったわけではない。したがって国人らは、守護の動員にしたがう義務はなく、畠山氏は独自の支配体制をうちたてたとはいいがたかった。

守護と寺社勢力●

戦国時代、日本を訪れたキリスト教の宣教師ルイス＝フロイスは、紀伊を巨大な「宗教（団体）が四つ五つ」ある国と表現している。事実、中世の紀伊には、紀北の高野山・粉河寺・根来寺《ねごろでら》、紀南の熊野三山《さんざん》と、巨大な宗教勢力が存在していた。足利義満は応永十一（一四〇四）年には高野山に参詣し、空海《くうかい》ゆかりの飛行三鈷《ひこうさんこ》を開封している。また、義満は明徳三（元中九＝一三九二）年には粉河寺に参詣した。また、高野山には、足利義教《よしのり》も永享三（一四三一）年に参詣している。一方、熊野新宮《しんぐう》に対して足利義満は、至徳元（元中元＝一三八四）年から明徳元（元中七＝一三九〇）年にかけて、多数の神宝を奉納した。これら一連の行為は、紀伊の宗教勢力が、幕府にとっても無視できない存在であったことを示している。これら寺社勢力とどのようにかかわるかは、守護畠山氏にとって、大きな問題であった。

牟婁郡に拠点をもたなかった守護畠山氏は、田辺（田辺市）に注目し、当時熊野本宮《ほんぐう》領であったこの地を押領した。これに対して本宮は、応永二十五（一四一八）年神輿《みこし》を奉じて「神訴《しんそ》」におよんだ。本宮勢は田辺に進攻したが、守護方の反撃にあい、神輿をふりすてて退却する事態となった。しかし、戦闘が山岳地帯に移るとともに、それまで守護方であった国人らが本宮方に与し、戦いは本宮の勝利でおわった。この一件は、本宮などの熊野三山の勢力が、侮りがたいことを示した事件であるとともに、守護による紀南の国人らの組織化が、満家のときになっても、不十分であることを示した事件でもあった。

高野山では永享二（一四三〇）年以降、衆徒（学侶《がくりょ》）と行人の確執がめだつようになり、行人に反発した衆徒はことごとく山をおりてしまい、勤行《ごんぎょう》がとどこおることとなった。これに対して守護畠山氏は、九月初めから高野山の七口をふさぎ、重臣の遊佐氏を派遣して、両者の間を調停した。この結果、行人と衆徒はひとまず和解した。永享五（一四三三）年には高野山領名手荘（紀の川市）と粉河寺領丹生屋村（同）とのあいだで用水相論がおこり、高野山が粉河に武力行使をしようとした。

事の重大さから口郡守護代遊佐国継《くにつぐ》が軍勢を率いて高野山にのぼるとともに、京都からも畠山満家の重臣遊佐国盛《くにもり》と斎藤因幡守《いなばのかみ》が紀伊に派遣された。この守護方の行動を弾圧と誤解した行人は、衆徒と合戦を行ったうえに、坊舎に火を放って二〇〇〇坊ばかりを焼いて離山した。これを永享《えいきょう》の高野《こうや》動乱《どうらん》という。行人と衆徒が和解して行人が高野山に戻るのは、永享十一（一四三九）年のことであった。

根来寺の僧兵は、戦国期に鉄砲衆として活躍したことで有名であるが、室町時代中期には、すでにその実力を十分にたくわえていた。永享二年に根来寺の池坊《いけのぼう》が、その悪《あく》行《ぎょう》によって寺家が錯乱《さくらん》したとして切腹させられたのは、その一例といえるだろう。さて、根来寺領と粉河の守護領ではたびたび用水相論が発生した。長禄四（一四六〇）年の相論で守護畠山義就《よしなり》は、大規模な軍勢を動員し、武力による解決をはかり、守護の軍勢と根来寺衆が衝突した。その結果、守護方は口郡守護代遊佐盛久《もりひさ》をはじめ、神保《じんぼ》近江入道父子や木沢山城守《きざわやましろのかみ》などの有力内衆、貴志《きし》氏・小倉《おぐら》氏・保田氏などの国人衆ら、七〇〇人以上が討ち死にする損害をこうむった。

守護と寺社勢力との抗争では、高野山のように内部に対立が存在する場合は、守護権力の介入を招いた。しかし、

高野山大門（伊都郡高野町）

応永二十五年の熊野本宮、長禄四年の根来寺と、守護は寺社勢力に敗北した。この事実は、守護畠山氏の分国支配が、寺社勢力を敵にまわしては成立しえなかったことを示している。

奉公衆と国人●

守護畠山氏は国人の被官化を進め、そのなかからも内衆を登用した。紀伊からは、隅田氏・藤代《ふじしろ》氏・中村氏など、紀北の国人が内衆となっている。隅田氏の登用は、紀北の有力武士団である隅田党を取りこむ意味が強かったとみられる。のちに隅田氏は義就流畠山氏の有力内衆となった。中村氏は紀伊で、藤代氏は紀伊や越中の又守護代として、分国支配にあたった。

このほか守護が被官化した国人としては、紀南では小山氏・安宅《あたぎ》氏・周参見《すさみ》氏などが知られ、紀中から紀北にかけては、貴志氏・藤並氏・宮崎氏・保田氏・小倉氏・西川原《にしかわはら》氏などが知られている。彼らは、分国支配にはかかわらなかったものの、守護の軍事動員に応じた。たとえば、牟婁郡の国人小山氏は、永享十（一四三八）年、守護畠山持国

湯河氏の居城亀山城跡(御坊市)

❖コラム

後南朝と紀伊

明徳三（元中九＝一三九二）年の南北朝《なんぼくちょう》合一後の南朝の後胤《こういん》や、その残存勢力を後《ご》南朝という。後南朝は、嘉吉三（一四四三）年宮中《きゅうちゅう》に侵入して、神璽《しんじ》（八坂瓊曲玉《やさかにのまがたま》）を北山《きたやま》に運び去る、禁闕《きんけつ》の変《へん》をおこした。現在北山の地名は、和歌山県北山村と奈良県の上《かみ》北山村・下《しも》北山村にみられ、この辺りが、後南朝の地盤であったとみられる。神璽を奪取した後南朝は、文安元（一四四四）年、北山で蜂起した。後南朝に大規模な軍事動員をする力はなかったが、この地域は守護《しゅご》の権力がおよびにくい地でもあった。そのため、守護畠山持国《はたけやまもちくに》が北山を攻略し、玉川宮《たまがわのみや》（長慶《ちょうけい》天皇の皇子）の親類とみられる前円満院門主円胤《えんまんいんもんしゅえんいん》を討ちとったのは、文安四（一四四七）年であった。

畠山持国は、奪われた神璽を発見できなかった。これは持国の追討で、後南朝の勢力が潰《つい》えなかったことを示している。「熊野那智大社文書《くまのなちたいしゃもんじょ》」や「色川《いろかわ》文書」には、「乙亥《いつがい》」の年号が記された南朝の後胤といわれる忠義王《ただよしおう》の文書が残っている。「乙亥」の年は享徳四（一四五五）年といわれ、忠義王の文書は、紀伊半島南部の山間部に、後南朝の勢力が残存していた証しとされる。神璽が赤松《あかまつ》氏の遺臣によって奪回され、京都に戻るのは、長禄二（一四五八）年のことであった。

文明元（一四六九）年、応仁《おうにん》の乱に乗じて、紀伊で後南朝が蜂起した。後南朝は翌二年、藤白《ふじしろ》（海南《かいなん》市）に進んだものの、鵄巣城《とびのす》の合戦にやぶれ、同年末に頭目の日尊《にっそん》が討ちとられるなど、あまり振るわなかった。一方、名目的にも軍事的にも劣勢に立たされた西軍は、文明三（一四七一）年、後南朝の皇子を迎えたが、大勢に変化はなかった。南北朝合一から八〇年近くが経過し、もはや南朝が認められる世の中ではなかった。

の要請に応じて大和に出陣し、持国から戦功に対する感状《かんじょう》を得ている。

室町幕府は、奉公衆《ほうこうしゅう》とよばれる、幕府（将軍）の直轄軍を編成した。紀伊の奉公衆は、畠山氏・湯河《ゆかわ》氏・玉置《たまき》氏・山本氏が確認されており、いずれも四番衆であった。畠山氏は守護家の庶家であるが、湯河氏・玉置氏・山本氏は紀伊の有力国人であり、彼らは幕府直属として、守護の介入を排除した独自の支配領域を有していた。

湯河氏は牟婁郡道湯川《どうゆかわ》（田辺市）を苗字の地とする国人で、南北朝期に日高郡小松原（御坊市）にも本拠をかまえたといわれている。道湯川を本拠とした湯河氏を「おくの湯川」氏、小松原を本拠とした湯河氏を「はしの湯川氏」という。奉公衆となったのは、「はしの湯川氏」である。湯河氏はこのほかにも、芳《は》養《や》（田辺市）に庶家の式部《しきぶ》家が存在し、印南本郷（印南町）もその所領であった。

湯河氏とともに紀伊の八庄司《しょうじ》の一つとされる玉置氏は、大和国玉置山（奈良県十津川《とつかわ》村）の社司《しゃし》出身と伝えられる。玉置氏は日高郡和佐《わさ》（日高川町）に手取《てどり》城をきずいて本拠とし、江川《えかわ》村（同）や川上《かわかみ》荘（同）などを支配した。山本氏は牟婁郡一瀬《いちのせ》（上富田町）の龍勝山《りゅうしょうさん》城を本拠とする国人で、『太平記《たいへいき》』に護良親王の与党としてその名がみえて以降、南朝方としてしばしば『太平記』に登場する。

湯河氏・玉置氏・山本氏は、いずれも南北朝の動乱では、当初は南朝方であったが、湯河氏は正平七（一三五二）年に南朝を見限って以降、幕府方になった。玉置氏・山本氏も湯河氏と同様に、南北朝の動乱の過程で、幕府直属となったとみられる。湯河氏・玉置氏・山本氏は、守護の分国支配に楔《くさび》を打ちこむ目的に加えて、南朝に対抗する目的もあって、奉公衆に取りたてられたとみられている。

奉公衆は幕府直属であるが、彼ら奉公衆がつねに幕府方であった訳ではない。玉置徳増《のります》は禁闕《きんけつ》の変《へん》で、後《ご》南朝を手引きした罪によって、文安元（一四四四）年、管領畠山持国の指示によって、遊佐氏の邸宅で殺害された。しかし、嫡子の小太郎継直《こたろうつぐなお》に家督の相続が認められ、玉置氏は奉公衆として、その後も名前がみえる。山本氏も長禄四（一四六〇）年九月、山本下総守《しもうさのかみ》が幕府に無断で櫟原荘（上富田町）に下向したため、所領を没収された。しかし、山本氏はそのまま櫟原荘を領有し、応仁《おうにん》の乱《らん》に際しては、奉公衆として御料所《ごりょうしょ》高家《たいえ》荘（日高町）の管理もまかされている。これらのことから、奉公衆は一度編成されるとよほどのことがあっても、編成からはずされることがなかったことがわかる。

一方では、幕府や守護に組織化されない国人も存在した。牟婁郡三栖《みす》荘の衣笠《きぬがさ》城（田辺市）を本拠として、南部荘（みなべ町）などに所領をもつ愛洲氏は、南北朝の動乱で南朝に与していた。そのためか、南北朝の合一が行われたあとも、愛洲氏は南部荘の地頭職を認められず、「当知行人《とうちぎょうにん》」（支配権の正当性の有無にかかわらず、その地を支配している者）であった。それゆえ愛洲氏は、畠山基国が守護に就任して以降、持国のときに至るまで、守護の動員にしたがった形跡はなく、守護の被官にならなかった。南朝の勢力が根強く残った紀伊には、愛洲氏のような国人が少なからず存在していたとみてよいだろう。

3　惣の発展と蟻の熊野詣

高野山寺領の再編●

元弘三（一三三三）年十月、後醍醐天皇は高野山に対して、元弘《げんこう》の勅裁《ちょくさい》を発した。これで大伝法院（根来寺）領の志富田《しぶた》荘（かつらぎ町）・相賀南《おうがみなみ》荘（橋本市）、石清水《いわしみず》八幡宮領の隅田南荘（同）・鞆淵《ともぶち》荘（紀の川市）・小河荘《おがわ》（紀美野町）・柴目荘《しばめ》（同）、唐橋法印《からはしほういん》領調月荘《つかつき》（紀の川市）、西園寺《さいおんじ》家領東貴志荘《ひがしきし》（同）などが、あらたに高野山領へ編入された。これによって、御手印縁起《ごていんえんぎ》の「四至内《しいし》」はほぼすべて高野山領となり、膝下荘園《しっかしょうえん》を形成した。

荘園の量的な拡大にほぼ成功した高野山は、支配権の確立をめざし膝下荘園に対して、検注《けんちゅう》を実施しようとした。検注とは、荘園領主などが年貢や公事などの課役を徴収するために実施した土地や在家の調査のことで、これによって、課役の対象地とその負担者とが決定された。志富田荘には建武五（延元三＝一三三八）年と正平十一（延文元＝一三五六）年に、隅田南荘では正平九（文和三＝一三五四）年までに、高野山による検注が実施された。しかし、他の荘園で高野山は、検注を実施できなかったらしい。これは、当時南北朝の動乱の真っ最中であり、検注を実施することがむずかしかったからであろう。

南北朝の動乱によって、南部荘では、大幅に支配権が後退するなど、高野山寺領は動揺した。高野山は南北朝の動乱が収束すると、膝下荘園に対して、応永元（一三九四）年から三（一三九六）年にかけて、官省符荘《かんしょうふしょう》（橋本市・九度山町《くどやま》・かつらぎ町）に大規模な検注を実施するなど、支配体制の再建にのりだした。

官省符荘で行われた応永の検注との関係で作成されたのが、高野口町で発見された「官省符荘百姓等《ひゃくしょうとう》申状案《もうしじょうあん》」（「岡本家文書」）である。応永三年六月日付のこの文書は、官省符荘の在地領主である政所《まんどころ》一族の非法行為を、荘園領主の高野山に訴えたもので、鎌倉時代に地頭の非法を訴えたことで有名な、「阿《あ》氏川荘上村《てがわのしょうかみむら》百姓等申状」と内容および様式が近似している。

「官省符荘百姓等申状案」には、検注に関連して官省符荘の荘民は、年貢収納のための桝《ます》を、山上《さんじょう》（高野山）と山下《さんげ》（官省符荘）で作製することを求めたことが記されている。このとき作製されたとみられる枡が、旧官省符荘領域のかつらぎ町柏木《かしわぎ》地区で、昭和五十二（一九七七）年に発見された、「応永三年」の銘をもつ高野《こうや》枡であり、高野枡が荘民の要求でつくられたことがわかった。本来検注とは、荘園領主の高野山が支配体制を強化するために実施するものだが、官省符荘の荘民たちは検注を、在地領主の政所一族の支配が強化されていなかった往古への復帰とみてうけいれていた。このように応永の検注は、荘園領主と荘民の思惑が交差するなかで実施された事業であった。

　検注によって高野山は、地主とともに作人《さくにん》を田畠全筆にわたって登録し、作人を課役納入の責任者とした。そのうえで高野山は、検注の結果に基づいて、分田《ぶんでん》（分畠）を行った。普通荘園では、年貢を領主が一括して徴収し、そのもとで経費などに応じて年貢を配分した。しかし、分田支配では、荘園現地の田畠一筆ごとに、僧侶の役職や身分に応じた給与や、諸堂の灯油

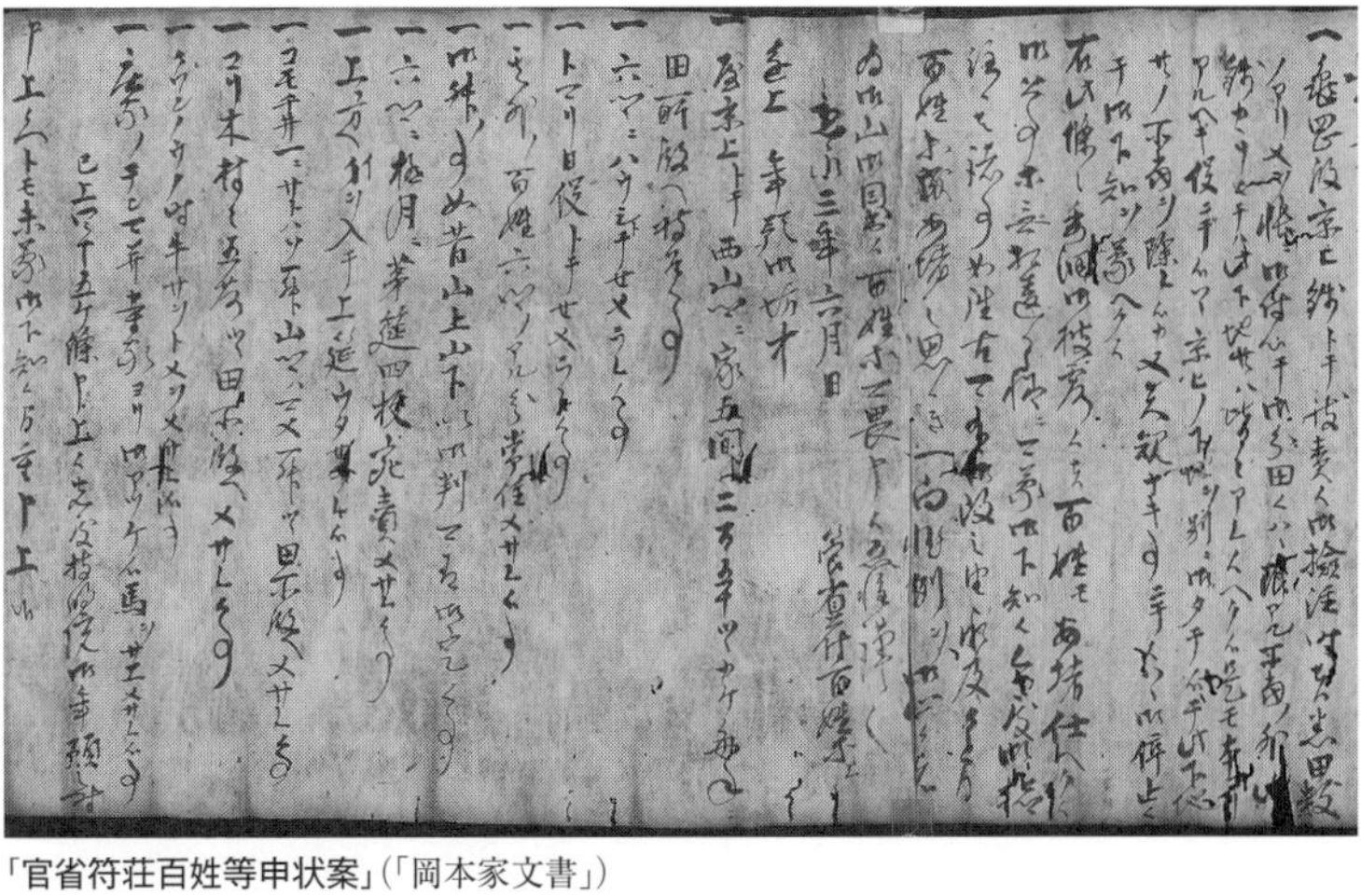

「官省符荘百姓等申状案」（「岡本家文書」）

料、法会《ほうえ》の費用などの配分先を決定した。これは高野山膝下荘園独特の制度であり、この制度では、通常の名《みょう》や名田《みょうでん》は存在しない。

分田体制では、一つの荘園に対する支配関係が細分化して錯綜するため、支配を維持し年貢や公事を確保するためには、しばしば再検注（坪合《つぼあわせ》）を実施する必要があった。しかし、農民層の成長した室町時代にあって、再検注は至難の業であった。荒川荘《あらかわ》（紀の川市）の場合、三十人供料《くりょう》の分田として、応永二十（一四一三）年の時点で三町二反二六〇歩あったものが、宝徳四（一四五二）年には五反二七〇歩に減少している。これは、再検注が実施できなかったからとみられる。寛正六（一四六五）年、荒川荘は千乗坊《せんじょうぼう》秀景《しゅうけい》が三十人供料の代官《だいかん》となり、年貢米八石・公事銭二〇文を請け負っている。これは年貢や公事の量が減ったとしても確実に確保するため、直務支配を代官請《だいかんうけ》に改めたからであろう。

さて、近世の高野山寺領では、分田支配同様に、検校《けんぎょう》などの役職や院家《いんけ》領、法会の費用や修理料などを、細分した知行地として配分する制度がとられた。これは、分田支配が姿を変えながらも生き続けたとみることができるのではないだろうか。

自律する鞆淵●

鎌倉時代後期になると、農業生産や商品流通が盛んとなり、そのような経済的発展を背景に、畿内やその周辺部では、惣《そう》とよばれる村落の自治組織が形成された。現在紀ノ川市に属する鞆淵荘の荘民《しょうみん》は、鞆淵八幡神社の宮座《みやざ》を形成していたが、それは惣の結合によるものであった。

鞆淵荘は紀ノ川南岸の山間部にある荘園で、支配強化をめざす在地領主の鞆淵氏と、惣を結成した荘民とが、鞆淵動乱とよばれる闘争を繰り広げることとなった。貞和三（正平二＝一三四七）年、荘民らは、下司《げし》鞆淵景教《かげのり》の徴発した夫役《ぶやく》に反発して、高野山三宝院成親房《さんぼういんじょうしんぼう》をたより、訴訟におよんだ。その結果、三宝院の「口入《くにゅう》」で鞆淵氏の賦課した雇夫は免除となり、両者のあいだで和談が成立した。しかし、この和談をめぐっては、両者のあいだには認識の差が存在したため、武力抗争に発展し、荘民らは鞆淵氏の本宅を焼きはらった。これに対して鞆淵氏は、村の同舎《どうしゃ》・仏閣《ぶっかく》・諸堂《しょどう》・在家・湯屋《ゆや》を焼き、湯屋釜を打ち割って持ち去ったほか、「ヨウチ」などによって荘民を殺害するなどの報復的行為を行っている。

鞆淵氏と荘民とのあいだを調停した高野山は、荘民の味方とはいえず、鞆淵荘の支配を固めようとしたため、使者は鞆淵八幡神社で荘民に巻き籠められて殺されかけた。また、中預所《なかあずかりどころ》の現証坊《げんしょうぼう》が大検注を実施するため一坪をまつろうとしたところ、これに反対した荘民らが四目縄《しめなわ》を切りすて、現証坊を殺害しようとした。このように荘民は、下司の鞆淵氏ばかりか、領主の高野山ともたたかっていた。

観応二（正平六＝一三五一）年、高野山は一山《いっさん》の意志を決定する最高決議機関である大集会を開催し、荘民の要求を全面的に認めることが決められた。置文《おきぶみ》（将来にわたって遵守すべき事柄を記した文書）が作成され、高野山はひとまず検注をあきらめるとともに、下司の非例も禁止された。このように、下司鞆淵氏と領主高野山に対する鞆淵荘民の闘争は、荘民側の勝利となり、鞆淵荘の惣荘的結合は強くなった。

畠山氏が紀伊守護となると、鞆淵氏はその被官となり、鞆淵荘に対する支配を強化していった。荘民はこれに反発し、応永三十（一四二三）年、公文《くもん》の非例《ひれい》一一カ条、下司の非例一三カ条をあげて、逃散《ちょうさん》を実行した。高野山は荘民逃散の事実を重くうけとめ、翌応永三十一（一四二四）年、鞆淵範景《のりかげ》の追放を決定した。一方、鞆淵範景は、自身の帰住と嫡子千楠《せんぐす》への下司職継承を求め、守護畠山満家に働きかけた。高野山は紀伊守護の要請を無下《むげ》に断わることはできず、下司職の鞆淵千楠への継承を認めている。

鞆淵範景の追放は、荘民にとって、輝かしい勝利とはいえなかった。事態が一段落した正長元（一四二八）年、高野山は長年の念願であった鞆淵荘の検注を行った。検注では、田畠ともに実施されるのが常であるが、この検注は水田のみで実施され、畠地では実施されていない。これは、鞆淵氏の支配基盤が範景の追放によっても崩壊せず、畠地からの公事納入は鞆淵氏の請負いとなったからとみられる。

鞆淵荘では享徳年間（一四五二〜五五）に、「歩付帳《ぶつけちょう》」とよばれる帳簿が作成された。この「歩付帳」は、検注帳を作人一人ひとりごとに名寄帳《なよせちょう》形式で書きあげ、その耕地の田品《でんほん》・面積・所在地の地名・年貢の所属（分田）先・地主名を記したものである。この「歩付帳」は、年

鞆淵八幡神社上空から真国川下流方面をのぞむ

貢・公事を荘民が直納するための基本台帳とみられている。十五世紀後半は、鞆淵氏が勢力を失い庄司氏が台頭する時期にあたり、「歩付帳」はそのような時期に作成された。したがって「歩付帳」の作成は、荘民が年貢などの村請をなしとげたことを示すとともに、高野山の支配が安定したことを示すものでもあった。

蟻の熊野詣と西国三十三所●

室町時代の熊野参詣は「蟻《あり》の熊野詣」といわれた。熊野詣の人びとを蟻の行列にたとえたことは、もとより誇張した表現だが、そのようにいわれるほど、室町時代には民衆のあいだで熊野詣が盛行した。

「蟻の熊野詣」の初見は、永享十一（一四三九）年ころに成立したとみられる、臨済宗《りんざいしゅう》の江西竜派《こうさいりゅうは》があらわした『杜詩続翠抄《としぞくすいしょう》』（『続抄物資料集成《ぞくしょうもつしりょうしゅうせい》』）だといわれている。このなかに「雁《かり》の長空を飛ぶ、蟻の熊野詣の如し」とみえ、「詣」に「マイリ」と振り仮名をふっているので、室町時代には「蟻の熊野まいり」といっていたことがわかる。「蟻の熊野まいり」という言葉は、戦国時代に来日したイエズス会の宣《せん》教師《きょうし》の耳にもはいった。慶長八（一六〇三）年に刊行された『日葡辞書《にっぽじしょ》』（『邦訳日葡辞書』）の「Ari（蟻）」の項に諺《ことわざ》として、「蟻の熊野まいり」がのせられている。江戸時代の書物にも「熊野参」と記したものがあるので、いつごろから「まいり」が「もうで」となったのかは、よくわかっていない。

民衆の熊野参詣は、熊野信仰が各地に広がるとともに盛んになった。熊野信仰を広めるうえで重要な役割を果たしたのが、御師《おし》と先達《せんだつ》である。御師はそれぞれ地方で檀那《だんな》（ここでは熊野の信者）に対する勢力範囲を有しており、その権利は売買することが可能であった。この関係の史料を檀那売券《ばいけん》というが、『熊野那智《なち》大社文書』に残された檀那売券を分析すると、つぎのような事実が浮かびあがってくる。檀那売券は十五世紀後半にピークに達し、十六世紀後半には極端に減少する。この事実は、熊野詣の盛行と関係があるとみられている。

熊野詣を庶民に広げるうえで、御師や先達とともに重要な役割を果たしたのが、熊野比丘尼《びくに》である。熊野への庶民の参詣は増加したが、参詣人を案内する役割の先達が衰えはじめた、十五世紀後半から十六世紀にかけて、熊野比丘尼は活躍したとみられている。熊野比丘尼は、上部に人の一生を配し、下部に極楽と地獄を描いた観心十界曼荼羅《かんしんじっかいまんだら》を、おもに女性を対象に絵解きして、全国をまわっている。

熊野(那智)檀那売券の年次別点数

時期	売券(狭義)		借銭状など		(参考)伊勢旦那売券	
1299年以前			2			
1300年代	4					
10	2					
20		11				
30	2					
40	3					
50	3					
60	2		2			
70	3	25	1	8		
80	4		3			
90	13		2			
1400	39		6			
10	20		9			
20	29	138	9	37		
30	21		7			
40	29		6			
50	63		7		1	
60	110		17		3	
70	63	385	4	38	5	40
80	91		7		10	
90	58		3		21	
1500	76		5		15	
10	21		11		31	
20	8	121	2	20	14	81
30	11				9	
40	5		2		12	
50	6		2		11	
60	3		2		12	
70	1	11	3	9	3	36
80			2		6	
90	1				4	
1600	3					
計	694		114		157	

小山靖憲『中世寺社と荘園制』による。

❖コラム

粉河東村の「名附帳」

粉河東《こかわひがし》村は紀《き》ノ川北岸の山麓に位置する村落で、鞆淵荘《ともぶちのしょう》とともに惣《そう》が発達したことで知られている。東村の辺りは瀬戸内式気候で雨が少なく、地形的に紀ノ川からの水利も期待できないので、魚谷池《いおだにいけ》・悦谷《うれしだに》池など溜池《ためいけ》がつくられた。東村の王子《おうじ》神社には、これらの池の分水や番水など、水利権に関する文書（「王子神社文書」）が残されている。「王子神社文書」には、水利権に関する文書以外にも数々の文書がみられる。そのような文書のなかでも注目されるのが、現在では長さ八〇メートルを超える長大な巻物となった、「名附帳《なつけちょう》」である。「名附帳」には文明十（一四七八）年八月二十日に、それまでの「粉河庄東村山殿《やまどの》座《ざ》廃《はい》（配）目録」を書きかえて作成されたとする標題がつけられている。この「名附帳」は王子神社宮座成員の家に生まれた男子の名前を書き継いでいったもので、室町時代から現在に至るまで、途絶えることなく書き継がれている。それゆえ「名附帳」は、昭和三十一（一九五六）年、国の重要民俗資料に指定されている。

この地域では、現在でも旧暦の正月十一日に「帳つけ」とよばれる行事が行われており、前年に宮講《みやこう》の家に生まれた男子や入り婿、および新入座の者の名前を、社守《しゃしゅ》・禰宜《ねぎ》・上四人《かみよったり》をはじめ全講員寄合《よりあい》の席で、一老《いちろう》によって「名附帳」に名前を記す。そのさい、子どもの名前に「丸」をいれることが、天正年間（一五七三〜九二）以降、通例となっている。「名附帳」に記された名前は、宮座《みやざ》の成員となる男子である。しかし正平二十（貞治四＝一三六五）年には、東村に女性の物頭《ものがしら》が存在していたことが「王子神社文書」にみえるように、中世の東村には、男性と同等の女性の宮座が存在していた。これは中世社会で、女性が男性と同様に活動していた証しといえよう（『粉河町史』）。

熊野詣は十五世紀後半が最盛期で、その中心は庶民の参詣であったとみられる。十六世紀になると熊野詣にかわって、伊勢参宮《さんぐう》がしだいに盛んとなってくる。このような時期に、かつての熊野詣のようすをしのんで、「蟻の熊野参り」という言葉が使われるようになったのであろう。

さて、熊野那智大社（那智勝浦町）の供僧寺《ぐそうじ》であった那智山青岸渡寺《せいがんとじ》は、西国三十三所巡礼《さいごくさんじゅうさんしょじゅんれい》の霊場《れいじょう》としても知られている。平安時代末期に成立したといわれる西国三十三所巡礼は、元来は修験者《しゅげんしゃ》の修行《しゅぎょう》の場であり、一般庶民が一度に巡礼することはむずかしかった。このような西国三十三所巡礼は、一般庶民が広範に西国三十三所巡礼に参加するようになった十五世紀なかばに大きく変化することになる。十五世紀といえば、熊野詣が一般庶民のあいだに盛行するのも十五世紀である。したがって、一般民衆による西国三十三所巡礼の盛行は、熊野詣の盛行と関係が深いといわれている。

現在の西国三十三所巡礼は、那智山青岸渡寺を第一番札所《ふだしょ》とし、美濃《みの》国谷汲山華厳寺《たにくみさんけごんじ》（岐阜県揖斐川町《いびがわ》）を第三十三番札所とする。西国三十三所巡礼では、青岸渡寺のほか、第二番札所の紀三井山金剛宝寺《きみいさんこんごうほうじ》（紀《き》三井寺《みいでら》、和歌山市）、第三番札所の風猛山粉河寺《ふうもうさん》（紀の川市）が、紀伊国内の霊場である。この青岸渡寺から紀三井寺、粉河寺に至るルートは、熊野詣のルートを逆に進むことになる。現在の西国三十三所巡礼のルートは、十六世紀に確立したといわれているので、中世の熊野詣は近世以降、西国三十三所巡礼の一部に包摂されたとみられている。

6章

戦乱の時代

根来寺根本大塔

1　守護家畠山氏の分裂

守護家の内紛●

将軍足利義教《あしかがよしのり》と衝突して河内《かわち》に隠遁《いんとん》していた畠山持国《はたけやまもちくに》は、嘉吉《かきつ》の変《へん》後、家督《かとく》の回復をめざして弟の持永《もちなが》と争った。この抗争に際し、持国は自分に味方した弟の持富《もちとみ》を、実子義就《よしなり》がいるにもかかわらず、畠山氏跡目とした。これは持富に対する論功行賞《ろんこうこうしょう》であるとともに、義就が嘉吉元（一四四一）年の時点では五歳の小児であり、管領家《かんれいけ》畠山氏の後継者としては、幼すぎたからであろう。

畠山持国は河内に隠遁していたときに近侍していた内衆《うちしゅ》を重用し、分国《ぶんこく》の支配体制を一変させた。紀伊《きい》では口郡守護代《くちぐんしゅごだい》に誉田久康《こんだひさやす》、同小守護代に原融意《はらゆうい》、郡代《ぐんだい》には法楽寺職久《ほうらくじもとひさ》が就任した。本来彼らは主流派の内衆ではなく、自派にとって都合のよい義就の擁立をめざした。その結果、文安五（一四四八）年、一二歳となった義就（義夏《よしなつ》）を持富にかえて、持国の跡目とすることに成功した。一方、主流派の内衆は、持富が没したのち、その子弥三郎《やさぶろう》（のちの政久）を擁立し、細川勝元《ほそかわかつもと》がこれを支援した。

畠山持国は、享徳二（一四五三）年には病臥に伏すようになった。これを好機とみた弥三郎派は、翌三（一四五四）年いっせいに蜂起して一旦は義就を追いおとし、持国を隠居させた。しかし、紀伊・河内は持国・義就派の内衆が押さえており、義就はこの状況を利用して、分国の掌握につとめた。紀伊で義就は、国人《こくじん》の愛洲《あいす》氏・小山《こやま》氏らを出陣させたほか、熊野新宮《くまのしんぐう》勢をも動員した。小山八郎は切目《きりめ》（印南《いなみ》町）に進み、新宮勢は南部荘《みなべのしょう》（みなべ町）に神輿《しんよ》をいれ、高家荘《たいえ》（日高《ひだか》町）には神木《しんぼく》を立てた。義就派が分国を掌握したうえに、将軍足利義政《よしまさ》も義就を庇護したため、形勢は逆転し、弥三郎は没落した。その結果、享徳四(一四五五)年三月、畠山持国が没した時点で、家督を継承したのは義就であった。それに伴い、義就派の誉田・原・法楽寺氏は、紀伊から山城《やましろ》の守護代・郡代へと栄転した。

長禄四(一四六〇)年九月、畠山義就は突然将軍足利義政から、家督を養子の政国《まさくに》(能登《のと》守護家畠山義有《よしあり》の子)にゆずり、隠居するよう申し渡された。これに反発した義就が河内に下向《げこう》したため、畠山氏家督は、弥三郎(長禄三〈一四五九〉年没)の弟政長《まさなが》に認められた。幕府は謀叛人《むほんにん》義就を追討するため、紀伊では守護被官《ひかん》の国人のほか、奉公衆《ほうこうしゅう》の湯河《ゆかわ》・玉置《たまき》・山本氏、寺社勢力の根来寺《ねごろでら》・粉河寺《こかわでら》・高野山《こうやさん》などを動員した。一方の義就は、同年五月に粉河の守護領と根来寺とのあいだで発生した用水相論《そうろん》のさい、紀伊の有力内衆や与党の国人衆を失っており(5章2節参照)、紀伊の掌握は後手にまわった。義就はかつて紀伊支配にかかわった誉田一族を紀伊に派遣し、誉田遠江守《とおとうみのかみ》らは那賀《なが》郡の拠点粉河《こかわ》(紀の川市)にはいったが、政長方の贄川《にえがわ》氏や根来寺衆とたたかって敗北し、この企《たくら》みは失敗した。河内・大和《やまと》方面の戦局も思わしくなく、義就は嶽山城《たけやまじょう》(大阪府富田林《とんだばやし》市)に籠城《ろうじょう》を余儀なくされた。

畠山氏略系図(1)

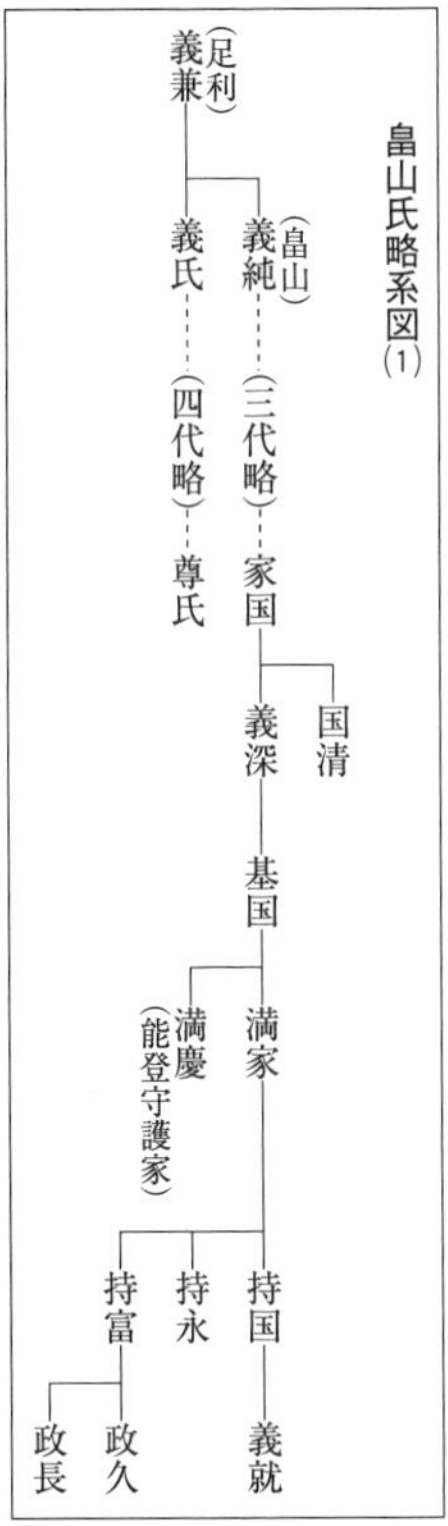

寛正三（一四六二）年、熊野《くまの》で義就方の土居《どい》氏らが蜂起したが、熊野三山《さんざん》が動かず、この動きは那智《なち》の太田《おおた》（那智勝浦町《なちかつうら》）でとまった。このように、各地の義就方は動きがとれず、嶽山城は寛正四（一四六三）年四月に落城した。義就は紀伊に走ったが、高野山はこれをうけいれず、義就は麓《ふもと》の岡《おか》城（九度山町《くどやま》）にはいった。幕府軍の山名是豊《やまなこれとよ》・毛利豊元《もうりとよもと》らは紀伊にはいり、畠山政長は菖蒲谷《しょうぶだに》（橋本市《はしもと》）に布陣した。これに対して義就は、紀伊・河内の与党を糾合し、粉河や根来寺を攻撃したが、いずれもしりぞけられた。幕府軍は官省符荘《かんしょうふしょう》から岡城へと軍を進め、義就包囲網を縮めた。八月、岡城をすてた義就は、北山《きたやま》へと没落し、義就と政長の抗争は、政長が勝利したかにみえた。

この年、連歌師《れんがし》の心敬《しんけい》が故郷の田井《たい》荘（和歌山市）を訪れ、「紀州十余年みたれに」（「百首和歌」）とよんだ。これは、享徳三年以来の畠山氏内訌《ないこう》で、紀伊が重要な舞台の一つであったことを示している。

義就と政長の抗争●

文正元（一四六六）年、天龍寺《てんりゅうじ》（京都市）の堂宇《どうう》を修理するため「那賀山《ながやま》」から運送中の材木を、口郡小守護代草部太郎左衛門《くさべたろうざえもん》が、「破損船」と号して押領《おうりょう》した。草部氏は嘉吉の変後、畠山持国にしりぞけられた内衆であり、政長に与《くみ》して復権していた。だが、この直後から畠山義就の養子政国が熊野で活動を開始したことで、状況は一変した。有馬《ありま》氏・愛洲氏ら熊野の国人ばかりか、熊野新宮をも味方にすることに成功した政国は、文正二（一四六七）年正月、奥郡《おくぐん》支配の拠点である三鍋《みなべ》城（高田土居《たかだどい》城）を攻略した。さらに将軍足利義政が山名持豊《もちとよ》と結んだ畠山義就に家督を認めたこともあって、政国は奉公衆の山本氏をも味方にして、守護所《しゅごしょ》の広《ひろ》城（広川町《ひろがわ》）を攻略した。紀伊で政長方として残ったのは、根来寺のみといわれるほど、応仁《おうにん》の乱《らん》の前哨戦は、義就方が圧勝した。

応仁元（一四六七）年五月、畠山政長が復権し、これを契機として、応仁の乱がはじまった。将軍足利義政が牙旗《がき》を東軍にさずけたことと、畠山政国が京都の西軍に合流するために紀伊をはなれたことで、逼塞していた紀伊の政長方が力をもりかえした。湯河政春《まさはる》ら紀伊の政長方は、応仁元年末から翌年初頭にかけて、義就方から広城などを奪回し、政春はこのときの恩賞として、志賀《しが》荘（日高町）の半分を獲得した。

応仁の乱中、紀伊はおおむね政長方が掌握していたが、これに対して文明八（一四七六）年、紀南《きなん》で愛洲氏ら義就与党の活動が活発化した。政長方は小守護代野辺《のべ》氏のもとで、小山氏・目良《めら》氏に湯河氏も加わり、衣笠《きぬがさ》・秋津口《あきつぐち》合戦を皮切りに反撃を実施した。政長方は、翌文明九（一四七七）年、愛洲氏の居城衣笠城をはじめ、目吉良《めきら》城・知法寺《ちほうじ》城（いずれも田辺《たなべ》市）を攻略した。一方、京都で展望をみいだせなくなった義就は、実力で分国を支配すべく、河内に下向し、これに呼応して紀南の義就方が蜂起した。文明十五（一四八

高田土居城堀跡　近畿自動車道建設に関連した発掘調査で，一部３重の堀をもつ東西160m，南北220m の規模の平地居館であることがあきらかになった。

三）年にも、河内の戦闘に応じて、紀南の義就方が高田土居城を攻撃するなど、紀南には義就の根強い勢力が存在していた。

河内の大半を支配した畠山義就は、紀伊の支配をめざした。そこで義就は、政長方の中核ともいえる根来寺を攻撃するため、延徳二（一四九〇）年、誉田・原・法楽寺氏らかつて紀伊支配にかかわった内衆に、智荘厳院《ちそうごんいん》・蓮浄院《れんじょういん》ら高野山勢も加わえて、紀伊の各地に城郭《じょうかく》をきずいた。これに対して政長方は、根来寺衆や紀北《きほく》の国人ばかりでなく、紀南の国人をも動員して、数のうえで義就方を圧倒し、総攻撃を敢行した。結果は政長方の圧勝で、義就方は法楽寺某を失うなどの大打撃を喫して撤退した。

延徳二年十二月、畠山義就が没し、子の基家《もといえ》が跡をついだ。義就の死は内衆の内紛と河内の土一揆《つちいっき》を招き、これを好機とみた畠山政長は、明応二（一四九三）年、将軍足利義材《よしき》（義尹《よしただ》・義稙《よしたね》）とともに河内に出陣した。紀伊の軍勢も加わって、基家のこもる高屋城《たかや》（大阪府羽曳野市《はびきの》）に激しい攻撃が加えられ、落城は間近に思われた。ところが同年四月、京都で細川政元《まさもと》がクーデタをおこし、事態は一変した。攻守立場をかえることとなった政長らは、河内正覚寺城《しょうかくじ》（大阪市）に籠城した。しかし、救援にむかった根来寺衆らが、閏四月、向村《むこう》（大阪府堺市《さかい》）で敗北し、政長らの望みはたたれた。細川方の総攻撃をうけ、政長は有力内衆とともに自刃《じじん》したが、嫡子の尚順《ひさのぶ》は虎口《ここう》を脱し、紀伊にのがれることに成功した。

畠山尚順の盛衰●

明応《めいおう》の政変《せいへん》によって、紀伊は畠山氏当主が在国し、その直接支配をうけることとなった。これは紀伊の政治史上画期的な出来事であり、普通明応の政変をもって、紀伊の戦国時代の始まりとする。形式的には、京都の幕府＝細川政元政権から畠山氏家督を認められた基家（義豊《よしとよ》）が、正守護となろう。しかし、実際

戦国時代の紀伊国守護

氏名	在職期間
畠山 基家	明応 2 (1493) 年 5 月――明応 8 (1499) 年 1 月
義英	明応 8 (1499) 年 1 月――永正元(1504) 年12月…→
尚順(1)	明応 2 (1493) 年閏 4 月……永正 4 (1507) 年12月――永正17(1520) 年 8 月…→
稙長	←…永正18(1521) 年 3 月――天文 3 (1534) 年 8 月……天文 7 (1538) 年 8 月――天文14(1545) 年 3 月
在氏	天文15(1546) 年末――天文18(1549) 年 6 月
政国(2)	←…天文14(1545) 年 5 月……天文18(1549) 年 7 月――天文21(1552) 年 2 月…→
高政(3)	天文21(1552) 年 9 月――永禄 8 (1565) 年 6 月…→
秋高	永禄 8 (1565) 年12月――元亀 4 (1573) 年 6 月

(1)明応 2 (1493) 年から永正 4 (1507) 年までは，足利義材方守護。(2)政国の名は慣例による。天文14(1545) 年 5 月から18(1549) 年 7 月までは，惣領名代である。(3)高政・秋高は幕府との関係が不明な時期もあり，当主をもって守護とみなした。弓倉弘年「室町時代紀伊国守護・守護代等に関する基礎的考察」(『和歌山県史研究』 17) により作成。

には越中《えっちゅう》にのがれた足利義材に誼《よし》みをつうじる武将も少なからず存在したため、畠山尚順（尚慶《ひさよし》）が、足利義材方の守護として存在した。

紀伊を掌握するため、畠山基家は明応二（一四九三）年、誉田氏を主力とする軍勢を派遣したが、根来寺衆の前に敗退した。一方、足利義材は、明応三（一四九四）年、紀伊の寺社勢力や奉公衆家の湯河氏に対して、上洛に協力を求める御内書《ごないしょ》を発した。尚順は山口《やまぐち》城（和歌山市）で戦備をととのえていたが、明応の政変でうけた打撃が大きく、紀伊の軍勢はめだった動きをしていない。明応四（一四九五）年、基家はふたたび軍を紀伊に進め、これに応じて愛洲氏・山本氏など、紀南の基家派が蜂起し、田辺にはいった。尚順方は奥郡小守護代野辺氏が中心となって目良氏らを動員して田辺に軍を進め、愛洲氏の衣笠城を攻略した。この敗戦もあって基家は、河内に引きあげた。これらの戦いで、奉公衆の湯河氏は畠山尚順・足利義材方、山本氏は畠山基家・足利義遐《よしとお》（義高《よしたか》・義澄《よしずみ》）方に分かれてたたかっている。明応の政変によって奉公衆は分裂して崩壊したとされるが、それは紀伊の事例からもあきらかにできる。

明応六（一四九七）年、河内で基家の有力内衆遊佐《ゆざ》氏と誉田氏の内紛が発生した。尚順はこれに乗じて兵をあげ、高屋城（大阪府羽曳野市）を攻略して、河内の大半を平定した。勢いにのる尚順は、明応八（一四九九）年正月、基家を河内十七ケ所《じゅうしちかしょ》で戦死させた。尚順に呼応して、越中の足利義尹が上洛《じょうらく》の動きを示したこともあり、細川政元は戦線の梃入れを実施した。同年十二月、摂津天王寺《せっつてんのうじ》（大阪市）の戦いで、尚順は細川政元の軍に大敗し、紀伊へ敗走した。明応九（一五〇〇）年、尚順はふたたび兵をおこし、和泉半国《いずみはんごく》守護細川元有《もとあり》を戦死させた。しかし、細川政元が派遣した赤沢朝経《あかざわともつね》らとたたかってやぶれ、尚順は兄弟三人が戦死するなどの大損害をこうむって、再度紀伊に敗走した。

永正元（一五〇四）年九月、細川政元政権に内紛が生じた。細川氏の麾下《きか》にいることを快く思っていなかった畠山義英《よしひで》は、同年十二月、畠山尚順と和睦《わぼく》した。この和睦で尚順方からみても合法的に義英が文書を発給できることとなり、紀伊国内では、義英の奉行人奉書《ぶぎょうにんほうしょ》がみられるようになった。しかし、畠山氏の和睦は、永正四（一五〇七）年に細川政元が暗殺され、細川氏が分裂したことで、破談となった。畠山尚順は細川高国《たかくに》と結び、大内義興《よしおき》とともに上洛してきた足利義尹を、永正五（一五〇八）年、和泉堺に出迎えた。足利義尹は畠山尚順とともに、念願の入京を果たすことに成功した。そのさい、義尹の上洛に協力した湯河孫三郎は、礼を言上している。

永正十二（一五一五）年、嫡子稙長《たねなが》の元服《げんぷく》をすませた尚順は、ほどなくして紀伊に戻り、大和の林堂山《はやしどうさん》樹《じゅ》や熊野衆と結び、紀伊・大和の支配強化に取り組んだ。これが野辺慶景《よしかげ》ら紀伊在国の内衆や、湯河光春ら国衆《くにしゅう》の反発を招き、永正十七（一五二〇）年、林堂山樹は広《ひろ》で生害《しょうがい》し、尚順は紀伊を追放された。翌年、尚順は細川高国と不和になった足利義稙や畠山義英と結んで、紀伊再入国をはかった。しかし、尚順の強硬路線に反対であった紀伊守護畠山稙長が、湯河光春らと和睦してこれを阻止したため、この企ては失敗した。大永二（一五二二）年七月、畠山尚順は波乱に満ちた生涯を淡路《あわじ》に閉じ、翌年、後を追うように、足利義稙も阿波で没した。

2 湯河氏・根来寺と雑賀衆

湯河氏の立場●

奉公衆は、守護の支配から独立した支配領域を有していたが、それが漠然と存在していた訳ではない。湯河氏の場合、熊野街道にそった小松原《こまつばら》（御坊《ごぼう》市）に関《せき》をかまえ、それが重要な経済的基盤となっていた。ところが応永十六（一四〇九）年、小松原などの関の停廃を熊野衆徒《しゅと》が要求し、幕府はこれを実行するよう紀伊守護畠山満家《みついえ》に命じている。熊野三山にとって関は、熊野参詣をさまたげる邪魔な存在であり、湯河氏と熊野新宮が対立する原因の一つとなった。

応仁元（一四六七）年十一月に湯河政春が大徳寺《だいとくじ》に送った書状のなかで、文正元（一四六六）年、畠山義就方の熊野新宮勢が高家荘（日高町）に乱入したさい、湯河政春が支配している荊木村《いばらぎ》（御坊市・日高町）が、新宮勢に占領されたと記している。また、湯河氏の本拠地小松原に近接する新宮領財荘《たから》（御坊市）は、日高平野の穀倉地帯に位置し、湯河氏が領主として発展するためには、必要な土地であった。このように、湯河氏と熊野新宮とのあいだには、所領をめぐる対立も存在していた。

湯河氏と熊野新宮の対立を利用したのが畠山政国で、彼は文正元年、味方になった熊野新宮に対して、湯河氏一族の所領である芳養《はや》荘（田辺市）を寄進した。熊野新宮が義就・政国方についたこともあって、湯河政春は義就が家督を回復していた文正二（一四六七）年正月から応仁元年五月にかけての時期も、義就・政国方に与しなかったし、その後も一貫して政長方であった。ここには奉公衆としての立場ばかりでなく、国人領主としての湯河氏の立場があらわれている。

長享元（一四八七）年、将軍足利義尚《よしひさ》は幕命にそむいた近江《おうみ》の六角高頼《ろっかくたかより》を討つため、軍勢を招集した。奉公衆である湯河政春も、招集をうけ上洛した。義尚は近江に出陣したが、湯河政春は山本氏・玉置氏らとともに、大御所《おおごしょ》足利義政に近侍して京都に残留したため、京都で政春の活動がみられる。

湯河政春は連歌を愛好し、宗祇《そうぎ》が北野社連歌会所奉行《きたのしゃれんがかいしょぶぎょう》（宗匠《そうしょう》）に就任したのを祝して行われた連歌会である長享二（一四八八）年四月五日北野会所花の本開百韻《きたのかいしょはなのほんかいひゃくいん》に、牡丹花肖柏《ぼたんかしょうはく》など著名な連歌師とともに参加した。この連歌会で宗祇が発句《ほっく》をよみ、湯河政春が第二句の脇をよんでいる。延徳四（一四九二）年、湯河政春は畠山基家を攻撃するため、河内に在陣していた。そのさい、宗祇は、湯河政春の要望に応じ、政春の戦勝を祈願して、独吟《どくぎん》百韻をまいている。これらのことから、湯河政春と宗祇との関係の深さが読みとれる。湯河政春の連歌への造詣の深さは、宗祇が編集した准勅撰《じゅんちょくせん》の連歌集である『新撰菟玖波集《しんせんつくばしゅう》』に、政春の連歌が五句も入選していることからもあきらかであろう。

明応二（一四九三）年、湯河政春は衣奈《えな》荘（由良《ゆら》町）下司職《げししき》と衣奈八幡宮神職を下司源七《げんしち》に安堵《あんど》した。衣奈荘は石清水《いわしみず》八幡宮領の荘園《しょうえん》であり、元来湯河氏の所領ではない。衣奈荘に湯河政春が権力を行使したのは、明応の政変の影響によるとみられる。明応の政変は守護畠山政長が自刃したばかりか、紀伊口郡守護代遊佐長恒《ながつね》・奥郡守護代神保長通《じんぼながみち》も政長と運命を共にするなど、政長流畠山氏は大打撃をうけた。紀伊は畠山尚順が直接支配する国になったとはいえ、支配体制を再建するのは容易ではなかった。そのため、奉公衆家としての湯河氏の家格が、所領のほかにもその権力がおよぶ要因となったのであろう。湯河氏にとっても明応の政変は、一つの分岐点となった。

根来寺の発展●

戦国時代の根来寺では、仏教の教学を修得する学侶《がくりょ》（衆徒）よりも、寺院の実務を執り行う行人の組織（惣分《そうぶん》）が肥大化していた。根来寺衆は「彼らの本務は不断に軍事訓練」を行うこととイエズス会の宣教《せんきょう》師《し》が記したように（松田毅一・川崎桃太訳『フロイス日本史』）、僧兵《そうへい》集団として有名であった。

　根来寺の軍事力の中核をなしたのが行人《ぎょうにん》であり、彼らは集会によって意志を決定し行動した。行人方の執行機関を惣分沙汰所《さたしょ》とよび、これは若衆《わかしゅ》沙汰所と老衆《ろうしゅ》沙汰所に分かれていた。行人は閼伽井坊《あかいぼう》・岩室《いわむろ》坊・杉之坊《すぎのぼう》・泉職坊《せんしきぼう》・実相院《じっそういん》・吉祥院《きっしょういん》・遍智院《へんちいん》などの坊院《ぼういん》によったが、その坊院は紀北や泉南《せんなん》の新興の小領主との関係が深かった。たとえば、泉職坊は雑賀衆《さいかしゅう》の一員である土橋《つちはし》氏が建立し、杉之坊は那賀郡小《お》倉《ぐら》荘（和歌山市）の小領主津田《つだ》氏が建立している。根来寺に坊院をかまえる小領主は坊院の外護者となり、子弟を出家させて住職とし、院家《いんけ》を相承させていった。戦国時代に根来寺で、行人方が肥大化したのは、小領主出身の氏人《うじびと》とよばれる僧の勢力が拡大したことが、大きな要因であるといわれている。

　弘治三（一五五七）年、泉職坊は雑賀衆とともに、岩橋《いわせ》荘と和佐《わさ》荘の相論を調停した。永禄十（一五六七）年には、根来寺小谷喜多坊《こたにきたぼう》が、加太《かだ》（和歌山市）の向井加賀家《むかいかがけ》の跡職に関する向井加賀家と向井宰相《さいしょう》家の契約に関して、「使」として関与した。雑賀衆の関係した坊院が少なからず存在し、雑賀五組の支配領域に隣接する根来寺は、地域権力として、雑賀衆内部の抗争のさい、仲介者としての役割を果たした。

　戦国時代の村落のようすがよくわかる史料として知られる『政基公旅引付《まさもとこうたびひきつけ》』には、しばしば根来寺が登場する。『政基公旅引付』から、根来寺の軍事力についてみてみよう。文亀二（一五〇二）年、根来寺は和泉《いずみ》に軍を進め、入山田《いりやまだ》（泉佐野《いずみさの》市）に陣をかまえようとした。そこで入山田の人びとは、根来寺の惣分と交渉し、陣地をかまえることを認めない禁制《きんせい》（制札《せいさつ》）を得ることに成功し、根来寺衆の進駐を阻止した。そのさい、入山田の人びとは、二四貫文を超える費用を使っている。地獄の沙汰も金次第といわれるが、中世の社会で平穏裡に軍勢を撤収させるためには、金銭が必要であった。

　文亀二年、入山田に進駐しようとした根来寺の軍勢は、足軽《あしがる》の部隊であり、彼らは下法師《しもほうし》や小法師とよば

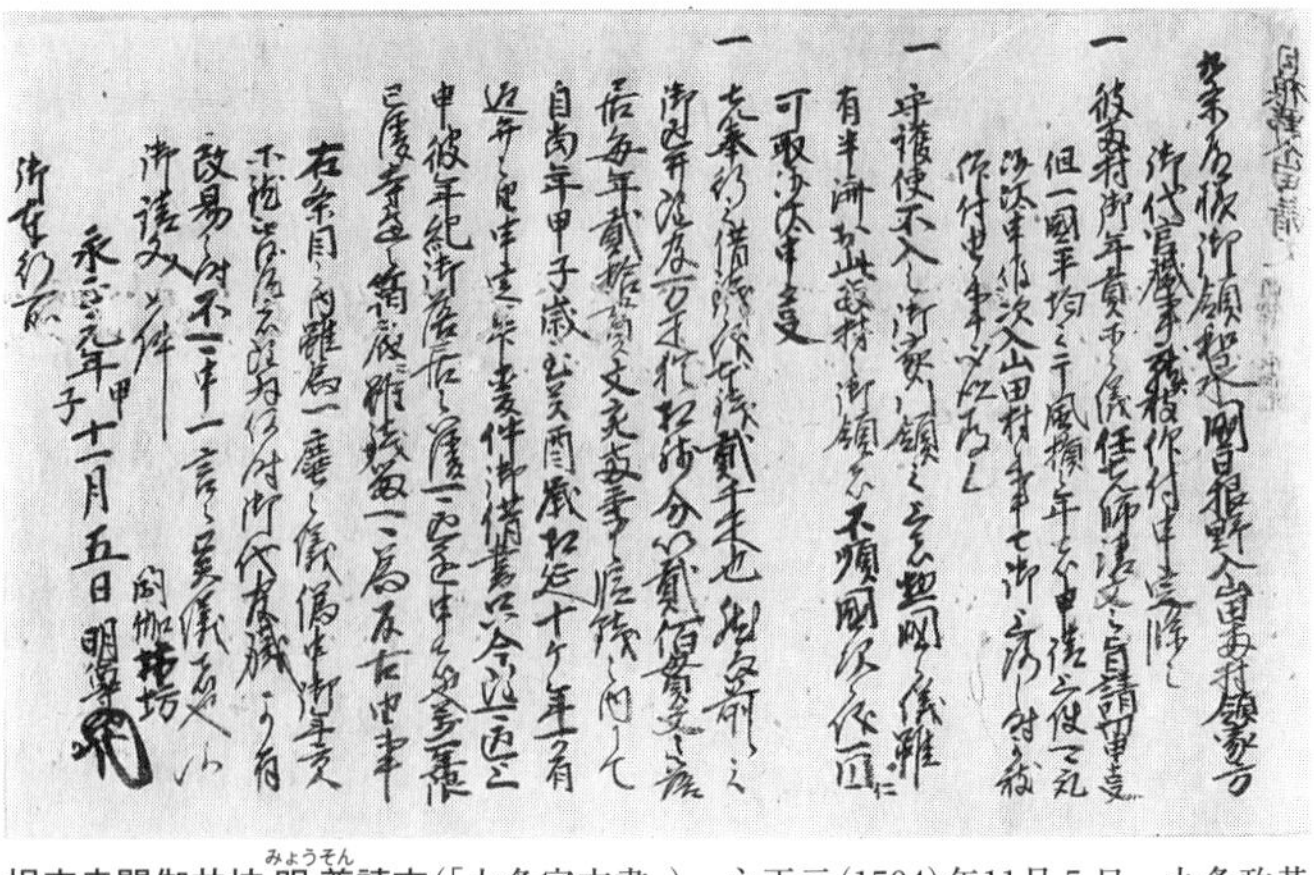

根来寺閼伽井坊明尊《みょうそん》請文（「九条家文書」）　永正元(1504)年11月5日，九条政基は根来寺閼伽井坊明尊を，日根野・入山田村領家方代官職に補任した。

れる下級の僧侶であった。また、永正元（一五〇四）年に根来寺衆が泉南に出陣したさいは、根来寺足軽の材木屋与五郎《よごろう》が先陣をつとめていた。材木屋与五郎は、その名前から、僧侶ではなく俗人であることがわかる。根来寺の足軽は、下級僧侶や俗人で構成される、傭兵《ようへい》的要素の強い部隊であった。根来寺衆と一口でいっても、その内実は、惣分の構成員で編成された正規軍の部隊と、傭兵的要素の強い足軽の部隊に分かれていた。

軍事的に強力となった根来寺であるが、開祖覚鑁《かくばん》は、大師号《だいしごう》を朝廷《ちょうてい》から授与されていなかった。そこで根来寺の衆徒は、天文八（一五三九）年、覚鑁の大師号獲得運動を開始し、最大の難関とみられていた延暦寺《えんりゃくじ》も、覚鑁への大師号授与を一旦は認めた。覚鑁への大師号授与が確定的となったことで、天文九（一五四〇）年、根来寺の雑掌杉之坊と大勧進覚算《だいかんじんかくさん》が上洛し、将軍足利義晴《よしはる》と管領細川晴元《はるもと》のところへ礼に出向いた。ところが、延暦寺の態度が一変し、朝廷が覚鑁へ大師号を授与すれば、強訴《ごうそ》することを決定し、翌天文十（一五四一）年、これを実行に移した。ここに幕府も覚鑁への大師号授与をあきらめざるをえず、根来寺の大師号獲得運動は挫折した。覚鑁への大師号（興教《こうきょう》大師）授与は、元禄三（一六九〇）年まで待たねばならなかった。

雑賀衆と惣国●

戦国時代根来寺衆とともに、鉄砲を用いた武力集団として有名な雑賀衆は、紀伊で最大の農業生産力をもつ和歌山平野を基盤としていた。次頁表は雑賀衆の名前を抜きだしたものである。彼らは岡・湊《みなと》・宇治《うじ》など、大半の者が地名を苗字としていることから、村落の小領主であった。彼らは惣《そう》の有力構成員であり、村落の指導者でもあった。

雑賀衆の支配領域は、戦国時代には狭義の雑賀荘(和歌山市)を超えて拡大していたが、表中の「雑賀」が、狭義の雑賀荘(以下、雑賀とする)に該当する。そこに記された岡・湊・宇治などの人名は、さきに述べたように地名を冠したもので、これにより雑賀の範囲が判明する。元来雑賀荘は海部《あま》郡に属しており、現在の和歌山市の和歌川より西の地域と、紀ノ川《きのかわ》北岸の土入《どうにゅう》川・打手《うちで》川に囲まれた地域、および湊地区が荘域であった。雑賀に、福嶋《ふくしま》・梶取《かんどり》など紀ノ川北岸の地域が含まれるのは、現在の土入川が、中世の紀ノ川の流路にあたっていたからで、この地域は中世には紀ノ川の南側に位置していた。湊地区は豊臣《とよとみ》期には「紀湊」とよばれ、紀ノ川の両岸に位置する港町であった。湊は明応七(一四九八)年八月の南海地震で大きな被害をこうむった、和田浦《わだうら》の人びとによってつくられた町でもあった。和田浦は『紀伊続《ぞく》風土記《ふどき》』に「和田浦鵜ノ島《うのしま》」と記され、土入川沿いの和歌山市松江《まつえ》地区の小字に「鵜ノ島」がある。したがって、この辺りが室町《むろまち》時代の和田浦であったとみられている。

永禄5(1562)年雑賀衆一覧(「東京湯河家文書」)

組　名	人	名
雑　賀	本　郷	源四郎大夫
	岡	三郎大夫
	湊	森五郎
	湊	藤内大夫
	宇　治	藤右衛門尉
	市　場	五郎右衛門尉
	三日市	左衛門大夫
	中　嶋	平内大夫
	土　橋	平次
	土　橋	大郎左衛門尉
	福　嶋	次郎右衛門尉
	狐　嶋	左衛門大夫
	梶　取	与三大夫
中　郷	岩　橋	源大夫
	岡　崎	藤右衛門尉
	栗　栖	四郎大夫
	若　林	治部
	和　佐	九郎大夫
	山　本	刑部左衛門尉
	加　納	刑部大夫
十ヶ郷	鈴　木	孫一
	楠　見	藤内大夫
	栄　谷	源次郎大夫
	松　江	左近大夫
	賀　田	助兵衛
	木　本	源内大夫
南　郷(三上)	大　野	稲井
	且　来	松江
	多　田	神主
	吉　原	林
	安　原	五郎右衛門尉
	吉　礼	次郎大夫
	三　葛	田所
	本　渡	左衛門大夫
社家郷	中　嶋	嶋田
	神　前	中務

矢田俊文『日本中世戦国期の地域と民衆』による。

和歌山平野には、雑賀以外にも、岩橋荘・和佐荘・栗栖荘《くるす》（和歌山市）などの荘園が存在していた。前頁表で示したように、岩橋荘・和佐荘・栗栖荘は、雑賀の岡・湊などと同様、規模の小さい荘園であった。岩橋荘・和佐荘・栗栖荘は、利害関係を共にする近隣の荘郷とともに、中郷とよばれる村落連合を形成した。このような村落連合は、「組」や「からみ」などとよばれ、紀ノ川河口の和歌山平野には、雑賀・十ケ郷《じっかごう》・中郷《なか》（中つ郷）・社家郷《しゃけ》（宮郷《みや》）・南郷《みなみ》（三上郷《みかみ》）の五つの組が存在し、雑賀五組とよばれた。雑賀五組の範囲は、当時の海部郡から名草《なくさ》郡・那賀郡の一部におよんでおり、雑賀五組は旧来の郡にとらわれない地縁的な結合体であった。

戦国時代の紀伊に関する史料のなかに

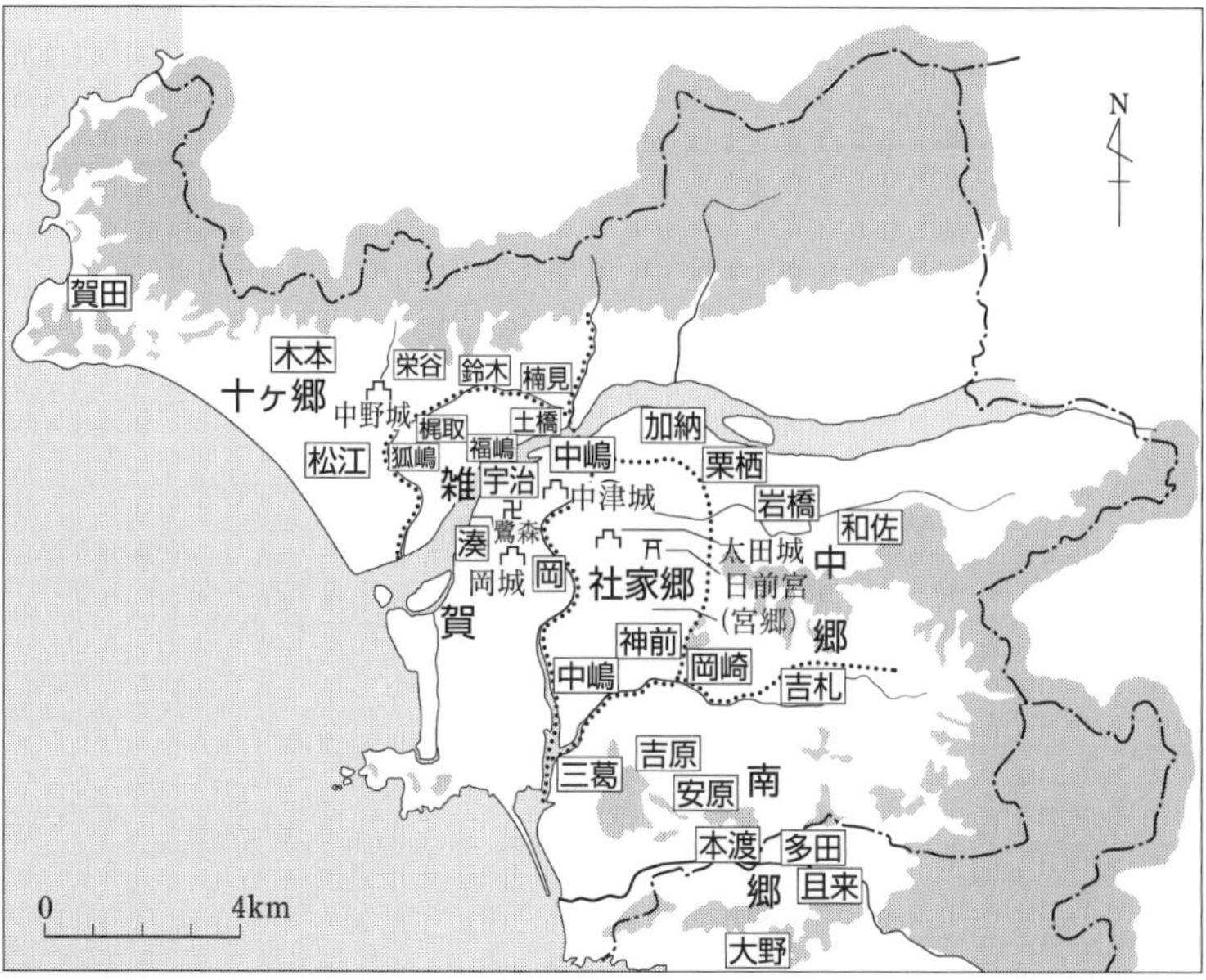

雑賀五組関係図　『和歌山市史』４巻より作成。

「惣国」の語がみえるが、「惣国」とはなにを意味しているのであろうか。弘治三（一五五七）年、中郷を構成する岩橋荘と和佐荘のあいだで、「芝《しば》」（未開墾の土地といわれる）に関する相論が発生した。そのさい、この相論の「曖《あつかい》」（調停）を行ったのが、根来寺泉職坊と惣国であった。このように根来寺と惣国が別々に記されていることから、根来寺が惣国に含まれず、惣国を紀伊一国規模のものと考えることができないことがわかる。この史料には、相論の調停者として、雑賀助大夫《すけだゆう》・岡監物《けんもつ》大夫・湊惣大夫などが「雑賀庄曖衆人数」として記されている。岩橋荘と和佐荘の相論を調停したのが惣国で、その具体的な人名が「雑賀庄曖衆人数」として史料に記されていることから、惣国は雑賀衆であったと考えられる。

一五八頁表で示した雑賀・十ヶ郷・中郷・社家郷・南郷の雑賀五組が、惣国の範囲であった。惣国は岩橋荘と和佐荘の相論を調停したように、その構成員間の紛争を裁定する在地裁判権を有していた。また、南郷重根《しこね》（海南《かいなん》市）の年貢は、山東屋多《やた》（和歌山市）の観音堂《かんのんどう》に収納されることが、惣国の会合で決定された。また、雑賀衆は畠山氏の軍事動員を受けて、たびたび出陣しているが、これは惣国の決定によるものであり、雑賀惣国は軍事動員を行う権限を有していた。雑賀惣国は、戦国時代に和歌山平野に成立した、村落連合である組を束ねる地域権力であった。

3　紀州衆の活動

畠山稙長の紀伊在国●

細川高国政権の崩壊後、足利義晴・細川高国・畠山稙長（政長流）と、足利義維《よしつな》・細川晴元・畠山義堯《よしたか》

（義就流）の抗争が続き、細川高国は享禄四（一五三一）年に敗死した。細川高国を倒したことで、細川晴元方の畠山義堯と有力内衆の木沢長政《きざわながまさ》の対立が表面化した。細川晴元の要請で蜂起した一向《いっこう》一揆は、畠山義堯と三好元長《みよしもとなが》を攻め滅ぼしたのち、細川晴元らと対立するに至った。ここに将軍足利義晴と細川晴元は和睦し、細川晴元と結ぶ木沢長政も足利義晴方となった。天文三（一五三四）年、進退きわまった畠山稙長は、本願寺《ほんがんじ》や反細川晴元勢力と結んだ。一方、奉公衆家の湯河光春は、将軍からの御内書をうけて細川晴元方として活動し、玉置氏もこれに同調した。このため畠山稙長は、根来寺衆などとともに、湯河氏を攻撃するため紀伊に出陣した。ところが、その間に守護代家の遊佐長教《ながのり》らが当主に畠山長経《ながつね》を擁立したため、稙長は紀伊在国を余儀なくされた。

　稙長と本願寺の同盟により、天文四（一五三五）年、紀州《きしゅう》衆《しゅう》五〇〇～六〇〇人が大坂の本願寺にはいった。だが、畿内《きない》の戦局はおおむね平穏化してきており、本願寺と細川晴元政権との和睦が成立した。紀伊は、文明十八（一四八六）年に蓮如《れんにょ》が訪れたこともあって、本願寺との関係が深く、和睦に不満をもつ本願寺の坊官《ぼうかん》下間《しもつま》頼秀《らいしゅう》・頼盛《らいせい》兄弟らは、紀伊の三郡を門徒領国にしようと試みた。しかし、下間兄弟は本願寺法主《ほっす》証如《しょうにょ》から破門された身であり、この企ては失敗した。これに乗じて天文六（一五三七）年には熊野三山が、社領を押領した湯河氏を成敗しようとするなど、紀伊の情勢は混乱していた。

　天文七（一五三八）年、幕府が畠山弥九郎《やくろう》（政長流）の、家督相続を承認した。畠山稙長はこれに不満をもち、上洛を企てた。この一件では、湯河氏・玉置氏も稙長方についた。稙長は細川氏綱《うじつな》（高国養子）や本願寺ばかりか、遠く山陰《さんいん》の大名《だいみょう》尼子《あまご》氏や土佐の香宗我部《こうそがべ》氏と連絡をとるなど、幕府の枠組みをかえることをねらっていたらしい。ただし稙長の計画は、この時点では実現しなかった。

畠山氏略系図(2)

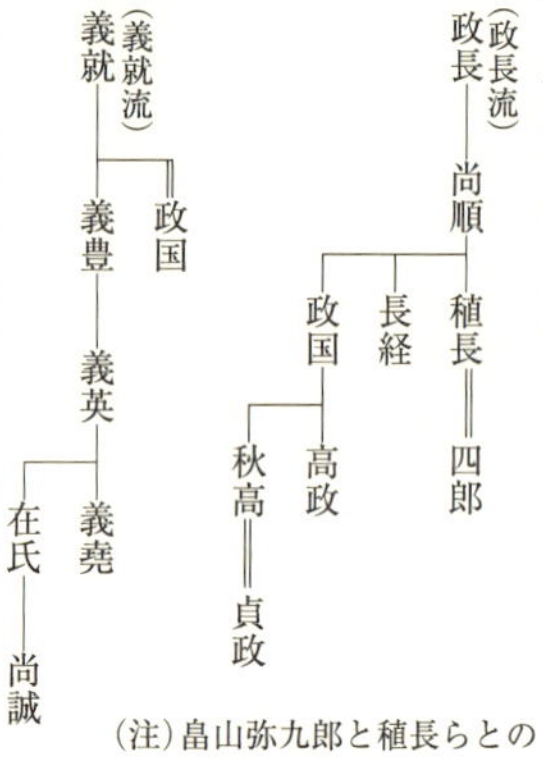

(注)畠山弥九郎と稙長らとの関係は不明。

紀伊に在国していた時期、畠山稙長は加茂荘《かも》（海南市）の「不入」を承認した判物《はんもつ》を発給した。そのさい、同日付で奉公衆家の玉置正直《まさなお》と山本忠善《ただよし》が添状《そえじょう》を発給しており、両者は同時に発給されたとみられる。畠山稙長は紀伊支配に際し、奉公衆家との連携を深めた。その結果、玉置氏・山本氏の一族が守護所の広（広川町）に常駐し、守護権力をささえるようになった。

天文十（一五四一）年、畠山在氏《ありうじ》の内衆木沢長政が反乱をおこし、畠山弥九郎もこれに同調した。幕府の要請もあって、翌天文十一（一五四二）年、畠山稙長は紀州の軍勢を率いて河内に進攻した。そのときの紀州勢は、龍神《りゅうじん》・山本・玉置・湯河・愛洲など熊野衆一万騎、根来寺・高野山・粉河寺の三カ寺の衆一万騎、雑賀五組の衆一万騎、といわれる。熊野衆のうち、湯河氏は元来奉公衆であり、守護の被官となった国人の愛洲・龍神氏とは違っている。根来寺・高野山・粉河寺は三カ寺の衆と記されているものの、利害関係が複雑で共同戦線を張ることはなく、それぞれ独自の判断で出兵した。長年にわたる畠山氏の支配が、大規模な軍事動員を可能としたとみてよい。

畠山弥九郎と在氏が没落したことで、畠山氏の家督は稙長で一本化された。守護代家遊佐長教に対して、畠山稙長は、内衆のなかでも紀州時代から苦楽を共にしていた丹下盛賢《たんげもりかた》を重用する一方、高野山出身の三《さん》宝院快敏《ぼういんかいびん》や、有田《ありだ》郡の国人である保田長宗《やすだながむね》ら紀州勢を登用した。彼ら紀州勢は、細川氏綱の乱《らん》で活躍することとなる。一方の畠山在氏は、没落中の天文十二（一五四三）年、隅田《すだ》八幡宮（橋本市）の課役を免除し、護国寺《ごこくじ》（同）の寺領を安堵するなど、守護権を行使している。このように、紀伊伊都《いと》郡から大和宇智《うち》郡にかけての地域には、義就流畠山氏の根強い地盤があった。

河内争奪戦と紀州勢

天文十四（一五四五）年、畠山稙長と丹下盛賢が没した。遊佐長教は稙長の舎弟《しゃてい》政国を、稙長の跡目としようとしたが、細川晴元政権はこれを認めず、両者の対立は決定的となった。天文十七（一五四八）年、それまで対立していた遊佐長教と、細川晴元の武将三好長慶《みよしながよし》との和睦が成立した。翌天文十八（一五四九）年、遊佐長教と三好長教らは摂津江口《えぐち》の戦いに勝利して、細川晴元政権を崩壊させ、晴元は将軍足利義輝《よしてる》（義藤）とともに近江にのがれた。畠山政国は、三好政権が将軍を排除する形で成立したことを快く思わなかったらしく、紀伊に隠居した。天文二十（一五五一）年、三好政権の後ろ盾であった遊佐長教が暗殺された。これが政長流畠山氏内部の権力闘争を招き、永禄元（一五五八）年には、有力内衆の安見宗《やすみむね》房《ふさ》らと対立した畠山高政《たかまさ》が、紀伊に出奔《しゅっぽん》する事態となった。

永禄元年、将軍足利義輝と和睦し、新しい枠組みとなった三好政権にとって、河内守護が不在では都合が悪かった。三好長慶は永禄二（一五五九）年、畠山高政を助けて河内に出兵し、安見宗房らを没落させた。畠山高政は、将軍の出陣要請をうけた奉公衆家の湯河直光《なおみつ》とともに河内にはいった。このとき、湯河直光は河内守護代ではなく、畠山氏の庶子《しょし》家の一つである畠山中務少輔《なかつかさしょうゆう》家《け》の家督を、畠山高政から認められた。畠山氏は、守護権力から独立した地域権力である湯河氏を、畠山氏の名跡をあたえることで、取りこもうとした。

畠山氏の河内支配は、安見宗房ら在地に基盤をもつ内衆を抜きにしては、成り立たなかった。そのため畠山高政は、永禄三（一五六〇）年、安見宗房らと和睦した。三好長慶にとって、本国阿波《あわ》と京都とのあいだに位置する河内の情勢が不安定では、政権の基盤がゆるぎかねず、河内を直接支配するため兵をだした。戦いに敗れた畠山高政はふたたび紀伊に没落し、高屋城（大阪府羽曳野市）には三好実休《じっきゅう》がはいった。前年畠山高政を支援した湯河直光は、将軍の意向によって、この戦いにはかかわっていない。永禄年間（一五五八〜七〇）に至っても、湯河氏には将軍直属の奉公衆家

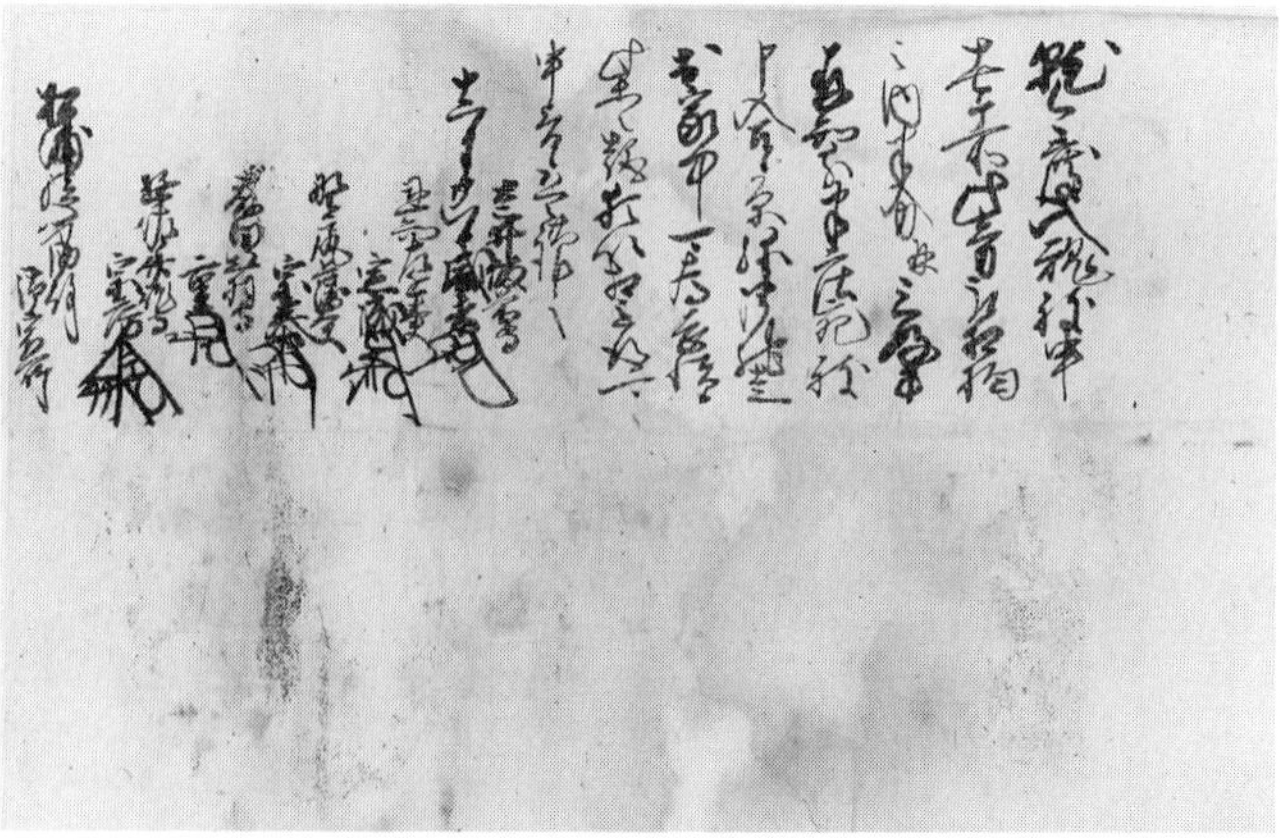

「畠山家家中奉書」（「九条家文書」）　政長流畠山氏は，紀伊・河内に和泉を含む南近畿一帯の支配をめざし，和泉でも権力を行使した。

としての意識が強くあり、将軍からの要請が行動の大きな要因となっていた。

永禄四（一五六一）年、畠山高政は三好氏打倒の兵をあげ、近江の六角義賢《よしかた》もこれに応じ、三好政権は両者に挟撃される形となった。この畠山氏と六角氏の動きには、三好政権を快く思わなくなった将軍足利義輝が関係していた。畠山軍の陣営には、湯河直光ら紀伊の奥郡衆や根来寺衆のほか、和泉を十河一存《そごうかずまさ》（三好長慶の弟）に奪われた守護代家の松浦《まつうら》氏、大和を松永久秀《まつながひさひで》に追われた十市遠勝《といちとおかつ》らも加わった。永禄五（一五六二）年三月、畠山軍は、和泉久米田《くめだ》（大阪府岸和田《きしわだ》市）で三好実休の軍と激突し、激戦の末、実休を討ちとった。三好実休を討ちとったのは、根来寺往来右京《おうらいうきょう》であり、実休は鉄砲によって致命傷をうけたといわれている。

三好実休を討ちとり、勢いにのる畠山軍は、三好長慶のこもる飯盛《いいもり》城（大阪府四條畷《しじょうなわて》市）に殺到し、これを包囲した。対する三好軍は、六角軍の動きがにぶいことを幸いに、五月にはいると主力を河内に投入し、教興寺《きょうこうじ》（大阪府八尾《やお》市）にあった畠山軍の後陣を攻撃した。大将の湯河直光が最初に戦死したことで、畠山軍は統制がとれなくなり、総崩れとなって敗走した。この敗戦によって、畠山高政は河内を維持することができなくなり、高政は大和宇智郡を経て紀伊に没落した。畠山氏が河内を回復するのは、永禄十一（一五六八）年の織田信長《おだのぶなが》の上洛を待たねばならなかった。

織田信長と紀伊●

元亀元（一五七〇）年八月、織田信長は将軍足利義昭《よしあき》とともに、敵対していた三好三人衆を攻撃するため、摂津に出陣した。紀伊に対しても守護畠山秋高《あきたか》をつうじて動員がかけられた。根来寺衆を先駆けに、雑賀衆や湯河氏・玉置氏・奥郡衆などが出陣し、天王寺《てんのうじ》（大阪市）に着陣した。信長の出陣を本願寺への攻撃とみた顕如《けんにょ》は、「紀州惣門徒中」へ出陣を求める書状を発したが、すでに雑賀衆は惣国の決定で出陣したあとで、まにあわなかった。九月十二日、本願寺は信長に対して挙兵し、いわゆる石山《いしやま》合戦がはじまるが、これは雑賀衆を抜きにした見切り発車であった。もっとも、信長軍は京都の状況が緊迫化したことで引きあげ、本願寺周辺の戦闘は一〇日あまりで終息したため、雑賀衆の分裂には至らなかった。

元亀四（一五七三）年、将軍足利義昭と織田信長の間が決裂した。両者の対立の狭間で、同年六月、畠山秋高は遊佐信教《のぶのり》に殺害され、管領家畠山氏は滅亡した。信長に追放された義昭は、由良の興国寺《こうこくじ》（由良町）に移り、天正四（一五七六）年までこの地ですごした。義昭の要請をうけて湯河直春が反信長戦線に加わり、本願寺との関係から雑賀衆も反信長方となった。一方、根来寺は信長と結び、天正九（一五八一）年に安土《あづち》（安土町）で実施された馬揃《うまぞろえ》にも、家臣《かしん》として参加するほどであった。

天正四年、信長軍は大坂の本願寺を攻撃した。本願寺方は数千挺の鉄砲で逆襲に転じ、原田直政《はらだなおまさ》を戦死させ、信長の足に鉄砲を命中させるなどの戦果をあげた。この戦いで「さいかの孫一《まごいち》」は、下間頼廉《らいれん》とともに大坂の左右の大将といわれ、今宮《いまみや》（大阪市）の戦いでは、中嶋孫太郎の戦功が本願寺から賞された。木津河口《きづかこう》の海戦では、毛利水軍とともに活躍するなど、雑賀衆は本願寺の主力部隊として活動した。

天正五（一五七七）年二月、雑賀五組のうち、宮郷・中郷・南郷の三組が信長に内通したため、信長は雑賀攻めの軍を発した。近隣門徒の援軍を得た雑賀二組（雑賀・十ケ郷）は、小雑賀川《こざいか》（和歌川《わか》）の線で、信長の先鋒隊を一時釘付けにした。しかし、信長の圧倒的な軍事力の前に、中野城《なかの》（和歌山市）が開城し、鈴木孫一の居城が攻撃をうける事態となった。同年三月、鈴木孫一以下、雑賀衆の指導者は信長に降伏し、信長の雑賀攻めは終了した。信長の雑賀攻めののち、本願寺は門徒を中心に雑賀一向衆を再編して石山合

❖コラム

紀伊水軍と後北条氏

江戸時代に編纂された『紀伊続風土記《きいぞくふどき》』古文書之部には、紀伊国内に伝来した古文書が、数多く収録されている。そのなかの有田《ありだ》郡広《ひろ》荘（広川町《ひろがわ》）「広村梶原氏《かじわらし》蔵」文書中に、関東の後北条《ごほうじょう》氏が梶原氏に発給した文書がみえる。これは、戦国時代に紀伊の水軍が、東国《とうごく》で活動した証《あか》しといえる。

『紀伊続風土記』に収録された北条氏康《うじやす》書状の宛先として、梶原吉右衛門《きちえもん》・安宅紀伊守《あたぎきいのかみ》・愛洲兵部少輔《あいすひょうぶのしょうゆう》・橋本四郎左衛門《はしもとしろうざえもん》・武田《たけだ》（湯河《ゆがわ》）又太郎《またたろう》の名がみえる。彼らと北条氏康の関係をさぐってみよう。後北条氏の家臣団《かしんだん》を記した『小田原衆所領役帳《おだわらしゅうしょりょうやくちょう》』に、愛洲兵部少輔は「浦賀《うらが》の海賊に定め」と記されており、愛洲兵部少輔は後北条氏の水軍であったことがわかる。『小田原衆所領役帳』には、小山三郎右衛門《こやまさぶろうえもん》も「浦賀の海賊」と記されており、紀伊の小山氏も後北条氏の水軍に編成されていた。『小田原衆所領役帳』は、永禄二（一五五九）年二月十二日の奥書《おくがき》があり、遅くとも永禄年間（一五五八～七〇）には、紀伊の水軍が後北条氏の水軍となったとみられる。

永禄十一（一五六八）年、梶原吉右衛門は北条氏政《うじまさ》に帰国を申しでたが、安房《あわ》の里見《さとみ》氏との戦いがせまっていたため、今しばらく在国するよう慰留された。これは、後北条氏の水軍になったとはいえ、梶原氏らの本拠地が、紀伊にあったことを示している。なんとしても紀伊の水軍をとどめておきたい北条氏政は、天正元（一五七三）年、梶原吉右衛門とその家臣らに、二九〇貫五四四文をあらたにあたえた。このような加増にも梶原吉右衛門は満足せず、後北条氏に「知行《ちぎょう》所務不足」を訴えており、出稼ぎは楽ではなかったようだ。

戦をたたかい、雑賀衆は中国地方にまで出陣したが、劣勢は否めなかった。天正八（一五八〇）年、本願寺は信長と講和し、顕如は鷺森《さぎのもり》（和歌山市）に移り、徹底抗戦をはかった教如《きょうにょ》も、雑賀に移った。天正十一（一五八三）年に和泉の貝塚《かいづか》（大阪府貝塚市）に移るまで、本願寺は鷺森にあったが、もはや一向一揆を指導することはなかった。

本願寺と信長の和睦以降、鈴木孫一は信長と結んだ。天正十（一五八二）年正月、岸和田城（岸和田市）の織田信張の支援を得た鈴木孫一は、土橋若大夫《つちはしわかだゆう》を殺害し、根来寺泉職坊（土橋平次の子息）らを討ちとった。土橋氏が四国の長曾我部《ちょうそかべ》氏とつうじ、反信長戦線にとどまろうとしたためとみられる。反対派を一掃した鈴木孫一は、雑賀五組の支配者として信長の四国攻めの船一〇〇艘の調達をはかった。

織田信長の家臣化した根来寺と異なり、高野山は信長に追放された佐久間信盛《さくまのぶもり》を庇護したことから、信長との関係が悪化し、天正九年以降、信長の圧力に苦しんでいた。この状況を一変させたのが、天正十年六月の本能寺《ほんのうじ》の変《へん》であった。絶対的な権力者である信長がこの世から消えたことで、高野山は圧力から解放された。一方、雑賀五組では、鈴木孫一が姿をくらまし、土橋氏が復権することとなった。

7章

近世社会の成立

徳川御三家紀州藩の居城和歌山城の天守閣

1　天正の兵乱と紀州

信長・秀吉の紀州攻め●

天正十（一五八二）年六月の本能寺《ほんのうじ》の変《へん》後、事態は一変する。紀州《きしゅう》では、それまで信長の配下にはいっていた根来衆《ねごろしゅう》のほか、配下にはいっていなかった湯河《ゆかわ》氏らも加わって、羽柴《はしば》（豊臣《とよとみ》）秀吉《ひでよし》と対立していた徳《とく》川家康《がわいえやす》・織田信雄《のぶかつ》らと結んで和泉《いずみ》方面へも進出した。家康と和睦《わぼく》を結んだ秀吉は、天正十三（一五八五）年三月二十日に紀州攻めに出陣した。和泉の根来・雑賀《さいか》の千石堀《せんごくぼり》城などの諸城を落として紀州に攻め入り、二十三日には根来寺を炎上させている。三日間空が赤く輝き、貝塚《かいづか》の本願寺《ほんがんじ》からものぞむことができたという。翌日雑賀へ軍を進めたが、雑賀方は内部分裂して自滅した。

秀吉軍が紀州にはいると、一部をのぞいてすぐ秀吉の圧倒的な軍事力の前に紀州は平定されたかにみえたが、紀州の国人《こくじん》たちのなかには、ただ一つ残った小さな太田《おおた》城を最後の砦《とりで》にして抵抗する人びとがいた。この城に各地の戦闘でやぶれた根来・雑賀衆の残党も加わり、ゲリラ戦にでて抵抗した。秀吉は水攻めにより、約一カ月後太田城を降伏させた。籠城した太田党は、首領ら五三人が首をはねられ、みせしめのため大坂天王寺《てんのうじ》で晒首《さらしくび》にされた。紀州を平定した秀吉は、国中の百姓に刀狩《かたながり》を命じ、その後始末を羽柴秀《ひで》長《なが》にまかせて、和歌山城を築城した。秀長は大和郡山《やまとこおりやま》城にはいったので、紀伊湊《きいみなと》へ吉川平介《きっかわへいすけ》、日高《ひだか》の入《にゅう》山《やま》に青木一矩《かずのり》、粉河《こかわ》に藤堂高虎《とうどうたかとら》、田辺《たなべ》に杉若無心《すぎわかむしん》、新宮《しんぐう》に堀内氏善《ほりうちうじよし》の諸将をおいて、新しい統治の布陣をしいた。降伏した玉置《たまき》氏・小山《こやま》氏らの国人は本領を安堵《あんど》された。

紀州最大の寺院勢力は高野山《こうやさん》であった。根来寺・粉河寺《こかわでら》が焼打ちされ、高野山にも危機がせまったが、高野山はただちに降伏を申しいれて焼打ちをまぬがれた。この迅速な対応には木食応其《もくじきおうご》の働きがあった。高野山寺領は天正十九（一五九一）年に検地《けんち》が行われたが、寺領一万石と応其領一〇〇〇石の秀吉の朱印状《しゅいんじょう》があたえられている。そして翌年、大政所《おおまんどころ》追善のために建立された剃髪寺《ていはつじ》に関連して一万石が寄付され、二万一〇〇〇石の高野山寺領が確定した。

秀吉の紀州攻めは、紀州の在地勢力の屈服によりほぼ鎮静化したが、反旗を翻す勢力がまだ熊野に残っていた。彼らは中世以来の系譜を引く在地領主であった。天正十四（一五八六）年八月、熊野から日高郡山地《さんじ》郷（田辺市）にかけての広い山間部で一揆《いっき》がおこった。秀長は鎮圧のため出陣し、家来《けらい》の吉川平介らが圧倒的な軍勢で攻めこんだ。敗北した一揆勢の残党は周辺部の山奥へ逃げたが追及はきびしく、鎮圧さ

太田城跡（和歌山市）　豊臣秀吉の水攻めにも屈せず抵抗を続けた，太田党の立てこもった太田城の跡。

れた。

その吉川平介が、熊野の木材を大坂へ運んで販売したとき、私腹を肥やしたことが発覚し、とらえられて秀吉に処刑された。熊野木材は高価な商品価値をうむようになっていた。桑山重晴《くわやましげはる》が和歌山城にはいるのはこのときであろう。

それから約一〇年後の慶長三（一五九八）年、ふたたび日高郡山地郷で一揆が勃発した。統一政権による新しい政治にしたがわない勢力がまだ残っていたのである。秀長の死後、豊臣秀吉の直轄領となった紀州を統治した代官《だいかん》増田《ました》長盛《ながもり》が鎮圧にのりだし、堀内氏・杉若氏らも動員された。増田長盛は、鎮圧に出陣した武士たちに、男女・子どもの別なくなで切りにし、首一つに米一石《こく》の褒美をあたえると励ました。秀吉政権は抵抗する土豪《どごう》勢力を徹底的に制圧し、残忍な処罰で二度と立ちあがれないように屈服させた。

在地勢力から身をおこした堀内氏は、天正十三年には、秀吉政権に所領を安堵される大名《だいみょう》に成長していた。堀内氏の所領の範囲は不明確であるが、南は古座《こざ》の高河原《たかがわら》氏と接し、北は志摩《しま》との国境である荷坂《にさか》峠辺りまであったという。所領を拡張しようとして、堀内氏は那智山廊之坊《なちさんろうのぼう》と対立状態にあった。近年の発掘調査で全容があきらかになった那智山入口にある藤倉《ふじくら》城（那智勝浦町《なちかつうら》）は、天正九（一五八一）年三カ月の激戦に堀内氏が勝利したとき、廊之坊の勝山《かつやま》城を攻撃するためにつくった城である。

『紀伊続風土記《きいぞくふどき》』は、新宮の全龍寺《ぜんりゅうじ》を堀内氏の屋敷跡とするが、二万七〇〇〇石の大名にしては少しせまい。これまで丹鶴《たんかく》山にある新宮城の築城は浅野期以降とし、堀内期の存在はあきらかではない。同じころ、桑山氏・杉若氏も城をもっているが、堀内氏も領域支配の拠点として城をもっても不思議ではない。文献に散見する「居城」「御城」を新宮城と推測してはどうだろうか。

文禄年間（一五九二〜九六）には新宮の町割が行われている。堀内氏によって城下町《じょうかまち》づくりがはじまったのであろう。

天正検地と文禄・慶長の役●

天正十三（一五八五）年四月の羽柴秀吉の朱印状によると、水攻めにより太田城を降伏させ、退去させる籠城衆中から、弓箭《きゅうせん》・鑓《やり》・鉄砲・腰刀などは取りあげ、鋤《すき》・鍬《くわ》などの農具はもたせて農耕に従事させせよ、とある。また、同年閏八月に羽柴秀長が紀州国中惣百姓中《くにじゅうそうびゃくしょうちゅう》に宛てた書状には、検地のため小堀新介《こぼりしんすけ》をつかわすが、検地掟目《じょうもく》は新介に伝えているとある。だが、この検地が実施されたかどうかはあきらかでない。

熊野地方には、天正十五（一五八七）年の検地帳は残っていないが、大和十津川郷《やまととつかわごう》（奈良県十津川村）には残っている。牟婁《むろ》（室）郡北山《きたやま》（北山村）の下尾井《しもおい》村の天正十八（一五九〇）年の検地帳をみると、のちの慶長《けいちょう》検地帳と若干異なり、大半は面積が記されておらず、上・中・下の田畠の等級も付されていない。在地側から申請した指出《さしだし》検地であろう。しかし検地は、従来の三六〇歩《ぶ》＝一反《たん》の制を改め、六尺三寸四方を一歩、三〇〇歩を一反として村ごとに石高《こくだか》を決定している。

紀州の太閤《たいこう》検地では、天正十五年九月の日高郡江川《えかわ》村（日高川町）の検地帳写がもっとも古い。この検地帳は、手取山《てとりやま》城主玉置民部少輔《みんぶのしょう》の領地の検地で、秀吉配下になった玉置氏の所領を調査し、改めて秀吉政権から知行《ちぎょう》として宛行《あてが》われたものである。徹底した検地ではなかったが、近世の石高制に基づく知行関係がうまれ、旧在地領主の知行権が後退した。

高野山寺領では、天正十八年九月に検地の指示があり、翌年九〜十月に実施されている。また天正十九（一五九一）年八月に、羽柴秀保《ひでやす》が名草《なくさ》郡などで知行宛行状《あてがいじょう》をだしている。天正十八年から十九年にかけて、紀州全域で太閤検地が実施されたようである。

　これらの検地は、翌天正二十（一五九二）年から開始される朝鮮侵略に際して諸大名に統一した軍役《ぐんやく》を課し、兵粮米《ひょうろうまい》を徴収するために行われた。熊野地方での検地も、やがて行われる朝鮮出兵をみとおして実施されたのであろうが、あまりにも緊急的であったため不徹底な面もあった。だが熊野の地も、秀吉政権に把握され、民衆も土地にしばられ支配されることになる。

　天正十三年、紀州を制圧した羽柴秀吉は、つぎに四国攻めを計画した。羽柴秀長の領国である泉州《せんしゅう》と紀州の浦々で船改《ふなあらた》めが実施され、多くの船が紀伊湊（和歌山市）へ集められている。熊野地方には、中世以来の熊野水軍の伝統を継承するすぐれた造船技術や操船技能が残存していた。これに着眼した秀吉は、

名護屋城跡（佐賀県唐津市）　文禄・慶長の役で豊臣秀吉が建設した。

その掌握を考えた。四国へは、秀長が総大将となり、淡路《あわじ》から阿波《あわ》へと軍を進め、泉州と紀州の水軍がめざましい活躍をした。さらに天正十四（一五八六）年からはじまる九州攻めや、同十八年の小田原《おだわら》の後北条《ごほうじょう》攻めにおいても、熊野水軍を中核とする紀州の船団が秀吉の水軍として出陣し、秀吉の国内統一に大きな貢献をしている。

こうした諸船の徴発は、やがて朝鮮への侵略戦争へと発展していくが、天正十九年に秀吉は、全国の村々の石高調査に続き、「人掃令《ひとばらいれい》」を各大名に発して軍事動員のできる人の把握も行った。朝鮮出兵のさい、紀州の水軍は藤堂高虎に率いられ、桑山氏・杉若氏・堀内氏がそれぞれ船団を編成している。文禄元（一五九二）年に豊臣秀吉の出陣命令をうけ、紀州水軍は壱岐《いき》に駐屯して遠征軍の名護《なご》屋《や》・壱岐間の渡海の任務にたずさわった。しかし、四月に第二軍を朝鮮に送ってからは、朝鮮水軍の海上攻撃に対処するため、朝鮮の船舶地へ派遣され、陣取りに参加して直接戦闘に参加することになった（文《ぶん》禄《ろく》の役《えき》）。

五月七日、巨済島《コジェード》玉浦《オグポ》に停泊中の藤堂高虎の日本水軍が、朝鮮の水軍におそわれ、大半を沈められて敗退した。そのなかには、多くの紀州水軍も含まれていたと考えられる。日本水軍は、その後七月にはいり、李舜臣《りしゅんしん》の率いる朝鮮水軍との海戦で大敗してからは海戦をいどめず、朝鮮水軍の番船《ばんせん》を封じこめる作戦に転換しなければならなかった。藤堂・堀内・杉若・桑山らの諸将は、二七〇〇人余の「紀伊国衆」とともに巨済島城の守備についている。しかし彼らは、常時滞在していたのではなく、一時帰国して番替えとしてまた赴任した。

つぎの慶長の役でも「紀伊国衆」は水軍として出陣しているが、藤堂高虎は伊予《いよ》国を領して紀州での知行がなくなった関係で、紀州水軍は桑山・杉若・堀内氏のみである。戦況はふるわず、苦戦を強いられた日本軍は、慶長三（一五九八）年の秀吉の死去により撤退するが、朝鮮軍の追撃にさらされて、きびしい局面に立たされた。

2 浅野氏の統治

浅野幸長の入国●

慶長五（一六〇〇）年十月、浅野幸長《よしなが》が甲斐《かい》から紀伊へ入国した。関ヶ原《せきがはら》の戦いの一カ月後である。桑山氏は和歌山から和泉へ転封され、石田方に与《くみ》した田辺の杉若氏と新宮の堀内氏も居城を追われた。

幸長が和歌山にはいると、一族で譜代《ふだい》の重臣浅野左衛門佐知近《さえもんのすけともちか》を田辺に知行高三万石で、浅野右近太夫忠吉《うこんのだゆうただよし》を二万八〇〇〇石で新宮に配置している。田辺と新宮は、近世以前に独立した地域経済圏の中核として町場《まちば》を形成しており、左衛門佐と右近太夫はそれぞれ田辺・新宮の周辺に知行地をもち、土豪勢力が根強く残る不安定な熊野地方ににらみをきかせた。しかし、左衛門佐は常時和歌山にいて藩政にたずさわり、右近太夫は牟婁郡を中心とした郡代《ぐんだい》の任にあたった。

浅野氏の所領は紀伊国三七万石余であるが、それなりに幕府の軍役負担もあり、家臣団も増強しなければならなかった。そのため中世以来の系譜をほこり、百姓となることをいさぎよしとせず、農村に武装勢力として存在していた連中のなかにも家臣団に組み入れられる者もいた。海士郡《あま》雑賀荘の土橋平二《つちはしへいじ》は慶長六（一六〇一）年に一四〇石、那賀《なが》郡安楽川《あらかわ》荘の津田刑部《つだぎょうぶ》は同九（一六〇四）年に四〇〇石、日高郡小松《こまつ》原《ばら》の湯川勝春《ゆかわかつはる》は同十一（一六〇六）年に七〇〇石の知行地を安堵されて家臣となっている。こうして彼らの土着性は失われた。

高台院《こうだいいん》（北政所《きたのまんどころ》）の姻戚筋にあたり、豊臣家の家臣として身をおこした浅野氏が、徳川幕府のもとでも改易《かいえき》されずに存続できたのは、幸長の非凡さによるところが大きかった。しかし、紀伊入国一二年目の慶長十八（一六一三）年に三八歳で病没した。

そのあとを実弟の長晟《ながあきら》がついでいる。長晟は、慶長十九（一六一四）年に五カ条の家中法度《かちゅうはっと》を発しているが、さきに幸長が発した法度と同じ内容で、幸長の家臣団統制の方針を継承した。長晟は、入国直後に発生した大坂の陣に豊臣方と呼応した領内の土豪一揆とたたかうなかで、これらの家臣団との結びつきを強めていった。長晟は、徳川頼宣《よりのぶ》の紀伊国入国により安芸《あき》広島へ国替えになる元和五（一六一九）年まで、六年間紀伊国主《こくしゅ》として統治にあたった。

幕府が諸大名に命じる御手伝普請《おてつだいぶしん》に浅野幸長・長晟もしたがっている。慶長九年七月、幕府から江戸城改修に必要な石材運搬用の船の建造を命じられた。幸長は、熊野地方の富田《とんだ》川・安宅《あたぎ》川・古座《こざ》川・下里《しもさと》川・新宮《しんぐう》川の川筋と、大泊《おおとまり》・新鹿《あたしか》・尾鷲《おわせ》・長嶋など奥熊野の主要な浦々へ三九三艘の石船《こくぶね》の建造を割りあてた。石船一艘当り必要な船大工を四人七分（四・七人）余の割合で夫役《ぶやく》を課し、浅野左衛門佐と同右近太夫は家中を浦村へ派遣して石船の建造を急がせた。また、左衛門佐は伊豆《いず》国の石切場へ、忠吉は相模《さがみ》国真鶴《まなづる》の石切場へ、石工《いしく》や夫役人夫をつれて出張っている。その後も慶長十二（一六〇七）年の駿府《すんぷ》城、同十四（一六〇九）年の丹波《たんば》篠山《ささやま》城、同十五（一六一〇）年の尾張名古屋城と毎年のように御手伝普請にでなければならなかった。

浅野幸長は、入国の翌慶長六年に和歌山城の普請にかかっている。数カ年で天守閣は完成したが、安芸国替えの元和五年ごろは、まだ他の部分の工事が続いていた。だが、徳川期にはいって拡張した西南から南部にかけての砂ノ丸・南ノ丸をのぞいて、和歌山城の原型は浅野期にほぼできあがっていた。

浅野期の城下町の範囲は、北は本《ほん》町八丁目の惣門《そうもん》から、西は紀ノ川南岸の湊御《みなとお》舟入《ふないり》、南は現在の車坂東部にあった浅野氏菩提寺《ぼだいじ》の大泉寺《だいせんじ》、東は和歌川以西と考えられる。

桑山期から浅野期にかけての城の大手《おおて》（正面）は、現在の岡口《おかぐち》門の位置にあった門で、東にのびる広瀬《ひろせ》通丁《とおりちょう》が大手道であった。しかし、浅野家の「諸事覚書《おぼえがき》」などによると、浅野氏入国後、一の橋御門に大手を移し、その北方にある堀川に京橋を架け、本町を大手通りとする都市計画が実施されている。城の

岡口門（和歌山市）　浅野氏入国時の大手門（門は徳川期の建造物）。

北部の町づくりにより、鷺森《さぎのもり》本願寺を中心にした寺内町《じないちょう》も城下町に組み込まれ、本町八丁目の惣門は城下町の大手となった。

武家屋敷の全容はあきらかでないが、城の周辺のほか、城下の北西部の湊から北部の鷺森にかけてと南部は吹上《ふきあげ》方面にも配置された。町人町もつくられ、城下町の体裁はととのった。

一方、田辺の浅野左衛門佐は、杉若氏の居城であった上野《うえの》山にはいっていたが、慶長九年に洲崎《すざき》城を完成して移った。しかし、翌年八月に大波のため崩壊してしまった。左衛門佐は、その間御手伝普請の石船建造や伊豆国での石切りに追われて、洲崎城の修築はできなかった。江戸城の改修をおえ、帰国して湊村で新しい城普請をはじめた。

浅野右近太夫は、熊野《くまの》川辺の小高い丹鶴山に城を定め、熊野速玉《はやたま》大社の門前町《もんぜんまち》も取りこんで新宮の城下町をつくった。

慶長検地と土豪の抵抗●

浅野幸長は、慶長六（一六〇一）年六月から十月にかけて領内の検地を実施した。この検地に基づいて作成された慶長十八（一六一三）年の「紀伊州《きいのくに》検地高目録」によると、浅野氏の所領は、一〇七五カ村で三七万四二四五石、小物成《こものなり》高をあわせると三七万六七六二石五斗八升六合（高野山寺領を含めると三九万七六六八石一升九合）になる。天正《てんしょう》検地の結果と考えられる慶長三（一五九八）年の「総高」二四万三五五〇石より一三万三二一二石余もふえている。個々の村においても、日高郡江川村は、天正期（一五七三〜九二）の三七四石三斗一升が七二八石五斗一升に、牟婁郡下尾井村は三三石八斗五升から一四八石七斗七升七合となり、二倍あるいはそれ以上村高がふえている。慶長検地は天正検地よりかなり精度の高いものであったことがうかがえる。

慶長検地帳での一反当りの石盛《こくもり》は、有田《ありだ》郡以北では上々田一・九（一石九斗）、上田一・八、中田一・七、下田一・三、下々田一・〇、屋敷一・五、上々畑一・八、上畑一・七、中畑一・五、下畑一・〇、下々畑〇・六であるが、日高郡と牟婁郡は上々田一・七、上田一・六、中田一・四五、下田一・一、下々田〇・八、屋敷一・四、上々畑一・五五、上畑一・四五、中畑一・二五、下畑〇・八、下々畑〇・四が原則であり、有田以北より石盛は低い。茶・桑・紙・漆《うるし》の木も石盛されている。また山村には焼畑《やきはた》もあった。

慶長検地にあたって家改《いえあらた》めが行われ、検地帳の帳尻に記載された、いわゆる本百姓《ほんびゃくしょう》にあたる本役《ほんやく》・役・役人・役家《やくや》などとよばれる五石以上の田畑の所持者で、屋敷持ちの有力な農民が課役の負担者として把握された。庄屋《しょうや》・肝煎《きもいり》・ありき（行力・歩行）のほか、後家《ごけ》・うば・やもめ・隠居《いんきょ》・としより・寺・大《だい》工《く》・かじや・下人《げにん》・皮田《かわた》・おんぼうなども記されている。村役人や僧侶・神官・大工などは課役の負担をまぬがれた。こうした役の負担は、浅野期にその原型ができあがり、徳川期はそれを継承した。

慶長十九（一六一四）年、大坂冬の陣がおこった。江戸にいた浅野長晟にも命令がくだったので、帰国してすぐ出陣した。その間隙をねらって奥熊野の北山《きたやま》組・尾呂志《おろし》組・入鹿《いるか》組や、大和の北山郷の土豪たちが一揆をおこした。

かつて天正期に豊臣秀吉の紀州平定により、豊臣政権が熊野地方にもおよんで、これまで守護《しゅご》の支配もなかったのに新しく代官がはいってきた。土豪たちの抵抗を押さえ（北山討伐）、天正検地が実施された。ついで浅野氏が実施した慶長検地では家改めも行われ、土豪たちは経済力のみならず社会的地位も否定された。浅野長晟の出陣により新宮領主の浅野右近太夫も出陣し、その留守をねらって土豪たちが蜂起したのである。大坂方と気脈をつうじる大和北山郷の修験の山伏《やまぶし》たちが働きかけて、土豪の結集を導いていた。一揆勢は、尾呂志付近から相野谷《おのたに》川筋を南下して、新宮の対岸の鮒田《ふなだ》村に布陣した。慶長十九年十二月、熊野地方の支配の要《かなめ》である新宮城の攻撃をめざしたが、熊野川の渡河の手だてがないまま、対峙しなければならなかった。逆に、新宮へは浅野方を支持する領民も加わり、新宮から軍勢が渡河して一揆勢を敗走させた。山産物などの流通に着眼していた沿岸部の領民が、浅野氏に味方したのである。

新宮の浅野氏の勝報は大坂にもとどき、徳川家康の耳にもはいった。

徳川方と豊臣方の和議が成立するや、幕府の指示により、浅野氏は全力をあげて一揆の鎮圧にあたった。忠吉も急いで新宮城へ戻った。浅野軍は奥熊野へ進み、一揆軍は蜂起後二〇日たらずで壊滅した。浅野軍の探索はきびしく、処分も過酷をきわめた。慶長二十（一六一五）年六月の「紀伊国一揆成敗村数覚書」によると、処刑された者は三六三人を数えている。

新宮城跡（丹鶴山）　新宮川対岸から新宮城跡をみる。

北山一揆が壊滅して四カ月後、大坂夏の陣を機にまた一揆がおこった。日高・有田・名草の土豪たちが、大坂出陣で長晟が留守の和歌山城をねらったのである。豊臣方は、一揆軍と連絡をとりながら浅野軍を挟撃する作戦であった。しかし豊臣方が敗北し、一揆軍も鎮圧され、処刑者は北山一揆より多く四四三人におよんだ。浅野側では、北山一揆とあわせて「紀伊国一揆」とよんでいる。慶長検地後も紀伊の土豪たちはたたかう力を保持していたが、この敗北により力を失い、幕藩体制に組み込まれてしまった。

寺院の再興とキリシタン●

浅野幸長は、入国直後から天正の兵乱で焼失した寺社の再興を手がけている。日前宮《にちぜんぐう》へは名草郡秋月《あきづき》で社領を寄付し、鷺森御坊へも寺内屋敷の地子《じし》を免許している。紀三井寺《きみいでら》・粉河寺・長保寺《ちょうほうじ》・道成寺《どうじょうじ》・藤白《ふじしろ》神社など、紀州領内の名刹や旧社へ社領や寺領の寄進を行った。

浅野期は、寺社の本格的な復興期であり、移転したり、新しく開基《かいき》する寺院もあった。浅野幸長は入国のとき甲斐から曹洞宗《そうとう》大泉寺《だいせんじ》の陽山《ようざん》を移住させて、和歌山にも大泉寺と称する一寺を建て、浅野氏の菩提寺とした。また浅野氏は、社寺を丁重にあつかい、復興にも力を貸し、多くの宗派とも接触した。浅野長晟も、安芸転封《てんぽう》のときに紀伊から多くの僧侶を広島へ移住させている。

慶長十一（一六〇六）年、江戸城修築の御手伝普請で江戸に滞在していた浅野幸長は、持病に苦しみ、フランシスコ会修道士のアンドレスに治療してもらった。それが機縁で、アンドレスとソテーロ神父が和歌山へ招かれた。一六〇七年の「ムニョス報告書」によれば、アンドレスは幸長が長く患っていた疥癬《かいせん》を治したとあり、ソテーロ神父が説いたキリスト教の信仰を幸長がよく理解して、小さな聖堂の建設を約束したという。

慶長十一年秋、和歌山城下に小さな教会と病院が建てられ、フランシスコ会の宣教師による布教がはじまった。大英博物館所蔵の「ムニョス報告書」とそれにそえられた神父ソテーロの書簡は、慶長十一〜十二（一六〇六〜〇七）年の和歌山のキリシタンなどのようすをくわしく記している。

和歌山は美しい町で、二万人近くの人がいると書かれ、幸長のみならず民衆もキリシタンに好意的であったという。布教のようすについて、ソテーロの書簡によると、新月（正月）にはいってから、毎日説教を聞く人びとは三〇〇人を超え、日によっては五〇〇人にもなり、朝十時から夜十時まで、教会は人びとで埋まったと述べている。

宣教師たちは、日本の神仏はみな人間であり、そこにはなんの救いもないとして、そこで天・地・人間の創造者である唯一の神が存在することを説いた。そのため仏教寺院の僧侶とのあいだに軋轢《あつれき》が生じた。変装して説教を聞きにきた僧侶のなかには、宣教師に質問をあびせて宗論をいどむ者さえいた。

キリスト教の布教活動の中心となる教会の建設場所は推定が困難であるが、ムニョスの報告書には、「彼の宮殿」（幸長の居城）の近くの小高いところにあり、町や川などをみわたすことができると記されている。だが、砂が非常に高く積もっており、建設には時間がかかり、工事の監督の奉行《ぶぎょう》が米一〇俵を要したとある。また、ソテーロの書簡にも、教会の背後にある有名な寺では、新月の初め朝三時に説教があり、念仏《ねんぶつ》をとなえる人びとの騒音は私を感嘆させるほどである、と記している。この二つの記述が手がかりをあたえてくれる。つまり「彼の宮殿」＝幸長の和歌山城の近くで、町や川や海をみわたすことのできる、砂の高く積もったところで、背後に念仏を唱える人びとが多く集まる有名な寺を浄土宗《じょうど》海善寺《かいぜんじ》と推定すれば、現在の海善寺西部辺りの小高いところが教会のあった場所と『和歌山市史』は推定する。

建設された教会は、大きくはないが、堅固で美しく仕上げられ、聖堂・楽器室・修道士用居室や説教師室・同宿用室など、必要なすべての室が備わっており、宣教師らに気にいられていた。ソテーロらは、この教会で布教に従事し、たびたび大坂・堺などにでかけていた。

しかし慶長十八（一六一三）年十二月、幕府が禁教令をだしたので、翌十九（一六一四）年に和歌山の教会の活動も制限されるが、その後も布教活動が続いていた。浅野長晟の転封にキリシタンとして安芸に移って信仰を続けた家臣もいたし、徳川氏の時代になっても信者が残っていた。

3　御三家紀州徳川家

徳川頼宣の入国

紀伊徳川家の初代藩主徳川頼宣は、家康の第一〇男である。元和五（一六一九）年七月、将軍秀忠《ひでただ》の命により、一八歳のとき駿府（静岡）から和歌山へ転封してきた。秀忠は、頼宣を駿府城におかずに、自分の三男忠長《ただなが》をおき、尾張徳川の義直《よしなお》や頼宣と同格の大名にしたかったからだという。またその一方で、幕府の支配を確立させるためには、畿内や伊勢地方の動向に目を光らせることや江戸と大坂を直結する幹線航路（南海路）を押さえる必要があり、江戸・大坂間の航路の約半分にあたる紀伊半島の沿岸を、もっとも信頼できる大名の所領にしようとしたのも、もう一つの理由と考えられる。

配置された頼宣の所領は、高野山寺領約二万石をのぞく紀伊国三七万四〇〇〇石余と、伊勢国の松坂《まつさか》・田丸《たまる》・白子《しろこ》の三領一八万石余、それに大和国一〇〇〇石余で、あわせて五五万五〇〇〇石余であった。同時に大坂が幕府直轄領となり、大坂城代《じょうだい》がおかれ、畿内や近国にも徳川一門《いちもん》や譜代の大名が配置されて固められた。

一カ月後の八月、頼宣は紀伊に入国したが、「元和五年御切米《きりまい》帳簿」によると、家臣の総数は二五三八人であり、同心《どうしん》・小者《こもの》をのぞいた諸士《しょし》・小役人は七二九人である。この人数には入国後に召しかかえた家臣も含まれているから、駿府からつれてきた家臣の数はさらに少なかった。

家康古参の譜代大名である安藤直次《なおつぐ》と水野重央《しげなか》(仲)は、頼宣の駿府城主時代の元和二(一六一六)年に付家老《つけがろう》となって家臣化していた。また同年、横須賀《よこすか》党も家臣団に付せられた。親藩《しんぱん》という新しく創設された大名だけに古参の家臣も少なく、家康の家臣団のなかからつけられたり、入国後に牢人《ろうにん》などのなかから有能な人材を召しかかえて、五五万石の大名の家臣団にふさわしくしていった。

頼宣の藩政は、浅野氏のそれをほとんど引き継いでいるが、親藩といっても、他の大名と同じで軍役は課せられた。ただ、このころは軍事的出動はなく、寛永元(一六二四)年の二条《にじょう》城や大坂城の修築用材の献上、同六(一六二九)年の江戸城の石垣修築などの御手伝普請が主であった。

また参勤《さんきん》交代の制があり、在国と在府を各一年ずつ繰り返した。そのため江戸には、藩主や家臣が使用する江戸屋敷(紀州藩邸)があったが、赤坂《あかさか》邸を上《かみ》屋敷とし、ほかにも数カ所の屋敷をおいた。江戸詰めの藩士も多く、新宮水野氏の代々が江戸詰めの家老として統率していた。

藩主頼宣も父家康の影響をうけて多くの儒学者《じゅがく》を召しかかえたが、紀伊の儒学の発展に大きな役割を果たしたのは、朱子学《しゅしがく》者の那波活所《なわかっしょ》である。活所が頼宣に儒学を教えたとき、遠慮なく意見を述べたことが、かえって信頼されたという。活所は、寛永十二(一六三五)年に城下の広瀬《ひろせ》に屋敷をあたえられ、私塾を開いて家臣の教育にたずさわった。頼宣は晩年、京都堀河《ほりかわ》の古義堂《こぎどう》伊藤仁斎《じんさい》の弟子荒川天散《てんさん》も招いた。天散は、大義名分《たいぎめいぶん》をとうとぶ朱子学を批判し、孔子《こうし》・孟子《もうし》にさかのぼって人倫のあり方をあきらかにしようとした。

当時、著名な学者は京都・大坂・江戸に活躍する場があり、なかなか地方へはいこうとはしなかった。しかし、紀伊は京都・大坂に近いという地の利があり、しかも御三家《ごさんけ》の一つという大藩であったことが、第一級の学者や高弟を招けた理由と考えられる。

李梅渓《りばいけい》に入門していた儒学者石橋生庵《せいあん》が、寛文七（一六六七）年に年寄《としより》（家老）三浦家に召しかかえられたが、御前議《ごぜんのぎ》などの役務や読書生活のようす、貸本屋、家族、家臣の消息などを記した『家乗《かじょう》』を書き留めており、紀州藩の学問水準の高さを示している。

万治三（一六六〇）年、頼宣は農民に対して「父母《ふぼ》状《じょう》」をふれた。熊野の山中で親を殺害した男が、その非を認めなかったのを知り、李梅渓をつかわして教え

父母状の碑(和歌山市)　父母状は領民に「孝」を広めるために，万治3(1660)年に作成され領内に配布された。徳川頼宣みずから書き，李梅渓が清書したという。

さとしたという。二度とこのような惨事がおこらないようにだした教訓状である。「父母に孝行に、法度を守り……」とある文頭の言葉から「父母状」とよばれるようになったといわれ、のちには手習いの手本として寺子屋《てらこや》などで子どもたちにも親しまれるようになった。

和歌山城と城下町●

元和七（一六二一）年、藩主頼宣は、和歌山城の整備のため将軍秀忠から銀二〇〇〇貫をあたえられ、大規模な改修を行った。しかし、「南竜公譜略《なんりゅうこうふりゃく》」には、南ノ丸の拡張や高石垣の構築を進めたため、幕府から謀反《むほん》の嫌疑がかけられ、安藤直次はその弁解をしたと伝えられる。だが、それを裏づける史料はない。内堀を埋めて二ノ丸を設けたり、内郭《うちぐるわ》を取りまく石垣を積みなおし、また城の南側にある岡山の砂丘を掘り割って城内に組みいれた。城の西部から南部にかけて備えをかため、現在みることのできる和歌山城の全容は、ほぼこのときにできあがった。頼宣が御三家五五万石の威信をかけてつくった城である。

城の周辺には重臣の武家屋敷がならんだ。家老の久野《くの》氏は、八五〇〇坪（約三万平方メートル）の広大な屋敷であった。城下町は、浅野期にほぼ基礎ができあがっていたが、頼宣はさらに城下町の整備・拡張を行った。

城の北方では、浅野期に本町八丁目に惣門がつくられていたが、その東部の低地へ真田堀《さなだぼり》を排水路として整備し、土手を高くして紀ノ川の洪水にそなえた。本町八丁目から街域が東へ九〇度おれて本町九丁目を開き、大手門（本町御門）をおいた。さらに紀ノ川の堤防を築きなおして大和《やまと》街道にそう嘉家作《かけづく》り丁《ちょう》を整備した。また和歌川東部の城下町に隣接している農村も、城下町に組み入れられて町割がなされた。

和歌山城の南部に外堀を掘り、南東部を流れる和歌川と西部を流れる水軒《すいけん》川を結ぶことにより、これま紀州《きしゅう》に入国した徳川頼宣《よりのぶ》は、父家康《いえやす》をまつる東照宮《とうしょうぐう》の建立場所を和歌浦の雑賀山《さいかさん》（権現山《ごんげんやま》）に定めた。元和六（一六二〇）年九月から工事がはじまり、安藤直次《あんどうなおつぐ》・彦坂光正《ひこさかみつまさ》ら重臣たちが奉行となり、頼宣も工事を指揮して翌七（一六二一）年十一月に竣工した。境内は八町四方、宮山《みややま》の周囲は五〇町余、境内には多くの建造物がならんだが、それらの多くは明治初年の神仏分離で破却された。現在は権現造《ごんげんづくり》の豪華な本殿と拝殿・回廊《かいろう》・唐門《からもん》・楼門《ろうもん》などしか残っていないが、みごとな江戸初期の廟《びょう》建築の粋を伝えている。このとき造営された別当寺《べっとうじ》の天曜寺《てんようじ》（雲蓋院《うんがいいん》）は、歴代藩主などの菩提所《ぼだいしょ》である。

創建当時は旧来の和歌浦とよばれる広い範囲が境内地あるいは宗教的聖域と理解され、頼宣も保護整備につとめた。『南紀徳川史』によると、和歌浦の入江を埋めて新田開発を企てる者がいたが、頼宣はそれを聞いて、「名ある池を埋め、名ある山を掘崩し田畑にいたしましく候」と述べた。歴代の勅撰和歌集によまれたほどの名所旧跡を破壊して新畑を開くなどはゆめゆめ考えるな、末代まで恥をさらし万人の笑い者にはなりたくない、といったと伝えられる。

玉津島《たまつしま》神社の東方の海中にある小岩島《こいわじま》に頼宣の母お万《まん》の方《かた》（養珠院《ようしゅいん》）が帰依する日蓮宗の日護《にちご》上人が、慶安二（一六四九）年に願文《がんもん》を記している。それによると、家康の三十三回忌の追善のため、頼宣は観音経《かんのんきょう》を読経《どきょう》し、養珠院は二五〇万個の小石に法華経《ほけきょう》の題目を書いて埋納した。その上に宝塔を建て題目石をうちへすえた。承応二（一六五三）年お万の方がなくなると、頼宣は多宝塔を建て、母の分骨をおさめた。島への渡橋に中国の西湖《さいこ》の六橋を模して三断橋《さんだんきょう》をかけた。

❖コラム

島を妹背山《いもせやま》とよび、観海閣《かんかいかく》があり、多宝塔を詣でて和歌浦の風景を楽しんだ。民衆も観海閣の利用を許され、城下町《じょうかまち》から多数訪れていることが近世後期の記録に記されている。

十代藩主治宝《はるとみ》は、嘉永三（一八五〇）年に東照宮の御旅所《おたびしょ》を片男波《かたおなみ》に移し、塩釜《しおかま》神社とのあいだに参道としての堤防をきずき、太鼓《たいこ》橋をかけてつないだ。橋は翌嘉永四（一八五一）年完成して不老橋《ふろうばし》と名づけられた。

東照宮の例祭は毎年春秋二回行われるが、家康の命日である四月十七日にもよおされる祭（お渡り）は和歌祭とよばれ、和歌山第一の大祭である（現在は五月十七日で、和歌山市商工祭として実施される。お渡りは交通事情から五月第二日曜日）。もとは東照宮から御旅所までのお渡りであった。東照宮所蔵の「和歌御祭礼絵巻」にみえるように、さまざまな芸能や練りものが城下町の各丁々からだされた。民衆も参加した武士・町人一体の一大イベントであった。

和歌浦東照宮（和歌山市）　紀州藩祖徳川頼宣が建立した。

で手薄であった場所の防備をかためる計画も立てられた。浅野期に城下の北東部に形成されていた寺町（元寺町）から、寛永期（一六二四〜四四）に城の南方の吹上寺町《てらまち》へ寺院が移転させられていたが、その南側にあらたに武家屋敷地を造成しようとした。「吹上水道」＝外堀が、寛文七（一六六七）年四月三日から開削工事にはいった。外堀は東部の和歌川から和歌道（現国道四二号）を越えて、西方の神明《しんめい》神社付近まで掘られたが、元禄五（一六九二）年の「和歌山御城下御絵図」には、和歌道以西は埋め戻されている。「堀止《ほりどめ》」の地名は、このことに由来しているという。「吹上水道」は、新武家屋敷への物資輸送に必要な運河として活用したことから考えれば、西部への掘削の必要性はなかったのである。この堀は、城の北方の堀川に対して新堀川とよんでいる。和歌道西部の埋立地には町人町が設けられ、寛文八（一六六八）年には町奉行《まちぶぎょう》の支配下にはいった。

町奉行所が設置された広瀬通丁付近は、中級武士の居住地域で、三〇〇〜四〇〇坪の屋敷がならんだ。軽輩の同心は五〇〜六〇坪の屋敷で、路地《ろじ》をはいった屋敷尻に屋敷があった。

町人町では、同職の者を同じ町に居住させていることはいくつかの町名からも知ることができる。商人は幹線道路に面した町に、職人はその裏町に配置された。

寛永十七（一六四〇）年十一月、東町奉行と西町奉行がおかれ町方の支配にあたった。城下町は行政的に町と湊に分けられ、町会所《まちかいしょ》は雑賀町に、湊会所は久保《くぼ》丁二丁目におかれた。町会所には町大年寄《ちょうおおどしより》が月番でつとめ、町惣代《ちょうそうだい》・物書を指揮して町奉行所との連絡など町政事務にたずさわった。湊会所では、湊町と隣接する漁師町を含む町政もあつかった。各町には丁年寄《ちょうどしより》・肝煎《きもいり》がおかれた。丁年寄は、町内の居住者の世話をするとともに町人統制の責任をおった。

城下町の形成期に町として計画的に町割された地域は、「古町」とよばれ、元禄十五（一七〇二）年改めでは、内《うち》町分三九町、鷺森分一町、広瀬分一一町、湊古町分二一町で、あわせて七二町が「古町」である。ほかに新町分三三町、北新町分一二町の四五町を「新町」と記し、町新地分一四町、湊新地分一一町の二五町を「新地」と記している。

寛永十八（一六四一）年三月三日付の「町中諸法度」や延宝九（一六八一）年十月の「若山町方へ被二仰出一」など、藩政初期の町方《まちかた》法度が制定されている。御三家紀州徳川氏の城下町では、秩序だった町政が行われていた。

頼宣は、寛文六（一六六六）年から翌七年にかけて、光貞《みつさだ》（二代藩主）や老臣に宛てて「訓諭」を書いている。それには、父家康が徳川一族を結束させる「御先祖」とあるが、紀州徳川家を将軍の家臣とする考え方はない。家康の遺言どおり、紀州徳川家は尾張・水戸両家とともに将軍家を補佐して幕政に関与している。元和九（一六二三）年、甥の家光《いえみつ》が三代将軍となってからも、従二位権大納言《ごんだいなごん》と諸大名よりはるかに上位で、将軍につぐ官位をあたえられた。そうしたことから頼宣の御三家の意識はますます盛んであった。

田辺領と新宮領の支配●

家臣団のなかで、付家老の安藤直次は三万八八〇〇石、水野重央（仲）は三万五〇〇〇石の所領を支配し群を抜いている。両氏は、軍事編制でも自分の家臣のみで備えをつくった。熊野地方で独立した小経済圏を形成している田辺と新宮に居城をかまえ、その周辺部を所領にした。

徳川頼宣とともに入国した安藤直次とその代々は、和歌山にとどまって藩政にかかわったため、和歌山屋敷に約二八〇人の家臣がいた。田辺へは一門の安藤小兵衛《こへえ》家が家老として約二〇〇人の家臣を率いてまもった。

駿府時代に直次につけられていた横須賀組のうちから選ばれた三六人も、田辺へ移された。彼らは田辺与力《よりき》とよばれる騎馬兵で、一人二〇〇石ずつの知行があたえられていた。彼らの合計高七二〇〇石の知行高は、直次の知行高に上積みされた。直次は彼らを自分の家臣のようにあつかえたので、田辺領の郡《こおり》奉行やキリシタン改めの役人などにも任命し、軍勢のなかにも組み込んだ。だが田辺与力の面々は、安藤家の家臣化を好まず、本藩への帰属をつねに求めていた。

水野重央の新宮領の知行高は、元和六（一六二〇）年の知行状によると、新宮与力給五三〇〇石を含めて三万五〇〇〇石余である。新宮与力の多くは、重央が頼宣の家臣として水戸に移ったときにつけられた諸士であったから、田辺与力ほど自立心をもたなかった。水野氏の代々は江戸にいて、江戸紀州屋敷を統轄したから、新宮へは家老がはいって領内の統治をまかされた。

安藤・水野両氏は、それぞれ江戸と和歌山に自身の屋敷をもち、若干の家臣もいた。万石以上の所領を有しても大名の家臣であって、参勤交代もせず、大名の列にならぶことはなかった。尾張の成瀬《なるせ》氏・竹腰《たけのこし》氏と水戸の中山《なかやま》氏とあわせて五家が、家康の命令で付家老として御三家につけられていた。

安藤氏の田辺領や水野氏の新宮領も、その石高は紀州藩の総石高のなかに含まれている。したがって公的には支藩とはいえない。しかし、田畑・山林・竹木などすべて在中の仕置《しおき》は、両家が独自に支配した。また、知行地の地詰《じづめ》を自由に行い、その結果生じた増高や新田検地による年貢《ねんぐ》を自家のものにすることができた。

安藤家は、享保十七（一七三二）年に大坂に蔵屋《くらや》敷《しき》を設けて大坂商人との結びつきを強めており、水野氏も、近世後期には大型廻船《かいせん》を建造して（手船化）、熊野地方の炭や木材を江戸へ運ぶなど独自の経済政策を進めている。

安藤直次は、浅野時代の町割をもとに城下町田辺の拡張整備にとりかかり、武士の居住地は城郭部の北から東部にかけて配置し、与力屋敷とその外側に足軽《あしがる》屋敷をおいた。

町人町は、本《ほん》町・片《かた》町・袋《ふくろ》町・紺屋《こや》町・長《なが》町があり、浅野時代につくられた町で、いずれも大手《おおて》筋に対して横町になっている。一方、安藤時代にも町人町の拡張が進み、寛文五（一六六五）年には南新《みなみしん》町と北新《きたしん》町が元の五町に隣接して町割をうけて城下町へ組み入れられ、寛文十二（一六七二）年ごろには長町が上・下二町に分割され、田辺八町となった。これに江川浦を加えて町方という。闘雞《とうけい》神社の祭礼（田辺祭）は、近世には田辺町方（八町と江川浦）の

池田御役所跡付近（新宮市）　新宮水野氏の池田御役所は，新宮川を川舟で運ばれてくる山産物を取りあつかった。背後の森は丹鶴山，水野氏の新宮城があった。

祭りとして旧暦六月二十四・二十五日に行われた。

寛永十九（一六四二）年に町大年寄を設けて、町大庄屋《おおじょうや》の田所《たどころ》氏を補佐させ、万治元（一六五八）年には各町に丁年寄をおいて町方の行政組織はできあがった。町方には伝馬《てんま》所御用、城内掃除、飾付け、石垣普請と橋普請などが課せられていた。とくに一〇年ごとに行われる江川大橋・小橋の普請は町方の一大事業で、町大庄屋・大年寄のもとで各丁年寄が指揮して資金と労力提供を行っている。

新宮城下は南北九町余、東西三町余、城に接して西側に諸士《しょし》屋敷があり、その西に町屋がならぶ。町のうちに東西にとおる堀端《ほりばた》通りがあり、通りの北側にある本《ほん》町・神民《じんみん》町・船《ふな》町・元鍛冶《もとかじ》町・籠《かご》町・坐頭《ざとう》町・薬師《やくし》町・釘貫《くぎぬき》町・堂下《どうげ》町・御幸《ごこ》町・別当《べっとう》屋敷道・新道《しんみちどおり》通・横町《よこまち》通・雑賀町通・北新道《きたしんみち》の一五町が町方支配であり、南側の馬《うま》町・宇井野地《ういのち》・新鍛冶《かじ》町・下地《しもち》・中取出《なかとりで》・端取出《はたとりで》・矢倉《やぐら》町・全龍寺前・宗応寺前・山伏町・保世煩《ほせはん》千穂一丁目付近の一一町が村方《むらかた》支配である。ほかに船町の北側熊野川の川原《かわら》には川原町があり、家屋はすべて仮建てであった。町方には町大年寄五人、庄屋二人、年貢庄屋二人、加子《かこ》庄屋一人、魚店庄屋一人がおかれ、地方《じかた》には大庄屋一人、馬庄屋一人、地方庄屋二人、御蔵庄屋一人がおかれ、民衆を統轄していた。町会所はあったが、丁年寄の名称は使用されていない。町方の奉行があり、配下の町組小頭《まちぐみこがしら》が城下町の治安と警備にあたった。熊野川を利用して奥地から大量の木材・炭が新宮に運ばれてきたが、新宮領は池田御役所、また本藩も少し下流の宮戸《みやいど》に役所をおいて目を光らせた。川原には近世初期から宿屋・風呂《ふろ》屋・鍛冶屋・舟具屋などがならび、筏師《いかだし》や山産物をあつかう商人でにぎわう川原町ができていた。

4　地方支配と領民

郡・組・村の支配●

近世の紀伊は、伊都《いと》・那賀・名草・海士・有田・日高・牟婁の七郡に分かれ、牟婁郡には田辺領と新宮領が配された。牟婁郡は新宮領をはさんで二分され、和歌山に近いほうを口熊《くち》野、遠いほうを奥《おく》熊野とよび、他の六郡と同じように郡奉行・代官をおいて独立の行政区域にした。寛永十五（一六三八）年に那賀郡のうちの上《かみ》那賀の村々（名手《なて》組・粉河組）を伊都郡奉行の管轄下におき、同十七（一六四〇）年には名草郡のうち西名草の村々を海士郡奉行の管轄とし、海士郡のうちの旧由良荘《ゆらのしょう》の南海士を日高郡奉行の管轄に移して再編成した。

『南紀徳川史』は、「郡奉行と御代官との区別不詳」とするが、概して代官は年貢の徴収を主たる任務とし、郡奉行は年貢関係はもちろん民政全般にわたって在方《ざいかた》と深くかかわった。

郡奉行・代官の指揮下で地方行政の実務にたずさわったのは、組単位に設置された大庄屋とその補佐役の杖突《つえつき》である。組はほぼ中世の荘郷《しょうごう》の単位をもとにつくられているが、荘郷の統轄者であった公文《くもん》は、組の成立と結びついて設けられた大庄屋へつながっていく場合が多かった。また、水利権や祭祀・入会《いりあい》権も荘郷単位に存在しているところが多く、こうした農村の実態を支配にいかしていた。

大庄屋の設置時期は地域の状況によって異なるが、寛永十二（一六三五）年以後である。数人の郡奉行・代官だけで郡内支配の根幹となる毛見《けみ》や奉公人改めなど正確にできるはずがないから、地域の状況を熟知している有力農民を大庄屋に任命し、郡奉行・代官の補佐をさせたのである。組はだいたい二〇〜三〇カ村、九〇〇〇石くらいの範囲で、当初は次郎右衛門組などと大庄屋の名前でよんだが、のちには大庄屋宅のある地名が使われるようになった。

組の下にある村は、近世以前に形成されてきた自然村が、村請《むらうけ》制により行政村として位置づけられている。

石高制に基づく近世社会では、村はすべて村高で表記されたが、海岸線の長い紀伊国では、海辺の村のうち加子役《かこやく》を負担する村を「浦《うら》」と称し、村と区別して支配した。慶長十六（一六一一）年八月十八日の「加太《かだ》浦より錦浦迄加子米究帳」によると、「浦方」を八七カ浦とし、一般農村に課せられない加子役を負担する代償に地先の漁業権が保障された。加子役の必要性がなくなっても、夫役とは関係ない加子（水主《かこ》）米を納入し、明治期まで小物成として負担した。

村には庄屋がおかれ、大庄屋の指揮下で村政を担当した。時代の経過とともに村政の業務がふえたり、本百姓の要求が強くなったため、庄屋を補佐する肝煎が設けられた。村には行力《ありき》とよばれる触れなどの伝達者もいた。

本藩領の村には、藩庁に年貢をおさめる御蔵所《おくらしょ》とよばれる村と、上級藩士の知行にあてられる給所《きゅうしょ》とよばれる村があった。御蔵所は城下の周辺や流通の結節点など重要な拠点におかれ、給所は紀ノ川流域や伊勢国に多く集めた。給所は給人《きゅうにん》に行政権や裁判権をあたえず、郡奉行・代官がにぎっていた。

田辺領・新宮領の村は、城付《しろつき》・与力知《よりきち》・上ケ知《あげち》の三種に分けられた。年貢を領主の蔵におさめる村が城付で、与力知は田辺与力・新宮与力の給所の村、上ケ知は元与力知で本藩へ年貢をおさめることを指定された村である。

万治三（一六六〇）年の「総改め」以後、慶長検地以来使われていた本役・役・役人・役家などにかわって本役・半役・無役が使用されている。近世初期の村の役負担が変化したのである。しかし、本役・半役・無役について統一的な基準はなく、各村々で農民の所持高や屋敷地・労働力など、個々の農民の村内での経済的地位を総合的に勘案して決めたためであろう。本役・半役・無役は、本年貢以外に課せられるさまざまな役米や夫役の負担能力を示すものであった。田辺領では無役家を「柄在家《からざいけ》」と称した。紀ノ川下流域の名草・那賀郡は本役の割合が高く、伊都・有田郡がつぎに高い。山間部の多い日高・口熊野・奥熊野は本役の割合が低く、無役の割合が高い。農業生産の地域差を反映していると考えられる。

在方に対する行政組織の再編成とともに、農村法も制定される。正保二（一六四五）年の定書《さだめがき》はそのもっとも古い法で四部からなり、農村支配の基本事項を総合的に規定している。

地士制度と土豪●

大坂の陣に大坂方と呼応して二度にわたって蜂起した土豪の一揆を知っている藩主徳川頼宣は、入国にさきだち家臣をつかわして、在地の有力者の由緒《ゆいしょ》などの調査や多くの情報を集めている。そして、熊野八《はち》庄司《しょうじ》・畠山氏・湯川氏などの遺臣や、天正十二（一五八四）年の小牧《こまき》の戦いに家康方に味方した者の子孫などのうち六〇家を選んで、元和八（一六二二）年にそれぞれ五〇石をあたえ、大番頭《おおばんがしら》の支配下に組み入れ、六十人者地士《ろくじゅうにんものじし》と称した。

寛永期（一六二四～四四）には、一五家が選ばれて召しかかえられ、隅田《すだ》組地士と称して三〇石ずつを藩からあたえられた。彼らは鎌倉時代から隅田荘に居住した武士団の流れを引く在地領主層で、天正十

（一五八二）年の織田信長の高野《こうや》攻めに出陣し、その後は豊臣秀吉にも属していた。

戦国期の紀伊は、土豪が分割支配をしていたが、やがて入国した浅野氏により完全に解体されて反抗の力を失った。だが、彼らの子孫はあいかわらず村々で広大な土地を有し、元の家来や下男などもしたがい、鉄砲・刀・馬などの武力をもっていた。頼宣は、六十人者地士・隅田組地士として藩権力に編入して彼らを満足させつつ、支配の末端においた。

こうして頼宣の入国当初につくられた地士制度も、やがて藩体制の確立と財政の窮迫によって、正保元（一六四四）年に六十人者地士、同二（一六四五）年には隅田組地士の切米召上げが行われた。これは地士の給人としての性格を否定し、一般の藩士と切りはなして、その地位を一段低くすることになる。しかし藩主の領内巡視などのときは、その案内を命じられるなど、これまでの待遇に変化はなく、番方《ばんかた》としての役割もそのままいかした。

頼宣は、入国当初、地士には大庄屋・庄屋などを兼帯させず、農村での任務分担を明確にして権力の分散をはかっていた。だが、正保年間（一六四四〜四八）以後は、村方役人の功労に対する褒賞や献金などにより新しく地士に採用したり、藩も財政難に献納を勧誘し、一〇〇両以上は平地士、二〇〇両以上は代官直支配という格にするなど、資格基準を定めて格差をつけた。しかし禄米《ろくまい》は支給しなかった。

根来《ねごろ》同心は、小牧の戦いのとき徳川家康に味方した根来僧兵の残党で、家康はそのうちの一〇〇人に禄米をあたえて召しかかえたが、頼宣も寛永三（一六二六）年に家康の遺志をついで一一〇人の家筋を吟味して召しかかえた。そしてそれぞれに八石ずつを給し、根来同心と称して農村に在住させた。和歌山城下に居住する根来頭《かしら》三人が、根来同心を統率した。彼らは幕府の根来同心と同様に院号《いんごう》を名乗り、総髪であった。有事には鉄砲隊として警備にあたることを職務とし、また毎年、和歌浦東照宮《とうしょうぐう》の祭礼には神輿の行列に参加し、藩主の参勤交代時には八軒屋《はちけんや》堤まで送り迎えにでた。

正保年間ごろ、有田・日高・牟婁郡と伊勢川俣で土豪・郷民のなかから山川の地理事情に明るい者を選んで山家《さんか》同心に任じた。組頭《くみがしら》は二人扶持、他は一人扶持をあたえられ、諸役は免除された。彼らは山間の村々に居住し、農林業に従事しながら武芸に励み、藩の役人の巡見時の先導、近郷や他領の偵察、情報の収集、有事のさいの警備など山間部の治安にあたった。

正保三（一六四六）年、紀州藩は今高《いまだか》制を実施した。当時は「御家中ならし」といわれていた。すべての家臣に対して知行地の割り替えを行い、入り組んだ知行地を整理しながら、知行地を伊勢で多くふやした。生産力が高く城下に近い口六《くちろく》郡に蔵入地《くらいりち》をふやす方針が、その根底にあった。

さらに今高制は、家臣の知行を削るために行われたもので、複雑な数字の操作によって、名目上の知行高は減らさずに実質何十％も削減して、その出目分を蔵入地に繰り入れたのである。そして、これまで家臣は自分の知行地の年貢率を決めていたが、その権限を藩が取りあげ、どの村もすべて一律の年貢率にした。そのため相給《あいきゅう》支配の村（二人以上の家臣の知行地になった村）がふえている。

このように藩の財政補塡と家臣の給禄制の確立を目的にした今高制により、給人の知行地支配は定額の年貢徴収に限定され、知行地内の百姓との関係はほとんどなくなった。家臣団にとっては苛酷な処置であったが、家臣の表立った反対は少しもおこっていない。藩の家臣に対する支配権は強大になっていた。

宗教統制と村●

徳川頼宣の入国後の元和期（一六一五〜二四）にも、宣教師が和歌山を訪れている。寛永三（一六二六）年ごろでも紀伊のキリシタンには武士が多く、キリシタンの取締りもきびしくなかった。しかし幕府は、寛永八（一六三一）年十一月、侍・奉公人・町人・百姓に対して全面的な宗門改《しゅうもんあらため》めを命じ、キリシタン禁制を強化しはじめた。同十二（一六三五）年九月の幕府によるキリシタンの厳禁と宗門改めの布達をうけて、紀州藩は十一月に家改めと八歳以上の男女の宗門改め（八歳改め）を実施した。家改めは慶長検地以来行われている課役負担能力の把握であったが、八歳以上の宗門改めは紀州藩独自の制度であった。だが、寺請《てらうけ》はまだ行われておらず、宗旨人別帳《しゅうしにんべつちょう》も作成されていない。

『万代記《まんだいき》』によると、寛永十四（一六三七）年の島原《しまばら》の乱《らん》後、海岸地域でのキリシタンの詮索がきびしくなっている。キリシタン訴人に対する褒賞銀がだされ、ポルトガル船の着岸を禁止している。

その後もキリシタンの取締りは続けられていく。万治三（一六六〇）年、寛文元（一六六一）年などに総改めが行われ、キリシタン改めだけでなく、領内居住の領民の徹底した戸口調査が行われている。

紀伊での寺請の初見は、慶安二（一六四九）年の田辺領のキリシタン改めであるが、本藩での寺請の実施は、寛文十（一六七〇）年に寺社奉行《じしゃぶぎょう》が設置され、同十二（一六七二）年に寺社改めを行っていることから、寛文十年ごろが一つの目安となる。全国的に寛文期以後、民衆は寺請制度によって寺院に把握され、宗旨人別帳に一人残らず記帳されている。また本末《ほんまつ》制度ができて、本寺の末寺支配が強化された。そのため、寺は信仰の対象よりも葬儀と法要によって寺と民衆を結びつけるように変わっていき、住職は下級役人的な役目をになうことになった。

貞享四（一六八七）年にキリシタン類族改めの法令がだされるが、『万代記』にはその調査による人名が記され、そのきびしさが推測される。

幕府は、日蓮宗不受不施派《にちれんしゅうふじゅふせは》も取りしまった。信者以外からの供養を拒否し（不受）、他宗派の僧侶に布施を行わない（不施）という日蓮宗徒の結束を恐れたのである。

藩主頼宣の生母のお万《まん》の方《かた》や夫人が熱心な日蓮宗の信者であった関係から、紀伊にも日蓮宗が根をおろした。家老の三浦為春《ためはる》（お万の方の兄）も父頼忠《よりただ》以来不受不施派を信仰していた関係から、当初は紀州藩の不受不施派の取締りはさほどきびしいものではなかった。為春は、元和九（一六二三）年に父の追善のため、所領である上野山村《うえのやま》（貴志《きし》川町《がわ》）に不受不施派の了法寺《りょうほうじ》を建てたが、慶安三（一六五〇）年にこれを坂田村《さかた》（和歌山市）に移転した。為春自身も承応元（一六五二）年、死後に坂田の了法寺に葬られている。

幕府は、寛文五（一六六五）年に「諸宗寺院法度」を定めると、不受不施派に対しても「寛文の惣滅」といわれる大弾圧に着手した。為春の跡をついだ為時《ためとき》は苦境に立たされた。翌寛文六（一六六六）年十二月、為時は菩提寺の了法寺を天台宗に改宗して、和歌浦雲蓋院《うんがい》の末寺とした。不

了法寺（和歌山市）　家老三浦為春の建立になる三浦家の菩提寺。

受不施派の坂田村の農民も改宗した。紀伊以外の不受不施派の農民には、その後の弾圧にも屈せず、かくれ信仰をつらぬいた信者もいたが、坂田村の農民は自主的な信者でなく、三浦家の宗旨にしたがっていたにすぎなかったから、改宗もはやかった。

成立が中世にさかのぼる宮座《みやざ》は、近世の紀伊の農村でも存在している。主として神社を中心に、その土地で一定の家格をもつ有力農民が祭祀をつかさどりながら、政治的・経済的・社会的な特権をもち、村落共同体を支配していた。

大きな土豪が存在せず、小農民の自立性が強いため、有力農民は共同体を支配するための組織が必要で宮座を形成した。中世後期に二毛作《にもうさく》など農業経営が進み、小農民の自立がおこり、用水や刈敷《かりしき》への要求が高まると、これを管理する組織が必要となったのである。紀伊でも生産性の高い紀ノ川流域に宮座が多くみられるのはそのためである。

宮座の構成員には、直接祭祀に参加できる宗教的特権があった。また、それがそのまま農村共同体内の会合にいかされ、上座に着座して発言権をもった。庄屋などの村役人は、宮座の構成員がつとめる場合が多かった。こうした状況は近世社会に根強く残り、農民独特の意識をつくっていた。

高野山奥ノ院の諸大名石塔群●

高野山には、全国の諸大名がきそって墳墓《ふんぼ》を設けている。一ノ橋を渡り、奥ノ院《おくのいん》への参道にそって歩いていくと、その両側に、老杉のうっそうとしたなかに大小さまざまの墓石や石塔がならんでいる。参道のなかほど、左側の一段高い台地に豊臣家墓所がある。豊臣秀吉が高野山の攻撃を思いとどまり、寺領を安堵し、堂塔伽藍を復興させたことによってこの地にまつられたという（もとは一ノ橋付近にあったのを近世末期に現在地に移したらしい)。これが基因となって、諸大名がつぎつぎと墓石を建立したと伝えられる。

それらのうち、もっとも大きいのは駿河大納言忠長《するがだいなごんただなが》が、寛永四（一六二七）年に慈母の追善のため巨費を使って建立した五輪の石塔である。総高六・六メートルあり、周囲を玉垣で囲んでいる。

越前松平《えちぜんまつだいら》家の秀康《ひでやす》御霊屋《おたまや》と宝篋印塔《ほうきょういんとう》および秀康の母の御霊屋と宝篋印塔は、大規模で特殊な手法で入念に仕上げており、みごとである（国指定文化財）。

慶長四（一五九九）年六月、薩摩《さつま》藩主島津義弘《しまづよしひろ》・忠恒《ただつね》の父子により、文禄・慶長の役における戦死者の霊をなぐさめるために建立された「高麗陣敵味方供養碑《こうらいじんてきみかたくようひ》」は、参道そばの島津家の墓域の一隅にある。明治四（一八七一）年、供養碑のかたわらに、島津忠重《ただしげ》によりその碑文の英訳碑が建てられた（和歌山県指定文化財）。

高麗陣敵味方供養碑(伊都郡高野町)　薩摩藩主島津義弘・忠恒父子が，文禄・慶長の役の戦死者の霊を供養した。かたわらの小さい碑は，明治4(1871)年に建てられた英訳碑。

8章

藩政の変化と産業の発展

長沢蘆雪が絵筆をふるった草堂寺(白浜町)

1　徳川光貞・吉宗の政治

農村法の整備●

二代藩主徳川光貞《みつさだ》は、延宝五（一六七七）年十月に総合的な農村法を発表した。三五カ条の「定《さだめ》」に七カ条の「覚《おぼえ》」が付せられ、安藤・水野ら六人の老臣と補佐一人が連署している。正保二（一六四五）年にだされた定書《さだめがき》の教訓的色彩の濃い抽象的な条文を改め、より簡素化して藩法の体裁をととのえている。そこには、作成にあたった役人の法典についての認識に進歩があり、法文の効果に対する考慮の跡がうかがえる。

農村法であるだけに農村支配に関する規定が中核を占めるが、貢租収納の手続きのほか、新しく二夫米《にぶまい》や糠藁米《ぬかわらまい》など付加税《ふかぜい》の徴収に関する規定が加えられている。また農民に対しては、冠婚葬祭などはできるだけ華美にならないようにし、日々の生活では雑穀を常用して米を保存させ、衣類も木綿《もめん》のほかは用いず、染料も制限している。またキリシタンの疑いのある者がでたとき、郡奉行《こおりぶぎょう》・代官《だいかん》にいち早く通知することが新しく付け加えられている。奉公稼ぎや他国への引っ越し、あるいは他国からの入国は原則として禁止されていたが、奉公稼ぎに入国を希望する者は、郡奉行・代官へとどけでるだけで許可され、比較的寛大となった。また大庄屋《おおじょうや》に関する規定が新しく定められた。大庄屋に帯刀《たいとう》を認め、農村支配の要《かなめ》となる大庄屋の待遇に関する最初の規定である。

十七世紀後半になって、紀州《きしゅう》の農村も大きく変化しており、それに対応する農村施策が求められていた。

明律《みんりつ》にも関心が深く、法律にも明るい光貞だけに、新しい農村法の改訂に手をつけた。延宝五年の農村法は、その産物であった。

紀州藩には、元禄十二（一六九九）年から藩政終末まで一六〇年あまりにわたって「郷組一札《ごうぐみいっさつ》」という制度があった。大庄屋が農民に申し聞かせ、遵守させる旨を記して藩に提出する形式をとっているが、本質は農民を支配する法規である。

前書は、初代藩主頼宣《よりのぶ》の「父母状《ふぼじょう》」の文言からはじまり、貢租の確保、勧農、他国との往来、キリシタン宗門の摘発、徒党《ととう》の禁止、林野の保護などについて記されている。それまで発せられた多くの法令を集約して整理し、法文化したものである。

郷組一札が制定されたことにより、年貢《ねんぐ》の収納に郷組の機能が活用されるようになった。年貢納入における連帯責任制は、これまで一村の連帯責任にとどまっていたが、走百姓《はしりびゃくしょう》（年貢がおさめられなくなり逃散《ちょうさん》した農民）の年貢は郷組が皆済《かいさい》の責任をとり、走百姓の探索は郷組が行うことが定められ、大庄屋がその全責任をおうようになった。

このころに成立した農村の治安維持機構としての非人番惣廻《ひにんばんそうまわ》りも、大庄屋の指揮下にはいっている。また、これまで郡奉行・代官にあった、農民の居住の移転や田畑家屋の売買、諸職人の出稼ぎなど民政に関する事項の届出や指図の権限も、大庄屋に委譲された。

藩は大畑才蔵《おおはたさいぞう》ら地方《じかた》の巧者《こうしゃ》を駆使して灌漑用水の工事にとりかかるが、これには郷組の機能が十分活用された。普請時に使役する人足に給付される郷役米《ごうやくまい》も組単位で徴収されており、支払いなど経理面でも大庄屋の責任で処理された。大庄屋は郡奉行・代官の補助機関ではなく、民政上のさまざまな事項について決定権をもつ独立機関となった。

郡奉行・代官は藩命により任地に赴任して二、三年しか在職しなかったから、大庄屋の職権を拡大しなければならなかったのである。

郡奉行・代官が毎年二月に所轄下の村々を順在《じゅんざい》(視察)し、大庄屋以下庄屋・肝煎《きもいり》など村役人を集めて、領民が遵守すべき事柄を読み聞かせた。それを「春廻之節読聞せ書付《はるまわりのせつよみきかせかきつけ》」といい、その内容は時代の経過とともに変化した。享保元(一七一六)年には、庄屋・肝煎・五人組の連帯責任を強調し、倹約令の徹底や在火消人足《ざいひけしにんそく》の新設、名寄帳《なよせちょう》の整備などが強調された。

紀州藩の財政状態は、六代藩主宗直《むねなお》時代の後半にも悪化していた。そのため宝暦元(一七五一)年には、家中《かちゅう》に厳重な倹約令をだしているが、同三(一七五三)年には全領民にその趣旨を訴える目的で読み聞かせの書付を作成したのであろう。順在はその後も続けられたが、天保期(一八三〇〜四四)になるとまったく形式化し、駆け足の順在となった。田辺《たなべ》領・新宮《しんぐう》領では本藩にならい、独自で郡奉行が順在をしていた。

藩財政の悪化と年貢増徴●

元禄四(一六九一)年に将軍徳川綱吉《つなよし》の娘が光貞の世子綱教《つなのり》の正室《せいしつ》にはいり、江戸屋敷の普請《ふしん》などもあって財政支出はかさんでいた。そのため、年貢などの増徴の手だてが必要になった。この年から宝永元(一七〇四)年まで、農村に対してわかっているだけでも百数十の法令がだされている。紀州藩政上これほど多くの農村法がだされた時期はほかにない。地方の政治の大がかりな改革が試みられたのである。

このように光貞の晩年は、藩財政の窮乏に苦しんだが、元禄十一(一六九八)年四月、光貞は七三歳で家督を綱教にゆずった。しかし三代藩主綱教は、宝永二(一七〇五)年に在位八年目で死去し、その三カ月後に失意の光貞もあとを追った。またその翌月、四代藩主になったばかりの頼職《よりもと》までが世を去って、頼《より》方《かた》（吉宗《よしむね》）が五代藩主に就任した。

この混沌とした紀州藩政の実務を担当したのは、勘定奉行《かんじょうぶぎょう》の大嶋伴六《おおしまばんろく》、添《そえ》奉行の田代七右衛門《たしろしちえもん》ら有能な農政担当の役人たちである。彼らは、光貞時代以後、吉宗時代にかけて藩主をささえていた。元禄九（一六九六）年四月、紀伊・伊勢《いせ》両国の郡奉行に名寄帳のつくりなおしを命じている。名寄帳は、農民ごとの所持田畑を記した帳簿で、村で年貢を割賦するときの基本台帳である。近世初期の検地《けんち》直後に作成されていたが、田畑の売買・譲渡などによる訂正が放置されたままで、年貢納入者があいまいになっていた。こうして翌元禄十（一六九七）年には、名寄帳と検地帳写がほぼ藩領全域で作成された。

藩は十七世紀をとおして新田開発を奨励したが、これをいかに年貢増徴に結びつけるかが課題であった。そのため、元禄十年に新田畑改めと本田畑地《じ》詰《づ》の検地条目《じょうもく》を定めた。また元禄中期から正徳期（一七

徳川吉宗生誕の碑（和歌山市）　徳川光貞の３男頼方（のちの吉宗）の生誕地跡に建てられた碑。

一一〜一六）にかけて定免制《じょうめん》を奨励した。定免制は、五年とか一〇年とか過去の収穫高を平均して租率を決めるため、豊凶にかかわらず一定の年貢を徴収することができた。藩の年貢収納の安定化をはかるための諸策の実施の背景には、農業生産力の発展に伴う農民的余剰の蓄積があった。

光貞は家督をゆずったのち、牟婁《むろ》の瀬戸御殿《せとごてん》（白浜町《しらはま》）での滞在が多くなった。瀬戸御殿は頼宣が慶安三（一六五〇）年に建てた保養所で、藩侯と一族がよく訪れた。瀬戸への御成《おな》りがあると田辺領主安藤氏も家臣・領民も接待がたいへんであった。元禄十一年の光貞の瀬戸御成りは、頼方（主税頭《ちからのかみ》）を伴い、供船五〇艘を率いて和歌山からやってきた。陸路をきたお供の者もおり、彼らは江川浦《えがわ》（田辺市）から渡海したから、渡船の調達もたいへんであった。食料や日常品などの補給のため、田辺の商人も渡海した。

藩主は瀬戸滞在中に、よく田辺を訪れた。松原にあった藩の御仮屋で休息して、闘雞《とうけい》神社への参詣をよくしている。そのとき田辺の町方《まちかた》が賄《まかな》いものいっさいを引きうけたため、町方で宿所をおいて料理人が詰め、給仕人など多くの接待人がでている。その賄料は安藤家が負担することが多かった。

光貞・頼方父子の来訪のとき、二人の馬一一頭もつれてきており、田辺で保管した。また鯨舟《くじらぶね》を繰りださせ、田辺湾内で捕鯨の見物を楽しんだ。領主安藤直名《なおな》も、和歌山から帰城して対応している。その後も再三訪れているが、瀬戸御殿の御成りは藩財政にもかなりの負担をあたえた。

将軍徳川吉宗の命で、植村佐平次《うえむらさへいじ》が薬草採集のため何度も熊野山中をまわっている。奥深い熊野山中の状況は、吉宗が紀州藩主時代に情報を得ていた。享保十七（一七三二）年の通達で、薬草掘り人足の出役《しゅつやく》と諸道具の用意を大庄屋に命じているから公的な任務であった。やがて勝手に掘って商売する農民もでてきた。元文元（一七三六）年には熊野山中の人参《にんじん》が少なくなったので監視を命じ、人参栽培に適した場所八カ所を選んで、植付け役人を派遣している。熊野はやがて薬草のメッカとして本草学者に注視されるようになった。

幕府の宗教政策と高野山●

元禄五（一六九二）年七月二十一日、五〇〇人余の軍勢を率いる幕府の上使《じょうし》が橋本に到着した。紀州藩も正規軍を主体に根来者《ねごろもの》・六十人者《ろくじゅうにんもの》などの地士《じし》を動員して橋本に集結させた。学侶《がくりょ》・行人《ぎょうにん》両派の高野山《こうやさん》山内での主導権争いに対する、元禄四（一六九一）年の幕府の裁断にしたがわない行人派に上意《じょうい》をせまるためであった。

すでに寛永十九（一六四二）年の大塔《だいとう》再興時に、徳川家霊台《れいだい》を山内に造営するなど、幕府も高野山の支配を試みてきたが、平安時代以来の伝統を引く高野山は、朝廷との結びつきがあるうえ、二万一三〇〇石という大名並みの寺領を有し、山内には自立的な意識も内在していた。しかし、中世以来続いている学侶派と行人派の主導権争いは、すでにみずからの手で解決できない状態で、両派の再三にわたる幕府への提訴になってあらわれていた。元禄四年の幕府の裁断は、こうした抗争に決着をつけるもので、行人派にとってきわめてきびしかった。

高野山につうじる一一の街道も固められた。世間では、行人派が上意を拒否して抵抗するかもしれないと噂《うわさ》が立つほど緊迫したが、元禄五年七月二十五〜三十日に行人派の僧一〇六五人が山をおりた。このうち、上意をうけいれたのが四二人、うけいれずに山内追放になった僧は四四二人、囲入れののち遠流《おんる》になった僧は五八一人であった。三十日に一〇〇〇人を超える軍勢が高野山へのぼった。追放になり闕所《けっしょ》となった寺院もあったが、寺改めが徹底され、大量の鉄砲が押収された。

高野山山内の各寺院へは、寺領や近在の出身者が僧として入山する慣習があり、寺領の村々から縁者が寺院の跡継ぎによくなった。こうして寺院と寺領は強固な関係にあった。近世以前から教団的なまとまりを形成している高野山は、寺領を経済的基盤にするだけでなく、僧侶の入山制度もつくりあげていた。幕府は、こうした高野山の体質を熟知していたから、寺領内の馬具・武具改めをとおしての介入はとりわけきびしかった。約三〇カ村から没収された鉄砲を橋本に集め、和歌山へ送った。平穏になった八月六日、上使が高野山へのぼった。山内では道路の整備、橋の修繕、畳の敷替えなどうけいれ体制をととのえた。紀州藩の役人も率いて、上使は山内を示威行進して圧力をかけた。行人派は一掃され、行人派の寺院には学侶派や聖《ひじり》派の僧がはいった。

支藩西条藩

寛文十（一六七〇）年二月、幕府は徳川光貞《みつさだ》の弟頼純《よりずみ》に、幕府領の伊予西条《いよさいじょう》三万石をあたえて分家大名に取りたてた。三月には、紀州藩年寄宮地久右衛門《みやじきゅうえもん》ら多数の家臣が頼純につけられ、西条藩をうけとりにいっている。

八月には、農民に対して三つの法令が発せられたが、人身売買や徒党《ととう》の禁止、倹約や田畑売買、年貢《ねんぐ》納入など紀州藩法を参考にして定めた。紀州藩の軍令には頼純の軍勢についても記しているから、西条藩独自で備えをつくらず、紀州藩の軍勢の一部に組み込まれていた。

寛文八（一六六八）年一月に頼純は、五万石を給せられていたが、西条藩三万石を差し引いて紀州での所領は二万石であった。頼純は寛文十年十一月、はじめて西条にはいったが、十二月に和歌

❖コラム

山へ戻り、その後は元禄七（一六九四）年まで二四年間江戸にとどまった。

享保元（一七一六）年、紀州藩五代藩主吉宗《よしむね》が将軍家をついだとき、西条藩主宗直《むねなお》が六代藩主になり、その系統は十代藩主治宝《はるとみ》まで五代続いている。十一代の斉順《なりゆき》は将軍家斉《いえなり》の七男、治宝の娘豊姫の婿養子として紀州藩主になり、十二代は清水家の養子斉彊《なりかつ》、十三代は斉順の実子慶福《よしとみ》（のち十四代将軍家茂《いえもち》）と、三代にわたり治宝とは血縁関係のない将軍の系列から藩主がでている。だが、十四代藩主茂承《もちつぐ》は西条松平家の出身である。

支藩創設は、勢力のきそいあう藩主の子息たちが、重臣たちをまきこんで後継者争いをするお家騒動をさけるため、弟たちを藩政から遠ざけるのに行われた。しかし、軍役《ぐんやく》は本藩に組み込まれ、藩財政も本藩の支援をうけ、本藩の統制下におかれていた。

西条藩陣屋の御門と山車　秋祭りに町方の山車が，西条藩陣屋正門まで引きまわす。

このとき、田辺の安藤氏と新宮の水野氏へも出動の命令がくだっていた。田辺領では、七月十二日に領内の大庄屋を緊急によび集め、真言宗《しんごん》の寺院を調査し、行人派の宿坊を監視させた。また高野山からの下山僧があれば、名前と入山の縁故を調べさせた。十四日からは田辺領の三番組や秋津川《あきつがわ》組など内陸部の山岳地帯へ多数の役人や手代《てだい》を送りこみ、熊野地方への逃亡をふせいだ。隠密《おんみつ》が放たれ、各地の情報も伝わっていたが、高野山も落ち着いた八月五日には警戒をといた。

八月十日に上意にそむいた行人派の僧は遠島を申し渡され、川船七一艘で紀ノ川を和歌山へくだった。袈裟衣《けさい》ははぎとられ、川原で焼きすてられた。和歌山から大坂行きの廻船にのせられるとき、数十人の僧が上意をうけると申しでたが、取りあげられなかった。九月五日まで大坂で入牢生活を送ったが、聞きつけた旧里の者や縁者が訪れて差入れをしている。そこから西国の離島へ分散して送られた。肥前五島《ひぜんごとう》へ一二〇人、肥後天草《ひごあまくさ》へ九九人、壱岐《いき》へ一一五人、薩摩《さつま》内の島へ八三人、大隅《おおすみ》内の島へ七九人、隠岐《おき》へ七七人、あわせて五七三人である。配流された場所によって取りあつかいは異なり、苦しい生活を送った僧もいた。

幕府による宗教改革は徐々に進行し、高野山も幕府の統制下の枠外で存在できる時代ではなくなっていた。山内における主導権争いが原因で、幕府の裁断をあおいだ限り、介入は拒否できなかったし、強固な結束も排除された。教団をささえる寺領改めも徹底をきわめ、寺領内の本末《ほんまつ》関係を明確にして、寺院と僧侶を統制した。幕府は、元禄期（一六八八〜一七〇四）の行人派の僉議《せんぎ》一件を処理して、高野山の支配をさらに強化したが、それは単なる宗教統制であったのではなく、宗教の幕府体制への組入れの完成であった。

2　開発と農政

大畑才蔵と用水開発●

大畑才蔵は、伊都《いと》郡学文路《かむろ》村（橋本市）に生まれた。寛文四（一六六四）年に父の跡をついで庄屋《しょうや》になり、のち郡奉行所の役人にも任じられ、農政の実務にたずさわった。「才蔵日記」によると、元禄九（一六九六）年から、岩出《いわで》などの水盛《みずも》り御用を二八日間つとめ、和歌山の会所《かいしょ》詰めで帳面御用を二二日間つとめている。このとき地方手代《じかたてだい》に取りたてられるが、学文路村在住を希望して給扶持を断わり、藩の御用のときだけ出勤した。この年、添奉行について熊野を順見、翌元禄十（一六九七）年頼職が将軍綱吉から越前高《たか》森《もり》領を拝領すると、出張して地味・風俗・耕作技術などを調査し、詳細な見分書を提出している。元禄十一（一六九八）年には伊勢領の農村事情を視察して新井堰《あらいぜき》（雲出川《くもずがわ》用水）を竣工させ、一志《いっし》郡一六カ村の用水不足を解決した。また飯高《いいだか》郡仁柿《にがき》村の井堰と新道を開き、田丸《たまる》領の新田開発も行った。

紀ノ川流域では、元禄十三（一七〇〇）年に藤崎井《ふじさきい》を手がけ、那賀郡藤崎（紀の川《きのかわ》市）から名草《なくさ》郡山口（和歌山市）に至る二四キロの用水路をつくった。

藩内最大規模の小田井《おだい》は宝永四（一七〇七）年から開削に着手し、それ以前から存在していた小規模な灌漑用水も活用しながら、すぐれた技術で難工事を完成させた。全長三三キロ、竣工は享保十四（一七二九）年ともいわれる。才蔵は、井沢弥惣兵衛《いざわやそべえ》によってその技量をみいだされ、現場の責任者として活躍した。

井沢弥惣兵衛は、那賀郡溝口《みぞのくち》村(海南《かいなん》市)に生まれ、元禄三(一六九〇)年に藩主光貞に召しだされて勘定方《かんじょうがた》に出仕し、以後藩の土木事業を担当した。宝永七(一七一〇)年にわずか三カ月で完成した亀《かめ》池(海南市)は、下流一〇カ村の水田をうるおした。

紀州藩は、元禄・宝永期(一六八八〜一七一一)に池溝・井堰の開削や新田開発など、公共投資による社会資本の拡大を積極的に行い、年貢の増徴策を進めた。

井沢弥惣兵衛は享保七(一七二二)年、将軍吉宗によばれて幕府勘定所《かんじょうしょ》に出仕し、勘定吟味役《ぎんみやく》として下総《しもうさ》の飯沼《いいぬま》、武蔵《むさし》の見沼《みぬま》など大規模な干拓事業に従事して、幕府領の新田開発政策を推進した。こうして紀州流の土木技術は幕府領で広がった。

元禄年間(一六八八〜一七〇四)の紀ノ川中流域は、商業的農業が展開して、奉公人や日雇農民を使用する地主手《じぬして》作《づく》り経営が盛んであった。大畑才蔵はこうした状況のなかで「地方《じかた》の聞書《ききがき》」を書いている。彼が居住する高野山麓の学文路村でも日雇稼ぎがふえ、金肥《きんぴ》の施肥、ごぼう・人

亀池(海南市)　井沢弥惣兵衛の指揮で築造された。

参・藍《あい》・木綿《もめん》など商品作物なども栽培するようになった。また、商人が年貢米の納入前に農民から米を買い求めていた。

学文路村の近くの清水《しみず》村（橋本《はしもと》市）では、元禄十年に村定《むらさだめ》で麦の草取り労賃を決め、正徳三（一七一三）年にも田植え、田畑の草取り、麦打ちなど一連の農作業の労賃を決めている。日雇労働がふえて賃金が上昇するのを抑制するためであった。

「地方の聞書」は、才蔵が父から教えられたことを子孫に伝え、子孫が家を繁栄させることを願って執筆したと記している。農民は根気よく働かなければならないが、ただ働けばよいというのではなく、工夫して働けという。社会経済の変化に伴い農業経営にも金銭支出が多くなっているから、状況を考えることの大切さを訴えている。また種まきでは、風土を考え、経験をいかして連作をさけることなど総合的な判断の必要性を強調している。種まきの時期は、その年の発芽や開花が春の彼岸《ひがん》より早いか遅いかを基準に判断し、水不足の土地の種籾《たねもみ》の播種《はしゅ》は、前年の冬至《とうじ》前後の雨量に注意をはらい、綿作は肥料の種類や時期など、農業技術論を具体的に述べている。農作物の種類も五〇種以上、稲は早稲《わせ》・中稲《なかて》・晩稲《おくて》の別など品種の改良もかなり進んでいた。合理的な農業経営のあり方や能率のあがる労務管理の方法、農業土木に関する手順にも筆がおよび、才蔵の面目躍如《めんもくやくじょ》の感がする。才蔵には、当時の武士がとうていもちあわせていない発想や技能と行動力があった。生産性の高い、貨幣経済の進んでいる紀ノ川中流域の農村が、すぐれた人材をうんだのである。

紀州の特産物●

紀州ミカンの起源について、『紀伊続風土記《きいぞくふどき》』は古老《ころう》の言い伝えとして、永享年間（一四二九～四一）に有《あり》田《だ》郡糸我荘《いとがのしょう》中番神田峯《なかばんかんだがみね》（有田市）に自然に生じた自生説をあげている。また、『紀州蜜柑伝来記《みかんでんらいき》』は、天正年間（一五七三～九二）に伊藤孫右衛門《まごえもん》が肥後国（熊本県）の八代《やつしろ》から移植した伝来説をあげているが、いずれも確証はない。

三条西実隆《さんじょうにしさねたか》の日記『実隆公記《こうき》』の享禄二（一五二九）年十一月に、紀州ミカンをお土産《みやげ》にしたとある記録は古い。また、天正八（一五八〇）年に本願寺《ほんがんじ》の顕如《けんにょ》がミカン五籠《かご》を織田信長《おだのぶなが》に贈ったとあり、貴紳《きしん》のあいだで紀州ミカンが贈り物に使用されていたことが知られる。

慶長六（一六〇一）年の検地帳には、ミカンの本数がかなり広範に記され、浅野時代には徴税の対象になっていた。寛永十五（一六三八）年の自序がある『毛吹草《けふきぐさ》』には、紀州ミカンが紀伊国の名物としてあげられ、生産額もふえて大坂・堺・伏見《ふしみ》などへ有田郡からかなり送られていた。

江戸へは、寛永十一（一六三四）年に四〇〇籠、同十二（一六三五）年には二〇〇〇籠が送られ、藩の奨励もあって栽培は拡大した。明暦二（一六五六）年になると、産地の村々で一〇組の組株を編成し、江戸でも七軒のミカン問屋を決めて出荷体制を確立させ、五万籠のミカンが送られた。貞享四（一六八七）年に組株は、有田郡一九組、海士《あま》郡四組、それに江戸問屋九軒となり、元禄十一（一六九八）年には二五～三三万籠、正徳二（一七一二）年には三五～五〇万籠に増加したと『紀州蜜柑伝来記』はいう。

ミカンの販売は、蜜柑方という藩の御勝手方《おかってがた》の下の役所が直接かかわった。元締《もとじめ》・荷主代《にぬしだい》・陸役などがおかれ、元締は各組株の荷親《におや》のうえにあり、ミカンの出荷期には、有田川河口の北湊《きたみなと》に荷親と交代で詰めて、ミカンを艜船《ひらたぶね》の船頭からうけとり、送り先の問屋へ送り状を書いてミカン船に積みこんだ。船が江戸に着くと、荷主代がうけとり、問屋へふりわけた。問屋は仲買に売り、その代金は紀州藩の為替方《かわせがた》を経て蜜柑方会所《みかんがたかいしょ》へ送られた。蜜柑方で換金して荷親をとおして荷主へ渡された。弘化〜安政年間（一八四四〜六〇）ごろの記録によると、紀州ミカンは江戸の神田《かんだ》川沿いの稲荷河岸《いなりがし》の明地《あきち》に荷揚げされて、江戸の問屋へ売り渡された。紀州藩の世話で、この地を借りうけたのである。

紀州ミカンは紀州藩の保護と統制をうけながら発展したが、御仕入方《おしいれかた》の取扱い品ではなかった。蜜柑方は、御仕入方の制度ができる前から発足し、ミカンが特産物となっていたからである。

綛糸《かせいと》も特産物として有名である。紀州の綛糸は木綿の糸のことで、和歌山城下をはじめ各地で生産されたが、とくに日高《ひだか》郡の綛糸がすぐれていた。おもな販売先は京都・大坂・堺などの問屋で、幕末には尾張《おわり》（愛知県）・美濃《みの》（岐阜県）へも出荷した。藩は、すでに享保十二（一七二七）年に綛方役人をおき、綛屋を監督し、京都・大坂などの問屋と交渉して価格を決めるなどの保護をしている。

野上《のかみ》から貴志《きし》にかけての地域では、紋羽織《もんぱおり》というたて糸に粗い綿糸を使って織った綿布がつくられた。保温力に富み防寒用の衣料に愛用されていたが、明和年間（一七六四〜七二）からは松葉や針で起毛《きもう》して肌ざわりのよい布地がつくられた。野上・貴志付近では水田の三〇％は綿を栽培していた。

紀ノ川上流の地域では、川上《かわかみ》木綿が生産された。『紀伊国名所図会《めいしょずえ》』は、「川上縞《しま》、郡中の婦人農隙にこれを製し、浪花《なにわ》及府下に出す」とあり、農村の副業として発展した。

近世初期に黒江《くろえ》（海南市）の漆器生産の主流であった渋地椀《しぶちわん》は、椀木地《わんきじ》に渋下地《しぶしたち》をほどこし、そのうえに漆を塗って仕上げる簡素な食器である。根来《ねごろ》塗りの下地に黒と朱の漆を二重に塗る厚塗り手法とは技法的にまったく違いがあるので、天正《てんしょう》の兵乱《へいらん》で四散したときに伝わったとする黒江漆器の天正起源説は否定され、木地師《きじし》による起源説が浮上してくる。しかし、これも文献上からの起源の実証は無理のようで、黒江漆器の起源を知る決め手はない。

享保四（一七一九）年の黒江村の人口について、「日《ひ》方組大指出帳写《かたぐみおおさしだしちょううつし》」は三六六〇人（男二三〇〇人、女一三六〇人）と概数で記している。住込みの奉公人などを正確に把握できなかったのであろう。「菜葉一本作り申さず、すべて膳椀《ぜんわん》の職道ばかりにて村中渡世《とせい》つかまつり」（「内存手続書」）と近世中期には手工業が盛んで、多くの職人が働いていた状況を記している。

宝暦十（一七六〇）年に当地の折敷屋《おしきや》三二軒が冥加金《みょうがきん》一五〇両をおさめて株仲間を結成した。折敷は大衆向きで製造工程も単純なため、類似品をつくりやすく、粗悪品が出回って共倒れになるのをおそれて株仲間を結成したのである。折敷も黒江漆器の主要製品となっていった。黒江漆器は大衆向きの商品によって全国市場へ進出した。

紀州漁業の発展●

近世にはいって紀伊の漁業は発展した。それぞれの漁村は、地先の海域を漁場として共同で利用した。家族労働による個人漁業が多かったが、浦共有の地下網《じげあみ》もあった。

塩津浦蛭子神社（海南市）　塩津浦蛭子神社の48軒の宮座衆が鰮敷網漁を経営していた。

海士郡塩津《しおつ》浦（海南市）の蛭子《えびす》神社の宮座四八軒が、寛永十九（一六四二）年に二〇両ずつ出資して敷《しき》網をつくって冬期に回遊する鯔《ぼら》を漁獲したと伝えられている。浦中総がかりで、四八軒が目付《めつけ》役になり、数カ月にわたって操業した。漁獲物の三〇％は網修理料で、残額を分配した。漁期になると、地先漁場は宮座の支配下にはいったが、やがて近世中期の天明年間（一七八一〜八九）に漁獲物の分配をめぐって一般漁民との対立がおこっている。

明暦元（一六五五）年の古座《こざ》浦（串本《くしもと》町）と樫野《かしの》浦（同）、延宝三（一六七五）年の三葛《みかずら》浦（和歌山市）と箕島《みのしま》浦（有田市）、同七（一六七九）年の塩津浦と雑賀崎《さいかざき》浦（和歌山市）などの漁場争論にみられるように、十七世紀後半になると、紀伊半島各地の漁場で新しい漁具を使用したため、従来の漁場利用の慣行がくずれて争論が激発している。

加太《かだ》・塩津・栖原《すはら》・湯浅《ゆあさ》・広《ひろ》などの漁村では、八手《はちだ》網・まかせ網など大型の鰯《いわし》網が開発され、近世初頭から瀬戸内・九州などの西海《さいかい》漁場や関東漁場へ出漁した。また、塩津浦の太郎右衛門らが寛永十（一六三三）年に備中《びっちゅう》真鍋《まなべ》島

九十九里浜（千葉県山武《さんむ》市）　紀州漁民が鰯網漁業を伝えた。

（岡山県笠岡市）の鯛《たい》網漁場に入漁し、寛文五（一六六五）年には塩津浦から二一人の漁民が移住している。

加太浦大甫《おおぼ》七十郎が元和年間（一六一五～二四）に上総矢浦《かずさやのうら》（千葉県勝浦《かつうら》市）で鰯網をはじめ、湯浅浦貝《かい》柄助右衛門《がらすけえもん》と栖原浦四平次らが上総へ八手網を伝えた。栖原茂俊《しげとし》（角兵衛《かくべえ》）は、江戸の繁栄をみこして承応期（一六五二～五五）に房州の浦々をまわって天津《あまつ》・浜荻《はまおぎ》（千葉県鴨川《かもがわ》市）に漁場を開き、九十九里《くじゅうくり》浜へも漁場を広げた。のち栖原角兵衛は、三陸海岸から北海道の漁場を開発、やがて樺太《からふと》まで進出した。

広浦の崎山次郎右衛門も、明暦二（一六五六）年に下総東端の飯沼村（千葉県銚子《ちょうし》市）を訪れ、六年の歳月をかけて外川《とかわ》浦の築港と漁村づくりを企画し、紀州から漁民や漁商人をよびよせ、「外川千軒」というほど繁栄させた。紀州漁民は漁期がおわると漁船・漁具を残して陸路帰国していたが、やがて永住する漁民もでてきた。

関東漁場では、近世中期になると、紀州などの出漁民から漁法を学んだ地元の漁民が成長して、漁場や干鰯《ほしか》場をめぐって他国からの出漁民を排除するようになった。こうして出漁民は関東漁場から追われていった。

元和九（一六二三）年十二月、田辺湾内の綱不知《つなしらず》で大小三〇八頭の鯨が捕獲された。また寛文五年には、和歌山城下の雄湊《おのみなと》でも鯨の突取《つきとり》漁が行われているが、十七世紀ごろは、紀伊半島沿岸で広く捕鯨業が行われていた。セミ・イワシ・ザトウ・コ・マッコウ・ナガスを熊野六鯨とよび、大型のナガス以外を捕獲の対象とした。

太地《たいじ》浦では、刺手《さして》組（突取法による鯨組）ができて捕鯨業は盛んになるが、寛文元（一六六一）年閏八月の「指上ヶ申五嶋行突羽指共之口書」によると、寛永期（一六二四～四四）から二四年間に三輪崎《みわざき》浦から

❖コラム

近世の太地捕鯨

熊野灘《くまのなだ》や紀伊《きい》水道の沿岸の漁村で、回遊してくる鯨《くじら》を浅瀬へ追い込みとらえる捕鯨は、近世以前から行われていた。やがて太地《たいじ》浦で、多人数の漁夫が何艘もの漁船にのって組織的に行う突取《つきとり》法とよばれる捕鯨をはじめるのは、慶長十一(一六〇六)年と『紀伊続風土記《きいぞくふどき》』は伝えている。

突取法は、鯨船が船団をつくり、水軍の合戦の陣立てのように鯨を追い、銛《もり》を何本も打ちこんでしとめる漁法である。海上には幾組もの船団が入り乱れて、鯨をとらえる勇壮な漁法である。元和四(一六一八)年に尾張《おわり》の与惣治《よそうじ》を羽指《はざし》にやとって盛んになったと伝えられるが、紀州の羽指もふえて鯨組が多くなった。櫓《ろ》数の多い高速の鯨船に独特の模様を描いて彩色し、捕鯨中に船団の判別をしやすくするなど捕鯨量をあげる工夫をしている。

やがて延宝五(一六七七)年、太地浦で突取法に網を併用する網取《あみとり》法が考えだされる。突取法では捕獲できなかった行動力のはやいザトウ鯨なども、網を使って行動範囲をせばめてから銛で突きとるので一気に捕鯨量が増加した。しかし、網取法の捕鯨は、羽指がのって鯨をとらえる船以外に、勢子《せこ》船・網《あみ》船・持左右《もっそう》船など多種の船も必要で、鯨組が大規模になり、鯨網や漁具を保管する大納《おおな》屋《や》も設けなければならなくなる。また常時漁夫をかかえておかなければならず、膨大な資本を要した。

太地角右衛門《かくえもん》の鯨組へは、尾鷲須賀利《おわせすかり》浦の漁夫が長期にわたって乗り組んでいるが、ほかの鯨組にも同じように他所の漁夫が乗り組んでいる。捕鯨法を学ぶために他国からも多くの漁民が太地を訪れた。

羽指《はざし》（羽刺）二五人、加子《かこ》二人、宇久井《うぐい》浦から羽指五人が九州五島列島近海の鯨船にやとわれている。ほかに和歌山・藤白《ふじしろ》（海南市）・古座などの漁民もやとわれており、太地浦以外の捕鯨も盛んであった。

延宝三年十二月、太地浦の庄屋角右衛門が中心となり、浦神《うらがみ》・下里《しもざと》・森浦《もりうら》・勝浦《かつうら》・宇久井・三輪崎の七カ浦の庄屋が、突取法に関する定書をつくった。漁場をめぐる対立が生じ、漁村間で調整しなければならなくなったからである。これとよく似た定書が、志摩《しま》国（三重県）の二一カ村のあいだで慶安二（一六四九）年十一月に取りかわされている。太地浦など七カ浦は、志摩の定書を参考にしながら、突取法の規約を定めたのであろう。

『日本永代蔵《えいたいぐら》』で井原西鶴《いはらさいかく》は、太地浦の繁栄ぶりを「七郷の賑ひ、竈《かまど》の煙立つゞき」と記し、「工夫をして、鯨網をこしらえ、見つけ次第に取、損ずる事なく、今浦々にこれを仕出しぬ」と、網取法の操業による漁獲ぶりを述べ、その結果「檜木《ひのき》造りの長屋弐百余人の猟師をかゝえ、舟ばかりも八十艘」と、捕鯨業の発展で太地浦が繁栄している状況を伝えている。

この年太地浦の網取法は、古座浦と樫野浦へ伝えられ、漁場争論まで発展した。古座浦の捕鯨業は、万治年間（一六五八～六一）にはじまると伝えられるが、網取法が伝わって大きく変化した。その後、藩の鯨方役所《くじらかたやくしょ》が設けられ、いっさいの捕鯨の用具をそなえつけ、常時三〇〇人ほどの漁夫をかかえた。それは海浜の村への救民対策の性格をもっていた。

また新宮の水野氏も、三輪崎に鯨方役所を設立して経営していた。

3 経済の発展と領民

御仕入方役所の設置

紀州藩の御仕入方役所は、伊勢領の佐八《そうち》（三重県伊勢市）、大和領の天川《てんかわ》（奈良県天川村）、紀州領の御仕入方と、それぞれ設立年次を異にする三つの役所からはじまる。

文化五（一八〇八）年十一月の「進達書」によると、佐八役所は、明暦三（一六五七）年から大杉山の材木を切りだした。天川役所は、元禄十二（一六九九）年に御用材をはじめて運びだしたことにはじまる。御仕入方は、稼ぎが少なく、年貢もおさめられない百姓を救うため元禄十三（一七〇〇）年ごろにはじまったと『南紀徳川史』はいう。これらの三役所は、いずれも生産性の低い山間僻地の農民に稼ぎをあたえ、生産した木材・炭などを仕入れて救済した。

享保十五（一七三〇）年、和歌山城下湊紺屋町《みなとこんや》一丁目にあった御材木蔵《おんざいもくぐら》の敷地内に湊御仕入元役所が設立されたとき、これまで世襲制であった職員の採用方法を改めた。「利倍之才気」のある有能な人材が少数で運営し、経験豊かな町人も「町手代《てだい》」として臨時職員に採用するなど、かなり思いきった機構改革をした。

やがて宝暦三（一七五三）年、紀州領の御仕入方は、佐八・天川の役所とも合併して一役所の御仕入方となった。のち佐八役所の運営が思わしくなく、「御救」の目的が果たせないので、紀州領の御仕入方と同じやり方で運営するようにして、藩営専売制を強化した。湊紺屋町一丁目の御材木蔵構内は、もともと佐八役所が回送した伊勢大杉山の材木の貯木場であったから、佐八役所と紀州領の御仕入方のあいだには組織上のつながりがあったのである。しかしその後も、佐八役所、天川役所、紀州領の御仕入方の名称が残っているから、御仕入方の下部機構としてなんらかの活動をしていたのであろう。

宝永三（一七〇六）年に設立された本宮御仕入方は、炭山の雑木代や立木代や炭・板・小割類などの仕込銀《こみぎん》も無利足で貸し、販売代銀で返させた。またお囲《かこ》い米《まい》をそなえつけ、本宮組一一カ村に時価で小売りし、年貢や猪鹿垣《ししがき》づくりの費用も貸しつけた。

口熊野の村々でも木材・炭が売れずに困り、天明四（一七八四）年三月に御仕入方が周参見《すさみ》浦へ出張して買いあげている。天明八（一七八八）年十一月に周参見御仕入方が開設されるのは、この要望を考慮したからである。日置《ひき》川筋に市鹿野《いちかの》・合川《ごうがわ》、古座《こざ》川筋では高川原《たかがわら》・西川《にしかわ》などに御仕入方がおかれた。

寛政十二（一八〇〇）年になって、紀州藩勘定方は伊勢の実綿《さねわた》の他国売りを禁止し、御仕入方で買いあげ、和歌山の綿問屋松島屋伝右衛門を国産綿の御仕入方綿問屋に、松坂の五人の木綿問屋を売捌《うりさばき》問屋に指定して、日高廻船《ひだかかいせん》で江戸へ運ぶという計画を立てた。しかし、この計画は商人たちの反対でつぶれたが、従来の御救御仕入方が、御国益《おんこくえき》御仕入方へ変質していくうえで注目すべき内容である。前述の文化五年の「進達書」にも、「お救御手当はもちろん、諸産物の交易御国益にも相成り候」と、御仕入方政策が変化していることを記している。

この変革は、堀江平蔵《ほりえへいぞう》が御用御取次《ごようおとりつぎ》に登用され、文化三（一八〇六）年二月にはじまった財政改革によって実施されるが、御仕入方役所は山間僻地のみならず、領内の要衝や先進地域にも設置されたわけである。さらに江戸・大坂・京都・堺などにおいても、国産品の積極的な販売を開始する。取扱い商品も林産物中心から商品作物や手工業製品がふえていく。

文化十（一八一三）年三月、大坂幸橋に藩の御屋敷が建てられ、同十五（一八一八）年三月に江戸の八丁堀炭方役所が八丁堀御仕入方に改組された。藩は、販売にも積極的に関与して利益をあげるため、指定商人に委託販売をさせるなど都市商業資本との結びつきを深めた。

文化十年、紀ノ川中流の要衝橋本に設けられた橋本御仕入方は、こうした藩の商業政策の転換のなかで創設されたが、めざす「御国益」は百姓の利害と対立せざるをえなくなり、一〇年後の文政六（一八二三）年には百姓一揆《いっき》を誘引した。

御仕入方は、明治二（一八六九）年正月、産物方《さんぶつかた》と改称され、各郡民政局が業務を引きつぎ、十月に設置された開物局《かいぶつ》へ移行したが、開物局も翌三（一八七〇）年八月に廃止された。

紀州の廻船と江戸市場●

大型帆船によって編成されている日高（御坊市《ごぼう》）、比井《ひい》（日高町）、富田《とんだ》（白浜町）の三カ浦の廻船を総称して紀州廻船という。元和五（一六一九）年に堺の商人が南紀富田浦で二五〇石積みの廻船を借りうけ、大坂から江戸へ荷物を運んだことにはじまる。大坂・江戸間を定期的に就航した近世日本の海運を象徴する菱垣《ひがき》廻船の発祥であった。

寛文七（一六六七）年に薗浦《その》（御坊市）に二九艘、御坊に一七艘、名屋浦《なや》（同）に一六艘の二〇〇石級の廻船があり、拠点の一つを形成していた。ところが宝永四（一七〇七）年、摂津西宮に江戸酒積問屋が成立すると、同六（一七〇九）年に比井組が紀州廻船からはなれて樽《たる》廻船として酒荷の輸送をはじめるようになった。一方、残った日高組の廻船は、菱垣廻船と称して薬種類・灯油・鉄などの諸荷物を江戸に運んだ。

だが、宝暦年間（一七五一〜六四）には日高廻船も樽廻船に合体され、また寛政五（一七九三）年には富田廻船が日高廻船に包括され、紀州の廻船界は樽廻船に支配されてしまった。

安永二（一七七三）年に樽廻船は一〇六艘あったが、その前年の同元（一七七二）年に比井廻船が二七艘、明和八（一七七一）年には日高廻船が四八艘存在しているから、紀州廻船が樽廻船の過半数を占めていた。

文政年間（一八一八〜三〇）になると、比井廻船が船数において日高廻船を上回っている。紀州藩の蜜柑方と結びつきの強かった日高廻船と、灘《なだ》の酒造業と結びついた比井廻船との差であった。

天保四（一八三三）年、紀州廻船は樽廻船をはなれ、菱垣廻船へ合体された。この合体には紀州藩が関与しているが、菱垣廻船の再興をはかるためである。だが、その運営も円滑にいかなかった。

新宮（熊野）川の河口で、十七世紀中ごろには新宮廻船

比井浦（日高町）　比井廻船発祥の地。

と鵜殿《うどの》廻船が存在していた。新宮では、正保四（一六四七）年に五五人の船持ちが六組に分かれ、組頭《くみがしら》のもとに仲間をつくっていた。一方鵜殿では、寛文八（一六六八）年の「廻船仲間連判状《れんぱんじょう》」には八一人が連名している。

新宮川の河口は砂洲がたえず変動し、風波の荒れるときの入船・出船は船乗り泣かせであった。しかし、新宮川上流から木材・薪炭など大量に山産物が河口まで搬出されてきたため、廻船業が発達した。河口で廻船に積みこまれて上方《かみがた》・江戸などの中央市場へ販売されたから、積荷運賃や入船・出船についての細かい協定が取りかわされている。川船で流下してきた熊野炭は、ひとまず新宮池田の炭納屋《すみなや》に集められて江戸市場の相場をみて出荷された。

明和四（一七六七）年に新宮領主水野氏は、自領の木材・薪炭を江戸市場に直送するための五五〇石積み、一二人乗りの大型廻船三艘を建造した。民間の廻船へ荷物を委託せず、みずから船をもつ手船化であった。

炭納屋跡の現状（新宮市）　遊歩道の木柵の左手一帯に，夏草の生えた炭納屋跡が広がる。

❖コラム

箕島陶器商人

約一〇〇万人が生活する江戸は、近世日本の最大の市場であった。紀州《きしゅう》箕島《みのしま》（有田《ありだ》市）の宮崎陶器商人も、享保期（一七一六〜三六）に江戸へ焼き物の直売りやせり売りをするようになったという。享保改革《きょうほうのかいかく》による幕府の一連の商業政策で、宮崎陶器商人は江戸で常宿としていた江戸の廻船問屋紀伊国屋久兵衛《きのくにやきゅうべえ》の仲介もあり、坂本三右衛門《さかもとさんえもん》問屋と取引関係をもつようになった。

文化六（一八〇九）年二月、幕府の商業統制により市中の問屋が産業別の株仲間《かぶなかま》にまとめられると、宮崎陶器商人も冥加金《みょうがきん》をおさめて加わった。

この年五月、宮崎陶器商人がこれまで取引関係にあった江戸陶器商人十数人を町奉行所《まちぶぎょうしょ》へ訴えた。二年前から陶器の仕切金を支払わなかったからで、その額は一二〇〇両余であった。訴状は紀州藩の手を経て手続きされており、有田郡域からも陶器商人の代表が江戸へ出発した。

宮崎陶器商人が、文化七（一八一〇）年五月に勘定《かんじょう》奉行所へ提出した書状によると、結局滞金二〇四六両のうち八〇〇両を文化七年末までにうけとり、残金は三右衛門らが三〇年賦で返済するとしている。陶器の取引はこれまでどおり続いたが、三右衛門の家屋敷二カ所を抵当物件としてうけとった。老獪《ろうかい》な江戸の陶器商人を相手に果敢に争えたのは、紀州藩に保護されていたからである。

宮崎陶器商人は、関八州《かんはっしゅう》へ直売り行商により販路を広げた。紀州藩勘定所から下付された鑑札《かんさつ》をもち、見本の商品をかついで行商し、注文をうけると江戸の御蔵《おくら》から送りとどけた。慶応四（一八六八）年辰《たつ》四月の「諸国得居（意）帳」に、日光道中《にっこうどうちゅう》・中山道《なかせんどう》筋・甲州《こうしゅう》道中・水戸《みと》街道・東海道《とうかいどう》筋の宿々のほか、銚子《ちょうし》付近、信州《しんしゅう》、奥州《おうしゅう》方面などの得意先が記されている。

紀州の沿岸には、紀州廻船や新宮廻船のほかさまざまな廻船が就航していた。石見浜田外ノ浦《いわみはまだ》（島根県浜田市）に入港した廻船を記した「諸国御客船帳《しょこくおんきゃくせんちょう》」には、紀州の二二カ浦村に船籍をおく五〇〇～一二〇〇石積みの大型廻船が記されている。また紀州の沿岸の港から港へ、あるいは近国へ航行する小型の廻船も数多く往来しており、近世社会の物流に大きな役割を果たした。

舟運は紀ノ川が盛んであった。天正十五（一五八七）年に豊臣秀吉からの特権を得た橋本では、近世をとおして塩市が開かれていた。紀ノ川を川舟で運ばれてきた塩・米穀などの積み荷は橋本で荷揚げされ、陸路を五條《ごじょう》方面（奈良県）へ運ばれた。和歌山舟と川上舟が上下していた。

新宮（熊野）川は、支流の北山川も合流して豊富な水量をほこり、広大な流域の村々で産する薪炭・木材などの林産資源は筏《いかだ》あるいは川舟で河口の新宮まで運ばれた。また米穀など山間の村々で不足する諸物資が川をのぼり、遠く大和十津川《とつかわ》まで運ばれていた。そのため、川沿いの村々には多数の川舟があり、物資の運送はもちろん、人びとの交通機関としても利用された。新宮川に生業をおいている人びとで、新宮の川原にできた川原町はにぎわった。飯屋・宿屋・風呂屋・鍛冶屋・八百屋・舟具屋など、いろいろな店が軒をならべた。

日高川・富田川・日置《ひき》川・古座川など紀伊山地から流れる大河も、山産物を川舟で運びだしていた。

一揆と打ちこわし●

高野山寺領は山間部にあり、凶作もたびたびおこった。そのため農民は、年貢減免を求めてよく訴えた。享保五（一七二〇）年に戸谷新右衛門《とやしんえもん》が、幕府の寺社奉行に越訴《おっそ》して石籠詰《いしこづ》めの極刑に処せられた話はよく知られている。だが、高野山にも村方にもこれを裏づける史料はない。残っているのは明治以降の記録のみで、この越訴も事実かどうか疑わしい。自由民権運動期の創作と考えられる。

享保十（一七二五）年の荒所《あれしょ》の調査で、安楽川荘《あらかわ》（紀の川市）の惣代《そうだい》らが棉の虫つき、稲の不作について見分を願いでた。これが発端で、小百姓《こびゃくしょう》を主体とする強訴《ごうそ》に発展した。高野山では、臨時の衆議《しゅうぎ》を開いたが、棉作の毛見《けみ》はしないと決め、農民を下山させた。村々の庄屋から詫状《わびじょう》を提出させ、強訴は農民側の敗北におわった。しかし、商品作物である棉の栽培をめぐっての事件であったことが注目される。

その後も寺領の農民による年貢減免の要求が続けられ、享保十五・十六（一七三〇・三一）年に減免が認められた。享保二十（一七三五）年に高野山が新開地の検地を行おうとしたときには、一一カ村の農民の強訴で中止させ、しかも一人の犠牲者もださなかった。

高野山寺領は、元禄三（一六九〇）年以後は検地もしていないし、享保期以後は土免《どめん》が一般化している。高野山側は、農業生産力の向上に伴う農民の余剰を吸収しようとした。そのため、明和六（一七六九）年にまた強訴がおこり、安楽川荘の農民が未進米《みしんまい》の一〇カ年賦の上納と肥料代の貸しつけなどを要求した。このときは部分的に要求が認められておさまったが、七年後の安永五（一七七六）年に大規模な一揆になった。

神野荘《こうの》（紀美野町《きみの》）の地士岡本忠太夫《ちゅうだゆう》が新田空地を検地して、新高一〇〇〇石余をだし、その褒美に三〇石をもらおうとしたが、農民の怒りを買って居宅を打ちこわされた。農民はひそかに名手村《なて》（紀の川市）で会合し、組織的な行動を計画した。高野山は村々へ内偵を放ち、農民の内達もうけて村々のようすをさぐり、連日衆議を開いて対策を考えた。安永五年十一月、学侶領の村々から数千人の農民の惣登《そうのぼ》りが決行され、年貢の減免を認めさせた。

高野山は、紀州藩に救援を求めたが、藩主治貞《はるさだ》は家臣をださず、伊都・那賀両郡から地士帯刀人一二〇人を登山させ、郡奉行をつかわして領内の警戒にあたらせた。行人領の農民二〇〇〇人も年貢と夫役《ぶやく》の減免を求めて登山し、それを認めさせた。農民らは地士からも説諭されて下山し、高野山は平静になった。

高野山は学侶・行人両派が協議して江戸の寺社奉行に出訴し、翌安永六（一七七七）年三月、一揆の指導者をとらえて江戸へ送り、村役人や僧侶多数も出府して取調べをうけた。安永の一揆は、多くの要求を勝ちとったが犠牲者も多かった。

天明二（一七八二）年から続く天候不順は農作物の凶作をうみ、紀州藩でも食料不足が顕著になっていた。米穀が高騰して事態は深刻化しているのに、藩の救恤《きゅうじゅつ》政策は貧弱であった。天明六（一七八六）年末から七（一七八七）年初めにかけて田辺で打ちこわしがおこり、五月には和歌山城下と粉河《こかわ》でも打ちこわしが発生した。

田辺では、諸職人の賃銀が二〇％もさがっているのに米価は高騰していた。天明六年十二月二十五日夜、周辺の農村からひそかに町へはいりこみ、辻番《つじばん》の警戒の目をのがれて集まり、江川浦の富商源中理兵衛《げんなかりへえ》宅をおそった。役人が駆けつけたときは誰も残っていなかった。民衆は「打潰《うちこわし》」ではなく、合法的手段の「苞打《こもうち》」と主張した。奉行所はこのとき、町・江川の大前二二軒に命じて米八二石を供出させ救済米にあてた。

その三日後、本町・北新町・南新町の四軒の商人も打ちこわされ、町方の富商は恐怖感をもった。新庄村の吉五郎は、富田川沿いの村々へ塩の行商人をよそおってもぐりこみ、奉行所の探索の目をのがれながら民衆を組織してまわった。こうした行動が背後にあって打ちこわしは成功した。

天明七年正月、南部《みなべ》で二軒が打ちこわしにあった話が伝わっていた。奉行所は警戒をゆるめられず、鉄砲・火縄《ひなわ》・薬など町会所《まちかいしょ》へそなえつけさせた。密告などにより徹底した捜査をして四四人を逮捕した。取調べは過酷で、二人が死罪、一七人が追込み以上の刑に処せられた。

この年五月、和歌山城下でも、近郊の中之島村の農民ら大勢が新八百屋《しんやおや》町の油屋と北新中ノ丁の米屋に押しかけて打ちこわした。城下の町人たちはそれを見物していた。農民と町人の連帯はうまれていなかった。藩は救助米をほどこしたり、城の堀の浚渫《しゅんせつ》工事をおこして救済にあたった。また米・雑穀などの領外移出を禁じ、これまで認めていなかった他国米の移入も許可したが追いつかなかった。

和歌山城下の打ちこわしから一〇日ほどのち、在町の粉河でも打ちこわしが発生した。寺の早鐘を合図に、南町の米屋と質商をいとなむ惣二郎宅など数軒に群衆がつめかけて打ちこわした。二カ月前に粉河寺本堂前などに張り紙で予告されていたが、ふせげなかった。奉行所は二日後に首謀者をとらえた。

打ち続く飢饉で農村は疲弊し、米価の高騰は都市民を苦しめた。打ちこわしは、都市および周辺農村の日雇層によっておこされたが、これに対して領主側は有効な対策はとれなかったのである。

4　文化の隆盛

藩校と儒学●

五代藩主徳川吉宗《よしむね》は、正徳三（一七一三）年、城下町の湊寄合《みなとよりあい》橋の西詰の河岸《かし》に講釈所《こうしゃくしょ》を設立した。祇園南海《ぎおんなんかい》が記した「湊講館覚」によると、九月二日から毎月二の日と六の日に、月六回「論語《ろんご》」の解釈が開講された。日を変えて、ほかの講義も同じように月六回ほど開講された。身分の貴賤を問わず、学問を志す者であれば庶民でもうけいれた。

このように紀州藩は、儒学《じゅがく》は社会秩序を維持するための基本的な学問であるとして、広く一般庶民にも学ばせようとした。講釈所は数年後に講堂と改称され、まもなく衰退するが、藩の儒学者が組織的に藩校で教授する制度がつくられた。

江戸時代の刑法は、中国の明律《みんりつ》に基づいて作成されていたから、明律の研究は幕府はもちろん諸藩でも盛んであった。

紀州藩も、初代藩主頼宣《よりのぶ》が朝鮮の李真栄《りしんえい》らを用いて明律の研究をはじめたが、二代藩主光貞は、元禄三（一六九〇）年に榊原篁洲《さかきばらこうしゅう》に明律の注釈書「大明律例諺解《だいみんりつれいげんかい》」を作成させた。篁洲は朱子学《しゅしがく》のみにかたよらず、さまざまな学問の長所を学ぶ折衷学《せっちゅうがく》派をつくり、紀州藩独自の学問体系をうみだした。

吉宗の時代になって、明律の研究はさらに盛んになった。紀州藩医で儒家の高瀬学山《たかせがくざん》は、「大明律直解」を和訳したり、篁洲の「大明律例諺解」にわかりやすい注釈を加えた「大明律例訳義」を享保五（一七二〇）年に完成し、すでに将軍になっていた吉宗に献上している。このように紀州藩の明律研究の成果があがったので、『徳川実紀《とくがわじっき》』にも「法律の書は、紀伊家にましましけるほど、より好ませ給ひ」と記されている。

ところで吉宗は、儒学よりも実利的な学問に興味をもった。明律研究もその類にはいるが、将軍になってからも西洋の文物や中国の実用書を好んで、漢訳洋書輸入の制限をゆるめた。こうした吉宗の学問的関心は、紀州藩主時代以来つちかわれたものである。元禄期（一六八八～一七〇四）には藩財政窮乏の打開のため、大畑才蔵ら地方の巧者を任用して、灌漑用水を開削し耕地の拡張と増産をはかった。吉宗は、土木技術・物理学などの重要さを十分に認知していた。

安永四（一七七五）年二月、西条藩主徳川治貞は九代紀州藩主に就任すると、家臣に儒学を奨励した。彼自身も儒学に関心が深く、折衷学者からの講義をうけていた。翌安永五（一七七六）年には、評定所《ひょうじょうしょ》で月三日の儒学の講釈を実施し、家臣には、それまでに仕事をおえて受講するように指示している。また城内中《なか》の間《ま》でも講釈をはじめ、毎月三の日と九の日の月六回、四書《ししょ》の講釈を行った。優秀な子弟であれば、たとえ藩士でなくても褒美をとらせ、学費を給して儒学の修得をすすめた。治貞は、家臣に為政者としての自覚を促すために儒学の精神を学ばせた。同年秋、治貞は湊の講堂を視察したが、その荒廃ぶりにおどろいた。かつて祇園南海らの講釈が開かれ、学問の盛んであったことを聞き、講堂の再興を考えたが日の目をみなかった。しかし城中の講釈は盛況で、京都古義堂《こぎどう》の伊藤蘭嵎《らんぐう》（仁斎《じんさい》の五男）を召しかかえていた。

治貞は「慎終論《しんしゅうろん》」という短編の漢文の書物をあらわしている。治貞は、君主が政治をするにあたって「慎み」を基本としなければならないとし、家康の言や聖賢たちが行った政治に学ぶべきことが多いと主張した。そして「礼法」にしたがい、「言行」を正し、「節倹」をとうとび、「奢侈《しゃし》」をとどめ、「政務」にはげみ、「宴安」（遊び楽しむこと）をいましめるというように、きわめて具体的に説いている。

治貞は安永六（一七七七）年九月、七歳の岩千代《いわちよ》（のちの治宝《はるとみ》）を養子にしたとき、大名の世子としてつつしむべき五項目の教えを解説した「五慎教解《ごしんきょうかい》」を贈っている。翌安永七（一七七八）年八月には、「五《ご》倫《りん》の徳目《とくもく》」について、忠孝を基本に治貞独自の解釈を示した「童子訓《どうじくん》」もあらわしている。もちろん、それには改めて取りあげるほど斬新で、独創的な考えがもりこまれているわけではないが、治貞は歴代の紀州藩主のなかでもっとも儒学について熱心で、またその精神を会得していた。

しかし、彼の治世が紀州領民にどれほどの善政をほどこしたかとなると話は別である。治世中の天明七（一七八七）年、和歌山・田辺・粉河など広域の都市部で、かなり激しい打ちこわしが発生している。食べる米にもこと欠く都市民が不穏な状況をうんだのである。それに対して質素倹約政策で乗り切ろうとする以外の具体的な政策はなかった。

また、危機的状況にある藩財政の立て直しにおいても、信念としている儒学の理想政治の実現をめざしただけで、商品経済のめまぐるしい進展による社会の変化に目がとどいておらず、具体的な増徴策もとっていない。ようやく天明七年九月に家中の半知《はんち》借上げにふみきったときも、「財政を悪化させたのは、自分の不徳のいたすところである」と、自身の反省のみに原因を求めて、無念な思いを述べているにすぎない。

紀州の画壇●

江戸時代、儒学者や教養人のうちから文人画《ぶんじんが》が広まった。紀州藩の儒家祇園南海は、その先駆者の一人である。江戸詰めの藩医の家に生まれた南海は、幕府の儒官木下順庵《きのしたじゅんあん》の門下生となり、新井白石《はくせき》・室鳩巣《むろきゅうそう》らともまじわり儒学者となった。また中国の文人画や画論も学び、絵筆をにぎった。南海によって開拓された文人画は、池大雅《いけのたいが》にうけつがれ、やがて大雅・与謝蕪村《よさぶそん》らにより文人画の画境が確立された。大雅が紀州の南海を訪れたのは、寛延三（一七五〇）年十二月である。熊野方面への探訪にでかけようとする大雅へ、南海は餞《はなむ》けに自作の詩を贈っている。

和歌山城下では、桑山玉洲《くわやまぎょくしゅう》や野呂介石《のろかいせき》の文人画家がでてきた。玉洲は『絵事鄙言《かいじひげん》』のなかで、南海や柳沢淇園《やなぎさわきえん》（大和郡山藩の儒家）などの戯墨は南宋画《なんそうが》を発端としているが、彭城百川《さかきひゃくせん》（京都の画家）や池大雅がでて、文人画を大成したと述べているように、先人の芸術理念をよく理解し、中国の南宋画も学んだ。

玉洲は、家業の海運業にたずさわり、開墾事業も手がける経世家《けいせいか》であったが、江戸や上方にでて、文人墨客《ぼっかく》ともまじわり、文人画の道にはいった。生涯特別の師はもたなかったが、先人のすぐれたところを学びとった。とりわけ大雅に学んだことは、彼の画風に大きな影響をあたえた。四〇歳代後半に彼の作品は多くなるが、寛政五（一七九三）年に野呂介石らと四人で熊野地方をたずねた旅行で、熊野奇勝・熊野五境・那智瀑布などつぎつぎと画題を得て、清爽で品格のある傑作を発表して彼の画風をきずいた。玉洲は、また理論家でもあり、当時一般にはまだ理解されていなかった南宋画を絵画史上に正統づけた。そして、わが国最初の本格的な文人画論もあらわした。彼は実業のかたわら学ぶ在野の芸術家であったが、めぐまれた人脈をもっていた。

玉洲と同時代に活躍した野呂介石も、すぐれた文人画家である。介石は医師の家に生まれ、幼少のころ

桑山玉洲の描いた「那智之滝図」

から藩の儒家伊藤蘭嵎に儒学を学んだ。宝暦十（一七六〇）年、一四歳で京都に遊学、黄檗山《おうばくさん》の鶴亭《かくてい》から墨竹（墨絵で描いた竹）を学び、二一歳のとき池大雅の門にはいった。寛政五年、四七歳で藩吏となるが、玉洲らと熊野地方に足をいれ、山の峰々や深山渓谷の真景に没入して、気品のある味わいを画面いっぱいに描きだすことを体得した。那智瀑布図《ばくふず》など熊野地方山水図《さんすいず》にみられるように、介石の作風も安定した。以後、文人画が盛んになった文化・文政期（一八〇四～三〇）には、介石の絵はますます円熟味を増し、文人画を代表する画家となった。

円山応挙《まるやまおうきょ》と長沢蘆雪《ろせつ》の絵が、南紀の数カ寺に多く残されている。これらの寺院のほとんどは、京都の東《とう》福寺《ふくじ》と妙心寺《みょうしんじ》につながる臨済宗《りんざいしゅう》の禅林寺院である。草堂寺《そうどうじ》（白浜町）、無量寺《むりょうじ》（串本町）、成就寺《じょうじゅじ》（同）は東福寺系、万福寺《まんぷくじ》・持宝寺《じほうじ》（以上すさみ町）は妙心寺の末寺《まつじ》である。南紀の禅宗諸寺院の住職は、京都の本山《ほんざん》に参禅して高僧ともまじわっていたが、その橋渡しで応挙・蘆雪の師弟の絵師に結びつき、その縁で蘆雪の南紀来遊がなされた。

蘆雪の南紀における絵画の全貌を分析して、『和歌山県史』はつぎのように記している。天明六（一七八六）年春、蘆雪は無量寺の愚海和尚《ぐかいおしょう》とともに熊野地方を訪れ、無量寺本堂が完成するまでのあいだ、成就寺に滞在して障壁画《しょうへきが》を描いた。そして無量寺本堂の落成を待って無量寺へ移り、三カ月間かけて障壁画など多くの絵を描いた。九月に草堂寺の本堂が完成すると、また移動し、翌年二月まで滞在して本堂の絵画をすべて完成し、最後に田辺高山寺《こうざんじ》で四日間の日程で揮毫《きごう》したと推定している。

蘆雪は、この四カ寺の滞在でみずからの画風を確立した。南紀の風土が彼の画才を引きだしたといってもよい。自由奔放でありながらも、巧妙な空間処理をみごとに行い、一気に技量を開花させている。訪問した寺院で画筆をふるいながら、自信と余裕で、師の応挙から学んでいた写実的な画風と文人画の精神を融合させて蘆雪の画風をうみだした。

かつて多くの絵師が、熊野地方の明るく雄大な自然と風土に接して、みずからの画風を形成していったが、伸び盛りの若い蘆雪もその一人である。

9章

藩政の動揺と近代への息吹き

紀州藩10代藩主徳川治宝により嘉永4(1851)年に築造された不老橋(和歌山市和歌浦)　背後にみえるのが「あしべ橋」で，その建設をめぐり景観論争(訴訟)となった。

1　徳川治宝と藩政

藩政改革と殖産政策●

紀州《きしゅう》藩は、天明期（一七八一～八九）の凶作で年貢《ねんぐ》収納も進まず、天明七（一七八七）年から六年間藩士の半知借上げ《はんちかりあ》（俸禄五〇％削減）を実施しなければならなかった。寛政元（一七八九）年、一九歳の徳川治宝《はるとみ》が第十代藩主に就任するのは、このように藩財政が苦境のときであった。彼は幕府に願いでて、翌寛政二（一七九〇）年から五年間毎年五万石の貸し米をうけている。治宝は、分家の西条《さいじょう》藩主への合力米《ごうりきまい》や一族の生活費も半減し、幕府への献上物の簡略化を五年間延長した。また、奥向き・表向きの諸用や諸役所の支出の節約も行った。

襲封して四年目の寛政四（一七九二）年は、半知借上げの期限切れの年であったが、家中《かちゅう》の状況からみて延長は不可能であった。そこで同年八月、年貢増収と統治の徹底を目的とした基本方針ともいえる、大《おお》庄屋《じょうや》への申渡書《もうしわたししょ》、御蔵法書《おくらほうしょ》、庄屋《しょうや》・肝煎《きもいり》・百姓への申渡書を通達した。それは、大庄屋と杖突《つえつき》の職掌を明確にして整理する一方で、村小入用帳《むらこいりようちょう》や郡割《ぐんわり》・組割帳《くみわりちょう》の見直し、伝法御蔵《でんぼうおくら》への納米時の諸経費の節減のため、在方《ざいかた》の小商人を経ずに城下町《じょうかまち》の米問屋をとおすなど、機構の改革と点検も行った。

寛政三（一七九一）年二月八日の口《くち》六郡・両熊野《くまの》・伊勢《いせ》三領の郡奉行《こおりぶぎょう》への仰渡書《おおせわたししょ》は、農民の作間稼《さくまかせ》ぎや奉公稼ぎによる町への移住の制限であり、造酒・水車・米搗《こめつき》・質・絞油《こうゆ》業の許可は、一五石以上であった所持高を三〇石以上とするなど在方の諸稼ぎを制限して、農業生産を優先する政策である。しかし、商品流通の広範な展開により、紀州の農村構造も解体が進んでいたため、在方の諸業を規制して農業生産を向上させ、農業人口の回復と耕地の復旧をはかる施策はあまり効果があがらなかった。

領内各地では農民のさまざまな要求があり、村役人との対立が激しくなっていた。代官《だいかん》の春順《じゅんざい》在時の要望はもちろん、藩への直訴《じきそ》もあり、その対応も深刻さを加えていた。こうした農民を押さえて年貢増徴を実施するのは大問題で、寛政五（一七九三）年十一月一日には、徒党《ととう》・強訴《ごうそ》の首謀者は死罪ときびしい態度でのぞむとしている。その一方で、大庄屋・庄屋などに対しては、一般農民の納得する村政を運営して村方の治安維持と年貢の収納を見通すように命じた。

文化三（一八〇六）年二月、治宝は経済政策に明るい堀江平蔵《ほりえへいぞう》を御用御取次《ごようおとりつぎ》に任じ、藩政改革の中枢においた。逆に、実績のあまりあがらない家臣《かしん》を降格して藩政から遠ざけた。慢性的な藩財政の窮乏から脱却するためで、藩政の中枢に有能な中流の藩士を抜擢して、従来の門閥《もんばつ》派を中心に動かされてきた藩政の流れを変えようとした。平蔵は御用の暇をみつけては、評定所《ひょうじょうしょ》へ出勤して勘定《かんじょう》奉行らと談合し、藩政の引締めにつとめた。

だが病身であった平蔵は、就任わずか六カ月余で病死し、治宝をなげかせた。平蔵の職務を鈴木五兵衛《ごへえ》が引きつぎ、配下の役人を率いて「経済の本意」をもって藩財政の立て直しにつとめた。藩の流通面への介入と課税が行われるようになるが、このとき改革を必要としたのは藩財政だけではなかった。家臣も困窮しており、なかには禄米《ろくまい》を抵当にいれて町人から借金をし、人によっては二年先、三年先の禄米までも担保にして、職務に支障をきたす家臣もいた。そこで家中へきびしい倹約令を発し、妻子家族の衣服の簡略化や冠婚葬祭などの簡素化もはかった。

治宝は殖産興業《しょくさんこうぎょう》政策をとり、高松焼《たかまつ》と男山焼《おやま》を御用窯《ごようがま》として崎山《さきやま》利兵衛《りへえ》に焼かせた。高松焼の開窯と廃窯の時期はあきらかでないが、文政十（一八二七）年に利兵衛が藩の許可を得て有田《ありだ》郡上中野《かみなかの》（広川町《ひろがわ》）に開窯した男山焼は、伊万里焼《いまり》に似た染付《そめつけ》の日用品で、各地への販売を考えていた。男山は採土場・水車場・薪取場など立地の好条件にあり、海岸にも近く、積出しに便利であった。また見習いや下働きの人夫も集めやすかった。

藩から陶器場役人が常駐し、一二基の窯で焼いた。高度な色絵などの技法も取りいれた。現在でもいくつかの名品が残されているが、伊万里焼などのブランド物との競合に対抗できず、安政三（一八五六）年に全施設を利兵衛に払いさげた。明治二（一八六九）年に男山窯はふたたび藩との共同経営になるが、維新《いしん》後の社会不安のなかで、翌三（一八七〇）年に廃止された。

また化政期には、土木事業が盛んに行われている。日置《ひき》川中流の安居村《あご》（白浜町）、紀ノ川《きのかわ》北岸の六箇堰《ろっかせき》（六ケ井）の改修のほか、和歌浦御手洗溝《わかのうらみたらいみぞ》を浚《さら》って新道をきずいたり、

男山（広川町）　かつては男山焼の登り窯があった。

城下町内川《うち》の川浚えにより水運の便をはかった。貧民救済をかねた地域開発であった。

藩学と諸学問の隆盛●

十代藩主の徳川治宝は、寛政三（一七九一）年二月、藩校を設立し、講堂に学習館《がくしゅうかん》の扁額《へんがく》を掲げた。学問御試《おためし》規則も制定し、御試（試験）の結果次第で役人に登用されたり褒賞があたえられた。御試に参加できるのは藩士で、お目見《めみ》え以上の当主と子弟およびそれ以外の当主と惣領《そうりょう》などにかぎられた。だが、のちに学習館を参観した堀内信《ほりうちまこと》が、討論・弁論がなく「儀式的の感」と感想を述べているように、幕末には活気もなく魅力的ではなくなっていた。

安政三〜万延元（一八五六〜六〇）年ごろには、岡山文武場《おかやまぶんぶじょう》が新築された。また慶応二（一八六六）年三月、学習館を岡山文武場内へ移転して岡山学習館と称し、町人・百姓の子弟でも御試をうけることを認め、

本居宣長　紀州の国学の学風を広めた。

人材登用の門戸を開いた。

御三家《ごさんけ》という立場もあり、著名な学者が紀州藩を訪れた。治宝は、折衷学派《せっちゅうがくは》（紀州藩学《はんがく》の学風は官学《かんがく》である朱子学《しゅしがく》によらず、諸学派にも超然として自由であった）の首唱者で木下順庵《きのしたじゅんあん》門下の榊原篁洲《さかきばらこうしゅう》を登用して、自由な学問を育て儒学《じゅがく》を繁栄させた。

本町三丁目に医学館《いがくかん》が設立されたのは寛政四（一七九二）年で、のち湊雑賀屋町《みなとさいかや》へ移転して医師の養成に力をいれた。文化年間（一八〇四～一八）には館舎を増築し、天保年間（一八三〇～四四）には施薬局《せやくきょく》を設けて当直医と薬剤医をおき、貧しい人びとにも施薬を行った。

和歌山城下では蘭学《らんがく》を教えられる人はいなかったので、緒方洪庵《おがたこうあん》の適塾《てきじゅく》で学んだ池田良輔《りょうすけ》が招かれた。

華岡青洲と春林軒

華岡青洲《はなおかせいしゅう》は外科医の家に生まれた。天明二（一七八二）年に二二歳で京都に遊学、吉益南涯《よしますなんがい》から漢方医学を、大和見立《やまとけんりゅう》から外科医学を学んだ。中国古代の麻酔《ますい》法を知って麻酔薬の研究にはいり、天明五（一七八五）年に帰郷し、診療のかたわら薬草を採集してマンダラゲを主成分とした麻酔薬の開発につとめた。調合・整剤の混合率が効果と副作用にどのように変化するかが問題点で、青洲はその実験台に母と妻を選んだことは、有吉佐和子《ありよしさわこ》が小説『華岡青洲の妻』で嫁と母の確執という家庭内の問題をからませて紹介した。

麻酔薬通仙散《つうせんさん》の完成はいつのことかあきらかでないが、文化元（一八〇四）年十月、通仙散を用いた全身麻酔による乳ガン手術に成功した。その後天保六（一八三五）年まで乳ガン手術は一五六

❖コラム

例におよんだ。腫瘍《しゅよう》や手足の手術など外科診療にも使われ、外科医としての名声は諸国に広まった。

那賀《なが》郡西野山《にしのやま》村（紀の川市）にある青洲の春林軒《しゅんりんけん》（自宅兼病院）の発掘調査が近年行われた。衛生面の工夫を十分にいかした排水施設や浄化槽も設けられ、トイレも汲取り式ではなく、引出し式のオマルであった。患者の排泄物からの感染をふせぐためで、医師青洲の卓越した合理的な考え方がうかがえ、目にみえないところに相当の金をかけているのはさすがと思わせる。

紀州《きしゅう》藩は、文政二（一八一九）年に青洲を小普請《こぶしん》医師として召しかかえたが、青洲の希望で、西野山村の居住を認め、月半分の出府とした。城下町《じょうかまち》の南《みなみ》休賀《きゅうか》町と大坂中ノ島に春林軒の出張所を設けて治療にあたったが、青洲から医学を学ぼうとする塾生は、壱岐《いき》一カ国をのぞく諸国から延べ千数百人にのぼったという。

華岡青洲　紀州が生んだ名医。

洋学教育も本格的になったが、単語や文法と翻訳書の講義が中心で、初歩的なものであった。

八代治貞《はるさだ》も好学の藩主で、天明期（一七八一～八九）の打ちこわしの頻発をうれえて広く意見を聞き、みずからの政治にいかそうとした。このとき伊勢松坂《まつさか》の本居宣長《もとおりのりなが》が『玉くしげ』を奉じ、「此事の起るを考ふるに、いずれも下の非はなくして、皆上の非なるより起れり」と率直に意見を述べた。治貞はそれに耳をかたむけたという。治宝は寛政四年に宣長を五人扶持で召しかかえ、松坂居住を許したが、同六（一七九四）年十月には和歌山へ招いている。宣長は和歌浦など名所旧跡をめぐり、治宝や藩主一族に講釈をし、藩士や町人宅で開かれる歌会にも出席してまじわった。その後、寛政十一（一七九九）年と同十二（一八〇〇）年にも治宝の招きで来和して、国学《こくがく》の土壌をつくった。宣長の没後養子の大平《おおひら》が門人たちの招きで文化五（一八〇八）年に訪れ、城下町に移り住んで紀州に国学の学風を広めた。門人もふえ、城下町の門人は二三五人といわれる。多くは藩士であったが、町大年寄《おおどしより》ら町方の有力者や本草学者《ほんぞうがくしゃ》・儒学者などのインテリ層が名を連ねていた。女性も三六人いる。町屋の女房の日記を残した沼野峯《ぬまのみね》や『小梅日記《こうめにっき》』で有名な川合《かわい》小梅も入門しており、城下町に一大文化サロンを形成した。

一般庶民のあいだには心学《しんがく》が広がった。本町四丁目に修敬舎《しゅうけいしゃ》、北相生丁《きたあいおいちょう》に篤信舎《とくしんしゃ》とよばれる心学講場が開かれた。城下町以外でも橋本《はしもと》の亦楽舎《えきらくしゃ》、黒江《くろえ》（海南市《かいなんし》）の楽善舎《らくぜんしゃ》、湯浅《ゆあさ》の有信舎《ゆうしんしゃ》など商業活動の盛んな在町《ざいまち》で心学がうけいれられた。文化十二（一八一五）年九月の「積金主法書《つみきんしゅほうしょ》」は、倹約をして銭を積み立て、それを貸金の元手にし、利銀を相互扶助や難渋人救済にあてる方法を説いている。教学的な町人道徳を説くだけでなく、金融面での相互扶助も行ったことに注目したい。

文化三（一八〇六）年八月晦日《みそか》、儒官の仁井田好古《にいだこうこ》は幕府から『紀伊続風土記《ぞくふどき》』の編纂を命じられた。

紀伊に在住する儒学者・国学者・本草学者などを総動員してとりかかった。完成したその前文には、総裁仁井田好古、纂修仁井田長群《ちょうぐん》（源一郎、好古の長男）・本居内遠《もとおりうちとお》・加納諸平《かのうもろひら》・赤城世謙《あかぎせいけん》、助纂宮井胤綱《みやいたねつな》、物産小原良直《おはらよしなお》などが名を連ね、編纂中に死去した纂修本居大平らの名もみえる。

城内西ノ丸に局をおき、領内の村々から調査記録や文書を提出させ、そのうえでスタッフを派遣して実地調査を行った。しかし紀州藩は、広域なため調査は困難をきわめた。江戸赤坂上屋敷《あかさかかみやしき》の火災や洪水などの災害が続き、財政負担も重く、文化五年と同十三（一八一六）年の二度、中断に追い込まれている。こうした苦難を越えて天保十（一八三九）年十一月、延べ三七年をかけて全一九二巻が完成した。紀州藩の威信をかけた大事業の成功は、文化・文政期という全国的な文化的活動の高まりのなかで、治宝という文化活動に造詣の深い藩主の後押しがあったことによると考えられる。この大作は、今日に至るもなお紀州史研究の基本的文献として利用されている。

城下町で出版業をいとなむ帯屋伊兵衛《おびやいへえ》（高市志友《たかいちしゆう》）が藩の許可を得て、『紀伊国名所図会《めいしょずえ》』の刊行をはじめた。彼は江戸へ奉公にでて読書や学問に精進した。藩の書籍御用をうけ、出版も手がけた。『紀伊国名所図会』は全二六冊、初編から三編までの一六冊は民間の事業で、初編は文化八（一八一一）年の刊行である。藩営の『紀伊続風土記』と異なった編集で、史書・文学書を引用し、古老の話も採集している。高市志友の死により、後編六冊は藩命で嘉永四（一八五一）年に刊行された。熊野編の四冊は昭和にはいって発刊されて完成した。

文政一揆と社会の動揺●

『南中一揆談《なんちゅういっきだん》』は「四月十七日より雨降らず、凡《およ》そ日数五十日余りも旱《かん》して、百姓うゑつけ一向出来ず」

と、文政六（一八二三）年の大旱魃を記している。旱魃は、紀ノ川流域の伊都《いと》・那賀《なが》・名草《なくさ》・海士《あま》の四郡と有田川下流域の村々に広がり、夏至《げし》になっても多くの村では田植えができなかった。井筋を見回っていた宮郷《みやごう》の農民らは宮井《みやい》の夫頭《ぶがしら》が地位を利用して自分の田に水を引き、田植えをすませているのを知った。怒った農民の代表が日前宮《にちぜんぐう》境内によりあい、打ちこわしを申しあわせた。五月二十七日に七〇〇〇人の農民が集まって実行された。さらに翌日から用水の上流を調べて堰《せき》をこわしたり、用水の管理人である村役人層の百姓をおそって、防衛にあたる農民と衝突した。

紀ノ川北岸では、上流の六箇堰や小倉堰《おぐらせき》が宮郷農民にこわされて水がこないので、五月二十九日に山口村から加太《かだ》にかけての農民が船所《ふなどころ》村に集まり、気勢をあげていた。一万石を灌漑するという亀池《かめ》も下流まで水がとどかず、五月二十八日に布引《ぬのひき》・内原《うちはら》など六カ村の農民が蜂起した。且来《あっそ》・多田《おおた》など上流の庄屋宅を打ちこわし、亀池の堤防も切りおとそうとしたが、計画がもれて鉄砲で追われた。夏至になっても田植えが半分しかおわらない粉河《こかわ》村では、上流の中山村が水を奪って下流へ流さないのを怒った農民が、六月五日に中山村の庄屋宅など十数軒をおそっている。

一揆の前段階にみられるこうした水争いは、村落共同体のなかで発生し、用水の下流の農民が上流の水を管理する庄屋・夫頭など村役人をおそうという特徴を示している。紀ノ川中・下流域の水争いがやがて文政六年の惣百姓《そうびゃくしょう》一揆に発展していくが、その背景には治宝が苦心してすすめる藩政改革があった。藩財政の再建は年貢の増徴であったし、また、のちに文政一揆で襲撃の対象になった橋本御仕入方《おしいれかた》の設立は、領内の生産物の流通を支配して農民的余剰を収奪することにねらいがあった。御仕入方による流通統制は、他所米の支配にまでおよんでいくが、おりからの旱魃は米の回送をさらに不能にして、米価を高騰させた。

六月八日、伊都郡名倉村《なくら》（橋本市）の小前《こまえ》農民が米屋を打ちこわしたが、よびかけに応じて近隣の村々からも加わっていた。米価高騰は藩の米留《こめどめ》に原因があるとして、米捌《こめさばき》役人や値下げに応じない米屋がおそわれた。農民は当初から明確な要求をもっており、九日に取鎮めにきた役人に対して年貢の減免、米価の値下げに連なる他所米の移入、御仕入方の廃止などを求めている。橋本御仕入方を打ちこわしたときも、米の流通にかかわる米屋・米捌役人、あるいは年貢増徴に加担する村方の支配層をねらっていた。

ふくれあがった一揆勢は、十日になって紀ノ川沿いに下流域へ動きはじめた。役人の説諭も無視し、打ちこわしを続けながら岩出《いわで》に達した。夜にはいって那賀・名草の農民も加わり、川原は二万人あまりの農民でいっぱいになった。一揆勢は、十一日に岩出御番所を襲撃し、三手に分かれて狼煙《のろし》をあげながら城下をめざして進みはじめた。

藩は、城下町はずれの地蔵《じぞう》の辻《つじ》に大番頭《おおばんがしら》・勘定奉行《かんじょうぶぎょう》・目付《めつけ》・代官などの要人を派遣し、大筒《おおづつ》・小筒のほか鉄砲などを所持した正規軍を配置して防衛線をしき、説諭にあたった。町奉行土生広右衛門《はぶひろえもん》が一命にかえて取りなしをすると約束したので、一揆勢は「国中惣百姓《くにじゅうそうびゃくしょう》」の名で要求を願書にして提出した。その結果、他所米の移入の許可、御仕入方の廃止、古荒《こあ》れ起こし、損毛などは申しでれば農民は困らないようにする、また年貢は藩祖の当時に戻すと、ほぼ一揆側の要求を認めたので一揆勢は引きあげた。

一揆がおわると、藩は二日後、役人を派遣して首謀者の逮捕にのりだした。伊都・那賀・名草・海士の各郡で三八四人、有田川流域の一揆に関する三六人がとらえられ、六月二十七日に八軒屋で処刑され、田《た》井瀬《いのせ》（和歌山市）と宮原《みやはら》の渡し（有田市）場に三三人が梟首《きゅうしゅ》された。ほかに多くの農民が郡払い・村払いの処分をうけた。

橋本御仕入方は翌文政七（一八二四）年に廃止され、旱損《かんそん》による毛見《けみ》も実施し、他所米の販売も行われた。しかし、藩財政は好転しておらず、一揆の鎮圧にでる藩士の手当てをどうするか評議している。治宝は、みずからの治世が一揆をよびおこしたと責任を感じ、文政七年に藩主の座をおりて隠居した。文政一揆は藩側に強い衝撃をあたえていた。

紀州派と江戸派の対立●

五三歳で隠居をした徳川治宝は、西浜御殿《にしはまごてん》へ身を引いたが、治宝とともに藩政改革に取り組んだ山中筑後《ちくごの》守《かみ》・伊達千広《だてちひろ》・渥美源五郎《あつみげんごろう》らが政治権力をにぎった。一方、家老の安藤直裕《なおひろ》・水野忠央《ただなか》らの後押しで、山《やま》高石見守《たかいわみのかみ》ら一派が十一代藩主斉順《なりゆき》の下にいて対立した。本宮社家《ほんぐうしゃけ》出身の玉置縫殿《たまきぬい》は、熊野三山《くまのさんざん》の修復の名《めい》目金《もくきん》に諸国での富籤興行《とみくじこうぎょう》や配札を行い収益をあげた。玉置は治宝とも関係をもち、文政十一（一八二八）年に江戸紀州藩邸に三山貸付所を設けて牛耳った。有力大名・大寺社・商人などに融資して金利を稼ぎ、貸付所は盛況であった。機略と金策に富んだ玉置には悪評がつきまとうが、真偽は定かでない。幕末期の紀州藩も重商主義的な産業政策にかたむくなかで、こうした才能の持ち主がでてきても不思議ではない。

嘉永五（一八五二）年九月、山中筑後守が病死し、その二カ月後に治宝も死去した。間髪をいれずに山高石見守が攻勢にでた。伊達は田辺の安藤家預け、渥美は知行高半減となって久野丹波守《くのたんばのかみ》の伊勢田丸《たまる》の揚《あが》り屋《や》入り、玉置は新宮の水野家預けとなり、ほかに要職にあった者も海防強化を理由に友ケ島《ともがしま》へ追放された。家老職の三人が治宝派の要人一人ずつをあずかっているのは、治宝一派の改革案に強く批判的であったことを物語っている。

水野忠央は天保六（一八三五）年に二二歳で家督をつぎ、江戸定府の家老として采配をふるった。忠央は紀州藩の陪臣《ばいしん》であるが、江戸での交際範囲も広く、安政五（一八五八）年の将軍継承問題で一橋《ひとつばし》派と紀州派の衝突となったとき、井伊直弼《いいなおすけ》と組んで物量作戦を展開し、紀州藩主慶福《よしとみ》（家茂《いえもち》）を十四代将軍に推した話は有名である。吉田松陰《しょういん》は、「水野は奸《かん》にして才あり、世頗《すこぶ》る之を畏《おそれい》る」と警戒していた。

嘉永六（一八五三）年十二月、水野・安藤両家は、海防強化費の捻出を理由に本藩に対して上ケ知《あげち》（本藩に支配されていたもとの所領）の返還を申しでて、水野氏は八四九七石余、安藤家は五一七一石余が返還された。また付家老《つけがろう》として入国以来の懸案であった田辺与力《よりき》と新宮与力をそれぞれ自家の家臣団への組入れをはかった。安政二（一八五五）年六月、安藤飛騨守《ひだのかみ》は、田辺与力に一七カ条の訓令を発し、和歌山表への年頭御礼や参勤をやめさせ、葵紋服《あおいもんぷく》の着用も禁止した。知行《ちぎょう》も安藤家の蔵渡しにして、田辺領の家臣と同等に取りあつかおうとした。しかし、直参《じきさん》の与力たちは承服せず、あくまでも紀州藩の直臣《じきしん》であることを二五カ条にまとめて提出し抵抗

伊勢田丸城跡（三重県玉城《たまき》町）　紀州藩家老久野氏の居城。田丸領１万石余を領した。

した。

安政三（一八五六）年六月、藩命によって田辺与力の安藤家の家臣化は決定したが、それをいさぎよしとしない二〇家は妻子を伴って田辺を離散した。本藩への仕官をのぞんだが認められず、京都・江戸と嘆願の旅は続き、七年後の文久三（一八六三）年四月、ようやく切米《きりまい》四〇石で松坂城番として救済された。水野家では忠央の恩威にしたがって動揺がなかった。

治宝なきあとの紀州藩では、安藤・水野両家老が藩政を牛耳って専制体制を実施するが、彼らも藩からの自立を志向していた。由緒や家柄から大名並みの待遇をうけることはあっても、陪臣というあいまいな存在でしかない身分の悲哀を思い知らされていたからである。

水野家の所領は新宮周辺に固まっていたが、一部は有田・日高両郡にもあった。水野忠央は、これを本藩領奥熊野の一部と交換して一円支配を考えていた。新宮川の水系を支配すると、領域の炭・木材など林産物の独占による利益が得られるからであった。旧来の陋習《ろうしゅう》を破り、自立志向をめざす具体策であったが、意外にも新宮領に組み込まれる本藩領の農民から猛反対がおこった。

安政二年四月、村替えが正式に発表されると、北山組四カ村、入鹿《いるか》組一〇カ村、本宮組一二カ村、木本《きのもと》組一カ村の四組二七カ村の農民が立ちあがった。これらの村々は、生業育成と保護のため本藩の御仕入方と密着して生活してきたが、それができなくなることを恐れたのである。役人を派遣した説得もつうじないばかりか、八月限りの本宮御仕入方も廃止できず、十月には村替え延期を発表せざるをえなかった。翌年三月、首謀者を和歌山へ召喚し、入牢を申しつけて圧力を加えたが効果はなかった。同安政四（一八五七）年閏五月に江戸在勤の吉田庄大夫《しょうだゆう》をよびよせ、現地へ派遣して説得にあたらせたが、これも失敗した。

ついに、村替えの据置きを約束して決着がついた。

万延元（一八六〇）年三月、井伊直弼が桜田門外《さくらだもんがい》で凶刀に倒れたため、幕府の意向もあり、水野忠央は隠居して新宮へ身を引いたが、江戸在勤中は文教を奨励していた。忠央は、儒者・国学者を私邸に招き、丹鶴叢書《たんかくそうしょ》の編纂を手がけたりしていた。西洋の兵制にも関心をもち、オランダの兵書の翻訳や西洋砲術の習得にも力をいれた。また安政三年九月から洋式帆船の建造に取りかかり、新宮船町《ふなまち》の川原に造船場を建て、新宮鍛冶《かじ》仲間三六人を作業に従事させた。のち池田に移し、同五年九月に一之丹鶴丸《いちのたんかくまる》をつくった。忠央は新宮鍛冶仲間の技術水準の高さを信頼していた。

2　自立する藩国家

城下町から藩都へ●

寛政四（一七九二）年七月、町方へ引っ越すときは村役人に申しでて吟味をうけ、「作方」に差しつかえのない場合のみ、身上に応じて納銀させて許可をせよ、と海士郡の各大庄屋に藩から通達がだされている。商品流通の広範な展開により、城下町周辺部では離村する農民が多く、農業生産に支障もでていた。そのため藩は、「人返し」の方針を打ちだしたが、全面的な出稼ぎ禁止ではなく、農業生産に差しつかえにならない範囲という条件つきであった。寛政期には、藩内各地で在方《ざいかた》の諸商工業が盛んで、藩もこれを無視することはできなかった。

城下町や近辺での落し物は、城下町入口の人通りの多いところへ立札《たてふだ》を立てて知らせたり、荷物を満載した荷車や下肥車《しもごえ》を丸ノ内のお堀端や道路のせまい横町を引きまわすことを禁止する触れがだされているのも、城下町と近在の農村との結びつきが深まり、人びとの交流が増加してきたからであった。藩の城下町支配は、農村を視野にいれて考えざるをえなくなっていた。

寛政七（一七九五）年正月、熊野地方や口六郡の在中から城下町へでてくることを「出町《でまち》」といっていたが、今後は「出府《しゅっぷ》」というようにせよ、と奉行所から各地へ通達があった。それには、城下町を領国経済の要としてのみならず、領国支配を強化するための藩都《はんと》（府）として把握しようとする藩の方針が示されている。重商主義をとる藩の経済政策は、十九世紀前半に城下町を機軸にして展開するが、城下町には、近世初期から存続する万《よろず》町の青物問屋や、やや遅れて設けられた田中町の歩行荷問屋《かちにどいや》などの特権的商人が、領内各地の諸産物を支配する経済構造ができていた。

堀川　領内各地から城下町に運ばれた物資を満載した船が堀川を往来した。向かって左手の河岸から荷揚げされて万市場へ運ばれた。正面の橋は京橋，京橋御門が右手にあった。

和歌川・新堀《しんぼり》川とそれに結ばれて城下町内部につうじる堀川・新町《しんまち》川があり、それが水路となって、領内各地から送られてくる日常消費物資を大量に運輸し、いくつかの河岸《かし》から各問屋へ運ばれた。和歌山城下を仁井田好古が「御城下は百貨輻輳《ひゃっかふくそう》する処」といっているのも、領内随一の穀倉地帯である紀ノ川筋の諸産物や口六郡・両熊野の特産物が、大小廻船や川舟で運ばれている状況をいったものである。

かつて兵農分離および商農分離策に基づいて形成され、身分制的性格の強かった城下町が、領国経済の要となって領国支配のための「藩都」として存在するように大きく様変わりしていた。

弘化三（一八四六）年七月二十六日、和歌山城天守郭《てんしゅくるわ》は落雷によって焼失した。時の藩主は十二代斉彊《なりかつ》（将軍家斉《いえなり》の二一男）で二カ月前に相続したばかり、まだ紀州への御初入《おはつい》りもすんでいなかった。封建《ほうけん》権力のシンボルともいうべき天守閣を失った紀州藩の狼狽《ろうばい》ぶりが想像される。幕府への報告がなされた。

大工棟梁《だいくとうりょう》水島平次郎《みずしまへいじろう》が記した「御天守御普請《ごふしん》覚帳」をみると、火災一週間後から再建準備がはじまっている。ようやく九月十日に御天守再建御用掛《ごようがかり》が任命され、藩直営事業で行われることに決まった。御仕入方がその資金を提供した。十一月十一日に地鎮祭《じちんさい》、十六日に釿始《ちょうなはじめ》式が行われた。用材と壁下地《かべしたち》用の竹材の見分に関係役人らが口六郡を巡回し、用材の肥松《こえまつ》・槻《つき》（欅《けやき》）・檜《ひのき》・栂《とが》などを伐りだした。壁土は新《しん》在家《ざいけ》（和歌山市）、瓦《かわら》は谷川《たにがわ》（大阪府岬町）・深日《ふけ》（同）・岸和田《きしわだ》（大阪府岸和田市）など泉州《せんしゅう》瓦が主で一部溝《みぞ》ノ口《くち》（海南市）・神戸《こうど》（紀の川市）・手平《てびら》（和歌山市）などの地瓦《じがわら》もおさめられた。

弘化五（一八四八）年二月、大天守の工事がはじまったが、八月にはいり大風雨がおそい、紀ノ川堤が決壊して城下町北部は浸水した。城普請より町の復興が優先された。また嘉永二（一八四九）年三月に藩主斉彊が死去して城普請が中止され、工事は予定より大幅に遅れた。上棟《じょうとう》式は七カ月遅れの十一月一日であった。

藩財政の窮乏に苦しみながらも、紀州藩の威信をかけて天守閣の再建はなしとげられた。嘉永三（一八五〇）年六月一日、焼失以来四年ぶりに天守閣は以前の姿のままに再建された。第二次世界大戦末期の昭和二十（一九四五）年七月九日夜、アメリカ空軍の空襲によって焼失するまで、岡山山上に美しい姿をみせていた。現在の和歌山城は、昭和三十三（一九五八）年に復元・再建された鉄筋コンクリート製の建物である。

「国益」思想の推進と経済官僚●

天保七（一八三六）年二月、仁井田好古は「富国《ふこく》の儀に付存念書《ぞんねんしょ》」を発表した。財（生産）をうみ国を富ます「富国論」は、窮乏する藩財政の再建策として仁井田が提言したものである。

儒者として藩主治宝の知遇を得た仁井田は、藩の文教政策にかかわり、学校御用のないときは勝手方《かってかた》にでて見習いを命じられていた。それから三〇年、激動する紀州藩政の渦中に生きた儒者の経済政策論を展開している。仁井田は、奢侈を禁じて倹約につとめれば貧はまぬがれるが、天下の富はふやせないと倹約論を批判し、四方輻輳するところに百貨が集まり、人びとがその利を得て富裕になると主張する。彼によれば、農村は諸原料を生産するところで、城下（都市）はその原料を加工して販売をするところである。つまり、城下が結接点になり、農村を編成して社会的再生産の基軸とし、城下と在中の双方を繁栄させるという経済循環構造論であった。

名草・那賀・伊都の三郡は、葛城《かつらぎ》山系の樹木の伐採が激しく禿山《はげやま》が多いので植樹を進め、作間《さくま》稼ぎが繁昌して農業になじまない風潮がめだっているのをうれえ、共有林などの開墾を説いている。有田・日高・

熊野などの山村へは、木材・柴薪・炭焼きなどの山稼ぎを説き、椎茸《しいたけ》栽培・蜂蜜採取や塩硝石灰焼きなど、その土地の物産をみいだすことも主張する。また陶器類も、藩内の消費は国産品でまかなって他国産を締めだし、生産量をあげるため、広《ひろ》の男山焼の生産を拡大せよ、という。

仁井田が主張する紀州藩の「国益《こくえき》」増進策は、国産奨励と国産物自足自給を前提にして他国との交易バランスを考えている。多彩な産業の興隆に着目しているが、御仕入方の取りあつかう対象の諸産物を基礎にしている点に制約があった。しかし、儒者が主張してきた経済論は、近世日本の経済学史上注目すべき論策である。

紀州藩の勘定方に嶋田善次《ぜんじ》という下級経済官僚がいた。文久元（一八六一）年、七六歳のとき「愚《ぐ》意《い》存念書」を書いて藩に提出した。嶋田がめざしたのは、紀州藩が富み、領民が豊かになることで、「御国産」すなわち領内の諸産業・諸産物七十数種をあげ、その生産を高めることを主張している。これら諸産業・諸産物は、御仕入方が対象とした地域の産物を中心としている「富国存念書」の枠をはるかに越えて多種にわたっていた。そしてそれらは、明治初期の和歌山県の産業構成とほぼ一致しているのである。

嶋田善次の経済論は、このような多種におよぶ「御国産類」の、在町を拠点にした「勝手売《かってう》り」（自由販売）による経済循環構造の形成であった。それは、かつて仁井田好古が城下町と在方の分離を前提にして、城下町がその商工業を背景にして農村を編成する富国構想を主張したのと対比してきわめて斬新的である。

嶋田は、櫨《はぜ》・楮《こうぞ》・麻《あさ》などの栽培は加工部門との関連を意識し、石灰製造には建設・農業部門との関連で生産の奨励を主張し、絽糸《かせいと》生産については、極上糸を他国への移出用に、中下の糸は領国内用に生産することにより、総糸生産を取りまく困難な状況を打開すると述べている。それは、原料生産と関連部門とのバランスのもとで諸産業を発展させる構想であり、領国内でのほかの諸階層の就業機会に対する関心へと連なっている。嶋田は、かつて西海や関東漁場へ出漁民を送りだして繁栄した広浦が衰微している状況を知り、男山に陶器場を建設して繁栄を取り戻そうとしたのである。

「愚意存念書」は、「在町」を結節点として領国内の諸産業相互の関連を重視し、自立的な経済構造を考えていた。その意味で、仁井田の「富国存念書」より一歩進んだ分析による指針を提示している。

合理的な金融制度と新しい情報の伝達●

熊野三山貸付所《くまのさんざんかしつけしょ》は、三山造営に名を借りた藩営の金融業である。元文元（一七三六）年に将軍徳川吉宗《よしむね》が三山修理料として三〇〇〇両を寄付し、これを基金としてはじめられたと伝えられている。約七〇年にわたり紀州藩内の藩士や庶民への貸付けも順調にのび、利息も蓄積された。その後も将軍家などから再三の寄付金や諸国勧化《かんげ》の富籤《とみくじ》興行の許可を得て資金を集め、貸付事業は繁栄した。

当初は、藩が任命した世話方が貸付金の運用にあたり、社人は深くかかわらず決算時に立ち会うくらいであったが、やがて藩が経営へ全面的に参加した。しかしこれには、社人のあいだにも批判がおこっていた。藩役人の独断に対する不満だけでなく、関係者の派手で豪奢な生活がめだってきたことにも原因があった。

十九世紀初め、地元では、本宮大社の再建や新宮・那智《なち》両大社の修理の声があがってきた。藩主治宝の主張もあり、資金準備のため、那智実報院《じっぽういん》が江戸で寄付金と諸国勧化の運動を実施した。治宝は三山への信仰も厚いことから、三山側は治宝にすがろうとしたのである。その結果、文政十一（一八二八）年十一月、総額一〇万両の資金で江戸芝《しば》藩邸に三山貸付所を開設した。経営方法も改革して、三山の社家から貸付所の役人を任命し、直接実務を行わせた。職制らしきものもととのい、藩の役人はその監督にあたるだけとなった。

天保七（一八三六）年十二月、大坂出張所が江戸堀四丁目と今宮戎《いまみやえびす》神社内におかれ、やや遅れて京都の錦天神《にしきてんじん》境内にも出張所が設けられた。また、兵庫・大津《おおつ》・奈良・堺《さかい》といった畿内《きない》の重要都市や和歌山・新宮・日方《ひかた》（海南市）など領内にも出張所を設けて経営の拡大をはかった。

三山貸付所は、背景に神威と寺社奉行の権威があるため、人びとも信用して金をあずけた。また無抵当で一通の借用書のみで借りられたから、大名も利用した。ほかに寺社・町人など広範囲に貸しつけられた。

この時期になると、三山貸付所の資金は、従来の将軍・大名やその縁者の寄付金や勧化活動によるものから、一般民衆の預金である差加金《さしくわえきん》へと移っていった。京都出張所の経営も順調で、六人の商人が貸方役に選ばれている。貸方が手広くなると差加金をより多く集めなければならなく

今宮戎神社(大阪市)　熊野三山貸付所がおかれた。

なり、預金者は広域に広がった。三山貸付所の資金の内容は大きく変わっていった。しかしその一方で、貸付先の倒壊で貸付金の回収もできずに大きな損害をうけることが多くなった。

このように、熊野の地から合理的な金銭感覚に基づく経営法と近代的な金融組織がうまれているのに目を見張るものがある。

日高郡北塩屋浦《きたしおやうら》（御坊市《ごぼう》）の蘭方医師羽山大学《はやまだいがく》が、『彗星夢草子《すいせいゆめそうし》』という風説留《ふうせつどめ》を書いている。それをみると羽山は、西洋の事情にたいへん興味があり、積極的に情報を集めている。入手先には医師仲間があり、彼がつきあう蘭学者兼医者たちから、幕府や朝廷などの細かい内密の事柄まで伝わっていた。紀伊を旅する知識人が羽山の家に宿泊したときも、情報を入手するチャンスであった。また知人の江戸商人や江戸詰めの紀州藩士の手紙からも、日本全国のようすが伝わった。

日高郡は紀州廻船の中心地で、船持ちと船乗りが多い。幕末の天寿丸《てんじゅまる》漂流事件にみられるように、アラスカに漂着する船もでており、鎖国《さこく》下に外国をみてきた漂流民の話にも、羽山はたいへん興味をもった。

ところで羽山は、物好きでもなければ、ただの知りたがり屋でもない、非常に国事をうれえている人物であった。そのため天下国家の事柄に関心をもったのである。そうした人びとが彼のまわりにもおり、情報交換のグループが日高地方で形成されていた。歌人で海防論者である日高郡江川《えがわ》組大庄屋の瀬見善水《せみぜんすい》、さらに漢詩人で、海防に関心のある攘夷《じょうい》論者の有田郡栖原浦《すはら》（湯浅町《ゆあさ》）の菊池海荘《かいそう》がいた。菊池は江戸店を経営する豪商でもあり、全国的な知識人レベルとの交流があった。羽山は、こうした人びとから精度の高い情報を入手した。江戸店をもつ有田郡の豪商には、ほかに栖原角兵衛《かくべえ》がおり、浜口梧陵《ごりょう》がいる。彼らの全国レベルの商業網からホットなニュースがつぎつぎと紀州の片田舎にとどいていた。こうした情報をはやく知りたいと願う有田・日高地方の豪農や豪商、あるいは知識人たちの共通の願いがあって情報伝達のルートが形成された。そして彼らは、ただ単に情報をうけいれるだけでなく、みずからの行動にそれをいかし、他地域に発信をしたのである。

3　幕末の政治と社会

異国船の渡来と海防●

寛政三（一七九一）年三月二十六日、大嶋《おおしま》樫《かし》野《の》崎《ざき》沖に二隻のアメリカ船があらわれた。時化《しけ》で風待ちをするためであった。その情報は和歌山へ通報され、四月五日には海士郡の地士《じし》らを含む一五人の藩士が現地へむかったが、到着したときは出帆したあとだった。だが紀州藩は、海防を現実の問題としてとらえなければならないことを知った。

寛政十（一七九八）年十二月、徳川治宝の依頼により信濃《しなの》高遠《たかとお》（長野県伊那《いな》市）の兵術家坂本天山《てんざん》が、宇《う》久《ぐ》井《い》の廻船で大坂から熊野を訪れた。太地《たいじ》浦の捕鯨業を中心に見学し、海防についての見解を『南紀《なんき》遊《ゆう》嚢《のう》』として翌年二月八日に報告している。沖合での捕鯨の豪快さや入江での鯨の解体の活気さを「血戦シテ勝ヲ得タル勢トモ云ベシ」と、感動の目でみている。また、ほら貝をふきながら三〇〇人余の漁夫が鯨船に分乗して沖合に出漁するのを遠《とお》見《み》番所《ばんしょ》からみて、「軍事ノ調馴《ちょうじゅん》ニ最上ナル事」と評しながらも、一般の漁民は臆病で、業も未熟なため鯨を取り逃がすと、その弱点も正確に見抜いている。「余ガ百目カ、五十目ノ砲筒ヲ携居タランニハ、手ノ下ニ二頭共ニ獲ベシト思ヘリ」と、捕鯨に大筒《おおづつ》の使用を示唆する考えは興味深いものがある。

文化期（一八〇四〜一八）になると、ロシア人がエトロフ島付近で乱暴を働いた噂が紀伊にも伝わってきた。文化四（一八〇七）年四月、藩も幕府の指令にしたがい、海士・有田・日高三郡の代官宛てにロシア船への警戒を通達し、翌年には領内全域の大庄屋に、人馬・弓・鉄砲など詳細な調査を命じている。文政八（一八二五）年二月、浦組の「新規御定《しんきおさだめ》」が発表され、これまで対象外であった内陸部の村々も海防のための動員体制に組み込まれた。また、紀州沿岸の海上輸送の担い手や捕鯨業のもつ軍事的機能を軍事集団へ一気に編制した。慶応二（一八六六）年、幕長《ばくちょう》戦争に古座鯨方《こざくじらかた》の鯨船と加子《かこ》が徴発されているのも、太地角右衛門《かくえもん》が統率する太地鯨方の鯨船二〇艘と羽指《はざし》・加子四二人が加太浦へ出動して海防にあたっているのも、それを如実に物語っている。

嘉永六（一八五三）年六月のペリー来航後、紀州藩はさらに浦組の整備を手がけ、海辺の固場所《かためばしょ》や地士帯刀人《たいとうにん》をはじめ、浦村からの出動者を郡代官が確実に把握するように命じた。大庄屋の纏印《まといじるし》も新調して、大庄屋を浦組の要におくようにした。

翌嘉永七（一八五四）年六月と十一月に大地震があり、津波により紀州沿岸は大きな被害がでた。九月十六日には、ロシア船ディアナ号が紀伊水道へはいってきて、紀州は大混乱におちいった。藩は広域にわたり警戒体制をとり、浦組にも出動を命じた。しかし、その危機感は必ずしも下部まで浸透していなかった。大川浦台場《おおかわうらだいば》（和歌山市）の警備にあたる中松江《なかまつえ》村浦組の五人は、勝手に持ち場をはなれておとがめをうけたり、日野《ひの》村の人足が無届けで帰宅し、翌日勝手に勤務につき、庄屋がわびをいれる状態であったり、藩士の意識とはかなりずれがあった。浦組に徴発される民衆は、藩とか民族とかについての意識は弱く、自発的に海防に参加した者はほとんどいなかった。

大坂での交渉が不調におわったディアナ号はそのまま立ち去ったので、藩は二〇日余におよんだ臨戦体制をといたが、多くの藩兵や浦組が駆けつけた加太浦では、宿泊賄料や食費、薪炭料、船の徴発料と水主《かこ》の賃金など、多額の立替払いが残っていた。貴志《きし》組一九カ村の浦組人足も、固場所などの土木工事が昼夜兼行で施行され、過酷な労働を強いられた。しかし、村定に基づいて一日二匁を支払っただけで不満が多く、困った大庄屋は海士郡代官所へ対応策を申しいれている。

海防体制の強化による財政圧迫は、浦村のみならず大庄屋にも影響していた。近年海防に関する御用が多くなり、大庄屋も出府がふえ、宿泊料の負担にたえられないと、海士郡の大庄屋が弱音をあげている。

その後も異国船渡来にそなえて武芸の訓練は強化された。藩は、安政二（一八五五）年正月、仁井田長群《ちょうぐん》（源一郎）に対して海防に関する意見を求めた。答申された「海防雑策《かいぼうざっさく》」には、台場だけの防備では不可能で、軍艦を建造して外海でたたかい、上陸をはばむべきだと強硬論を主張し、軍艦建造費は、藩の蔵米と全家臣の俸禄《ほうろく》の五〇％を五年間積み立てるとしている。異国船への危機感をうれえ、警備の強化のみを説き、攘夷思想の影響が強くみられる。

この年二月、幕府の勘定奉行石河土佐守《いしかわとさのかみ》ら海防巡見の一行が、大坂から南下して加太浦を訪れた。一行に勝海舟《かつかいしゅう》もいたが、加太の台場を「児戯に類して嘆息にたえず」と、その貧弱さを酷評している。勝は加太浦を江戸における浦賀のように考えていた。また勝は、このとき仁井田長群とあっている。勝は、「いかにも好人物、くせ者と存じ候」と、紀州藩きっての海防学者の才能を見抜いていた。

文久二（一八六二）年十二月、朝廷は友ケ島の防備について紀州藩に報告を求めたが、紀州藩は範囲が広く防備がゆきとどきかね、藩の海軍の現状では異国船の大坂湾侵入をふせぐ自信がないので、友ケ島の防御を返上するとの書状を翌年六月に提出している。開国後の外国への対応は、紀州藩にとってたいへん重荷であった。

幕長戦争と出陣

元治元（一八六四）年七月、禁門《きんもん》の変《へん》でやぶれた長州藩（萩藩）を幕命により攻めることになった。紀州藩は八月二十八日、旗本後備《はたもとあとぞな》えと地理の事前調査をする少人数の派兵を命じられ、十一月には長州へむかった。しかし長州藩は、八月の四カ国艦隊の下関砲撃にやぶれ、ついに幕府の求める条件を飲んで恭順《きょうじゅん》の意を示したので、幕府軍は撤兵し、紀州藩も帰還した。

物いりだった長州派兵もおわり、一息いれた矢先の慶応元（一八六五）年四月一日、幕府は長州再征の方針をだした。長州藩では、高杉晋作《たかすぎしんさく》らが恭順派を追放して、幕府との約束を破ったからである。五月十三日に紀州藩主徳川茂承《もちつぐ》は、朝廷や薩摩《さつま》・越前《えちぜん》ら雄藩《ゆうはん》の反対を押さえて幕府軍の御先手総督《ごせんてそうとく》を引きうけた。翌閏五月九日、江戸から帰和した茂承は出陣の準備にかかり、十七日には安藤直裕（田辺領主）が先備《さきぞな》え、十八日には茂承が本備《ほんぞな》え、十九日には水野忠幹《ただもと》（新宮領主）が後備えで、総勢一万一〇〇〇人を超える大軍団で出発した。

このうちには、運搬要員の在夫《ざいふ》や大工諸職人などの非戦闘員が四二〇〇人余含まれていた。武器・武具・衣類・夜具など大量の物資を運搬するため荷車や船も準備したが、一人六貫目（二二・五キロ）の荷物を背負える在夫が必要であった。本藩では、全郡へ六〇〇〇人の徴発を命じ、各郡では石高《こくだか》に応じて割当ても行われた。町方《まちかた》は体力が弱い者が多いとの理由で直接徴発されず、金銭などの課役が割りあてられた。戦闘がはじまったのは翌慶応二（一八六六）年六月、その間一年あまり大坂で滞陣した。当初の緊張感もゆるみ、軍規も乱れた。川合小梅の『小梅日記』に、「このたび大坂にて病人多し、大かたかっけしょう（脚気症《かっけしょう》）」とあり、白米偏食のためか体調不良者もでて士気もあがらなかった。開戦の目途も立たないなかで、かなりの在夫が紀伊へ引きあげた。農耕にも支障がでており、村々では在夫の交替の強い要望がでていたからである。

動員した人数には、上下を問わず一日一人当り白米七合五勺が給されたから、かなりの米が必要であった。味《み》噌《そ》・醤油《しょうゆ》・梅干《うめぼし》などの副食のほか、馬一九二匹分の飼料をあわせるとその費用は膨大で、戦争が長引けば長引くほど、藩士はもちろん領民の負担も深刻であった。

六月十四日に芸州口《げいしゅうぐち》（広島県）で激しい戦闘があり、彦根《ひこね》・越後高田《えちごたかだ》両藩が敗走して幕府軍はしりぞいた。勢いにのる長州軍は、水野忠幹の率いる新宮軍におそいかかった。それをしりぞけた大野村の戦いが、この戦争の幕府軍の唯一の勝利であった。

幕長戦争戦死者の追弔碑（新宮市）　第2次幕長戦争に出陣した新宮水野軍の戦死者の追弔碑。

戦後、新宮で戦死者の追弔のために碑を建てる声があがった。碑文は水野家の儒者湯川麑洞《ゆかわけいどう》が撰し、篆額《てんがく》は幕府開成所《かいせいしょ》教授の柳河暾《やながわ》（春三《しゅんさん》）が書いた。江戸の名石工広群鶴がきざんで新宮へ運んだが、ちょうど明治維新になり、碑文の内容から新政府を恐れて建立せずに放置しなければならなかった。それを明治十一（一八七八）年に旧新宮藩士らがやっと建立したという。

一方、石州口《せきしゅうぐち》（島根県）を攻めた安藤直裕軍は、七月十三日に奇兵隊《きへいたい》と遭遇してたたかったが、十六日の戦闘で大敗してから士気があがらず、徳川茂承の本隊に合流しようと芸州口まで退却した。安藤直裕にしたがって出陣した家臣の藤原忠英《ただひで》は、「陣営中雑記《じんえいちゅうざっき》」を残しているが、随所に奇兵隊の恐怖を記している。この敗走によって茂承の激怒をうけた直裕は、紀伊に戻って謹慎を申しつけられた。

勝利の見通しもつかなくなった幕府軍は、七月二十日に出陣中の将軍家茂が大坂城で病死したため、将軍をついだ徳川慶喜《よしのぶ》は、九月二日に休戦を協定して、全軍に撤兵を命じた。茂承も大坂へ戻った。

この戦争に在夫として徴発された那賀郡岩出組の伊助《いすけ》という農民は、戦場で本隊とはぐれたため、それをさがして野宿を重ね、恐怖におびえながら各地をさまよった。所持金を使い果たし、衣類まで売ってようやく帰村したが、その彼を藩はきびしく追及している。

紀州藩は幕長《ばくちょう》戦争に出陣したが、領内の農民は離反していた。苛酷な在夫の負担や危険な戦場での服務の忌避《きい》の増加は、紀州藩兵を苦しめ、戦力を弱体化させていたのである。

幕末の動乱と紀州●

文久三（一八六三）年八月、尊王攘夷《そんのうじょうい》をとなえる天誅組《てんちゅうぐみ》が、大和《やまと》の五條代官所《ごじょうだいかんしょ》をおそい、占領した。幕府は郡山《こおりやま》藩など大和の諸藩や紀州・彦根《ひこね》・津《つ》藩にも追討の命令をくだした。紀州藩は約三九〇〇人の藩兵を送ったが、あまり役に立たず、むしろ津田正臣《まさおみ》（出《いずる》の弟）の率いる農兵隊や和歌浦法福寺《ほうふくじ》の僧北畠《きたばたけ》道龍《どうりゅう》が率いる法福寺隊が、藩の正規軍よりも活躍した。

鎮圧にむかった大軍に追われて、天誅組はゲリラ戦を展開しながら十津川《とつかわ》方面に退去したが、紀州藩は伊勢領や有田・日高郡の警備を強化するとともに、付家老の安藤・水野両氏を田辺と新宮に戻して警戒させた。水野忠幹は新宮の主力軍を率いて本宮まで出陣した。

天誅組から離脱した十数人は、熊野方面に脱出しようとして南下し、小又川《こまたかわ》・龍神《りゅうじん》に分屯中の紀州藩の陣営に自首した。彼らは小又川の米蔵《こめくら》に幽閉されたのち、和歌山へ送られ、十月初旬京都の獄につながれた。

第二次幕長戦争後、藩財政の赤字を解消するため、藩士の俸禄《ほうろく》削減が問題となった。だが、その程度の処置で乗り切れるものではなかった。紀州藩は、慶応三（一八六七）年十月、摂津《せっつ》・河内《かわち》・和泉《いずみ》・播磨《はりま》と紀伊の五カ国に通用する藩札《はんさつ》の発行を願いでて認められた。大坂商人からの融資の吸収を目的としており、急場をしのぐうえでかなりの効果があった。領国を越えて流通範囲をもつ藩札が日本近世史上はじめて発行されたのであるが、幕府崩壊後、その処理が難問となった。

長州藩との開戦前の慶応二（一八六六）年五月、病のため役を辞していた津田出が、藩主茂承の諮問にこたえて「御国政改革趣法概略表《おんこくせいかいかくしゅほうがいりゃくひょう》」を書いている。藩の支出を大はばに見直し、武士の帰農も認め、帰農した武士や農兵を掌握するなど強力な独裁政治を説いた。茂承の信頼を得た津田は、執政太夫《しっせいだゆう》として藩政をあずかった。津田は、洋式銃を駆使する長州軍に敗北したのを教訓に、銃隊への編制変えを行った。慶応二年九月、口六郡にその方針が示され、農兵訓練がはじまった。しかし、従来の軍役《ぐんやく》のあり方を変更することになるため、保守的な家臣の反対にあった。また洋学をおこして欧米へ留学生を送り、帰国後それを活用しながら殖産興業《しょくさんこうぎょう》をはかろうとした。財政・官制・兵制・禄制など抜本的な藩政改革の試みであったが、津田の構想はそのままいかされたわけではなかった。

慶応三年四月二十三日夜、洋式銃の購入と汽船の買替えのため、長崎にむかった明光《めいこう》丸は、海援《かいえん》隊の乗り組む土佐藩の伊呂波《いろは》丸と衝突し、沈没させてしまった。その賠償金八万三五二六両の支払いも藩財政を圧迫した。

藩政改革は、財政逼迫のなかで実施されようとしたが、多くの藩士はのぞんでいなかった。保守的な藩士の不満が高まるなかで、俸禄の削減を行ったため、反発をうけた津田は、突然罷免された。川合小梅は、この事件を「めでたし」と日記に記している。

改革論の急進派であった田中善蔵《ぜんぞう》は、持論の「平均禄《へいきんろく》面扶持論《めんふちろん》」を主張して久野丹波守《くのたんばのかみ》と激論した。その後、田中は奥右筆《おくゆうひつ》らの説得で久野の三分五厘減案に同意したが、その報告のため翌朝登城の途中、追廻門外《おいまわしもんがい》で改革

追廻門(和歌山市)　幕末期，改革派の田中善蔵が反対派におそわれてここで命をおとした。

に反対する藩士に待ち伏せられて斬殺された。翌十三日、早朝からあちこちの神社で、「五勇大明神《ごゆうだいみょうじん》」と大書きした旗幟《きし》が立ち、藩士はよろこんだという。

慶応三年八月、東海地方におこった「ええじゃないか」の騒動は、十一月に京都・大坂へ広がった。その情報がはやくも和歌山城下にも伝わっており、『小梅日記』は城下の動揺した状況を克明に記している。十一月二十日に畳屋《たたみや》町の者がお札《ふだ》を拾っており、十二月七日には駿河《するが》町大福屋《だいふくや》や九家《くけ》ノ丁《ちょう》、湊辺りにもお札がふった。十一日から十二日にかけて、万《よろず》町のす《(洲)》本屋《もとや》とそのむかいへふったので、大勢の人が押しかけ、酒を酌《く》み呑みし、下駄《げた》や草履《ぞうり》のまま座敷へあがって踊った。さらに柿やミカンをになっている者から奪い、「ヨイジャナイカ」と踊ったと記している。民衆の幕末期の政治に対する不満や生活の不安が鬱積していたのである。

慶応三年十月十四日、将軍徳川慶喜は山内容堂《やまのうちようどう》の意見にしたがい大政奉還《たいせいほうかん》を行った。紀州藩は、京都における慶喜の動きを逐一知っていたが、適切な対応策を打ちだせなかった。藩内には大政奉還について賛否両論があり、茂承はまとめられなかったのであろう。慶喜から上京を促す書状がとどいていたにもかかわらず、茂承は上京しなかった。慶喜は、兵制改革により洋式化された紀州藩の軍事力を待っていたのである。

十二月九日、朝廷は王政復古《おうせいふっこ》を宣言し、慶喜の辞官《じかん》・納地《のうち》が決定した。慶喜が大坂へ移ると、倒幕派でかためられた京都と旧幕府派の大坂とで緊張状態が生じ、翌慶応四（一八六八）年正月三日に鳥羽《とば》・伏見《ふしみ》で戦いがおこった。薩長方が大勝し、慶喜は大坂を脱出して江戸へのがれた。

こうした京・大坂の正確な情報を紀州藩が把握できたのは、六日夜から七日朝にかけてであった。紀州藩は、「朝敵」と疑われる行動はできなくなった。はたせるかな八日朝、会津《あいづ》・桑名《くわな》・忍《おし》藩など旧幕府側の諸将が敗兵を率いて御三家の紀州藩をたよってきた。たいへんやっかいな問題が紀州藩に舞いこんだのである。

紀州へのがれてきた旧幕府軍は五七〇〇人以上であったという。藩は役所や寺院を宿所に提供して保護し、藩船明光丸や浦々の廻船を借りあげて送還をはかった。会津藩一八〇〇人余が八九艘の船で日高郡由良《ゆら》まで送られたが、負傷したままのがれてきて、この地で死亡した会津藩兵三人が念興寺《ねんこうじ》と光専寺《こうせんじ》に眠っている。

藩は沿岸の要地へ通達をだし、動揺しないこと、食事などの接待をすること、料金をうけとることを指示し、官民一体で敗走兵の脱出を助けた。もちろん朝廷方にはいっさい秘密裏に行われており、十月十二日に京都留守《るす》居《い》も、「八日昼ごろから旧幕兵が和歌山へはいってきたが、泉州へ立ち退《の》かせた。その後は国境をとざしてはいらせていない」と報告した。紀州藩は朝廷に恭順をちかうが、嫌疑はなかなかとけなかった。

会津藩兵の墓(由良町，念興寺)　鳥羽・伏見の戦いで薩長方にやぶれ，当地までのがれて死んだ会津藩士が眠る。

10章

近代社会の形成と発展

明治10年代の京橋　維新後，城下町和歌山は変貌した。武家屋敷の丸の内には官庁・学校・銀行などがならび，京橋のたもとには，自由軒などの人力車営業所が軒を連ねた。

1　近代和歌山の成立

維新と和歌山●

慶応四（一八六八）年正月三日夕刻、旧幕府軍と薩長《さっちょう》軍が衝突してはじまった鳥羽《とば》・伏見《ふしみ》の戦い（戊辰《ぼしん》戦争）は、翌四日未明には大勢が決し、六日には旧幕府軍は大坂城中に敗退し、徳川慶喜《とくがわよしのぶ》は軍艦開陽丸《かいようまる》にのがれて、十二日に江戸・品川《しながわ》に到着した。

勤王《きんのう》・佐幕《さばく》の帰趨《きすう》が定かでなかった紀州《きしゅう》藩に、正月四日には慶喜からの「討薩長」の写しが和歌山城にとどき、同じ日に、前年末から高野山《こうやさん》に駐陣していた鷲尾侍従《わしおじじゅう》の軍と共同して大坂城を攻略せよとの朝命がくだり、藩主茂承《もちつぐ》はきわめてきびしい選択をせまられた。さらに、紀州藩が六〇〇〇人に達する敗走の旧幕軍兵の和歌山経由による東帰を庇護《ひご》したことが朝廷の疑惑を招き、江戸藩邸では薩長両藩に対抗する意見も強く、藩論が容易に決着しなかったが、茂承は二月十三日、朝廷に誠意を示すために入京した。そののちも、新政府への献金命令や奥州《おうしゅう》征討軍への兵員派遣が求められるなど、新政府の抑圧は強く、同年十二月、ようやく、藩主茂承の帰国が実現した。

他方、高野山行人《ぎょうにん》方に属する地士《じし》たちは「王事ニ尽サン」として、慶応三（一八六七）年十月、高野隊を結成し、鷲尾侍従の軍にしたがって翌年六月には北越《ほくえつ》地方に出陣した。勤皇《きんのう》派としての農民たちの行動であった。なお、同隊は同年十月には兵部《ひょうぶ》省の付属となったが、明治五年二月には一人をのぞき全員除隊、和歌山県への帰籍が命じられた。

新政府は明治元（一八六八）年十月二十八日、各藩の統制をはかるため、藩の行政と藩主の家政の分離、門閥《もんばつ》制の打破、議事制度の実施などを含んだ「藩治職制」を制定した。

和歌山藩では藩主茂承が明治元年十一月に津田出《つだいずる》（又太郎）を再度登用して藩政改革に着手した。それは朝廷の嫌疑《けんぎ》をはらすためにも必要なことであった。翌年正月二十七日、津田は従来秘密としていた「御《お》勘定納払調別表《かんじょうおさめばらいしらべべっぴょう》」を家中《かちゅう》に公開して財政難の実態を知らせて、藩士の家禄《かろく》を削減し、あらたに設置された民政局指導のもとで士庶皆兵や郡県制度を実施し、さらに、教育・刑罰・産業など広範囲にわたって改革を実施した。

なかでも兵制改革は重要であった。軍務知局事を兼務した津田は、明治二（一八六九）年九月に従来の軍事組織を全面的に改めて常備軍四大隊と交代兵二大隊を設けた。交代兵は満二〇歳に達した農工商の独身男子を選抜・徴集して三年間服務するものとし、終了後は「其身一代苗字帯刀《みょうじたいとう》」を許した。さらに、兵制統一をせまられた津田は従来のフランス式・イギリス式にかえて、新興の強国であるプロシア式を採用し、新式の元込め小銃（ツュントナーデル騎兵銃）を買いいれ、また、教師としてプロシア陸軍士官カール・ケッペン（Karl Köppen）をやといいれた。当時兵庫県知事であった陸奥宗光《むつむねみつ》が雇入れ交渉を担当したが、前後して、陸奥は和歌山藩の藩政改革にも参与していった。

ケッペンは来藩後、着々とプロシア式兵制に基づく藩陸軍の建設につとめ、火薬の製造や兵士の服装を改革するため、洋靴・洋装の原材料生産にも手をそめた（梅渓昇「新出のカール・カッペンの『日記』および『回想録』について」『和歌山市立博物館研究紀要』8）。そのためにプロシアから製革師・製靴師・火工家をやといいれ、西洋沓《ぐつ》製法伝習所や火工所が設置された。それらは、のちに和歌山を代表する地場産業となる皮革工業や綿ネル業の始まりであった。

藩は明治三（一八七〇）年正月、士卒に基盤をおいた交代兵制度にかえて、あらたに「兵賦《へいぶ》略則」を制定した。それは士農工商の四民からの徴兵を基盤として正規軍をつくろうとするもので、明治六年に公布された「徴兵令」の先駆とみなされ、わが国の兵制史上画期的なものであった。もっとも、家族を生活困窮におとしいれかねない徴兵制が実施されることに対する民衆の抵抗も強く、一村あげての交代兵徴集の免除を願う嘆願書がだされ、あるいは、免役制を利用した養子縁組み（「兵隊養子」）もしばしばあった。藩は徴兵逃れに対してきびしく対処し、新しい藩常備軍の維持・充実につとめたが、廃藩置《はいはんち》県《けん》後の明治四（一八七一）年十一月二十五日、交代兵は鎮台《ちんだい》兵の要員などをのぞき、兵部省からの解隊命令によって解隊され、原籍に戻ることが求められた。

教育の分野では、学習館知事浜口梧陵《ごりょう》（儀兵衛《ぎへえ》）

カール＝ケッペンと陸奥宗光　ドイツのビュッケブルク出身のケッペンは和歌山藩にプロシア式兵制を導入・指導した。軍服姿の陸奥宗光は明治3（1870）年，和歌山藩欧州執事としてプロシアに赴いたおりのもの。

がとくに洋学に力をいれた。福沢諭吉《ふくざわゆきち》を招聘《しょうへい》する計画は頓座《とんざ》したが、福沢の指導をうけた松山棟庵《とうあん》の奔《ほん》走《そう》もあって、英国人法律家サンドルス（F. H. Sanders）をやといいれ、明治三年五、六月ごろに藩の洋学所共立学舎《きょうりつがくしゃ》が設立された。もっとも、同校は定着するまもなく、廃藩置県前に廃校となった。

これより前の慶応四（一八六八）年正月、紀伊《きい》徳川家の付家老《つけがろう》安藤家・水野家はそれぞれ藩屏《はんぺい》に列することになり、あらたに田辺《たなべ》藩・新宮《しんぐう》藩がうまれていたが、両藩もそれぞれ藩政改革を実施し、禄制改革や兵制改革に着手した。なお、新宮藩は明治三年十二月、大阪の土佐九十九《とさつくも》商会から蒸汽船を購入し、その代金の一部を無利息借入れとして、万歳《ばんぜ》・音羽炭坑《おとはたんこう》の開発権利を同商会に担保として差しだした。岩崎弥《いわさきや》太郎《たろう》の三菱《みつびし》と当地とに関わりがあったことになるが、しばらくして、岩崎は当地の炭坑開発から手を引いた。

和歌山県の成立●

明治四（一八七一）年七月の廃藩置県によって和歌山・田辺・新宮の三藩は和歌山県・田辺県・新宮県となったが、その管轄は旧藩領を継承し、紀伊・伊勢《いせ》・大和《やまと》国にわたる広大なものであった。なお、高野山《こうやさん》寺領《じりょう》は和歌山藩からの「弊藩ニテ支配《しはい》可仕筈《つかまつるべきはず》」との伺い出にもかかわらず、明治二（一八六九）年八月、民部省から堺《さかい》県の管轄と達せられ、ついで翌三年四月、五条《ごじょう》県の管轄とされた。

明治四年十一月の全国諸県の統廃合により、(旧)和歌山県の紀伊国部分、田辺県全域、五条県のうち旧高野山寺領、さらには、新宮県のうち熊野《くまの》川と北山《きたやま》川の西側部分が統合され、現在の和歌山県が成立した。牟婁《むろ》郡の一部と伊勢国内の旧藩領域の大部分は度会《わたらい》県（慶応四年、政府直轄地支配のため度会府設置、明治二年七月改称、九年四月三重県と合併）の管轄となった。

和歌山県の成立

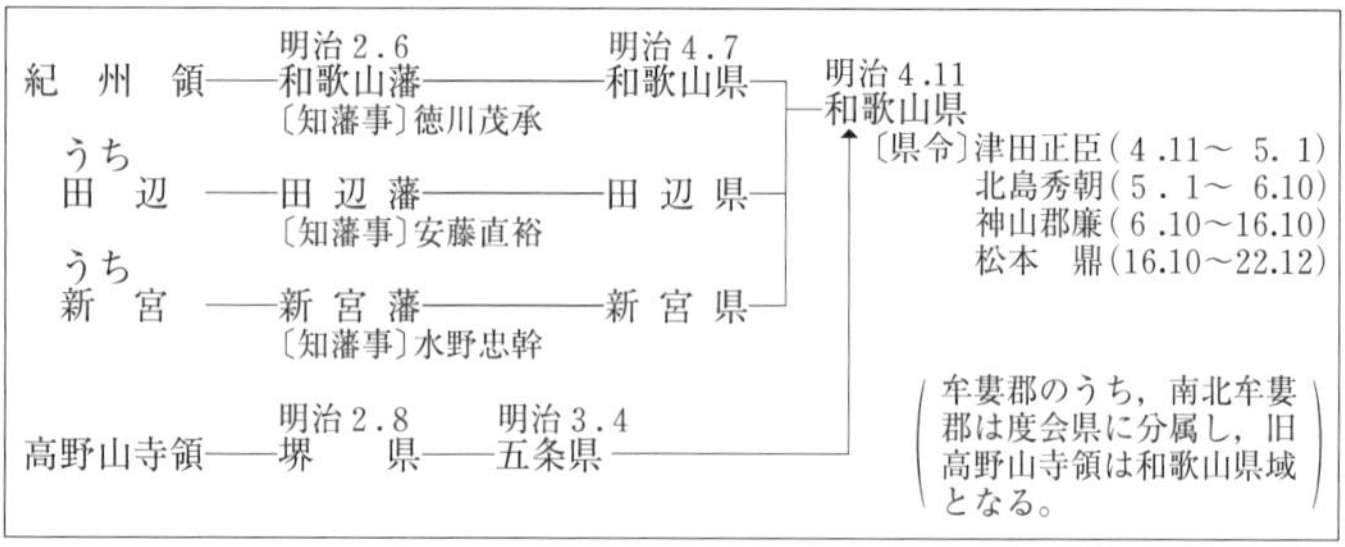

『府県史料』和歌山県史案第1編—県治による。

新しい和歌山県の初代の権令《ごんれい》は旧和歌山県大参事津田正臣《まさおみ》が任命された。また、「県治条例」にしたがってつくられた新しい県庁には、庶務・聴訟《ちょうしょう》・租税・出納《すいとう》の四課がおかれ、県官の定員は五〇人とされた。明治五（一八七二）年一月二十五日には、水戸《みと》藩出身で東京府大参事をつとめた北島秀朝《ひでとも》が第二代権令となり、翌六年十月十三日、神山郡廉《こうやまくにきよ》が島根県権令から転任してきた。神山は土佐《とさ》藩出身で大政奉《たいせいほう》還《かん》の運動にもかかわり、維新後、新政府の要職についた。

政府は旧幕以来の宗門人別《しゅうもんにんべつ》改帳《あらためちょう》にかわってあらたに戸籍《こせき》制度を施行した（明治四年四月、戸籍法）。それは身分を問わず全国の人民を属地主義によって統一的に把握《はあく》しようとしたもので、戸籍編成のために新しく区が設置された。和歌山県では名称はかわったものの、従来の大年寄《おおどしより》・大庄屋《おおじょうや》―町役人・庄屋が地方行政の責任をになっており、戸籍事務も取りあつかった。明治五年五月十三日、県は県域を七大区六一小区に再編したが、大区は郡を、小区はほぼ旧藩時代の行政区域であった組をそれぞれ単位とした。新しい行政組織を基盤として学制・徴兵制・地租《ちそ》改正《かいせい》などが実施されはじめた。

神山権令は明治七（一八七四）年一月二十三日に区長（小区の代表者、副区長のこと）・正副戸長《こちょう》（従来の町村の責任者）の「入札公撰規則」

を布達《ふたつ》し、同三月八日には「議事所仮規則」で、各区の副区長と戸長を議員とする県治議事所を開設するとした。それは公選された地方行政の責任者の意見を県政に反映させようとする構想で、和歌山県における地方民会の始まりといえるが、最初の会議は鷺ノ森本願寺《さぎのもりほんがんじ》別院を議場として、四月十六日に開催され、開化《かいか》を促進し、物産の興隆をはかる諸方策が論じられた。

和歌山県は明治十一（一八七八）年の三新法の一つとして発布された「郡区町村編制法」に基づき、翌十二年一月二十日、大小区制を廃止して一区八郡制をしき、郡区内の町村編制を区画した。また、改めて戸長役場が四〇七カ所に設けられたが、そのほとんどは数カ村連合の戸長役場であった。三新法のいま一つの柱である「府県令規則」にしたがって、和歌山県は明治十二年五月五日に県会を開催した。郡区の人口数に比例して選出された議員は四三人とされたが、十五年時で被選挙権所有者は県人口の約二・六%、選挙権所有者は約四・七%にとどまった。県会は予算審議などの場で県令と法律の見解や権限をめぐって争うことが多かった。

政府は憲法発布と国会開設を間近にひかえて、国からの負担に対処できる行政能力・財政基盤をそなえた市町村＝地方自治体制をつくるため、明治二十一（一八八八）年四月二十五日に市制・町村制、二十三年五月十七日に府県制・郡制を公布した。和歌山県でも内務省訓令にしたがって「独立自治ニ耐ユルノ資力」をもつ「有力」な町村をつくるために町村合併基準を示して、市制町村制実施の準備を進めた。その結果、県域は二十二年四月一日には和歌山市と田辺町・新宮町を含む一市二町二二九村に再編された。なお、和歌山市は全国三九カ所の市制施行地の一つとして指定された。市の区域は従来の和歌山区と名草《なぐさ》郡宇治《うじ》村・鷺ノ森《さぎのもり》村および海部《あま》郡湊《みなと》村の一部で、四万八一三一人とされる人口は全国で一三番目であった

新市町村の規模

区(市)郡	明治12年町村浦数	明治12年戸長役場数	明治22年新市町村数	新市町村平均人口①	昭和34年4月1日市町村数		昭和40年平均人口
和歌山区(市)	町 400	1	市 1	人 55,936	市部	7	人 ②41,871
名草郡 海部郡	村 179 浦 17	76	村 29 村 13	2,722 3,106	海草郡	町3	12,048
那賀郡	村 251	68	村 36	2,325	那賀郡	町6	12,786
伊都郡	村 149	48	村 22	2,750	伊都郡	町4 村1	11,888
有田郡	村 137	41	村 21	3,218	有田郡	町6	13,819
日高郡	村 136 浦 22	68	村 37	2,363	日高郡	町6 村4	7,621
西牟婁郡	町 13 村 127 浦 13	58	町 1 村 41	2,018	西牟婁郡	町7 村1	11,212
東牟婁郡	町 24 村 165 浦 6	47	町 1 村 30	3,190	東牟婁郡	町7 村2	8,429
合計	町 437 村1,144 浦 58	407	市 1 町 2 村 229	2,711 (和歌山市をのぞく)		市7 町39 村8	

『和歌山県史』近現代史料2,『和歌山県統計書』明治22(1889)年版,および『和歌山県政史』付録年表による。①は明治22年1月1日現在,②は和歌山市をのぞく。

(『和歌山県統計書』明治二十二年)。

新しい制度のもと、市町村は法律上は法人として認められたが、議決の評可権・強制予算制の採用など上級官庁の制約をうけた。また、市町村の居住者(住民)のうち、直接国税を二円以上おさめる満二五歳以上の帝国臣民《しんみん》の男子で、かつ二年以上市町村に居住している者が公民として市町村政に参加する権利と義務を有するとされ、議決機関である市町村会の議員選挙は納税額に基づいて選挙人の等級を分ける等級選挙が採用された。

郡制・県制の実施は和歌山県でも遅れ、明治二十九(一八九六)年四月一日に、名草・海部両郡が統合され海草《かいそう》郡となり、三十年九月一日より郡制が、翌年九月一日に府県制が実施された。

地租改正と「粉河騒動」●

政府は廃藩置県の断行によって、年貢《ねんぐ》の徴収権を手にし、一方で旧貢租体系の継承を宣言しつつ、雑税・付加税の改正や石代納《こくだいのう》を評可して「旧慣」を部分的に修正し、また、田畑勝手作《かってづくり》(作付の自由化)や土地売買の解禁を実施していった。

地租改正は土地所有の官有・民有区分を明確にし、民有地に地券《ちけん》を交付し、そのときに決定した地価を基準として地租を賦課しようとする「地券税法」であり、同時に、納税は現物納から貨幣納に改められた。政府は明治六(一八七三)年七月、地租改正条例を発布し、市街地・郡村地(田畑・宅地)・山林原野に土地所有権を確認し(地券交付)、地価の一〇〇分の三を地租として徴税することを定めた。

和歌山県では明治五(一八七二)年九月、租税課内に地券掛《がかり》をおいて壬申《じんしん》地券の交付作業に着手し、六年一月から七年初頭までに八九万余通の地券交付を完了した。ところで、地価査定などの事業に着手する前の七年五月五日に、県は大蔵卿《おおくら》へ「地租改正之義ニ付伺」を提出して、小作米収益《こさくまい》に基礎をおく検査第二則と石代相場五円を条件とすれば、「従前貢租之中等ヲ以テ一村平均ヲ採リ地価」を算定すると大幅な減租となることを示し、その了解を求めようとした。しかし、七月十日付の「指令」は「改租之義ハ軽重平準之御趣意ニ付、減租ノ法ト相心得候様《あいこころえそうろうよう》ニテハ御趣意ニ齟齬《そご》イタシ候」(『和歌山県史』近現代史料四)と、県の提出した諸条件を改めるよう指示するものであった。

北島秀朝にかわって赴任した権令(県令)神山郡廉のもとで、明治七年秋ごろ、「旧貢租水準」維持を前提とした新しい改租方針が打ちだされ、県は八年三月、「地租改正ニ付人民心得書」を布達し、まず、土地丈量《じょうりょう》を調査し、ついで、各村の地位等級を調査して「押付け地価」である精査地価書上《かきあげ》を各村に承認させていった。石代相場は和歌山・田辺・新宮の三カ所の既往五カ年平均価格五円五四銭とされた。
地価は一筆ごとに面積・収穫高を確定し、それに石代価（検査米麦価）を乗じて収入金額をだし、種肥代・租税を差し引きした収益を算出、それを利子率で除して決定するはずであった。しかし、実際には積上げ方式ではなく、全県の地価総額を郡段階→村段階へと比例配分していこうとしていた。もっとも、村々の地位等級や村内での決定は土地所有者による相対とされ、村々からの「書上」による自主申告の形式がとられた。それらに対し、県は大幅な増額修正を求め、容易に地価決定に至らなかった。

粉河《こかわ》地方では第三大区二小区中山村の児玉仲児《こだまちゅうじ》らが石代相場に異議をとなえ、その引下げを求めて何度も「伺」をだし「建言書」などを提出した。県は明治九年三月二十日、検査米麦価を少し引き下げたが、農民たちは納得せず、騒動の勃発《ぼっぱつ》となった。県は四月十七日、「収穫地価合計帳」を各村に示し、その最終期限を付して承諾をせまった。この新租に不服の村々は粉河地方のみならず、名草・伊都《いと》・日高《ひだか》・牟婁郡内の村々にもおよび、粉河地方では、五月四日、県は同地域の正・副戸長らの出頭を求め、うち、五人を拘留《こうりゅう》し、戸長・副戸長を解任した。それを伝え聞いた二小区の村民たちは、正・副戸長の帰村を求めて行動を開始し、七日から八日にかけて、粉河寺観音堂《こかわでらかんのんどう》や長田《ながた》観音に集合して和歌山へむかい、また、羊《ひつじ》の宮《みや》に屯集した。神山県令は急いで官員を粉河方面に派遣する一方、大阪鎮台《ちんだい》に派兵を要請した。十日に鎮台兵が和歌山に到着したときには、農民たちは警官の説得もあってほぼ解散していたが、神山県令は「収穫地価合計帳」の請書《うけしょ》提出を催促し、集会参加者にはきびしい追及を開始し、正・副戸長をはじめ六八八人が有罪とされた。

県の強圧的な態度にもかかわらず、最後まで「請書」提出をこばんだ村々は全県下一二〇四カ村のうち、三三カ村を数え、これら新租不承服村は翌明治十（一八七七）年七月に検査更正をうけた。それらの多くは従来、「荒地」とされていた地所があらたに田畑耕地とみなされることによって、新地租が旧貢租水準を上まわるに至った牟婁郡地域の村々であった。地租改正事業が終了しても、「新租不承服村」をはじめとして多くの村々から種々の理由を付して地価修正の請願・要求が提出された。東牟婁郡下の狗子ノ川村《くじのかわ》などは九年から十六年十月までに数十回の嘆願書を提出し、「特別地価修正」を求め、粉河地方の津村《つむら》重兵衛・稲本保之輔《いなもとやすのすけ》らは十四（一八八一）年八月、全国各府県の地価取調べを有志らと議決し、各地に出張して資料を収集した。津村らの調査結果は早速に他地区の農民たちによっても利用された。

地価修正要求（運動）は民党の地租軽減要求とも結びつき、県下でも自由党を中心とする運動が明治二十四（一八九一）年から二十六年にかけて活発化した。政府は、この間、数次にわたって特別地価修正を実施したが、和歌山県も明治十六（一八八三）年の一部修正を経て、二十年には「不適当ノ著シキモノ」（『明治財政史』第五巻）として修正は県下一円におよび、さらに、二十二年にも実施された。

自由民権運動の広がり●

明治十（一八七七）年前後から明治政府が進める「有司専制《ゆうし》」に反対して、国会開設・憲法制定・地租軽減などを求める自由民権運動が全国的に広がっていった。

和歌山県下でも粉河で地租改正反対運動をになった有力者・有識者である児玉仲児・曾和震十郎《そわしんじゅうろう》・千田軍之助《せんだぐんのすけ》らの動きが顕著であった。明治十年七月、山東直砥《さんとうなおと》が帰県し、人材養成のため学校設立をすすめる陸奥宗光の意を児玉仲児に伝えた。児玉はさきの人たちと協議のうえ、粉河寺境内に猛山《もうざん》学校を開設した。「下等小学校卒業ノ者、又ハ学齢ヲ超過セシ者」を生徒とし、歴史・法律・作文・算数の授業のほか、演説も取りいれた。束脩《そくしゅう》は五〇銭、授業料は月三〇銭とあり、「明治十一年下半季分　月謝領収簿」によると、十月には五〇人余の生徒がいた（『粉河町史』第四巻）。

猛山学校の運営者と重なる人たちを中心に、明治十一（一八七八）年二月二十三日、粉河千光寺《せんこうじ》で実学社《じつがくしゃ》が結成された。「実学社創立ノ趣旨」はその冒頭で「実学ヲ以テ社ニ名ルハ、之ヲ空言ニ托セズ、実行ニ修ムルノ意ヲ明ニスルナリ」と宣言し、「実学社規則」第一条では「本社ハ士民ヲ論セズ、公同ノ実利ヲ謀《はか》ルガ為メニ協力同心ノ社員相結合シテ成立スルモノトス」（『粉河町史』第四巻）と規定した。

実学社は県令へ種々の意見を具申し、全国的な潮流に加わって国会開設の建白書をだし、また、猛山学校を軸に子弟の教育に熱心に取り組んだ。「所得検出法」に関する建議では、地租改正方法と関連して、「租税ヲ徴収スルニ、宜《よろし》ク今ノ地価ヲ廃シテ、別ニ確実収穫（所得）ヲ検出スヘキノ議」（同前）と

地租改正反対運動の主要人物　中央で起立している人物が児玉仲児（嘉永２〈1849〉年生れ）。明治10（1877）年４月８日，和歌山の写真館で撮影した。前列むかって右から２人目は千田軍之助。のちに２人は紀北の政界を二分して争った。

して、田畑の収益に応じて課税することを論じた。あるいは、明治十一年四月の会合では県会議員候補選出について討議し、その結果、那賀《なが》郡では五人全員、伊都郡では定数四人のうち二人が実学社社員となった。

同年十一月三日の臨時会で実学社は各地の民権結社を再結集した愛国社《あいこくしゃ》への入社を可決し、さらに、十三（一八八〇）年二月三日の会議で児玉仲児は国会開設の「懇願《こんがん》」を行うことを提案、立案委員を選んで、「国会開設建白書」を作成することにした。児玉仲児の手記によると、有志者惣代は全県にわたり、浜口梧陵以下一〇〇人に達し、三月十四日には児玉はじめ八人が三条実美《さんじょうさねとみ》太政大臣《だじょうだいじん》邸に赴いたが面会はかなわず、三日目の十六日に家扶《かふ》に面会して、ようやく「建白書」を手渡した。

民権的潮流は粉河地域にとどまるものではなかった（後藤正人「紀州自由民権の運動と法思想」『紀州史研究』1所収）。県会議員であり実学社社員でもあった稲本保之輔らは明治十四（一八八一）年、伊都郡丁之《ちょうの》町《まち》村（かつらぎ町）で自助義塾《じじょぎじゅく》（自助私学校）の経営を目的に自助社《じじょしゃ》を設立し、那賀郡内でも実学社社員の山田万三郎《まんざぶろう》が共学舎《きょうがくしゃ》（池田《いけだ》村）、慶応義塾《けいおうぎじゅく》で学んだ本多和一郎が共修学舎《きょうしゅうがくしゃ》（池田村）といった私塾をささえ、和歌山区（市）内では春陽社《しゅんようしゃ》と称した学習結社もあり、児玉仲児との交流も盛んであった。また、民権的主張を盛りこんだ『方円珍聞《かくまるちんぶん》』や『南海雑誌』の発刊もあり、演説会や討論会もしばしば開催された。

紀南《きなん》地方でも活発な動きがあった。明治十三年十月、東牟婁郡高池《たかいけ》村（古座川《こざがわ》町）の山田正《ただし》は元老院《げんろういん》に国会の早期開設を求める建白書を提出した。十四年にはいって田辺で『熊野叢誌《そうし》』『田辺近報』などが発刊されており、前者の校閲者、医師、田辺各町聯合《れんごう》会議長でもあった坂本秀岱《しゅうたい》は板垣退助《たいすけ》・中島信行《のぶゆき》・古沢滋《しげる》の名を示しつつ「西牟婁郡自由懇親会」の結成をよびかけた。

明治十二（一八七九）年五月に第一回和歌山県会が開かれた。県会では民力休養を主張する意見が多く、県当局としばしば対立を招いた。初代県会議長であった浜口梧陵は県内の有力者層の融和と協力を求めて、明治十四年十二月、木国《きのくに》同友会を組織した。実学社も解社を決議して同会に合流した。木国同友会は県内で民権派的な政治活動が広がることをおしとどめたが、前後して、自由より平等を求める自由平権運動（後藤正人『権利の法社会史』）や、弱冠二六歳の県会議員志賀法立正《しがたいら》らが大工・木挽《こびき》・人力車夫らを組織した南紀自由党の創設があった。

2 地域の変貌

「工都」和歌山●

日露《にちろ》戦争前後から昭和十年代に至る和歌山県域の総生産額は、明治期から第一次世界大戦期までの急成長と、一九二〇年代の停滞、昭和初期の恐慌《きょうこう》による落ちこみとそのあとの急速な回復によって示されている。この間、物価騰貴《とうき》もあり、また、綿糸《めんし》・織布《しょくふ》・加工の各段階で原材料価額が計上され、生産価額の総額を大きく膨脹させている傾向もあったが、その推移は日本経済の動向にしたがうものであった。

生産総額の内容をみると、日露戦争前後こそ、工産額が農産額を少し上まわる程度であったが、そのあとは工産額の伸びが著しく、その比重も大正九（一九二〇）年には生産額の三分の二、昭和九（一九三四）年には四分の三を占めるに至った。工産品を種別でみると、酒・醤油《しょうゆ》・和傘・足袋《たび》・棕梠《しゅろ》製品・漆器《しっき》・指物《さしもの》といった江戸時代から続く伝統的製品が健在である一方、綿糸・綿織物・綿布加工（綿ネル）・晒《さらし》および染物・生糸《きいと》といった繊維製品が圧倒的比率を占め、化学薬品・染料・セメント・西洋紙といった近代工業製品が時代をくだるにしたがってふえ、製革・除虫菊《じょちゅうぎく》製品・貝釦《かいぼたん》といったあらたな地場産業製品もめだった。

和歌山における繊維産業発展の端初は旧幕時代からの名草織《なぐさおり》・紋羽織《もんぱおり》の伝統を有するとはいえ、和歌山藩の兵制改革に伴う軍装品（衣料）として綿フランネル（綿ネル）が創製されたことにあった。フランネル生地を模して綿布に起毛（毛掻《けが》き）した綿ネルの創製にいつ誰が成功したかについては諸説あり、積極的な関与者として宮本政右衛門《まさえもん》・畠山重信《しげのぶ》・瀬戸重助《じゅうすけ》・平松芳次郎《よしじろう》らの名前が知られているが、その技術は特許制度ができる前の明治十八（一八八五）年前後には大阪府南部の泉州《せんしゅう》や愛媛県今治《いまばり》地方に伝播《でんぱ》していった。

和歌山の綿ネル業は日清《にっしん》戦争前後に欧州から輸入された捺染《なっせん》ネルに刺激されて一挙に発展した。輸入捺染ネルは力織機《りきしょっき》製綿布に化学染料を使用して色彩豊かな捺染図案を描き、蒸汽力による起毛《きもう》（機械起毛）をほどこしたものであった。それはあらかじめ糸染めした糸を使って手織した綿布に毛掻きする綿ネル（織込みネル）とはまったく異なった製品といってよく、和歌山でも明治三十年代以降、輸入捺染機械による捺染工場が登場しはじめ、捺染ネル生産が本格化した。それは製織工程にも影響をおよぼし、力織機工場が簇生《そうせい》し、すでに操業していた綿紡績工場ともあいまって、和歌山市域には紡績・織布・捺染工場が集積しはじめた。

第一次世界大戦の勃発は綿ネル業発展の好機とされ、今まで綿ネル生産の各工程が別個の企業（工場）でになわれ、産地問屋である綿ネル商がその結節点に位置していたのが、捺染会社による紡績・織布兼営

和歌山県域の業種別産出高推移

業種別	明治42年	大正3年	大正8年	大正13年	昭和6年	昭和9年	昭和12年
	千円	千円	千円	千円	千円	千円	千円
鉱工業	24,165 (54.2)	35,268 (60.9)	199,288 (67.3)	148,067 (63.2)	105,786 (71.0)	179,149 (76.2)	232,033 (75.8)
鉱業	253	394	1077	656	772	1,315	2,542
綿糸紡績	4,933	8,900	47,444	26,438	19,144	51,322	62,049
綿ネル	8,710	9,582	46,393	広幅綿織物 53,097	22,846	42,106	43,486
広幅白木綿	1,109	3,000	19,538				
晒および染物	…	…	…	9,430	7,922	16,645	20,450
蚕糸類	730	926	8,470	9,641	4,961	2,080	2,198
セメント	…	…	1,890	1,504	1,162	1,312	1,527
製革，同製品	227	1,110	4,719	770	1,904	5,282	—
メリヤス	9	42	15,426	5,672	9,617	14,500	29,755
工業薬品	123	478	1,880	1,354	1,077	1,163	—
除虫菊	…	145	2,191	3,137	3,324	5,198	4,342
醤油	630	711	2,210	2,108	1,947	1,946	1,673
酒類	2,474	2,749	6,395	6,907	5,067	6,490	7,613
西洋紙	…	…	993	1,519	2,027	2,787	4,970
漆器	861	702	2,652	2,633	2,484	2,708	4,826
傘	284	298	865	1,437	448	813	973
指物	435	1,111	3,244	3,722	8,426	6,259	6,661
箱類	…	527	4,289	4,149	3,598	3,847	4,227
機械類	…	…	1,344	1,098	864	2,839	—
貝釦類	32	226	898	462	802	651	772
足袋	362	478	1,918	929	530	621	1,182
棕櫚製品	…	169	902	486	204	528	1,654
農畜産	13,395 (30.0)	15,312 (26.5)	60,239 (20.3)	46,442 (19.8)	26,737 (18.0)	32,232 (13.7)	41,976 (13.7)
林産	5,610 (12.6)	5,534 (9.6)	29,427 (9.9)	26,205 (11.2)	10,045 (6.8)	16,493 (7.0)	23,491 (7.7)
水産	1,437 (3.2)	1,766 (3.1)	7,362 (2.5)	13,483 (5.8)	6,265 (4.2)	7,177 (3.1)	8,415 (2.8)
合計	44,607	57,880	296,316	234,197	148,833	235,050	305,921

『和歌山県統計書』各年版による。(　)内は合計に占める各欄の割合(%)を示す。—は公表せず。…は資料に記載なし。鉱工業合計には若干のその他を含む。単位未満四捨五入のため，各欄の合計と合計欄の数値が一致しないこともある。

や捺染・起毛会社の統合が進んで、工場一貫生産による捺染ネル生産が進んだ。さらに、ドイツからの染料輸入が途絶して、化学染料の国産化をめざした化学工業も勃興した。その試みはすぐには成功しなかったが、和歌山に化学工場群をうみだす契機にはなった。大正九（一九二〇）年十二月刊の『工場通《つう》覧《らん》』によると、職工数三〇〇人以上の大工場は県下で一一を数えたが、二つの製糸工場をのぞき、ほかはすべて紡績・織布工場で和歌山市域（昭和戦前期の合併を含む）に七工場が集中していた。捺染・起毛工場や化学工場の規模は小さくなるが、それでも職工数百人から一〇〇人前後を擁したものも一〇を数え、捺染用諸機械製造の鉄工所もあった。

　他方、捺染ネルへの転換に後れた手織業者のうち、和歌山市とその周辺の業者はメリヤス業に転じる者もあり、和歌山市域はメリヤス生地生産では一つの拠点を形成し、また、高野口《こうやぐち》町（現橋本市）域では再織・パイル織に転進する者もあり、今日に続く特

和歌山紡績会社全景（明治30〈1897〉年ごろ）　明治22（1889）年７月，市内伝法橋詰めで操業した和歌山紡績株式会社は，明治44（1911）年３月１日和歌山織布会社と合併して，和歌山紡織株式会社となり，県下の繊維産業界をリードした。

殊織物地域を形成するに至った。

ミカン・カツオ・「木の国」●

明治二十(一八八七)年ごろの状況を示した『和歌山県農事調査書』には、米麦とならんで菜種・製茶・綿・はぜ実などの原料用作物(工芸農産物)の栽培状況がくわしく報告されていたが、このころを境にして県内の原料用作物の栽培が激減していった。

明治八(一八七五)年に設置された植物試験場では、外国産の小麦・野菜・柑橘《かんきつ》・綿などの試植が進められた。しかし、それはしだいに果樹・桑にかぎられていった。また、全国的な潮流にしたがって米作の改良も進められ、明治二十年前後には優良水稲品種である「神力《しんりき》」の移入・播種があり、鯡《にしん》・干鰯《ほしか》・油粕《あぶらかす》といった購入肥料が自給肥料を上まわる勢いであった。県下の平野部とその他との違いも大きいが、明治期をつうじての米収穫高は一割程度の増産にとどまった。

他方、柑橘類に代表される果樹栽培や農家副業としての養蚕《ようさん》(繭《まゆ》生産)・養鶏《ようけい》業(採卵)が急速にのびた。近世期以来、有田《ありだ》地方を中心に発展してきた柑橘業は、明治期にはいってその生産地域を紀北に大きく拡大し、また、温州《うんしゅう》ミカンやネーブルといった品種の多様化が進み、流通面でも従来の東京・阪神市場に加えて、北米・中国・朝鮮・ウラジオストックにむけた輸出が急増した。

生糸がわが国輸出品の主力ということもあって政府ははやくから養蚕・製糸を奨励していった。和歌山県でも富岡製糸場へ伝習生を派遣し、士族授産として蚕桑《さんそう》事業を奨励することもあったが、明治末で養蚕農家は全農家戸数の一五・六%を占め、紀ノ川筋の那賀郡・伊都郡、紀南の西牟婁郡・東牟婁郡ではその比率はさらに高まった。その本格的な発展はさきの諸郡で製糸工場が続出した大正期で、年間の収繭《しゅうけん》量

和歌山県の農林水産業と鉱業の推移

	明治37年		大正8年		昭和12年	
		千円		千円		千円
農産物		13,210		58,771		41,629
米	668千石	8,403	670千石	34,368	557千石	17,862
麦	203千石	1,494	226千石	4,870	215千石	4,215
柑橘類	6,878千貫	953	17,270千貫	4,089	31,187千貫	6,228
繭	11千石	427	71千石	8,152	713千貫	3,539
卵	3,829千個	60	8,171千個	387	44,969千個	1,244
水産物		1,314		7,362		8,415
魚類	2,556千貫	1,009	—	3,461	6,347千貫	4,405
水産製造物	222千貫	239	—	1,729	—	2,149
遠洋漁獲物	607噸	21	—	1,308	1,474千貫	823
林産物		1,959		29,427		23,491
用材	699千石	956	1,355千石	7,877	1,553千石	4,549
薪炭材	261千棚	467	339千棚	1,933	259千棚	921
丸及角材	—	—	953千石	8,523	720千石	6,077
挽材	—	—	651千坪	5,922	3,739千坪	5,758
木炭	3,932千貫	321	7,186千貫	3,294	6,212千貫	1,716
鉱山物		133		1,077		2,542
銅		52		683		…(秘匿)

『和歌山県統計書』各年版による。主要品目のみを掲げた。用材の1石は10立方尺である。

は明治四十一（一九〇八）、四十二年ごろの五〇〇トン余から大正十二（一九二三）年には二六四七トン、昭和四（一九二九）年には五六五九トンに激増した。生糸輸出価格はアメリカ経済の好不況にも左右されて大きく変動したから、繭生産価額は収繭量ほどには一直線にのびなかったが、大正八（一九一九）年には繭は農産物価額総額の一四％を占めた。もっとも、昭和四年ごろからの世界大恐慌《だいきょうこう》の勃発によって生糸輸出は激減し、繭価格も低落して農家経済に大打撃をあたえた。それを補ったのが、柑橘をはじめとする多様化しつつあった果樹栽培であり、養鶏業の発展であった。あるいは、阪神という大消費地をにらんで、蔬菜《そさい》の早熟栽培も進み、和歌山県農会は中央卸売市場の動向を農家に知らせたり、出荷組合の設立を奨励して、それらの動きを支援した。

吉野《よしの》材や十津川《とつがわ》材の和歌山・新宮への集散は江戸時代から著名であり、明治期以降も和歌山・新宮木材市場は全国的にも著名であった。用材・薪炭《しんたん》の伐採は大正期にその頂点を迎え、それ以降は製材部門の発展が著しく、とりわけ、大正期後半以降に輸入材が盛んに取引されるようになって、各河川流域に位置した製材工場が機械導入とともに発展した。大正九（一九二〇）年十二月刊の『工場通覧』によると、県下の製材工場は四一を数え、当時の行政区域で新宮町にその三分の一が集中していた。和歌山市とその周辺では、石油箱・麦酒《ビール》箱・ネル箱といった荷造り用資材の製材がめだっていた。

第一次世界大戦後の不況期に生産が低迷した木炭も昭和期にはいって徐々にその生産高をのばし、昭和十五（一九四〇）年には昭和初年の二倍以上の生産高を示した。日中《にっちゅう》戦争の勃発による石炭・ガソリンの代替燃料として注目されはじめたことも大きな要因であった。ウバメガシを原木とする備長炭《びんちょうたん》に代表される白炭《はくたん》は良質の特産品として県外に移出され、その主産地は西牟婁郡であった。

明治三十（一八九七）年ごろの『和歌山県漁業調査書』によると、県内の「漁場採藻場」として三八漁村が紹介されていたように、海岸線の長い和歌山県では漁業も特色ある発展を示した。明治末になると、小型石油発動機が開発され、漁船の動力化が大正期以降に進んだ。大正十（一九二一）年ごろには漁船総数八〇〇〇隻のうち、動力船は二〇九隻で、うち、西牟婁郡が半数を占めた。田辺市江川浦で盛んであったカツオ釣り船の動力化が進んだようだ。漁民たちは近海や沖合いでのみ漁業に従事したのではない。紀北沿岸の漁民たちは打瀬網《うたせあみ》やサバ網のため朝鮮半島に出漁し、東牟婁郡の漁民たちは遠く日本海や千島、ロシア沿岸へラッコやオットセイなどの海獣漁にでかけた。また、大正期にはいると、カツオ漁やシビ

（マグロ）漁の遠洋漁業が盛んとなり、和歌山県も遠洋漁業奨励規定を設けて支援した。

悲願の紀勢鉄道敷設●

紀伊半島を一周し和歌山県と三重県を結ぶ鉄道敷設要求は明治四十年代からでていたが、米騒動《こめそうどう》後に誕生した原敬《はらたかし》政友会《せいゆうかい》内閣が掲げる積極政策のもとで、大正八（一九一九）年三月、鉄道敷設法改正が成立してようやく実現の途についた。

工事は三重県側は相可口《おうかぐち》を起点とし、和歌山県側は紀三井寺《きみいでら》・加茂郷《かもごう》間からはじまり、和歌山・箕島《みのしま》間（二六・八キロ）が開通したのは大正十三（一九二四）年二月二十八日であった。一〇カ年計画ではじまった鉄道敷設計画であったが、その予定は大幅に遅れ、御坊《ごぼう》・田辺・新宮をとおって三重県の木本《きのもと》（熊野《くまの》市）に至る紀勢西線の全通は昭和十五（一九四〇）年八月八日であった。

駅の位置や路線敷設ルートをめぐって各地で誘致合戦や忌避があり、地域の政争に発展することもあった。土木建設業者の西本組（西本健次郎）は鉄道工事請負でさらに成長し（鉄道建設協会『日本鉄道請負史』大正・昭和〈前期〉篇）、トンネル工事などでは朝鮮人労働者が従事した（金静美「和歌山・在日朝鮮人の歴史」『在日朝鮮人史研究』一四）。また、鉄道敷設以前に日方《ひかた》（海南市《かいなんし》）・御坊・田辺間に開通していた乗合自動車（バス）路線や沿岸航路の客船は鉄道の南下とともに姿を消していった。

和歌山県域を南北に縦貫する鉄道敷設は遅れたが、県下での鉄道投資（計画）ブームは全国的なそれにおとらず盛んであった。明治二十六（一八九三）年二月の鉄道会議で東海道線と和歌山を結ぶ幹線ルートとして、奈良県葛下《かつげ》郡高田町・和歌山を結ぶ大和《やまと》ルートと大阪・和歌山を結ぶ紀泉《きせん》ルートの優劣・可否が議論されており、両ルートはそれぞれ私営の鉄道会社である紀和《きわ》鉄道（五条・和歌山間、明治三十三年十一

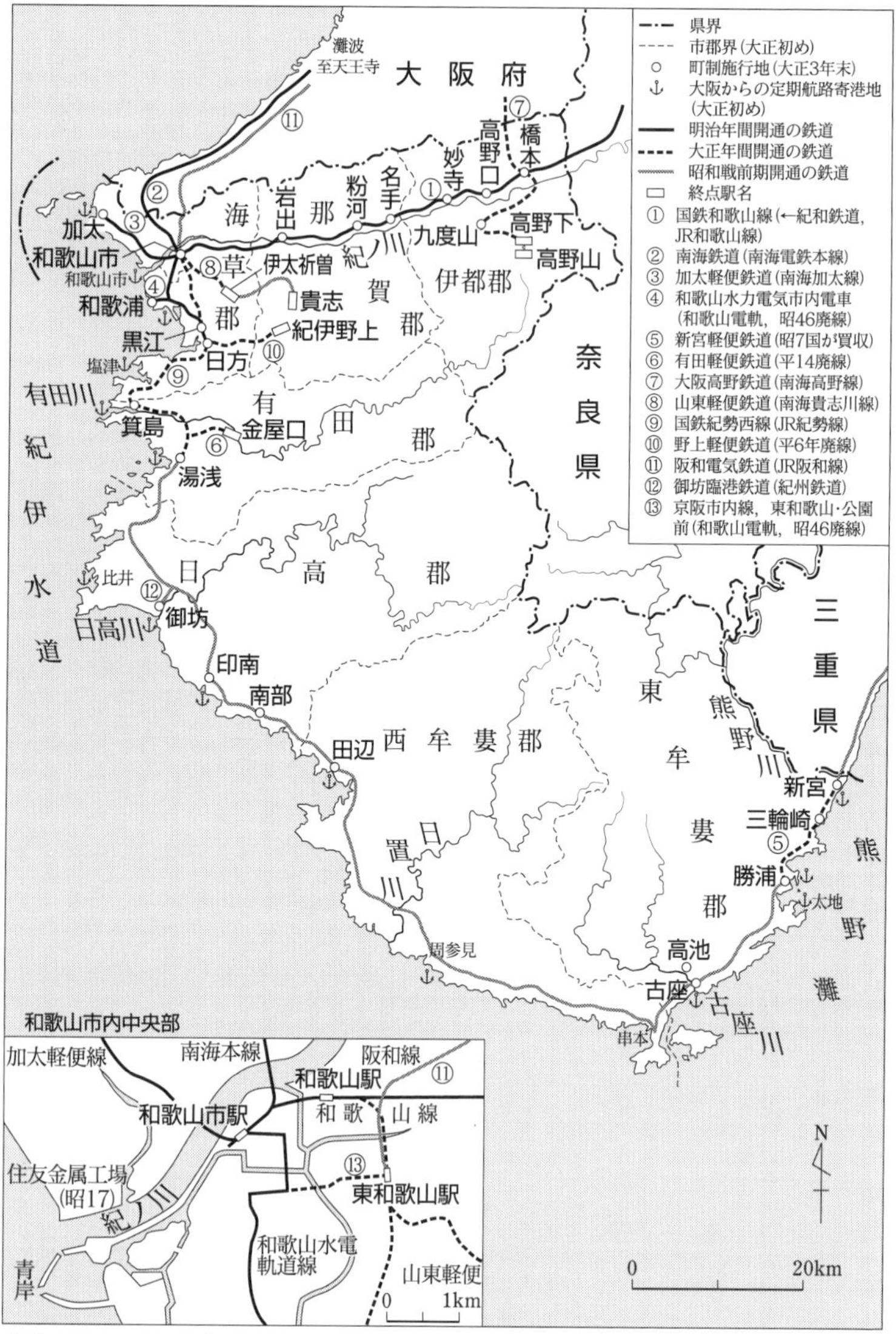

和歌山県下の市町および交通図　高嶋雅明『和歌山県の百年』をもとに，訂正・補足した。『和歌山県史』近現代史料４・６，『和歌山市史』第３巻，その他による。

❖コラム

アメリカ村と木曜島

和歌山県は広島県・山口県・沖縄県とならんで多くの移民を海外に送りだした移民県として知られている。『和歌山県移民史』によると、明治三十（一八九七）年から昭和十五（一九四〇）年の累計で、中国をのぞく海外渡航者は五万人をこえた。もちろん、学術研究や商用による渡航者もかなりあったが、明治年間（一八六八～一九一二）で農業・漁業・その他の諸職に従事する「移民」と目される渡航者の比率は七割近くあった。海外在留者数の国別ではアメリカ合衆国がもっとも多く、カナダ・オーストラリアがそれについだ。昭和期にはいってブラジル移民が本格化するにしたがって、同地へ渡航する人もふえた。

「アメリカ村」とも称される日高《ひだか》郡三尾《みお》村（美浜《みはま》町）とカナダのスキーナ河畔を結びつけたのは工野儀兵衛《くのぎへえ》であった。腕達者な大工でもあった工野は、志を海外に求めて故郷をとびだし、曲折ののち、カナダ・バンクーバーで旅館業を開業し実弟らをよびよせた。それが契機となったのであろう、村人で同地へ渡航する者がふえ、明治三十三（一九〇〇）年にはスティヴストンで加奈陀《かなだ》三尾村人会が結成され、一五〇〇人が集まった。彼らはカナダ政府から「漁撈ライセンス」を得て、漁業会社と契約してサケ漁に従事した。オーストラリアのブルームや木曜島《もくようとう》では真珠貝《しんじゅがい》採取が盛んで、日本人潜水夫《せんすいふ》の数もふえた。木曜島で全盛期に一〇〇〇人をこえる日本人が滞在し、ボーデンハウス（宿舎）は和歌山県の村の名前がつけられるほどであった。彼らの多くは精一杯働いて郷里に送金して田畑を購入し、家を新築した。小学校や寺社の増改築に寄付を惜しまなかった。あるいはかの地に定住して花卉《かき》・野菜栽培に成功した者や、商店を開業する者もあった。

月開通)・南海鉄道《なんかい》(難波《なんば》・和歌山北口間、明治三十一年十月開通)によって実現された。もっとも、紀和鉄道は営業開始以降、不振が続き明治三十七(一九〇四)年八月には関西鉄道に譲渡され、のち、明治四十年十月には国に買収されて和歌山線となった。和歌山側出資者の強い要請もあって、南海鉄道が紀ノ川をこえたのは明治三十六(一九〇三)年三月二十一日で、四十四年十一月には全線が電化され、難波・和歌山市間が一時間五〇分で結ばれるに至った。

明治四十三(一九一〇)年四月、従来の私設鉄道法とくらべるときわめて手続きが簡素化された軽便鉄《けいべん》道法が成立し、明治末期から大正初期にかけて軽便鉄道ブームがおこり、県下でもいくつかの軽便鉄道が実現した。日露戦後から鉄道敷設計画があった新宮地方では、明治四十三年四月、木材輸送を主目的として新宮鉄道株式会社が設立され、大正二(一九一三)年三月には新宮・勝浦間を開通させた。また、和歌山市内では電灯電力供給事業を目的として設立された和歌山水力電気株式会社が明治四十二年一月には県庁前・和歌浦《わかうら》間に市街電車を開通させたし、前後して、加太《かだ》軽便鉄道(北島・加太間、明治四十五年六月開業、南海電鉄加太線)や山東《さんどう》軽便鉄道(大橋・伊太祁曽《いたきそ》間、大正五年二月開業、南海電鉄貴志川《きしがわ》線)が誕生し、和歌山市域と郊外を結んだ。

紀勢線敷設の決定はあらたな鉄道敷設構想をうみだした。政府は紀勢西線と連絡するために国有の大阪・和歌山間鉄道敷設を議論していたが、曲折ののち、大正十五(一九二六)年四月に阪和電鉄株式会社が設立され、同社は昭和五(一九三〇)年六月、天王寺《てんのうじ》・東和歌山間の全線を開通させた。会社設立には在阪綿業資本家・大阪商船・宇治川電気・京阪電気鉄道の参画があり、政友会系の木本主一郎《しゅいちろう》を中心とする和歌山の有力者グループも加わっていた。

阪和電鉄の開業によって、大阪・和歌山間で阪和・南海の私鉄間競争が激しくなり、両者の運賃は相拮《きっ》抗《こう》し、前者が天王寺・東和歌山間を超特急で四五分と速さを売りものにすれば、後者は難波・和歌山市駅間を特急一五往復・急行一七往復と運転回数の増加で対抗した。両社の激しい競争は続いたが、第二次世界大戦時の昭和十五（一九四〇）年十二月、南海電鉄が阪和電鉄を合併し、同社の路線は南海山手《やまて》線と改称された（昭和十九年五月、政府が強制買収し国有となり、阪和《はんわ》線と称した）。

南海電鉄高野《こうや》線の淵源《えんげん》は松方《まつかた》幸次郎らが発起人となって明治二十九（一八九六）年二月に設立した高野鉄道株式会社で、幾度かの曲折があって大阪（汐見橋《しおみばし》）・橋本間が開通したのは大正四（一九一五）年三月、橋本・高野下《した》（椎出《しいで》）間の開通はさらに遅れて大正十四年七月、その間の大正十一（一九二二）年九月に南海鉄道は高野大師《だいし》鉄道、大阪高野鉄道を合併し、高野線となった。高野下・高野山間の路線は南海鉄道が子会社として高野山電気鉄道を設立し、同社のもとで建設された（ケーブルカーも含め、昭和五年六月に開通）。

3　新しい民衆像の形成

日清・日露戦争と庶民●

日清戦争の開戦の目的も明確でないまま、多くの人たちは戦勝を祈願し、戦勝の報に国旗と提灯《ちょうちん》を用意して奉祝した。それにくらべて、日露戦争は日清戦争とは比較にならないほど人びとに緊張と負担を強いた。開戦は地域経済を萎縮《いしゅく》させた。和歌山市内の質屋には入質者がふえ、宿屋・料理屋・飲食店の客足が

和歌山県下の中学校・実業学校一覧

学　校　名	経　　　過
和歌山県師範学校	明治８年５月設立。 24年４月，女子部創設。
県立和歌山中学校	明治12年３月設立。 29年，生徒定員大幅増員。
〃　田辺中学校	明治29年４月設立。
〃　粉河中学校	明治34年４月設立。
〃　新宮中学校	明治34年４月，田辺中学分校。 36年４月独立。
〃　徳義中学校	明治16年３月，徳修学校。27年， 中学課程準拠。34年，県立移管。
私立耐久中学校	嘉永５年，耐久舎。 明治41年中学校となる。
〃　高野中学林	明治13年，高野山に学林設置。 19年，中学課程設置。
県立和歌山高等女学校	明治24年，市立和歌山高等女学校 発足。34年４月，県立移管。
新宮町立高等女学校	明治39年４月，仮教場で開校。
西牟婁郡立高等女学校	明治39年４月，田辺町立女子実業 補習学校設立，42年３月，郡立と なる。
橋本町立実科高等女学校	明治44年２月創立。
村立田中実科高等女学校 (那賀郡)	明治45年４月創立。
市立和歌山実科高等女学校	明治45年３月創立。
県立農林学校	明治37年４月，海草郡宮村に設立。
市立和歌山商業学校	明治36年９月，甲種商業学校とし て設立認可。
町立黒江漆器学校	明治31年９月開校。
〃　箕島実業学校	明治40年４月設立。
組合立吉備実業学校	明治40年４月設立。
郡立日高第一実業学校	明治42年５月，組合立で設立。 43年４月，郡立となる。
組合立日高第二実業学校	明治42年５月設立。

『和歌山県誌』下巻，その他による。

極度におち、売れ行き不振のため綿ネル生産も手びかえられていると当時の新聞は伝えた。海草郡黒江《くろえ》町は漆器業の不振から失業者がふえ、苦しい町財政から黒江湾浚渫《しゅんせつ》工事を実施し救済を行った。和歌山県下からの出征兵士も多数にのぼり、日露戦争で戦病死した人数も一〇〇〇人をこえた。

政府は増加する戦費をまかなうため非常特別税法を施行し、地租・営業税・所得税の増税や煙草《たばこ》専売価格の引上げ、毛織物や石油に対する消費税を新設した。他方、地方財政には大幅な緊縮を求めた。和歌山県は戦後の県費増加に対する財源の一つとして、林業関係者や県会の反対意見をおさえて木材川下《かわくだし》税を新設した。

きびしい戦時をたえた民衆にとって、日露戦争の講和条件は満足できるものではなかった。民衆の不満は大都市から各地へ広がっていった。和歌山県下でも、和歌山市に本社をおく四社の新聞社が発起人となって、明治三十八（一九〇五）年八月二十日に講和問題政談演説会が開かれ、「姑息《こそく》の和議を峻拒《しゅんきょ》」することを求めた決議案を可決し、全権小村寿太郎《こむらじゅたろう》に送った。講和反対の熱気は郡部にも広がった。他方で、『紀伊毎日新聞』は十月十日から五回にわたって「児玉翁講和批判」を掲載した。すでに政界をしりぞいた児玉仲児は、国際的条件からみても日露講和交渉の妥結点は妥当なものとし、過激な要求をたしなめた。

日露戦争前後には義務教育が普及し、明治三十年代終わりには和歌山県の就学率は男女とも九〇％をこえた。政府は明治四十（一九〇七）年三月、小学校令を改正して義務教育年限を従来の四年から六年に延長した。和歌山県でも明治四十年前後から高等小学校を併置している小学校がふえており、義務教育年限の延長にも対応できた。また、中等教育機関の充実を求める声も高まり、県は明治二十九（一八九六）年から三十六年にかけて三つの県立中学校を設置し、一〇年ほど遅れて女子高等女学校の増設もあいついだ。農林・農蚕・商業・漆器学校といった実業学校の設置もふえ、『文部省第三十九年報』によると、明治四十四年度の県下公私立学校は師範学校・高野《こうや》大学を含め一九校で（高野中学林が欠けている）、教員数二四七人、在籍生徒数四八〇三人であった。

大逆事件とその前後●

明治三十年代にはいって、和歌山県でも「社会主義」を掲げる運動がみられはじめた。三十二（一八九九）年九月に県会議員に当選した小笠原《おがさわら》誉至夫《よしお》は社会主義予防論を表明しつつ、「平民の為に信実なる見方」「現今の社会組織を否認す」と宣言し、土地国有・労働者保護律の制定・普通選挙の実施などを訴えた。短命におわったが『日本平民新聞』（森近運平《もりちかうんぺい》たちの発刊していたものとは別）を発刊し、『和歌山実業新聞』を経営した（武内善信「日清戦後における紀北の労働運動と初期社会主義」『和歌山地方史研究』一五）。

社会主義の啓蒙《けいもう》と非戦論をとなえた『週刊平民《へいみん》新聞』（幸徳秋水《こうとくしゅうすい》・堺利彦《さかいとしひこ》が組織した平民社が発刊、明治三十六年十一月十五日創刊）は、その第一四号（明治三十七年二月十四日付）で「紀州熊野の社会主義」と題して、新宮の医師大石誠之助《せいのすけ》が主義の伝播《でんぱ》につくし、田辺の『牟婁新報』に毛利柴庵《もうりさいあん》が入社して、「今後同新聞によりても社会主義大に鼓吹《こすい》さるるならん」と紹介した。

大石誠之助は新宮の材木商の末子として生まれ、アメリカで医学を学んだのち、明治二十九（一八九六）年四月、新宮町仲《なか》之町《のちょう》で「ドクトル大石」の看板を掲げて医院を開業した。日露戦争期に『平民新聞』に投稿しはじめ、反戦論を主張し、また、『牟婁新報』におりからおこっていた置娼《ちしょう》問題で反対論を展開した。大石のもとへは日露戦後の明治四十年から四十二年にかけて、堺利彦・森近運平・毛利柴庵・成石《なるいし》平四郎・沖野《おきの》岩三郎・高木顕明《けんみょう》・幸徳秋水・新村《にいむら》忠雄らが出入りし、彼らが一緒になって政談や演説会、講演をもよおすこともあったが（辻本雄一「『大逆事件』と熊野関連年譜二題」『熊野誌』第四六号）、のちに、彼らの多くは大逆事件に連座した。田辺で明治三十三（一九〇〇）年に創刊された『牟婁新報』では、柴庵が「マークス」の署名で「社会主義を鼓吹すべし」（明治三十六年五月六日付）といった社会主義的主張の論説を発表し、日露戦争前後には小田野声《おだやせい》や豊田孤寒《とよだこかん》・荒畑寒村《あらはたかんそん》・管野《かんの》スガといった反戦社会主義者を記者にかかえて自由な活動の場をあたえた。

明治四十三（一九一〇）年六月三日、大石誠之助・西村伊作《いさく》・沖野岩三郎らが「大逆事件」（幸徳事件）に関連して家宅捜索をうけ、田辺でも牟婁新報社が捜索をうけた。六月六日、大石は拘引《こういん》されて東京へ護送され、成石平四郎・崎久保誓一《さきくぼせいいち》・峰尾節堂《みねおせつどう》・成石勘三郎もあいついで東京へ護送された。これより前の五月二十五日、宮下太吉・新村忠雄らが天皇暗殺のため爆裂弾づくりを企てたとして長野県で拘引された。いわゆる明科《あかしな》事件とよばれるもので、大逆事件の発端であり、本体であった。政府は翌月から幸徳秋水をはじめ全国の社会主義者数百人を検挙し、うち、二六人を大逆罪で起訴、非公開の裁判で死刑二四人・有罪二人の判決をくだした。

明治四十一（一九〇八）年十一月に大石が上京したとき、幸徳・大石・森近運平らが大逆の謀議をなし、彼らがそれぞれ同志と謀議したという事由で、大石はじめ成石兄弟・高木・峰尾・崎久保の六人が紀州グループとされ、逮捕・起訴された。判決後、一二人が無期に減刑されたので、紀州グループからは大石誠之助と成石平四郎の二人が四十四

大逆事件と新宮グループ　前列左から大石誠之助，峰尾節堂，後列左から崎久保誓一，高木顕明，新村忠雄。ほかに，成石勘三郎と平四郎（蛙聖）兄弟が新宮グループとして連座した。

年一月二十四日、幸徳らと一緒に処刑された（「大逆事件特集号」『熊野誌』第四六号）。与謝野寛《よさのひろし》は「誠之助の死」を発表して（『鴉《からす》と雨』大正四年、所収）、大石の死をいたみ、佐藤春夫や沖野岩三郎が小説を書いて大石らの冤罪《えんざい》を示そうとしたが、大逆事件の虚構が広く知られるのは第二次世界大戦後もかなりのちのことであった（平成十二年六月、新宮市・真宗大谷派《しんしゅうおおたに》・熊野大学の共催で「人権と文化新宮フォーラム二〇〇〇」を開催。『熊野誌』第四六号別冊）。

ところで、明治四十年代にはいって労働争議が一挙に増加し、熊野川で石炭運搬に従事する船夫二〇〇人が「賃下げ反対、賃上げ要求」を掲げてストライキにはいり、その要求を実現させ、黒江町の漆器職工や和歌山市の木挽《こびき》職工、那賀郡麻生津《おうづ》村の鉱山鉱夫の労働争議があった。この時期になると、指導者のもと、労働者の団結がよびかけられ、組織化も進み、統制がとれた争議が多くなってきたとされたが、大逆事件のため、労働運動も一頓座《とんざ》した。

政党と県政・市政

国会開設を前に、実学社をともにささえた児玉仲児と中西光三郎が、それぞれ陸奥《むつ》派（児玉派）・自由派（中西派）を率いて国政選挙・県会議員選挙で激しく争い、それは明治三十三（一九〇〇）年十一月に立憲政友会和歌山支部が発足するまで続いた。もっとも、東牟婁地方では旧自由党系の大同派が独自の勢力を維持し、また、尾崎行雄《ゆきお》の新宮来訪を機に改進党支持者も増加した。

明治十年代にみられた官民対立と違って、二十年代以降の県会では道路・河川改修や学校の増設移転をめぐって紀北・紀南の地域間利害対立が激化し、その調整が大きな課題となった。大正期の県政でも、陸奥宗光の従弟である岡崎邦輔《くにすけ》代議士を軸に政友会が優位を保ち続け、県会では県会議長・副議長の人事や道路行政における紀北偏重のやり方をめぐって政友・反（非）政友系議員の論戦が続いた。

普通選挙による最初の県会議員選挙が昭和二（一九二七）年九月に実施された。選挙演説会場はにぎわい、無産政党の支持をうけた立候補者もあったが、選挙の結果は従前とかわらなかった。大きな変化は国政選挙からはじまった。憲政党と政友本党が二年六月に合同して立憲民政党を結成し、それ以後、政友会・民政党の二大政党が実現した。両党は外交路線や国内経済浮揚策をめぐって対立することになった。昭和三（一九二八）年二月、五年二月にあいついで実施された総選挙では、県内の二つの選挙区（各定員三人）とも民政党が圧倒し、政友会はそれぞれ一人の当選にとどまった。その勢いは県政にも反映され、六年九月実施の県会議員選挙では民政党二〇人・政友会一一人・中立一人の結果となり、県会でも政友会の絶対優位がくずれた。

和歌山市会でも変化があった。従来も市長選任（推薦）問題など政友・反政友系の会派間の争いがしばしば展開されたが、政友系が市会における多数与党となって市域拡張や都市計画を推し進めた。しかし、四年四月の市会議員選挙では立候補者数が少なかった民政党が当選者二〇人となり、政友系一六人を逆転して第一党となった。

民政党は金解禁《きんかいきん》（金本位制《きんほんいせい》への復帰）実施によって経済活動を回復軌道にのせようとした。そのため思い切った産業合理化と緊縮財政策を実施したが、おりからの世界大恐慌の影響をうけ、日本経済は極端な物価下落に見舞われ、とくに、農山漁村の疲弊《ひへい》は著しかった。金融機関の破綻《はたん》があいつぎ、農山漁村の窮状が訴えられるなか、県会で恐慌対策が論じられた。しかし、知事蔵原敏捷《くらはらとしかつ》は政府の方針にそって緊縮財政を旨とし、政友会系議員の主張と平行線をたどり、六年度予算は審議未了となって知事が原案執行の措置をとった。

きびしい党派対立は地域の将来を左右することにもなった。第一次世界大戦後になると、電灯・電力供給や電源開発をめぐる政府や府県の行政の判断が政党の利害ともからんで注目された。政友会の幹部であった岡崎邦輔は電鉄・電力事業界に深い関係をもち、大正六（一九一七）年には京阪電鉄（明治三十九年創立）の社長に就任し、県会の政友会系グループである「海草閥」を動かして県下の電力事業に参画をはじめた。それに対抗したのは南海電鉄とそれをささえた政治家グループであり、和歌山水力電気はその渦中に翻弄《ほんろう》され、結局、京阪電鉄に合併されてしまった。熊野地方の電源開発をめぐっても、岡崎が参画する大同電力と反岡崎派である宇治川電気がたがいに政党の影響力を背景に争った。また、和歌山築港をめぐっても、おりからの紀勢線の敷設路線や後背地の開発の利害とかかわって多くの候補地が県会・市会の党派グループによって取りあげられ、容易に結着しなかった。結局、和歌山港修築工事は紀ノ川河口の青岸《あおぎし》を築港地として恐慌後の不況対策として昭和六（一九三一）年十一月に起工されたが、戦争が激しくなるなか、工事は幾度も繰りのべられた。また、南海鉄道の和歌浦延伸計画が頓座し、紀勢西線東和歌山駅（現JR和歌山駅）と港を結ぶ市街電車路線も実現せず、和歌山市域の地域開発も沙汰《さた》やみとなった（花野孝史「近代期の地域開発における地方政治と民間資本の動向」『人文地理』第五一巻第三号）。

米騒動・民衆運動の展開●

第一次世界大戦期の好況に加えて、天候不順による不作予想や外米輸入の停滞、シベリア出兵をみこした買い占め、売り惜しみもあって、大正七（一九一八）年の夏、全国的に米価は急騰し、七月下旬に富山県の魚津《うおづ》でおこった米価高騰に反対する動きは八月にはいって全国各地に波及していった。

有田郡湯浅町《ありだぐんゆあさちょう》では、町民救済用外米の緊急輸入を、町当局が米商人と有力者にまかせてしまい、彼らが輸入米の横流しで利益をあげる不正を行ったことから、八月九日・十日にかけて民衆が米商人や役場に押しかけた。騒動は町長辞任と資産者・有力者の寄付金で廉売《れんばい》することでようやくおさまった。

和歌山市では八月十二日に、白米小売り値段が一升五四〜五五銭にもなった。それは一年余り前の二倍以上であった。当時の師範学校卒の正教員の初任給が一七円（日給五七銭）だったから、その高騰ぶりは異常で、『大阪朝日新聞』八月十三日付にも「未曾有《みぞう》の米価奔騰に安月給取りの窮迫甚だしく他に職を求めんとするもの頻々」と報じられた。

和歌山市の臨時市会は八月十二日夜、公設の外米（廉売）市場の設置を決めたが、翌十三日夜には激高した民衆による騒動が勃発し、軍隊や警察隊による鎮圧も容易でなく、その騒ぎは十五日早朝まで続いた。海草郡日方《ひかた》町・黒江町（いずれも海南市）では家賃値上げ問題ともからまって県下でもっとも激しい騒動がおこった。また、那賀郡名手《なて》町（紀の川市）では飯盛《いいもり》鉱山（同郡麻生津村〈同〉）で働いている鉱山労働者も参加して近隣なみの廉売を要求して騒動に至った（三好国彦「米騒動期、和歌山県域における民衆米価の成立過程」『南紀徳川史研究』五）。

県下の米騒動は八月九日に湯浅町でおこった騒動を最初として、有田郡箕島町（有田市）、海草郡日方町・黒江町に波及し、八月十三日から十五日にかけて和歌山市、十四日から十五日にかけて紀ノ川筋の町村で大騒動となり、さらに、十六日から十八日には新宮町におよんだ。騒動の発生地点は県内の四七市町村におよび、鎮圧のための軍隊出動は一一市町村で延べ五一五五人が動員され、検事処分者も五六五人にのぼり、死刑二人・懲役《ちょうえき》一三八人・罰金九五人の確定判決があった。全国的にみても和歌山県の米騒動は大規模で、かつ、きびしい追及をうけた。

労働者の修養・親睦団体として発足した友愛会《ゆうあいかい》が労働組合に脱皮しはじめた大正八（一九一九）年以降に、和歌山県下でも東牟婁郡の松沢炭坑で友愛会紀南支部が発足し（八年十一月一日）、和歌山市内でも同じ年の八月二十五日、和歌山日日新聞社社長山崎伝之助を会長とする和歌山労働共益会が発会式をあげた。労働運動再興の時期を迎えた。

労働争議件数も大戦後に急増し、賃上げ要求を掲げたストライキといった争議も多く、要求を貫徹したケースも多かった。県下で最初のメーデーは大正十三（一九二四）年五月一日に行われた。参加者は三団体約四〇〇人で、警察は旗や歌の制限などきびしい取締り方針を定めてメーデーにそなえた。恐慌で開けた昭和期になると、不況をのり切るために会社側が打ちだした賃下げ・馘首《かくしゅ》・休業に反対する争議が瀕発したが、会社側に押し切られる場合が多くなった。紀南地方では深刻な木材不況が続くなか、

和歌山紡織本社前を進むメーデー行列（大正13〈1924〉年５月１日）
和歌山の最初のメーデーには３団体約400人が参加した。とどけでて許されたスローガンは「八時間制即時断行」のみであった。

昭和五（一九三〇）年六月一日に結成された全熊野労働組合協議会（全熊）の影響のもと、六年から八年にかけて田辺貝鉛争議・日置《ひき》木材争議・富田《とんだ》砥石《といし》争議が展開し、いずれも激しい争議となった。

農民運動も盛んとなった。大戦後になると、農民のなかには「商工業の勃興に伴ひ転業するものあり。地主の困憊《こんぱい》に乗じ小作料の減納を強要するもの漸《ようや》く多からんとす」（『日本労働年鑑』大正九年版）と県知事が内務省に報告したほどだった。大正末以降になると日本農民組合などの農民運動と結びついて小作争議が展開しはじめた。

昭和四（一九二九）年から八年にわたった日高地方の小作争議は全国農民組合和歌山県連合会の指導のもとに行われた県下最大規模のもので、関係耕地一三〇町歩、地主九三人、小作農民三一二人におよんだ。昭和四年一月の御坊臨港鉄道の用地買収反対を発端として、翌五年一月、各村々の小作人組合を糾合《きゅうごう》する日高同盟会は、前年度の凶作を理由に小作料の三〜六割減免を要求した。地主側（土地協会）はこれを拒否し、立入禁止・土地返還を求めた。日高同盟会は立入禁止には児童の同盟休校を含んで対抗し、地主側も強硬で、結局、小作人からの調停申請によって争議は終息した。

明治四（一八七一）年八月二十八日の「解放令」発布は被差別部落《ひさべつぶらく》の人びとを法律・制度のうえで解放し、自由に職業につくことを許したが、差別からの実際の解放とはならなかった。県下でも日清戦争前後には岡本弥《わたる》らが部落青年の自覚運動や差別糾弾の闘いを開始した。日露戦後の明治四十（一九〇七）年十月、戊申《ぼしん》詔書が渙発《かんぱつ》され、政府も部落問題を地方改良事業の一環として取りあげ、県下でも自彊社《じきょうしゃ》・矯《きょう》風会《ふうかい》といった部落改善団体が組織され、部落の協力者たちをまじえて警察官や教員による部落改善事業もはじまった。

改善事業がもっとも進んでいるとされた部落の人びとが米騒動に参加していたことは政府をおどろかせ、おりからの社会問題の惹起《じゃっき》とあわせて新しい取組みが求められた。和歌山県も社会課を新設して社会問題の研究や施策の実施を進め、部落問題にかかわっては和歌山県同和《どうわ》会を設立して、地方改良事業や融和事業を推進することにした。和歌山県同和会は大正十三年三月十六日、創立総会を開いた。県知事を会長とし、副会長には岡本弥と実業家の松居《まつい》善助がついた。同会は官製の団体であるにもかかわらず、構成員の自発的意志に基づく結社としての精神を強調し、その活動も積極的であった。

大正十一（一九二二）年三月三日、京都で全国水平社《すいへいしゃ》創立大会が開かれた。県下でも、「水平の行者」とよばれた栗須《くりす》七郎の影響をうけた被差別部落の青年たちの糺弾活動が活発となっており、翌十二年五月十七日、和歌山県水平社が結成され、部落民自身の力による解放をめざす運動がはじまった。県水平社は差別撤廃の宣伝演説会を開催し、また、田淵《たぶち》豊吉代議士の「水平社批難」に対して田淵の謝罪を求めて糾弾闘争を展開した。

地方新聞の盛衰●

明治五（一八七二）年十月、岩崎嘉兵衛《かへえ》らが『和歌山縣新聞』発刊を出願し、同十一月十七日には文部省の認可を得た。県下における新聞発刊の最初とされているが、刊行は二カ月に一回ぐらいで、活字も四号大の木彫活字であった。明治十一（一八七八）年六月、『和歌山新聞』が創刊された。隔日間の一枚摺《ず》りで、購読料は一カ月一七銭、掲載の論説もするどく、全国的にみても水準の高い新聞であった。

その後も政党色の濃い新聞の創刊・廃刊があったが、日清戦争前後には和歌山市内で改めて新聞の創刊があいついだ。『和歌山新報』『紀伊毎日新聞』『和歌山実業新聞』などで、各紙とも政党色を前面にださ

明治末の和歌山県下の新聞

題　　号	刊行度数	発刊年月日	発行地	株主	年間販売部数(明治44年)
					千部
和歌山新報	日刊	明治25年8月17日	和歌山市	久下豊忠	1,260
紀伊毎日新聞	日刊	26年4月27日	和歌山市	千田徹	1,400
和歌山商報	日刊	29年9月1日	和歌山市	中村幾之助	720
和歌山実業新聞	日刊	30年3月1日	和歌山市	小笠原譽至夫	1,080
和歌山タイムス新聞	日刊	(復刊)44年8月13日	和歌山市	志賀法立正	
和歌山経済日報	日刊	45年	和歌山市	広田善八	
熊野新報	奇数日	29年12月1日	新宮町	宮本守中	238
熊野実業新聞	偶数日	33年3月22日	新宮町	津田長四郎	270
牟婁新報	奇数日	33年3月23日	田辺町	毛利清雅	378
紀伊新報	奇数日	42年5月10日	田辺町	小山邦松	368
熊野報知	偶数日	43年12月15日	新宮町	天野米吉	
紀南新聞	奇数日	35年6月20日	御坊町	鈴木容	135
新有田	月10回	44年4月1日	湯浅町	伏木市太郎	
有田紀伊新報	月15回		湯浅町		

『和歌山県誌』第2巻，その他による。

ず、報道に力点をおきながら、ときどきの地域の課題には論陣を張って、たがいに対立することもしばしばであった。また、新聞社も購読料や広告収入で経営を成りたたせていった。和歌山市より少し遅れて県内の新宮・田辺・御坊などでも新聞の発刊があいついだ。新宮では明治三十、四十年代にかけて町長選挙や置娼・廃娼問題をめぐって実業派の『熊野実業新聞』と改革派の『熊野新報』が対立して論戦した。

大正期にはいると、『大阪朝日新聞』『大阪毎日新聞』が地方版を強化し、和歌山県域にも進出してきたが、地元新聞の盛況は続いた。大正八（一九一九）年で、県内の日刊・隔日刊紙は和歌山市内で九紙、新宮町で四紙、田辺町で三紙、御坊町で一紙を数えた。和歌山市内では九紙のうち六紙が明治末から大正初年の刊行であり、日刊・隔日刊紙以外の新聞紙も一四紙を数えた。大正十二年には県内に日刊・隔日刊紙のみで二五紙もあり、幕末の慶応三（一八六七）年に和歌山の金物商南方弥兵衛《みなかたやへえ》の次男として生まれた南方熊楠《くまぐす》は、一八歳で大学予備門に入学し、二〇歳で留学のためアメリカに出発、各地の学校で学び、在米の自由民権家ともまじわった。さらに、熊楠は二六歳のとき、イギリスに転じて研鑽《けんさん》を深め、同地の科学雑誌『ネーチュア』に寄稿しはじめ、交流のあった孫文《そんぶん》に「植物学一門ニ於テハ尤《もっと》モ造詣《ぞうけい》タリ」といわせたが、明治三十三（一九〇〇）年九月に帰国し、そののち、田辺《たなべ》の武家屋敷町の一角に居を定めて粘菌《ねんきん》類や陰花植物の採集と研究を進め、また、民俗学研究でも内外に知られるに至った。

日露《にちろ》戦後に政府は一村一社を原則とする神社合祀《ごうし》政策を打ちだし、それをうけて、とくに三重県・和歌山県は積極的に神社合祀を進めた。熊楠は植物学者として、貴重な植物を滅亡させることをうれえ、精力的に反対運動を続け、神社合祀問題を自然保護・環境保全の側面にとどまらず、日本の文化・民俗の視点からも位置づけようとした。熊楠はまた、柳田国男《やなぎたくにお》との交流をつうじて、わが国の民俗学誕生にも大きな役割を果たした。

田辺での熊楠は町の人びととの接触も多く、隣家の洋服屋・金崎宇吉もその一人で、熊楠は顕微鏡《けんびきょう》をなおしてもらったり、買物をたのんだりした。また、田辺の雑賀貞次郎をはじめ、県下の民俗研究家・郷土史家で熊楠を師にあおぐ人も多かった。

熊楠は昭和十六（一九四一）年十二月二十九日、七五歳で没した。時を移さず、邸宅の保存と顕彰の方向が定まり、遺稿の出版をめざして門弟らがその整理にあたった。それらはいずれも戦後になって姿をあらわしはじめ、昭和四十（一九六五）年四月一日には熊楠ゆかりの和歌山県白浜町の

❖コラム

番所崎《ばんしょざき》に南方熊楠記念館が開館し、『南方熊楠全集』が刊行された昭和四十年代には「静かな〝熊楠ブーム〟」（『毎日新聞』昭和四十九年九月二十九日付）が到来した（『田辺市史』第三巻）。

近年、熊楠の思想と行動がエコロジーの立場にたつ自然環境保護運動や、民俗学を「地球志向の比較学」として考えていくよりどころとして改めて注目されはじめ、また、神坂次郎《こうさかじろう》『縛《しば》られた巨人—南方熊楠の生涯』（新潮社、昭和六十年）はあらたなる熊楠ブームの火付け役となった。昭和六十二（一九八七）年六月には南方熊楠邸保存顕彰会が発足し、熊楠邸の保存・管理をはじめ、残された資料の調査、研究書などの出版、南方熊楠賞（平成二〈一九九〇〉年十月二十日制定）の運営などの顕彰事業がはじまった。

南方熊楠（昭和４〈1929〉年５月24日撮影）

当時の新宮町には月数回発刊のものを含めた九紙が発行されていた。これらのうち、かなりの新聞は政党色ならぬ有力政治家を支援するものであったが、新聞の盛況は政党政治の活発化や都市民衆の台頭がささえた。

また、十二年には、和歌山日日新聞社・和歌山新報社が輪転機《りんてんき》をすえつけ、紀伊毎日新聞社もそれに続いた。しかし、このころから和歌山市内では新聞の創刊は減り、廃刊が続出しはじめた。全国紙の地方版充実にみあった流れかも知れない。ただ、田辺などの地方小都市では新聞の創刊は続いた。新聞社に在籍していた人物があらたに刊行にかかわる場合もあり、『熊野太陽』(大正十二年九月、榎本素芳《えのもとそほう》・室井厳《むろいげん》)、『牟婁報知』(大正十四年八月、雑賀《さいが》貞次郎)などがそれであった。

戦時統制は新聞の発刊にもおよんできた。昭和十三(一九三八)年末で一八紙あった県下の日刊新聞紙が、十六年十一月に決定された一県一紙原則のもとで統合されることになり、十五年四月一日、和歌山新報社と紀伊朝日新聞社が合併してできた株式会社和歌山新聞社のもと、『和歌山新聞』が『和歌山新報』の号数を継承して発行され、和歌山県における「一県一紙」がスタートした。統合に抵抗して最後まで残った二紙のうち、『和歌山日日新聞』は昭和十七(一九四二)年八月三十日付を最後として、『和歌山新聞』に吸収合併され、『紀伊新報』は廃刊に追い込まれ、八月末で終刊となった。

11章

現代社会の展開

和歌山県北部臨海工業地帯(和歌山市)

1　戦争への道

恐慌と和歌山●

昭和二（一九二七）年三月十四日、関東大震災のため支払えなくなった手形の善後策として発行された震災手形の処理をめぐる国会における大蔵大臣片岡直温《なおはる》の失言に端を発して多くの銀行が預金取付けにあって金融恐慌《きょうこう》が勃発《ぼっぱつ》した。

和歌山県下でも十五銀行和歌山支店が休業し、四十三銀行をはじめ多くの銀行が預金取付けにあった。和歌山商業会議所は「預金者諸君へ急告」のビラを市内外に配布して預金者の動揺をおさえようとしたが、和歌山市内組合銀行の預金は前月比二割以上の減少となった。十五銀行と取引のあった市内の木材・ネル加工・メリヤス・箱板業者も十五銀行の営業再開が遅れるにしたがって金融難がつのった。また、大正期後半から進められた銀行の合同政策のなか、新宮《しんぐう》・熊野《くまの》地方の新設合同銀行である南海《なんかい》銀行が窮迫し、大同銀行に救済合併されるなど、県内各地で銀行の休業や破綻《はたん》が続いた。

金融恐慌は五大銀行の比重増大と地域的銀行合同政策のいっそうの推進などによって全国的には一応の終息をみ、政府はかねてからの懸案であった金解禁《きんかいきん》実施にふみこんでいった。しかし、名実ともに円の金との交換が実現する直前の昭和四（一九二九）年十月二十九日、ニューヨーク株式市場の株価大暴落がはじまって世界恐慌が勃発した。金解禁実施のために緊縮政策をとっていた政府はただちに不況対策に転換できず、世界恐慌の影響で日本経済はさらに深刻な不況におちいった。政友会内閣にかわった昭和六年暮

四十三銀行の破綻と分割譲渡

	昭和元年末	昭和４年末	昭和５年４月22日 (声明書発表)	５年８月25日 (解散引継)
	万円	万円	万円	万円
四十三銀行	預　金 5,216(39.5) 貸付金 4,666(41.1)	4,049(28.7) 3,698(30.7)	3,069 2,409	2,789 1,016

分割譲渡 →

昭和５年12月20日
→和歌山産業株式会社設立(清算事務)

引受銀行	引継店舗	引継預金・貸付金
三十四銀行	8	預　金 2,063 貸付金 826
六十八銀行	3	預　金 220 貸付金 40
紀陽銀行	2	預　金 217 貸付金 85
田辺銀行	※2	預　金 66 貸付金 25
大同銀行	1	預　金 160 貸付金 40
紀伊貯蓄銀行	※2	預　金 63 貸付金 0

※出張所１を含む。(　)内は県合計(『和歌山県統計書』による)に占める四十三銀行の割合(%)。『日本金融史資料』昭和続編付録第３巻，その他による。

れ、大蔵大臣高橋是清《これきよ》は金解禁を取りやめるとともに積極的な景気浮揚政策を採用し、国内の鉱工業生産を回復軌道にのせた。

しかし、あいつぐ恐慌のなか、全国的にも有数の地方銀行で、県域の預金・貸出金の過半を占めていた四十三銀行は破綻し、三十四銀行（のち三和《さんわ》銀行。現三菱東京UFJ銀行）・紀陽《きよう》銀行をはじめ六行に分割買収されて姿を消した。その結果、和歌山市域における地場銀行の比重は極端におちた。第一次世界大戦後に設備過剰気味であった機械捺染《なっせん》工業界でも経営破綻する企業があらわれ、綿ネル一貫生産を企てる地場の大企業であった紀陽織布株式会社が破綻し、中堅規模の紡織会社である和歌山紡織株式会社や日出《ひので》紡織株式会社も経営不振におちいり、前者では「南の和紡」とまでいわれた社長南楠《みなみくす》太郎《たろう》が退陣した。

野球と水泳

明治三十（一八九七）年、和歌山中学校に赴任した青年教師坂口昂《さかぐちたかし》（のち京大教授、歴史学者）・香川直勝《かがわなおかつ》（のち耐久《たいきゅう》中学校長）によって和歌山にはじめて野球が紹介された。野球熱の高まりに対して野球有害論がとなえられたこともあったが、大正二（一九一三）年に和歌山中学校に赴任した校長野村浩一《こういち》は運動の一つとして野球をすすめ、慶応大学野球部の選手をコーチに招いた。

新聞社の後援で、全国中等学校優勝野球大会や選抜中等学校野球大会がはじまり、夏の大会には和歌山中学校が大正四（一九一五）年から昭和三（一九二八）年まで連続一四回出場して二回優勝し、また、海草《かいそう》中学校は昭和十四、十五年に連続優勝して、〝野球王国〟和歌山の名をほしいままにした。野球熱は小学校や高等女学校（高女）に広がっていった。大正十一（一九二二）年秋、和歌山・粉河《こかわ》・橋本《はしもと》の高等女学校で野球がはじまり、翌年七月には対抗試合をするまでになった。大正十三年六月、毎日新聞社が女子オリンピックをもよおしたとき、女子野球の決勝戦は和歌山高女と粉河高女が対戦し、14対11で和歌山高女が初優勝をかざった。しかし、ほどなく文部省から野球は女子には激しすぎる運動だとされ、廃止されてしまった。

昭和にはいって、紀ノ川と熱心な指導者にめぐまれ、女子の競泳が大きな注目をあび、昭和七（一九三二）年のロサンゼルスと十一年のベルリンオリンピックには三人の女子選手が連続出場し、「前畑《まえはた》ガンバレ」の実況放送として知られるように、ベルリン大会の二〇〇メートル平泳ぎで前畑秀子《ひでこ》（伊都郡橋本町〈橋本市〉生まれ）は金メダルを獲得した。このときのオリンピックでは、和歌山県出身の早稲田《わせだ》大学生西田修平《しゅうへい》が棒高跳びで二位になる活躍をした。

❖コラム

敗戦のショックから国民の元気を取り戻させた出来事に〝富士山《ふじやま》の飛魚《とびうお》〟古橋広之進《ふるはしひろのしん》の一五〇〇メートル自由形競泳での世界新記録樹立があった。そのよきライバルであったのが海草中学出身の橋爪四郎《はしづめしろう》であった。日本が戦後はじめて参加した第一五回オリンピック・ヘルシンキ大会（昭和二十七年七月）には、和歌山県からは橋爪はじめ四人の選手が派遣され、橋爪は一五〇〇メートル自由形で二位となった。中等学校野球大会を引き継いだ高等学校野球大会では、箕島《みのしま》高校が昭和四十五、五十二、五十四年の選抜大会に優勝し、五十四年には夏の大会にも優勝して、史上三校目の春夏連覇をなしとげ、野球王国復活を多くのファンに印象づけた。

昭和四十六（一九七一）年九月、十月には第二六回国民体育大会が「黒潮《くろしお》国体」として開催された。昭和三十九（一九六四）年七月の県議会で国体誘致の要望決議が可決されてから数えて七年後の実現で、三億円が目標の団体募金も達成でき、県域経済が上首尾の時期の開催であった。

第４回選抜で優勝した和歌山中学ナインの渡米　昭和２(1927)年７月31日，サンフランシスコ高等商業と対戦後，同校運動場で記念撮影。

恐慌による国内市場の収縮と銀為替《かわせ》下落による中国貿易の減退は県下の地場産業にも打撃をあたえ、紀州製傘組合やメリヤス業界では休業や操業短縮を申し合わせたほどであった。もっとも、多くの地場産業は比較的すみやかに恐慌の打撃から回復し、そのなかで原動機による工場生産化も進んだ。

アメリカ経済の破綻は生糸《きいと》価格の暴落と輸出減をもたらし、農家は繭価《けんか》の惨落に見舞われ、人絹《じんけん》工業の発展はそれに拍車をかけた。紀ノ川筋の養蚕農家は昭和五（一九三〇）年の春蚕《はるご》のみで一戸当り八〇円の減収とされ、恐慌前にくらべて養蚕農家の収入は三分の一の減収となった。和歌山県は奨励金を交付して、桑園の陸稲《りくとう》転換や野菜混作をすすめた。

林業と関係の深い紀南地方の農山村では恐慌前から木材不況で山林地主が木材伐採を手びかえており、恐慌がそれに追い打ちをかけた。魚価の下落は漁村をも苦しめた。東牟婁《ひがしむろ》郡の町村長の代表は県当局に対し、失業者を救うための土木工事をおこすことなどを要望したが、県も財政難で「手も足も出ない」状況にあった（『大阪朝日新聞』昭和五年六月十二日付）。農山漁村の窮乏は全国的で、農村救済請願運動に押されて政府は昭和七（一九三二）年八月に救農政策を中心とする臨時議会（「救農議会」）を召集した。それをうけて和歌山県でも翌九月に臨時県会が召集されて、土木費・勧業費を中心とする総額二一五万円余の追加予算を可決した。相前後して、農山漁村の経済全般を計画的、組織的に立て直すことを目標に、全国的に農山漁村経済更生運動が農林省主導のもとではじめられた。西牟婁郡三栖《みす》村（田辺市）のように、すでに独自に振興計画を立案し実施していた模範的な村では「聊《いささ》か当惑せざるを得ない」状況におちいったが、和歌山県でも昭和八年度に三〇町村、十一年度に一五町村を県内各郡のなかから指定し、指定された各町村は実情調査をふまえて経済更生計画を立てることが求められ、実施されていった。

鉱工業より回復が遅れていた農業生産額も昭和十二(一九三七)年ごろから恐慌前水準を上まわりはじめた。和歌山市内の繁華街には映画館が立ちならび、大型小売店舗である百貨店も出現し、都市の中流から庶民階層が新しい文化にふれつつあった。

しかし、恐慌からの脱出は戦争への突入でもあった。日中《にっちゅう》戦争の本格化とともに、長期戦にそなえ挙《きょ》国一致《こくいっち》の体制をしくための教化運動である国民精神総動員運動《こくみんせいしんそうどういんうんどう》が展開され、翌十三年四月一日には国家総動員法が公布された。戦時に必要とされる資金(カネ)・物資(モノ)・労働力(ヒト)のすべてを国家統制のもとにおくものであった。

昭和十五(一九四〇)年にはいると首相近衛文麿《このえふみまろ》のもと新体制運動がはじまり、県下でも各政党支部が解散し翼賛《よくさん》体制がつくられていった。もっとも、昭和十七年四月に実施された翼賛選挙(衆議院議員選挙)では大政翼賛会の推薦をうけないで立候補した山口喜久一郎《きくいちろう》(第一区)が当選し、初の田辺市会議員選挙でも非推薦候補者が最高得票数で当選する場合もあった。

●戦時下の暮らし●

戦時下の人びとの生活に大きな影響をあたえた組織として部落会・町内会・隣保班《りんぽはん》(隣組《となりぐみ》)や常会《じょうかい》があった。前者は市町村の補助的下部行政組織、戸数一〇戸内外で構成された隣組はその末端組織で、戦争遂行政策の上意下達をはかるために各組織ごとにその寄合いである常会の開催が義務づけられた。常会では配給品の割当てや忠霊塔への寄付、国債買入れの割当てといった事項が伝達された。

日米戦争に突入し戦争が拡大・激化するにしたがって戦時統制がさらに強まってきた。繊維産業部門は極端に縮小され、和歌山県下の紡織工場も統廃合されていった。和歌山紡織株式会社は昭和十六(一九四一）年五月、日出紡織株式会社ほか二社と合併し大和《だいわ》紡績株式会社を設立したが、稼動したのは紀ノ川《きのかわ》工場のみで、箕島《みのしま》工場は大日電線に売却された。綿ネル工業も「生地購入」による生産をほとんど全滅させたし、捺染・起毛《きもう》業者も整理された。

企業整備や転廃業も苛烈《かれつ》で、昭和十四（一九三九）年に三五〇四を数えた和歌山市内の工場は十八年には大多数の業種で減少して、約半数の一八三六になり、職工数も三割減の一万七〇〇〇人余になった。田辺町域でも時計商・生魚商・荒物商といった一三一九軒の小売業者のうち、転廃業した者が八九一軒にもおよんだ。彼らの多くは工場へ就労し、残存業者も配給業務に従事する姿となった。

官営八幡《やはた》製鉄所と民間鉄鋼会社が合併して昭和九（一九三四）年一月に設立された日本製鉄株式会社は政府の鉄鋼増産政策にそって新しい製鉄所建設を立案しはじめた。『大阪朝日新聞』は昭和十一年十月十

農業勤労奉仕隊　戦時にはいって農業労働力不足が深刻化するにしたがい，政府は勤労奉仕や農業共同作業を推進し，食糧問題に対応しようとした。

日付の「和歌山版」で「黒江湾五〇万坪を埋め日本製鉄工場の計画」と大きく報じ、県下あげての日本製鉄誘致運動が展開された。このときの誘致運動は成功しなかったが、和歌山県は重工業誘致政策を展開し、前後して下津《しもつ》湾岸には丸善《まるぜん》石油・東亜《とうあ》燃料株式会社による石油精製工場が出現した。地元の農民たちにとっては寝耳に水で、土地買収交渉も憲兵《けんぺい》が監視するなかで徹夜で行われた。

さらに、昭和十四年以降に住友金属工業株式会社が銑鋼《せんこう》一貫生産をめざして和歌山工場を建設することになり、ここでも海軍・商工省・県市当局が一体となって約一三〇万坪（約四二九万平方メートル）におよぶ工場敷地を河西《かせい》地区（和歌山市北西部）に確保した。突然の買収話に、交渉は尋常には進まなかった。住友金属和歌山製鉄所は昭和十七年七月から操業したが、銑鋼一貫生産は放棄された。昭和十六年七月には大日本油脂株式会社が潤滑《じゅんかつ》油《ゆ》生産のために和歌山工場を建設しはじめた。和歌山・下津湾岸沿いに重化学工場群が林立することになるはずであったが、物資不足は予定どおりの操業を困難とし、昭和二十年にはいって空襲《くうしゅう》が激化して工場疎開《そかい》の準備にはいることを余儀なくされた。

銃後の人びとはさまざまな形で戦争への協力を求められ、その暮らしにも深刻な影響をうけた。常会では貯蓄の励行と国債の消化が求められ、転廃業や強制疎開の補償もきわめて不十分であった。また、農漁村での食糧供出はもちろん、資源不足に対応するため、金属品回収が求められ、供木運動が展開された。和歌山市内商店街の鈴蘭灯《すずらんとう》が姿を消し、造船用材として大和《やまと》街道・和歌浦《わかうら》街道の松並木も伐採された。ガソリンの欠乏は木炭バスを走らせることになったが、自家用車全廃や五日に一日の割で昼間送電の一斉休止もはじまった。配給制の実施は家庭用木炭・米・衣料・魚におよんでいき、公定価格も騰貴《とうき》した。それでも都市部の食糧不足が激化し、学校の校庭や工場の敷地を農園とし、食べられる山野草が宣伝されたほどであった。

昭和十八（一九四三）年にはいって政府は学生・生徒の徴兵猶予《ゆうよ》を停止し、徴兵範囲を一九歳から四五歳までに拡大した。その後、戦争に動員される少年の年齢はさらに引きさげられ、学徒の勤労奉仕が法制化された。昭和二十年一月十九日には川崎航空機工場明石《あかし》工場が爆撃をうけ、動員された田辺家政女学校の生徒一一人がその犠牲となった。

和歌山大空襲●

日露戦後すぐに和歌山県・和歌山市・和歌山商業会議所が聯隊《れんたい》誘致に動き、明治四十二（一九〇九）年三月、歩兵第六十一聯隊などが和歌山に衛戍《えいじゅ》してきた。

歩兵第六十一聯隊を含む第四師団は満州派遣部隊の動員を下命され、日中戦争勃発直前に満州へ移動し、関東《かんとう》軍司令官の隷下にはいって中国各地を転戦し、日米戦争勃発後は東南アジア地域に展開、戦争末期には敗色濃いビルマ戦線に投入され、大きな損害をだした。同じころ、和歌山で編制された二つの部隊が日中両軍の双方に大きな犠牲者をだした大陸打通作戦に参加した。戦後になって刊行された『英霊録』をみても、戦没者の戦死地は今次戦争のほぼすべての戦線にわたっていた。敗戦時には本県出身軍人・軍属は陸海軍あわせて一一万五〇〇〇人に達し、戦没者も二万五〇〇〇人にのぼった。

昭和十八（一九四三）年秋以降、田辺市神子浜《みこはま》の海浜に海兵団設置の作業がはじまった。海兵団は防衛基地の末端であり海軍軍人の養成機関でもあった。海兵団の建設工事は翌十九年一月からはじまり、同年九月には大阪海兵団田辺分団として発足したが、翌二十年五月には田辺海兵団に昇格した。敗戦時には士官以下の将兵二八三七人の規模で、朝鮮・台湾からの海外特別志願兵が多かった。

大本営はサイパン島が陥落した直後の昭和十九年八月、連合軍の日本本土侵攻を想定して沿岸部の陣地構築に着手した。和歌山県下でも潮岬《しおのみさき》、御坊《ごぼう》付近を重点的に着手したがなかなか進捗《しんちょく》せず、翌二十年四月以降、和歌山市周辺も突貫作業で陣地構築が進められた。工事には軍人だけでなく民間人も動員され、各市町村では緊急工事労務動員計画を作成して対応していった。昭和二十年四月に作成された「近畿地方総力交戦準備要綱草案」(「太平洋戦争下の資料」『大阪市史史料』第四輯)によれば、和歌山県域は軍需工業地帯である阪神地区防衛の第一線にたつことが求められた。

本土決戦はなかったが、空襲は昭和二十年にはいって本格化した。中村隆一郎『和歌山県の空襲』によれば、B29による県内への最初の空襲(十九年十一月二十七日)から敗戦までの九カ月たらずで、少なくとも一八六回の空襲があった。ほかに、アメリカ海軍艦艇《かんてい》による艦砲射撃《かんぽうしゃげき》があり、海上で漁船や運送船が被爆した。

県域への空襲でもっとも規模が大きかったのは昭和二十年七月九日深更から十日未明にかけての和歌山大空襲であった。それはアメリカ軍が敢行した中小都市への無差別爆撃・焼夷弾《しょういだん》攻撃の一環であった。爆撃に参加した航空機一〇八機から八〇〇トン余りの焼夷弾が投下された。爆撃機軍団の戦果報告によると「和歌山の二・一平方マイル(建物密集地域四・〇平方マイルの五二・四%)が破壊された」(『和歌山県史』近現代二)。日ごろの防空訓練や防空壕《ごう》も役に立たず、逃げまどう市民たちが避難した旧県庁跡(現汀《みぎわ》公園とその付近)では、突然の熱風によって七四八人が死亡した。この空襲による死者数は一二〇〇人をこえ、罹災《りさい》者総数は一一万三五四八人、焼失家屋三万一一三七戸を数えた。罹災者は市内あるいは市外の縁故をたより、学校や寺院にも寄寓《きぐう》したが、『和歌山市戦災誌』によっても、一万人近い人たちが壕やバラ

和歌山県のおもな空襲被害(昭和20年)

月　日	和歌山市	紀　北	紀　南
1月3～23日			東・西牟婁郡下の市町村
9日	東和歌山		
19日			新宮市　死者9人
3月14日		野上	三尾村　死者6人
29日	東和歌山　死者11人		
4月7日			新宮市　死者10人
5月1日			印南沖　死者6人
4日	御膳松　死者56人		
6月7日			御坊　死者11人
9日			勝浦　死者40人
15日	松江(住友)　死者3人		
22日	小松原　死者27人		御坊・美浜71人　田辺湊16人　潮岬14人
26日			潮岬8人　田原7人
7月2～6日		海南市・大崎村・下津町(丸善石油)　死者100人	
9～10日未明	市内大部分死者1,212人※ 家屋全焼3万1,137戸		
17日			新宮市　死者11人
24日	宇須　死者10人	橋本　死者5人	潮ノ岬灯台・新宮市　死者50人，日置川　死者48人
25～26日			串本，艦砲射撃をうける　死者3人，田辺・朝来・白浜　死者9人
28日		初島(東亜燃料)死者32人	
29日		初島　模擬原爆投下	田辺市神子浜・海兵団　死者17人，新宮(工場地帯)艦砲射撃をうける
8月11日			串本　死者14人

数値は資料によって異なるが，「和歌山市庶務課事務報告書」による。中村隆一郎『和歌山県の空襲』，『和歌山県史』近現代2，その他による。

ックでの生活を余儀なくされ、彼らへの生活必需品の配給も極端にとぼしかった。

石油貯蔵施設と石油精製工場をもつ下津・初島《はつしま》地区への爆撃も激しく、昭和二十年七月の三回の大規模空襲で工場施設は壊滅的打撃をうけ、まきぞえで罹災する住民も多かった。さらに、アメリカ海軍による艦砲射撃もはじまった。潮岬地区には串本《くしもと》水上機基地・潮岬飛行場・無線レーダー局があり、七月二十五日から翌日にかけて艦砲射撃をうけた。

2　戦後復興と高度経済成長

改革と復興●

戦後の和歌山は和歌浦湾に集結した四万人余のアメリカ軍の本格的な上陸と海外に展開していた軍人・軍属・民間人の田辺湾からの引揚げではじまり、昭和二十一（一九四六）年十二月二十一日にはマグニチュード八・一の南海地震が追い打ちをかけた。

ポツダム宣言を受諾《じゅだく》し、連合国軍に無条件降伏した日本はマッカーサー元帥《げんすい》を最高司令官とする連合国軍、実質的にはアメリカ軍の占領管理下におかれることになった。関西に進駐するアメリカ軍大部隊の和歌山上陸は昭和二十（一九四五）年九月二十五日から開始された。上陸した将兵は京阪神方面へ進駐していった。空襲で焼け残った和歌山市内の建物をはじめ、和歌浦・新和歌浦の旅館も占領軍に接収された。新聞は「米兵応接心得」を掲げて、「殊に若い娘さんの夜の一人歩きは絶対に慎しまねばならぬ」（『朝日新聞』昭和二十年八月三十日付）と説き、注意を喚起したが、実際には「明快で確実な米兵気質」に圧倒され、逆に「自戒はこちら恥ぢよ米兵の吸殻拾い」(『和歌山県史』近現代二)と報ずるありさまであった。

GHQが「引揚げに関する基本方針」をだし、アメリカ軍よりリバティ艦とLST(上陸用舟艇《しゅうてい》)の貸与をうけて六六〇万人余とされた軍人・軍属と一般邦人の引揚げが急速に進んだ。昭和二十一年二月二十一日に田辺海兵団の建物を活用して田辺が引揚港に指定された(田辺引揚援護局の開局)。全国一八の引揚港の一つで、近畿地方ではほかに舞鶴《まいづる》が指定港となった。田辺での引揚げ業務期間はわずか八カ月たらずであったが、田辺への引揚者は二二万人余を数え、地域別では台湾からが四〇%をこえ、ついでマレー、インドネシア(セレベス・ハルマヘラ)が多かった。引揚者は上陸後、検疫・引揚証明書交付・復員手続きをすませ、援護物資や援護金・乗車券・携行食糧などをうけとって紀伊田辺駅から各地へ帰郷していった。その間、二泊三日の滞在とされたが、上陸を待って一週間以上も沖待ちすることもあった。

GHQは非軍事化と民主化政策を進めた。和歌山県内でも昭和二十(一九四五)年秋には農民組合や労働組合が結成され、翼賛《よくさん》選挙で選ばれた議員に対して辞職を求める動きも活発となった。二十二年四月十日には、婦人の参政権を認め、また、有権者の年齢を満二〇歳に引きさげた最初の総選挙(衆議院議員選挙)が施行された。公職追放や政党の復活もあり候補者の顔ぶれも一新した。県下では全県一区・定員六人に対し、立候補者四八人という多数で、当選者のうち四人は新人で、進歩党の婦人候補斎藤ていが二番目の得票数で当選した。さらに、首長公選制となって県知事・市町村長選挙、県市町村議会議員選挙があいついで行われた。県知事選では現職(官選)知事川上和吉《わきち》と衆議院議員を辞職した小野真次《おのしんじ》が決選投票で争い、官僚政治打倒を旗印にした小野が当選した。五期二〇年にわたる小野県政がはじまった。市長選挙は別として町村長選挙は低調で、一九九町村のうち、九五町村は無投票で、また、就任した町村長の辞任もあいついだ。インフレーションの進行や新制中学校建設などが町村財政を困難におとしいれ、町村運営をきわめてむずかしくしたことが大きな要因であった。

シャウプ税制視察団の勧告に基づき、町村合併のプランが昭和二十八（一九五三）年以降に本格的に検討されはじめた。和歌山県も町村合併促進法にしたがって、二十八年十二月に和歌山県町村合併促進審議会を設置した。審議会は政府案にそって、町村の標準人口は一応八〇〇〇人以上を理想とすることなどを骨子とする町村合併構想案をまとめた。関係する首長・議員・住民の意向の食い違いもあって、町村合併は構想案どおりに進まず、県は三十一年六月に制定施行された新市町村建設促進法にもりこまれた県知事の合併勧告権を行使して一四件の町村合併勧告を行った。勧告どおりに実施されなかった案件もあったが、結局、四十年末までの

戦後すぐの闇市風景（和歌山市駅付近）　昭和20(1945)年の暮れには，和歌山市駅前・東和歌山駅前（現 JR 和歌山駅）で急速に自由市場（闇市）が発展しはじめた。

戦後二〇年間で一五四町村が合併して七市三六町七村となった。この間、和歌山市は三十（一九五五）年から三十三年にかけて一四町村を合併して現在の市域に拡大した。田辺市に一旦は合併された西富田村（堅田《かたた》・才野《さいの》）地区を白浜町《しらはま》に分離・合併させる件では、田辺市で大問題となり、市長や市議会議員のリコール問題がもちあがるなど紛糾《ふんきゅう》した。東亜燃料工業株式会社和歌山工場を擁する有田郡《ありだ》初島町は、単独存続か、また近隣の有田市・下津町《しもつ》のいずれと合併するかをめぐって意見がまとまらず、他方、県は同町に町村合併を促した。県の施策の妥当性を裁判所の判断にあおぐといった対立も続いて合併問題は混乱をきわめたが、結局、昭和三十七年八月一日、初島町は有田市と合併することになった。

潮岬の南南西五〇キロの沖合いを震源地とする南海地震は津波・火災（新宮市）の被害が大きく、死者一九五人、家屋の全壊全焼も四八〇〇戸をこえた。また、昭和二十年代には台風や豪雨による被害もあいついだ。とりわけ、二十八年七月十七日から十八日にかけて、有田川・日高川上流域で局地的大豪雨があり、大洪水・山津波がおこり各河川下流域に大被害をもたらした。「七・一八水害」とよばれたこの水害では死者・重傷者・行方不明者はあわせて一九四〇人、流失ないし全壊家屋八六八二戸におよんだ。小野知事は「転禍為福」をとなえて、「改良復旧」を求めたが、二十八・二十九年度の災害復旧費決算額は県財政支出の三割をこえる異常な状況となった。

熔鉱炉の建設●

県下の産業復興は繊維産業からはじまった。和歌山市のメリヤス業は戦後の一年間で全国生産の半分近くを占めたといわれたほど、その復興は著しかった。綿織物業でも昭和二十八（一九五三）年ごろには織機台数が四〇〇〇台をこえ、戦前期の最盛時に匹敵する回復を示し、輸出向けスフ先染《さきぞめ》織物の生産が年々増加した。捺染工業も綿ネル生産の復活や輸出向け綿布捺染の再興によって戦前期の七割にまで回復した。

農地改革によって小作地の七四％にあたる一万三二〇九町歩の田畑が解放され、その結果、県平均の小作地率も昭和二十一（一九四六）年の四一％から改革後の二十五年には一〇・五％に激減した。また、経営規模別でみると、全国では経営規模五反〜一町歩の農家戸数が三割強ともっとも多かったが、和歌山県では三反歩未満層が四割をこえた。県域の農業がいかに零細であったかがわかる。

県下の農業生産は昭和二十年代後半から三十年代前半にかけて著しく拡大し、生産指数も全国平均を大きく上まわった。果実・野菜・畜産の伸びが著しく、生産価額の比率では三十五年に果実が四四％を示した。県は昭和二十二（一九四七）年から三次にわたって果樹復興・振興五カ年計画を実施し、その結果、三十五年には戦前水準の一万町歩をこえ、ミカン・ネーブル・夏ミカン・梅・柿が県別生産高で一〜三位を占め、「果樹王国」への道をあゆみはじめた。

軍需工場からの転換も進んだ。三菱電機和歌山工場はミシン生産の主力工場となり、大日本油脂（昭和二十四年十二月、花王を合併し、花王油脂と改称。現花王）の和歌山工場も石けん油脂のほか、塩化ビニール用の可塑《かそ》剤や繊維工業用薬剤などに生産分野を拡大していった。二十四年七月にはGHQによる原油輸入許可があり、丸善石油下津工場は翌年三月、六年ぶりに石油精製を再開し、戦時下に企業統廃合の対象となった紡織部門でも復活や再出発がはじまった。大和紡績松原工場（旧日出紡織工場）は二十一年五月に返還をうけ、十一月には一部で操業を開始し、二十三年末には復興を完了した。

住友金属工業株式会社は昭和三十一年末に改めて和歌山工場（製鉄所）に銑鋼一貫体制の工場を建設することを決定し、和歌山県・和歌山市の協力を得て工事に着手した。その生産目標もおりからの高度成長に促され当初の一〇〇万トンから一〇〇〇万トン近くに拡大された。三十六年三月十五日に第一号高炉に火入れを行い、あいついで高炉を建設し、ホット・ストリップミルやコールド・ストリップミルといった最新鋭の圧延《あつえん》機械を導入し、四十五年三月末には高炉五本がならぶに至った。

盛時に社員・社外工を含めて二万四、五千人の従業員を擁した住友金属和歌山製鉄所は、当時の和歌山市の製造工業・運輸通信業従事者八万六〇〇〇人余のほぼ三割、県内の製造品出荷額などの四割近くを占めた。工場が立地する河西地区は急激な変貌《へんぼう》をとげ、都市化が進んだ。

昭和四十五、六年ごろの地場産業の出荷額、全国市場占有率をみると、出荷額では製材品三五三億円・綿メリヤス生地一六八億円・木製建具一〇七億円が上位を占め、市場占有率第一位は綿メリヤス生地で全国市場の四割以上を占め、漆器製品（家具をのぞく）、ネル、パジャマ・ナイトガウン、ブラシ（歯ブラシ

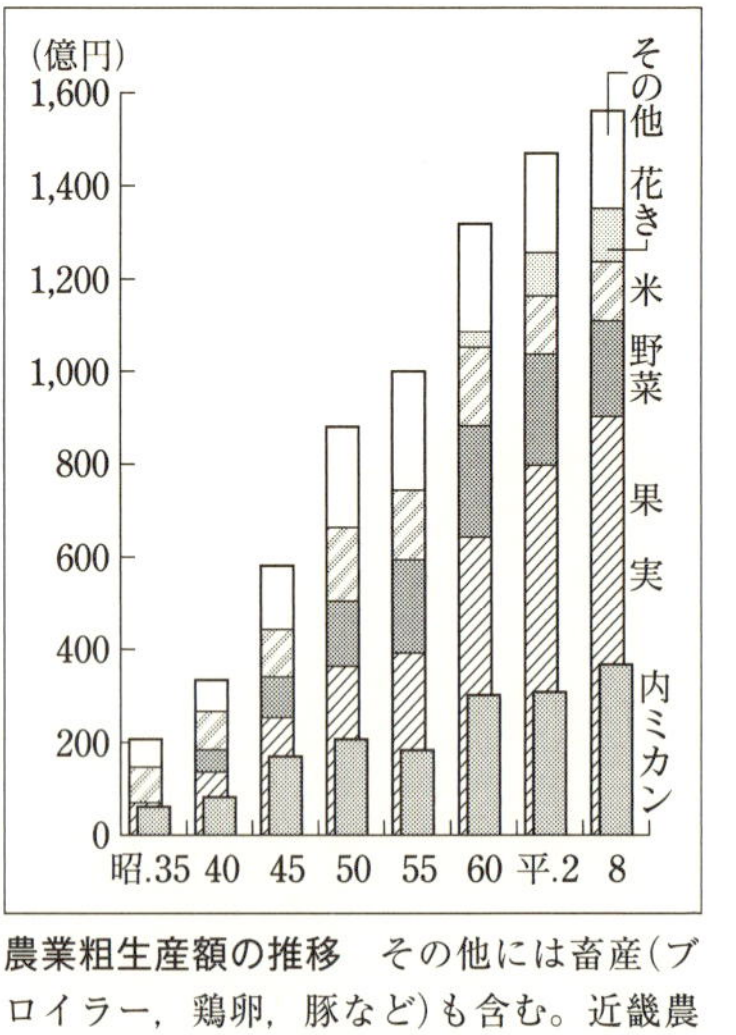

農業粗生産額の推移　その他には畜産(ブロイラー，鶏卵，豚など)も含む。近畿農政局和歌山統計情報事務所編『和歌山農林水産業50年の歩み』による。

をのぞく)、ほうき、作業用メリヤス手袋がそれぞれの分野で第二位の市場占有率を示し、第三位に染色仕上機、牛革皮革、牛クロームなめし革、ボタン(プラスチック)の諸工業があった。これら地場産業のなかにはその起源を明治以前にさかのぼるものもあるが、高度経済成長期に新素材の活用や機械化・自動化によってあらたな発展を示したものも多い。

地域をつくる●

高度経済成長の時代は県民の所得水準を高め、生活も大きく変貌させた。他方、県人口の県外流出が続き、農山村の過疎化が進んだ。県内では和歌山市や田辺市などの都市への人口流入が高まったものの、下水道・住宅・道路といった都市住民の生活基盤整備は追いつかず、公害問題の惹起《じゃっき》とあいまって住民の不満は高まった。

住友金属和歌山製鉄所の熔鉱炉《ようこうろ》がふえるにしたがって、周辺住民は粉塵《ふんじん》や悪臭に悩まされは

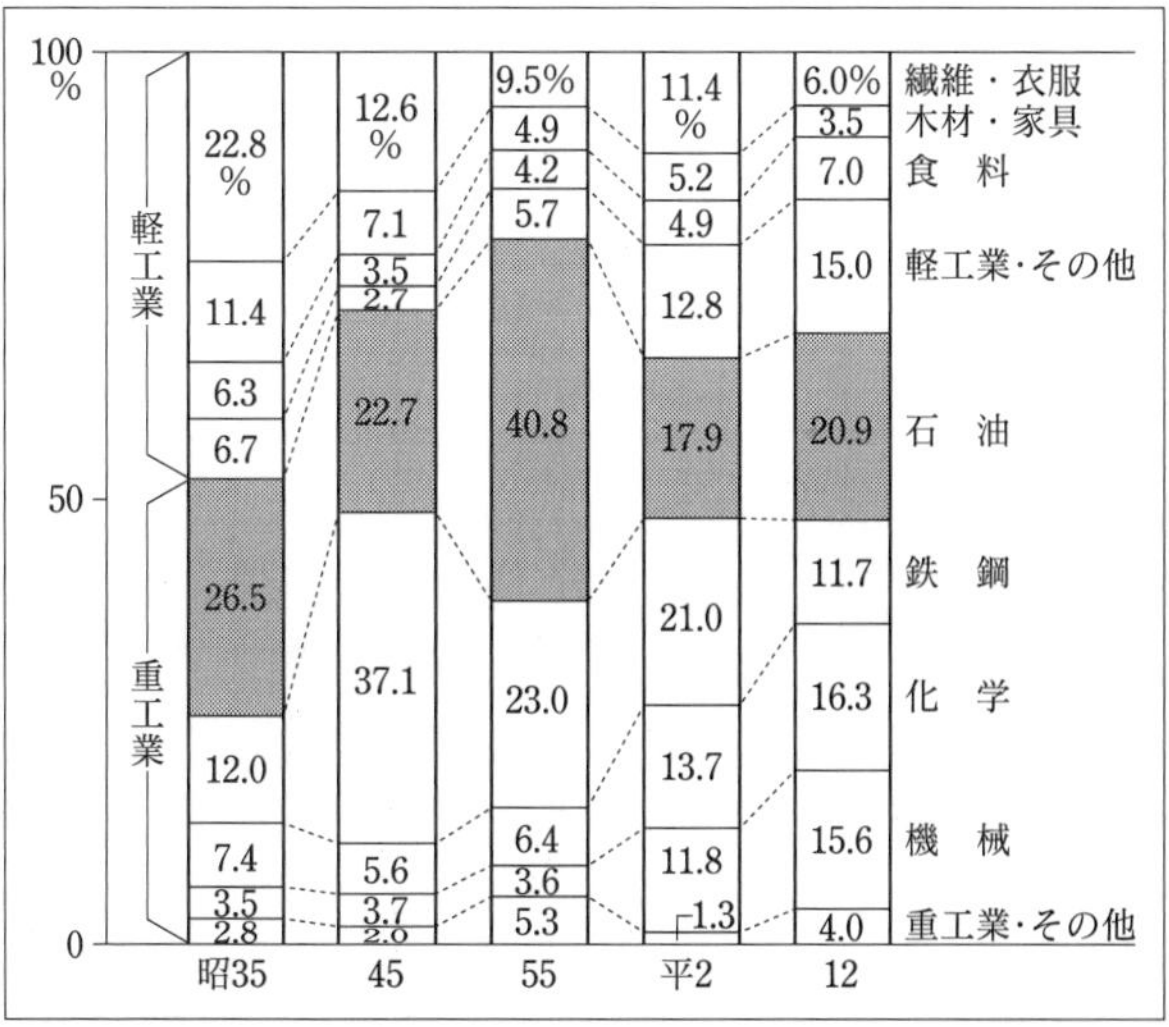

製造品出荷額などの構成比の推移　機械には電気機械・輸送用機械・精密機械を含む。『和歌山県の工業』各年版による。

じめた。住民の公害反対運動が高まるなか、県は住友金属と公害防止協定を結び、製鉄所と住宅地のあいだに緩衝《かんしょう》緑地《りょくち》帯《たい》を設けるなどの対策を講じた。海辺を埋め立てて工場を立地しようとする動きには、「海を返せ」といった反対運動が提起された。また、和歌山市小雑賀《こざいか》地区の住民たちは、公害発生源の工場をみつけて、その工場に汚染を認めさせることから公害反対運動に取り組みはじめ、企業側も公害防止協議会を結成し、住民と企業との話しあいが行われるようになった。

昭和四十（一九六五）年五月に山村振興法が制定され、さらに、四十五年四月、過疎地域対策緊急措置法が公布されて、過疎問題がようやく国や県の政策課題として本格的に取りあげられた。和歌山県では四十五年・四十六年に一四町村がそれぞれ過疎地域として公示され、県や町村では振興計画を策定して過疎問題に取り組んだ。そのなかで、西牟婁郡中辺路《なかへち》町・大塔《おおとう》村、東牟婁郡本宮《ほんぐう》町（いずれも田辺市）では隔絶された小規模集落を地域の主要集落に移転する集落移転事業が実施され、過疎町村の中心地に生産や生活の拠点となるコミュニティセンターの建設も各地で進んだ。

新しく地域をつくる運動もおこってきた。昭和五十（一九七五）年夏には関西初のアマチュア・ミュージカル劇団「ヤング―ゼネレーション」が旗揚げされ、プロをもしのぐ実力が認められ、広く公演活動を展開し、六十一年にはサントリー地域文化賞を受賞した。また、昭和四十九（一九七四）年には、田辺市天神崎《てんじんざき》の保全運動がはじまった。

田辺湾は黒潮《くろしお》の影響のもと、複雑な地形によって富栄養が保たれ、多種類の海洋生物が数多く生息している海域で、天神崎（海図では斎田崎《さいたざき》）は湾口北岸に位置し、田辺湾につきでた岩礁《がんしょう》とその背後の小高い日和山《ひよりやま》を中心とする丘陵地帯からなっている。その天神崎が高級別荘地として開発されることを知った市

❖コラム

姿を消す私鉄

　南海電鉄和歌山軌道線《きどうせん》が昭和四十六（一九七一）年三月末に撤去された。黒潮《くろしお》国体の開催を契機に和歌山市内の交通のネックを解消し、輸送力の効率化・スピード化をはかることを意図したものであった。明治四十二（一九〇九）年一月に、和歌山水力電気株式会社が西汀丁《にしみぎわちょう》・和歌浦《わかうら》間に市内電車を開通させて以降、軌道線網は和歌山市駅、新和歌浦、さらには、大正七（一九一八）年には海草《かいそう》郡日方《ひかた》（海南《かいなん》市）に延伸し、阪和《はんわ》電鉄開業とともに昭和五（一九三〇）年には公園前から分岐して東和歌山（現ＪＲ和歌山駅）におよび、市内交通の大動脈となっていた。

　同じころ、野上《のかみ》電鉄も多額の累積《るいせき》欠損をかかえて、鉄道廃線、バス転換方針を表明したが、地域住民の存続要望も強く、同社は国・県から地方鉄道整備法による補助対象路線の認定をうけ、昭和四十九年から助成をうけた。同社の路線は日方駅（現ＪＲ海南駅）を起点に野上谷《のかみだに》を通って生石口《おいしぐち》までで（一一・四キロ）、沿線地域の過疎化や自家用自動車の普及が経営困難に拍車をかけた。結局、補助金の打ち切りもあって、平成六（一九九四）年三月末に廃線した。

　有田鉄道株式会社も平成十四年十月一日、吉備《きび》町内での同鉄道（金屋口《かなやぐち》・藤並《ふじなみ》間、五・六キロ）の廃止を運輸省にとどけでた。同鉄道はミカン輸送をおもな目的として大正四（一九一五）年に湯浅《ゆあさ》海岸・下津野《しもつの》間を開通させてはじまり、のち、紀勢西《きせいさい》線とも連絡し、最盛期の昭和四十年代には年間約一六〇万人の利用客もあったが、野上電鉄と同様の運命をたどることになった。昭和三十年代に開通した南海和歌山港線和歌山港・水軒《すいけん》間（二・六キロ）も平成十四年五月に廃止となり、ミニ鉄道としては、唯一、紀州鉄道（ＪＲ御坊《ごぼう》・西御坊間）のみが生き残っている。

民たちは、天神崎の保全と開発の規制を求めて「天神崎の自然を大切にする会」を昭和四十九年二月九日に発足させた。天神崎の保全に市民たちの関心は高く、一カ月で一万六〇〇〇人の署名を集めて和歌山県・田辺市に陳情し、「熱意表明募金」の名称で実施した募金活動には約四〇〇〇万円がよせられた。天神崎保全の市民運動は「土地所有者を敵視せず、その理解と協力を得て自然を保全するという方針」(『天神崎の自然を大切にする運動二十周年通史』)のもと、天神崎市民地主運動を展開して開発業者からその所有地を買いとっていき、県や市の支援を引きだした。政府は昭和六十(一九八五)年以降、税制上の特典を認める公益法人である自然環境保全法人(ナショナルトラスト法人)を認定することにした。財団法人となった「天神崎の自然を大切にする会」は昭和六十二年一月、全国ではじめてその認定をうけた。

昭和五十一(一九七六)年一月、『岬』で第七四

熊野大学開講の日(平成 2〈1990〉年 6 月 3 日) 文化学院(東京)を創設した新宮出身の芸術家・文化人である西村伊作の記念館で,熊野大学の開講式にのぞむ中上健次(前列右から 4 人目)。

回芥川《あくたがわ》賞を受賞した中上健次《なかがみけんじ》は、『枯木灘《かれきなだ》』『紀州　木の国・根の国物語』など郷里に直接かかわる小説その他を発表しつづけ、平成二（一九九〇）年六月、新宮で市民文化サークル「熊野大学」をはじめた。中上は平成四年八月十二日、四六歳で死去したが、熊野大学は例年、八月の初めに作家や批評家を招き、全国から集まった読者とともに「合宿セミナー」を主催している。

平成十一（一九九九）年四月から九月にかけて開催された「南紀熊野体験博」は「癒《いや》し」という言葉を広め、熊野古道（熊野参詣道）ブームをよびおこしているが、地域の人たちは〝語りべ〟としてそれに積極的に参加しており、さらには、和歌山県・三重県の県境をこえた地域史研究も盛んとなってきた。また、和歌山市の中心街〝ぶらくり丁《ちょう》〟の活性化を求めて、商店街の人たち、地元の大学の教職員や学生、さらには有志の人たちが加わった模索もはじまった。地域をつくる動きは各地で活発化しつつある。

あとがき

本書の依頼があったとき、念頭に浮かんだのは、『和歌山県史』の編集・執筆を担当した当時の若手にお願いすれば、その簡約版になるのではないか、ということであった。そこで、中世と全体の編集を担当する私のほか、古代を栄原永遠男、近世を笠原正夫、近代を高嶋雅明の各氏にお願いし、快諾を得た。最初の会合を一九九四年十二月にもち、一応の執筆項目を作成したのが、九九年一月であった、と記憶する。

しかし、笠原氏を除いて、学内外の激務を担わざるを得ない年齢になっていたため、執筆は遅々として進まなかった。この間、出版社に多大の迷惑をかけたことは弁解の余地がない。最終ランナーになりそうな気配が濃厚となって、急遽、考古学の分野を武内雅人氏、中世後期の分野を弓倉弘年氏にお願いして、ようやく原稿をそろえることができた。短期間に力作をお寄せいただいた両氏には心から感謝したい。本書の執筆分担は次の通りである。

小山　靖憲　　風土と人間、四章
栄原永遠男　　一章三節、二章（三節4項はのぞく）、三章
武内　雅人　　一章一・二節、二章三節4項
弓倉　弘年　　五章、六章
笠原　正夫　　七章、八章、九章

高嶋　雅明　　十章、十一章

また、付録「参考文献」の県史・市町村史は遊佐教寛氏、「祭礼・行事」は吉川壽洋氏にお願いした。写真・図版の提供や掲載許可をいただいた方々・諸機関と併せてお礼を申し上げたい。そのほかの付録は、当初の執筆メンバー（栄原・小山・笠原・高嶋）で分担した。

今ようやく、本書が刊行できるときにあたり、思い起こすのは、旧版の『和歌山県の歴史』である。安藤精一先生が一人で執筆された旧版は、洛陽の紙価を高めた好著である。私も和歌山に初めて赴任したとき、まずこの本を読んで紀州の歴史を勉強した。旧版のように全体を一人で執筆するのと、本書のように専門家が分担執筆するのとでは、一長一短がある。安藤先生は一人で執筆したことの限界を自覚され、旧版を早く絶版にされていた。その意味でも、本書は早期に刊行される必要があったが、遅れに遅れたことをお詫びすると同時に、専門家が分担執筆したことによって、一貫性を欠き、むずかしくなったという批判がでることを懸念している。

二〇〇四年三月

小山靖憲

大阪湾
関西国際空港
りんくうJct
泉佐野Jct
泉大津市
忠岡町
堺市
南区
大阪狭山市
富田林市
太子町
河南町
葛城市
橿原市
桜井市
宇陀市
阪和線
大阪府
明日香村
千早赤阪村
御所市
高取町
岸和田市
泉佐野市
熊取町
田尻町
和泉市
河内長野市
大淀町
吉野町
東吉野村
吉野川
貝塚市
泉南市
葛城山
859
三石山
739
下市町
ごじょう
南海本線
阪南市
五條市
はしもと
川上村
地ノ島
沖ノ島
俎石山
420
岬町
紀の川市
かつらぎ町
南海高野線
橋本市
黒滝村
こかわ
うちた
岩出市
伊都郡
九度山町
紀の川
和歌山線
わかやまし
わかやま
龍門山
756
楊柳山
1009
ごくらくばし
天川村
高野町
奈良県
和歌山市
わかやま電鉄
きし
八経ヶ岳
1915
海草郡
紀美野町
和歌山下津港
かいなん
黒沢山
509
野迫川村
上北山村
海南市
生石ヶ峰
870
釈迦ヶ岳
1800
阪和自動車道
紀勢本線
みのしま
伯母子岳
1344
有田郡
有田川町
有田市
護摩壇山
1372
ふじなみ
湯浅町
ゆあさ
城ヶ森山
1269
下北山村
有田川
白馬山
957
広川町
和歌山県
十津川村
由良町
東牟婁郡
北山村

和歌山県《わかやまけん》の歴史《れきし》　　県史　30

2004年7月30日　第1版第1刷発行　　2015年1月30日　第2版第1刷発行

著　者　小山靖憲《こやまやすのり》・武内雅人《たけうちまさと》・栄原永遠男《さかえはらとわお》・弓倉弘年《ゆみくらひろとし》・笠原正夫《かさはらまさお》・高嶋雅明《たかしままさあき》

発行者　野澤伸平

発行所　株式会社　山川出版社　　〒101-0047　東京都千代田区内神田1-13-13

電話　03(3293)8131(営業)　03(3293)8135(編集)

http://www.yamakawa.co.jp/　　振替　00120-9-43993

印刷所　明和印刷株式会社　　製本所　株式会社ブロケード

装　幀　菊地信義

ISBN978-4-634-32301-8

小山　靖憲　こやまやすのり

1941年，兵庫県に生まれる
1971年，東京教育大学大学院文学研究科博士課程単位取得退学
元帝塚山大学人文科学部教授・和歌山大学教授
主要著書　『中世寺社と荘園制』(塙書房，1998年)，『熊野古道』(岩波新書，2000年)

武内　雅人　たけうちまさと

1952年，和歌山県に生まれる
1975年，法政大学経済学部卒業
前和歌山県教育庁生涯学習局文化遺産課・和歌山大学客員教授
主要論文　「古代末期紀伊国の土器様相——在地様式的土器の成立と展開」(『考古学研究』第31巻第1号，考古学研究会，1984年)，「丸瓦製作技術からみた近世瓦の生産と流通」(『ヒストリア』第173号，大阪歴史学会，2001年)

栄原永遠男　さかえはらとわお

1946年，東京都に生まれる
1974年，京都大学大学院文学研究科博士課程修了
現在　大阪市立大学名誉教授，大阪歴史博物館長，東大寺史研究所長
主要著書　『万葉歌木簡を追う』(和泉書院，2011年)，『正倉院文書入門』(角川学芸出版，2011年)，『聖武天皇と紫香楽宮』(敬文舎，2014年)

弓倉　弘年　ゆみくらひろとし

1958年，和歌山県に生まれる
1981年，國學院大學文学部史学科卒業
現在　和歌山県立桐蔭高等学校教諭
主要著書・論文　『田辺市史』第1巻通史編1(共著，田辺市，2003年)，『中世後期畿内近国守護の研究』(清文堂出版，2006年)

笠原　正夫　かさはらまさお

1934年，和歌山県に生まれる
1956年，和歌山大学学芸学部卒業
現在　海南市文化財審議会会長
主要著書　『近世漁村の史的研究』(名著出版，1993年)，『紀州藩の政治と社会』(清文堂出版，2002年)

高嶋　雅明　たかしままさあき

1940年，大阪府に生まれる
1970年，大阪大学大学院経済学研究科博士課程単位取得退学
前和歌山大学経済学部教授
主要著書　『朝鮮における植民地金融史の研究』(大原新生社，1978年)，『企業勃興と地域経済—和歌山県域の検証—』(清文堂出版，2004年)

付　　録

■ 索　　引

● あ 行

● か 行

● さ　行

● は　行

● ま　行

●や・ら 行

●わ 行

■ 年　　表

年　代	時　代	事　　項
約2万5000年前	旧石器時代	土生池遺跡・藤波地区遺跡などで旧石器時代後期の人びとの生活がはじまる。
約1万5000年前	縄文草創期	藤波地区遺跡で縄文時代草創期の人びとの生活がみられる。
約8500年前	早期	高山寺貝塚が形成される。
約5500年前〜	前期	鷹島遺跡・徳蔵地区遺跡など，縄文時代の遺跡が増加する。
約5300年前		鳴神貝塚が形成され，2000年以上継続する。
約2500年前	晩期	太田黒田遺跡・岡村遺跡・堅田遺跡などで弥生時代の人びとの生活がはじまる。
1世紀後半	弥生後期	和歌山市橘谷などに高地性集落がつくられる(橘谷遺跡)。
3世紀後半	古墳初期	秋月遺跡に前方後円形の墳丘墓がつくられる。
4世紀後半	前期	下里古墳・山崎山5号墳・花山44号墳など各地で県内最初の前方後円墳がつくられる。
4世紀末〜5世紀初頭	中期	淡輪に巨大前方後円墳，和歌山市鳴滝に倉庫群がつくられる(鳴滝遺跡)。
5世紀前半		車駕之古址古墳など紀ノ川北岸に大前方後円墳がつくられる。
5世紀後半		大谷古墳がつくられる。同じころ，岩橋丘陵に横穴式石室が採用され群集墳が形成されていく。
6世紀前半〜後半	後期	大谷山22号墳・大日山35号墳・井辺八幡山古墳・天王塚古墳など，岩橋千塚古墳群に大前方後円墳の造墓が相つぐ。
7世紀前半	飛鳥時代	井辺1号墳など岩橋千塚古墳群に方墳がつくられる。
7世紀後半		古墳の造墓が終了し，古代寺院の造営が開始される(上野廃寺など)。同じころ，川辺遺跡などで，竪穴住居から掘立柱建物への転換が行われる。

西暦	年　号	事　　項
535	安閑　2	このころ，経湍・河辺屯倉を設置したと伝える。
556	欽明　17	この年，海部屯倉をおいたと伝える。
583	敏達　12	この年，紀国造押勝が百済に派遣されたという。
646	大化　2	改新詔に，紀伊兄山を畿内の境とすることがみえる。
657	斉明　3	***9-*** 有間皇子，牟婁温泉にいく。
658	4	***10-*** 斉明天皇・中大兄皇子，牟婁温泉にいく。***11-*** 有間皇子事件おこる。
686	朱鳥　1	***7-*** 国懸神に奉幣する。
690	持統　4	***9-*** 持統天皇が紀伊に行幸する。
691	5	***8-*** 紀氏以下18氏に墓記の提出を命じる。
692	6	***5-*** 紀伊大神に藤原宮の造営を報告する。
701	大宝　1	***9〜10-*** 文武天皇・持統太上天皇，紀伊に行幸する。
702	2	***1-*** 賀陀駅をおく。***2-*** 伊太祁曾神などを移動する。

703	大宝	3	*5-* 奈我・名草郡の調を布から糸にかえる。
712	和銅	5	*7-* 紀伊国以下21カ国に綾錦を調としておさめさせる。
722	養老	6	*9-* 紀伊国以下８カ国の調を銭貨でおさめさせることとする。
724	神亀	1	*10-* 聖武天皇が玉津島に行幸する。
730	天平	2	このころ，紀伊国大税帳がつくられる。
741		13	このころ，御毛寺の知識により，大般若経がうつされる。
756	天平勝宝	8	*10-* 紀伊国から貢納された調絁が正倉院に伝存している。
765	天平神護	1	*10-* 聖徳太上天皇が玉津島に行幸する。
770	宝亀	1	このころ，粉河寺が創建されたと伝えられる。
804	延暦	23	*10-* 桓武天皇が玉出島に行幸する。
805		24	*6-* 紀伊国以下11カ国に，彩帛をやめて絹を貢じるように命じる。
806	大同	1	*7-* 安諦郡を在田郡とあらためる。
811	弘仁	2	*8-* 萩原・名草・賀太駅を廃止する。
812		3	*4-* 名草駅を廃して萩原駅をおく。
816		7	この年，空海，高野山に真言密教の修禅道場(金剛峯寺)を開創する。
835	承和	2	*3-* 空海が没する。
848	嘉祥	1	*5-* 在田郡を下郡とする。
852	仁寿	2	*12-* 名草宿禰安成に滋野朝臣の氏姓があたえられる。
853		3	*6-* 紀伊国司の目の定員が１人増員される。
878	元慶	2	*9-* 大地震で国府に大きな被害がでる。
879		3	*2-* 国分寺が全焼する。
887	仁和	3	*6-* 紀伊国以下の諸国から貢納される絹の品質が悪いことが指摘される。
907	延喜	7	*10-* 宇多法皇，熊野詣の初例。
919		19	*9-* 東寺長者，金剛峯寺座主を兼帯し，高野山が東寺の末寺となる。
933	承平	3	このころから海賊の活動が活発化する。
935		5	*8-* 粉河寺が焼亡する。
990	永祚	2	この年，隅田荘，免田型荘園となる。
994	正暦	5	*7-6* 雷火で高野山の伽藍の大半を焼失。
1016	長和	5	この年，興福寺系持経者の祈親，高野山の復興に着手(空海の入定信仰を宣伝する)。
1023	治安	3	*10-* 藤原道長，貴紳としてはじめて高野山に参詣。
1048	永承	3	*10-* 関白藤原頼通，高野山に参詣。
1049		4	*12-28* 高野山領官省符荘，領域型荘園として成立。
1072	延久	4	*9-5* 延久の荘園整理令にもとづき紀伊国の野上・鞆淵・隅田・衣奈・薗財・出立の６荘が石清水八幡宮領として認められる。
1088	寛治	2	*2-* 白河上皇，高野山に参詣(町数を記した卒塔婆札がたっていた)。正暦の雷火で焼失した大塔の再建を命じる。
1090		4	*1〜2-* 白河上皇，第１回熊野参詣。紀伊路(中辺路)の徒歩参詣が熊野詣の規範となる。
1100	康和	2	*10-* 高野山大塔再建。
1103		5	*11-25* 高野山大塔の落慶供養。
1107	嘉承	2	*1-25* 高野山領名手荘成立。
1114	永久	2	この年，覚鑁，高野山へ登る。

1116	永久	4	*10〜11-* 白河上皇第2回の熊野参詣。これ以後，熊野詣が上皇・女院・貴族の間で大流行。
1126	大治	1	*8-* 覚鑁，伝法二会を行う料所として石手荘を得る。
1129		4	*11-3* 鳥羽上皇の庇護をうけ，石手荘領域型荘園に再立券。
1132	長承	1	*10-17* 大伝法院落慶供養。
1134		3	*10〜12-* 大伝法院領，岡田・山崎・弘田・山東・相賀の5荘立券す。この年，大伝法院と金剛峯寺の対立はじまる。鳥羽上皇，金剛峯寺座主定海・検校良禅を追放，覚鑁が金剛峯寺と大伝法院座主を兼帯して一山支配が実現する。
1140	保延	6	*12-8* 覚鑁，弘田荘北端の根来に下山。
1141	永治	1	*11-29* 高野山大門が楼門式となり現在地へ移す。
1142	康治	1	*9〜10-* 官使・国目代・在庁官人ら大嘗会役を賦課するため大伝法院領諸荘園に乱入。国司謝罪し，渋田郷を大伝法院に割譲。1146(久安2)年渋田荘として立券。
1143		2	*12-12* 覚鑁，根来で死す。
1156	保元	1	この年，鳥羽院領荒川荘を美福門院が伝領し，1159(平治1)年高野山に寄進。田中荘預所佐藤仲清の荒川荘侵略はじまる。
1159	平治	1	*12-* 平清盛，熊野参詣の途上，藤原信頼・源義朝らが京都でクーデタ。清盛，湯浅宗重・熊野別当湛快の支援を得て京都へ引き返し，義朝らの軍勢を撃破して勝利する。
1180	治承	4	*4-* 以仁王，平氏追討の令旨を発す，新宮十郎行家が令旨を諸国の源氏に伝える。*8-* 田辺の湛増，弟の湛覚の城や民家を焼き，鹿瀬以南を掠領する。
1181	養和	1	*1-* 熊野山衆徒が志摩から伊勢を攻め，伊勢神宮を損傷する。*9-* 熊野法師蜂起，熊野全体が反平氏で固まる。
1184	元暦	1	*2-* 一の谷合戦後，豊島有経が紀伊国守護に任じられる。*10-* 湛増，熊野別当に就任。
1185	文治	1	*2〜3-* 湛増，熊野水軍を率いて源義経軍に加わり，壇ノ浦合戦に参戦。*11-* 北条時政，紀伊国の国地頭。その後，佐原義連，大犯3カ条を職権とする最初の守護。
1207	承元	1	*6-24* 紀伊国は仙洞(後鳥羽上皇)御計となり，守護の検断権に伴う収益は熊野詣雑事にあてられ，1221(承久3)年まで守護を設置せず。
1240	仁治	1	この年から高野山領名手荘と粉河寺領丹生屋村の用水相論はじまる。
1242		3	金剛峯寺衆徒によって大伝法院が焼かれる。
1253	建長	5	この年，守護代が水無川に「用水中分の料」を敷設する(翌年にも)。
1275	建治	1	*10-28* 阿氏河荘上村の百姓，地頭湯浅氏の非法を13カ条にわたって訴える。
1286	弘安	9	この年，大伝法院の大湯屋建設をめぐり騒動。
1288	正応	1	*3-* 大伝法院，高野山を離れ，根来へ移転する。
1290〜91		3〜4	高野山領荒川荘で為時らが百姓の住宅を焼き，女人・牛馬を殺害し，資財を奪うなど，悪党事件が激化する。
1295	永仁	3	この年，日前宮領の秋月郷・大田郷・有家郷・和太郷など20郷以上の検田検畠取帳が作成される。
1331	元徳	3	*10-* 楠木正成の赤坂城が落ち，湯浅党が任される。翌2年11月下赤

	(元弘 1)	坂城を楠木正成が奪回，湯浅党討幕方になる。
1333	正慶 2 (3)	*3-* 幕府が熊野の国人小山三郎に護良親王・楠木正成の討伐を命ず。*5-9* 六波羅主従が近江国番場蓮華寺で自刃，六波羅検断隅田時親(嫡流)も死す。*10-8* 後醍醐天皇綸旨(元弘の勅裁)により高野山「御手印縁起」の四至内の地をほぼ寺領に編入。
1334	建武 1	*10-* 湯浅党の六十谷定尚ら，北条高時の一族を擁して飯盛山で挙兵，翌年正月鎮圧される。
1336	3 (延元 1)	*9-* 畠山国清，紀伊国守護に任命される。
1337	4 (2)	*3-11* 足利尊氏が新宮に富安荘らを兵粮料所として預けおく。
1345	貞和 1 (興国 6)	*2-* 守護畠山国清，粉河寺領丹生屋村と高野山領名手荘の用水相論を停止させる。
1347	3 (正平 2)	*6-* 熊野水軍が薩摩の諸城を攻撃。この年，鞆淵荘で下司鞆淵景教の夫役徴発に反発し，荘民が高野山三宝院成親をたより訴訟をおこす。
1351	観応 2 (6)	*2-12* 鞆淵荘の争論で百姓方が勝利。
1352	文和 1 (7)	*5-11* 湯河氏南朝方を離れ，幕府方につく。
1360	延文 5 (15)	*4-* 畠山国清，軍を紀伊に進め，竜門山を攻略，南朝方阿瀬川城に後退。
1363	貞治 2 (18)	*9-3* 丹生屋村と名手荘の用水相論，粉河寺が南朝に提訴す(後村上天皇の綸旨がでる)。
1365	4 (20)	この年，粉河東村に女性の物頭が王子神社文書にみえる。
1376	永和 2 (天授 2)	*7-* 高野山で，学侶方と行人方の確執めだつ。
1378	4 (4)	*12-* 足利義満，山名義理を紀伊守護にし，南朝に対峙させる。
1379	5 (5)	*2-* 山名義理，有田郡へ軍を進め藤並・湯浅・石垣など湯浅党の諸城を奪う(湯浅党凋落)。
1380	康暦 2 (6)	*8-* 山名義理，隅田一族を没落させ，紀ノ川筋をほぼ平定する。
1391	明徳 2 (元中 8)	*12-* 山名氏，足利義満と対立して敗北(明徳の乱)，山名義理失脚。
1392	3 (9)	この年，大内義弘，紀伊・和泉の守護となる。
1394	応永 1	この年～3年，高野山，官省符荘の検注を実施。分田(畠)を行い，作人を課役納入の責任者にする。
1396	3	*8-* 高野桝がつくられる。
1399	6	この年，管領畠山基国が応永の乱の結果，紀伊守護職を得る。牟婁郡の国人ら大内義弘にしたがって堺で籠城。
1404	11	*4-* 足利義満，高野山参詣。
1409	16	*12-* 熊野衆徒が熊野街道沿いの関の廃止を要求，幕府，関の撤廃を

			命じる。
1418	応永	25	4- 守護畠山氏，本宮領の田辺を押領。熊野本宮は神輿を奉じて神訴，守護方に反撃され神輿を捨てて退却。
1423		30	12- 鞆淵氏，畠山の被官となり荘内支配を強化，荘民は公文の非例11カ条・下司の非例13カ条をあげて逃散。
1424		31	1-19 高野山鞆淵範景を追放。
1433	永享	5	7- 高野山行人派，山内2000余坊を焼く(永享の高野動乱)。
1439		11	この年，高野動乱和解，行人方高野山に戻る。「蟻の熊野詣」の初見。
1444	文安	1	7- 北山で後南朝が蜂起する。
1447		4	12-22 畠山持国が北山を攻略する。
1460	長禄	4	5- 根来寺と守護領の間で水論発生，畠山義就が軍勢を派遣し解決させようとしたが，大敗する。
1463	寛正	4	4-15 河内嶽山城が落ち，畠山義就が紀伊にはいる。6-21 粉河寺の合戦で義就方が敗北する。8-6 義就が北山に没落する。
1467	文正	2	1-1 畠山義就の養子政国が熊野の国人を味方につけ，三鍋城(高田土居城)・広城を攻略。年末には政長方が奪回する。
1469	文明	1	10- 応仁の乱の混乱に乗じ，紀伊で後南朝が蜂起する。
1486		18	この年，本願寺蓮如紀伊にくる，冷水道場を開く。
1488	長享	2	4-5 宗祇の北野神社連歌会所奉行就任を祝した連歌会に湯河政春が出席する。
1490	延徳	2	6～7- 畠山義就，政長方の根来寺を攻め，大敗する。
1493	明応	2	閏4-25 畠山政長が河内正覚寺城で自刃。嫡子尚順は紀伊にのがれる。
1498		7	8- 南海地震で紀ノ川河口の紀湊被害大。
1520	永正	17	8- 畠山尚順が湯河光春・野辺慶景らと対立し，紀伊を追放される。
1535	天文	4	6- 雑賀衆300人，惣国の決定により本願寺へはいる。
1539		8	6- 根来衆徒，覚鑁の大師号獲得運動をはじめるが，延暦寺衆徒の反対にあう。
1542		11	3- 畠山稙長，幕府の要請により，紀州の軍勢を率いて河内へ進軍。
1550		19	この年，和歌浦弥勒寺山へ御坊を移す。
1562	永禄	5	3-5 和泉久米田の戦いで根来衆が三好実休を討ちとる。5-20 河内教興寺合戦で畠山軍が大敗し，湯河直光が戦死する。
1563		6	この年，鷺森に御坊を設ける。
1570	元亀	1	8- 織田信長，三好三人衆を攻撃するため摂津に出陣，雑賀・湯河・玉置らも出陣する。
1573	天正	1	7-18 足利義昭，織田信長に追放される。11- 義昭，由良興国寺に移り，1576(天正4)年まで滞在。
1576		4	4- 織田信長，大坂本願寺攻撃。5-3 本願寺方数千挺の鉄砲で逆襲，雑賀孫一，雑賀衆を率いて応戦。7- 木津川口の海戦で雑賀衆，毛利水軍を助ける。
1577		5	2- 信長，雑賀攻めの軍を発す。3-15 鈴木孫一ら雑賀衆降伏。
1580		8	閏3-5 信長，本願寺と和睦。4-9 本願寺法主顕如，鷺森御坊へ移る。1583(天正11)年に和泉貝塚に移る。
1582		10	6- 本能寺の変，信長の死で，鈴木孫一が失脚し，土橋氏が復権する。

1585	天正　13	***3-23*** 秀吉の紀州攻めにより，根来寺炎上。***3-24*** 秀吉，雑賀を攻めるが，雑賀方内部分裂して自滅。籠城して抵抗する太田城を水攻めして降伏させる。***4-*** 太田城を退去した籠城衆は武器を奪われ，指導者は処刑，その首を大坂天王寺にさらされる。
1586	14	***8-*** 熊野地方に一揆おこり鎮圧される。その後，桑山重晴が和歌山，杉若無心が田辺，堀内氏善が新宮へ代官としてはいる。
1587	15	この年，橋本町，塩市の特権を秀吉が認める。
1590	18	この年，小田原攻めに熊野の船団が秀吉の水軍に加わり出陣する。
1591	19	この年，高野山寺領１万石・応其領1000石の秀吉朱印状が給される。翌年大政所追善に１万石寄進，２万1000石の寺領が確定する。
1592 〜97	文禄１〜 慶長２	文禄・慶長の役がおこり，桑山・杉若・堀内らにも出陣命令下る。紀州水軍，名護屋・壱岐間の輸送にたずさわる。朝鮮に進み，藤堂高虎の配下にはいるが，巨済島の海戦に敗北。
1598	3	この年，山地郷で再び一揆発生，増田長盛に鎮圧される。
1600	5	***10-*** 浅野幸長，甲斐国から紀伊国へ入国，37万石余を領す。譜代の浅野左衛門佐が田辺，浅野右近大夫が新宮へ配される。
1601	6	***6〜10-*** 領内の総検地と家改めが実施される。
1604	9	***7-*** 浅野氏，江戸城改修のため石材運搬用の石船393艘を富田川・安宅川・古座川・太田川・新宮川の川筋に割り当てる。
1606	11	この年，和歌山城下にキリシタン教会と病院がたち，フランシスコ会の宣教師による布教がはじまる。
1611	16	***8-***「加太浦より錦浦迄加子米究帳」に紀伊国87カ浦が記される。
1614	19	***11-*** 大坂冬の陣と呼応し新宮川筋・北山郷の土豪らが一揆をおこし，新宮城を攻撃するが敗北，鎮圧される。
1619	元和　5	***7-*** 徳川頼宣駿府より入国，紀勢両国で55万5000石余を領す。「元和五年御切米帳簿」によると，家臣2538人・諸士729人とある。付家老安藤直次が田辺，水野重央が新宮へ配される。この年，堺の商人が，紀州富田浦で250石積みの廻船を借り，大坂から江戸へ荷物を運ぶ(菱垣廻船の発祥)。
1620	6	***9-*** 和歌浦雑賀山に東照宮の建立がはじまり，翌７年11月竣工。
1623	9	***12-*** 田辺湾綱不知で大小308頭の鯨が捕獲される。
1615 〜24	元和年間	加太浦の大甫七十郎が上総矢の浦でイワシ網をはじめ，湯浅浦貝柄助右衛門・栖原浦四平次らが上総に八手網を伝える。
1633	寛永　10	この年，塩津浦の漁民が備中真鍋島のタイ網漁場に入漁する。
1638	15	このころ『毛吹草』に紀州の名物としてミカンがあげられ，大坂・伏見へ有田郡からミカンが送られている。江戸へは1634(寛永11)年に400籠，1635(同12)年に2000籠が送られる。
1640	17	***11-*** 和歌山城下に東町奉行・西町奉行がおかれ町方を統治す。城下町は町・湊に分かれ，町会所は雑賀町，湊会所は久保丁におく。
1645	正保　2	***9-*** 農村を対象とした最初の総合法をだす。以後長く農村支配の基本法となる。
1656	明暦　2	この年，広浦の崎山次郎右衛門，下総飯沼村に出漁し，外川浦を開く。有田郡で農民が10組のミカン組株を編成，江戸でも７軒のミカン問屋が定められ出荷体制が確立する。1687(貞享４)年には有田郡９組・海

			士郡4組の組株，江戸問屋9軒となる。
1660	万治	3	この年，「総改め」があり，村では本役・半役・無役が使用され，慶長期以来の役負担が変化する。
1661	寛文	1	閏8月の「指上ヶ申五嶋行突羽指共之口書」に寛永期から三輪崎浦の羽指・加子27人，宇久井浦の羽指5人が，五島列島の鯨船に雇われていることが記されている。
1664		4	***2*-** 徳川光貞の弟頼純に幕府領の伊予西条3万石をあたえ，紀州藩の支藩とする。この年，伊都郡学文路村の大畑才蔵，郡奉行所の役人になる。1694(元禄9)年地方手代に取り立てられる。
1666		6	この年，徳川頼宣，長保寺を菩提所に定め，仏殿一宇を建立する。
1667		7	この年，薗29艘・御坊17艘・名屋16艘で日高廻船集団を形成。
1675	延宝	3	***12*-** 太地浦庄屋角右衛門が中心となり，浦神・下里・森浦・勝浦・宇久井・三輪崎・太地の6人の庄屋とで突取法の定書を決め，漁場の争いを防ぐ。
1677		5	***10*-** 徳川光貞，35カ条の定と7カ条の覚からなる総合的な農村法を定める。
1690	元禄	3	この年，那賀郡溝口村の井沢弥惣兵衛，藩勘定方に出仕，以後土木事業に従事する。榊原篁州，明律の注釈書(大明律例諺解)を作成する。
1691		4	この年，将軍綱吉の息女鶴姫，3代藩主綱紀の正室に輿入れ，普請など膨大な支出があり藩財政が苦しくなる。
1692		5	***7*-** 高野山内での学侶方・行人方の対立を鎮圧のため，幕府の上使が50人を率いて入山，紀州藩も出兵する。
1697		10	この年，新田畑改めと本田畑地詰検地条目を定める。大庄屋が組内の農民に「郷組一札」を読み聞かせる制度を定める。
1705	宝永	2	この年，綱紀在位8年で死去，2カ月後隠居中の父光貞死去，その翌月4代藩主頼職も死去。頼方5代藩主となり，吉宗とよぶ。
1707		4	この年，大畑才蔵，小田井の開削に着手，1729(享保14)年に竣工，全長33km。
1713	正徳	3	この年，湊寄合橋西詰に講釈所を竣工，祇園南海の『湊講館覚』によると毎月6回の論語の解釈を開講した。
1719	享保	4	この年，「日方組大指出帳写」は，手工業(漆器)の在町黒江村の人口3660人(男2300人・女1360人)と記す。住み込み奉公人は正確に把握できず。
1720		5	この年，戸谷新左衛門，幕府に越訴した罪で高野山で石籠詰めの極刑になったと伝えられる。
1722		7	この年，井沢弥惣兵衛，将軍吉宗に召されて幕府勘定方に任用される。勘定吟味役として天領の大規模開発に従事する。
1730		15	この年，和歌山城下湊紺屋町1丁目の御材木蔵敷地内に御仕入方役所をおく。
1732		17	この年，幕府の命で植村佐平次が薬草を採るため，熊野地方の山中にはいる。田辺安藤氏大坂に蔵屋敷を設け，大坂商人との結びつきを強める。
1736	元文	1	この年，将軍吉宗，三山修理料として3000両を寄進する。
1753	宝暦	3	この年，御仕入方役所，佐八役所・天川役所と合併。

1760	宝暦	10	この年，黒江・日方折敷屋の32軒が藩に冥加金150両を納めて株仲間を結成する。
1767	明和	4	この年，新宮水野氏，木材・熊野炭を江戸市場に直送するため550石積み・12人乗りの大型廻船３艘を建造する。
1776	安永	5	この年，高野山寺領内で年貢・夫役の減免を求めて大規模な一揆が発生。高野山側は紀州藩に救援を求めるが，藩主治貞は兵を送らず。評定所で月３日の儒学の講釈を実施し，家臣には勤務を終えてからの受講を命じる。
1786	天明	6	春，蘆雪は無量寺の愚海和尚に連れられ熊野地方に来訪，翌年２月まで滞在し，成就寺・無量寺・草堂寺・高山寺に障壁画を描く。*12-* 田辺町方で打ちこわし発生。翌1787(天明７)年和歌山・粉河でも打ちこわしおこる。
1787		7	この年，藩財政たて直しのため，家臣から６年間の半知借りあげ(50%削減)を実施する。松坂の本居宣長，『玉くしげ』を藩主治貞に献上する。
1791	寛政	3	*2-* 徳川治宝，藩校を設立，講堂に学習館の扁額を掲げる。学習御試規則を制定。また農民の作間稼ぎや奉公稼ぎによる移住を制限し，造酒・米搗・質・絞油業の認可は30石以上とする(従来は15石)。*3-26* 大嶋樫野崎沖に２艘のアメリカ船(レディ・ワシントン号とグレース号)来航，島民驚く。紀州藩は目付などを現地へむかわせたが，２艘は出航していた。
1792		4	この年，医学館を設立(1869〈明治２〉年の藩政改革により医学館廃止)。天保年間(1830〜44)に施薬局を設ける。
1795		7	*1-* 口六郡両熊野から城下町へくるのを「出町」といったが「出府」とよび改める。
1799		11	*12-* 信濃国高遠の兵学者坂本天山，宇久井浦の廻船で熊野を訪れ，「南紀遊嚢」を記す。
1804	文化	1	この年，華岡青洲が通仙散を用い全身麻酔による乳ガンの手術に成功する。
1806		3	*2-* 徳川治宝，経済政策にあかるい堀江平蔵を藩の御用御取次に任用し，藩政改革に着手させる。*8-* 儒官仁井田好古ら『紀伊続風土記』の編さんを命じられる。
1807		4	*4-* 海士・有田・日高３郡の代官宛てにロシア船渡来に警戒令を廻達する。
1808		5	*11-*「進達書」によると，御用材の取扱いは，佐八役所は1657(明暦３)年，天川役所は1699(元禄11)年と記す。
1823	文政	6	４月から50日雨降らず紀ノ川筋大旱魃。*5-27* 宮郷の農民水争い。*5-28* 亀池かかりの布引村・内原村の農民蜂起。*5-29* 山口村〜加太浦でも蜂起。*6-8* 橋本御仕入方の設置に反対し伊都郡名倉村米捌き役人・米屋，加担する村役人が襲われる。*6-11* 岩出郷番所襲撃後和歌山城下へせまるが地蔵辻藩の役人に説諭されて，自村へ引きあげる。２日後首謀者が逮捕され，27日八軒屋で処刑される。徳川治宝，責任をとり西浜御殿へ隠居する。
1827		10	この年，崎山利兵衛，有田郡上中野男山に窯を開く。

1828	文政	11	この年，江戸紀州藩邸に三山貸付所を開き，有力大名・大商人などに貸しつける。三山社家が経営にあたる。
1836	天保	7	*2-* 仁井田好古，「富国の儀に付存念書」を発表，紀州藩の「国益」増進策を主張する。*12-* 三山貸付所大坂出張所を今宮戎神社内に設置する。
1846	弘化	3	*7-* 和歌山城天守閣に落雷，炎上する。
1850	嘉永	3	*6-* 4年ぶりに天守閣が再建される(1945〈昭和20〉年7月9日夜の米軍空襲により焼失)。
1852		5	*9-* 山中筑後守，*11-* 徳川治宝が死去し，西浜御殿を中心に権勢をふるった一派が藩政から一掃される。
1853		6	*6-* ペリー来航に伴い，紀州藩でも浦組の整備を急ぐ。*12-* 安藤・水野両氏は海防費の捻出のため，上ヶ知の返還を行う。
1854		7	*6-11* 大地震あり，紀州沿岸を大津波が襲う。
1855	安政	2	*1-* 仁井田源一郎，海防に関する意見書を求められ，藩に「海防雑策」を答申する。*2-* 幕府勘定奉行石河土佐守ら一行，海防巡見のため加太浦を訪れる。*4-* 水野忠央，自領の飛地を奥熊野のうちの本藩領の一部と交換しようとしたが，本宮・木本組など本藩領の農民が猛反対をする(村替え騒動)。*6-* 安藤氏，田辺与力に17カ条の訓令を発し，自身の家臣団への組みいれをはかるが，与力衆22家は承服せず田辺を離れる。1863(文久3)年4月ようやく切米40石で松坂城番に救済される(新宮与力は藩の方針にしたがった)。
1856		3	*9-* 新宮水野氏，洋式帆船の建造の計画を発表。新宮船町の川原に造船場をつくり，鍛冶仲間36人を集めて作業にはいる。1858(文政5)年9月，「一之丹鶴丸」建造。
1858		5	この年，14代将軍継承問題で，水野忠央は井伊直弼と結んで紀州藩主徳川慶福を将軍に推す。
1860	万延	1	*3-* 桜田門外の変で井伊直弼が殺害され，水野忠央も失脚。新宮へ身をひく。
1861	文久	1	この年，藩勘定方島田善次が「愚意存念書」を発表し，在町の「勝手売り」による経済循環構造の形成を主張する。
1863		3	*8-* 天誅組が大和五条で挙兵，紀州藩も彦根藩・津藩などとともに鎮圧のために出兵，敗北して追われた残党は十津川から紀州領へ脱出，日高郡龍神で，出動中の紀州藩陣営に自首して降伏する。
1864	元治	1	*7-* 第一次幕長戦争に出兵。
1865	慶応	1	*4-* 第二次幕長戦争おこる，紀州藩1万1000人派兵。
1866		2	*3-* 学習館を岡山文武場内へ移転し岡山学習館と称す。町人・農民の子弟も試験をうけさせる。
1867		3	*4-* 洋式銃購入と汽船の買い替えに長州にむかった明光丸，土佐藩の伊呂波丸と衝突沈没させ賠償金をとられる。*11-* 和歌山城下で「ええじゃないか」がおこる。
1868		4	*1-8* 鳥羽・伏見の戦いで幕府軍敗走兵，和歌山へ逃走。紀州藩は官民一体による救出作戦を行い，廻船で会津兵など多く運ぶ。*1-14* 安藤・水野両家，それぞれ田辺藩・新宮藩となる。閏*4-15* 藩政改革につき議事局を設置。

1869	明治	2	*1-* 御仕入方は産物方と改称，各郡の民政局が業務を引きつぐ。*2-10* 和歌山藩知事，版籍奉還。*2-15* 津田出，執政に就任。*8-10* 旧高野山寺領を堺県に編入(翌年4月，五条県に編入替え)。*10-15*「交代兵要領」発布。*10-18* プロシア人カッペンを軍事教練教師として雇いいれることを出願。
1870		3	*1-29*「兵賦略則」布達。*8-24* 洋学所開設(共立学舎)。
1871		4	*11-22* 和歌山・田辺・新宮の3県を廃し，和歌山県を設置。
1872		5	*2-* 旧高野山寺領，五条県から和歌山県に編入替え。*5-13* 全県下を7大区61小区とする。*11-* 岩崎嘉兵衛ら，『和歌山県新聞』発刊。
1873		6	*1-4* 始成小学設置。
1874		7	*3-* 議事所設立(翌年8月廃止)。*4-* 紀ノ川に北島橋を架設。
1875		8	*3-*「地租改正ニ付人民心得書」発布。*5-4* 岡山小学を和歌山県師範学校と改称。
1876		9	*5-5* 地租改正に反対し，粉河付近で農民騒動勃発。
1877		10	*9-* 児玉仲児ら，猛山学校を設立。
1878		11	*2-24* 実学社第1回会議を開催。*11-25* 第四十三国立銀行を創業。この年の7月から翌年6月にかけて，コレラ大流行。死者1768人。そのちも，しばしば大流行発生。
1879		12	*1-20* 大区小区制を廃し，1区8郡となる。*3-1* 和歌山中学校創立。*4-* はじめて県会議員選挙を執行。
1880		13	*3-16* 児玉仲児ら，「国会開設建議書」を太政大臣に提出。
1881		14	*12-* 木国同友会設立。この年の春，J・B・ヘール，伝導で和歌山来訪。
1882		15	*11-7* 和歌山の製材所木挽工300人罷業。
1883		16	この年，紀北地方で大旱害。
1886		19	*10-24* 英国汽船ノルマントン号，西牟婁郡大島付近で沈没。
1887		20	*12-* 和歌山紡績株式会社設立(明治22年7月操業開始)。
1888		21	この年，日高郡三尾村工野儀兵衛，カナダへ渡航。
1889		22	*4-1* 市制町村制の施行により，和歌山区を和歌山市とし，1市228町村1組合となる。*8-19* 県下一円で大洪水，死者1400人以上。
1890		23	*7-1* 第1回衆議院議員選挙，全選挙区とも陸奥派候補が当選。*9-16* トルコ軍艦エルトグルル号，大島沖で遭難。
1891		24	*6-7* 自由党員ら，地価修正問題に関して和歌山市で集会。
1892		25	*8-17*『和歌山新報』発刊。
1893		26	*2-17*『紀伊毎日新聞』発刊。
1894		27	*10-6* 和歌山県五二会本部発足。
1895		28	*5-2* 紀陽貯蓄銀行(紀陽銀行の前身)設立。
1896		29	*4-22* 和歌山電燈株式会社発起。
1897		30	*7-* 和歌山市にはじめて電灯がつく。重砲兵第3聯隊が加太町深山に配置。
1898		31	*5-4* 紀和鉄道，和歌山・舟戸間で営業開始。*10-22* 南海鉄道，難波・和歌山北口間開通。*11-* 和歌山市で公娼設置反対運動おこる。
1899		32	*7-* 加太・友ヶ島一帯，要塞地帯に編入。
1900		33	*2-* 紀州綿布精工株式会社(のち，第一綿ネル株式会社と改称)設立。

			4-22 毛利柴庵ら,『牟婁新報』を創刊。*11-25* 紀和鉄道,五条・和歌山間の全線開通。
1901	明治	34	*8-* 物産陳列場を和歌山城内に開設。
1903		36	*3-21* 南海鉄道,難波・和歌山市間の全線開通。*4-25* 和歌山市で電話開通。
1904		37	*8-27* 関西鉄道,紀和鉄道を買収。*10-* 南方熊楠,田辺に来住する。
1905		38	*8-20* 和歌山市で講和問題政談演説会開催。
1906		39	*12-* 県,神社合祀をすすめる。
1907		40	*10-1* 関西鉄道,国有化され,もとの紀和鉄道線は和歌山線となる。
1908		41	*4-* 県立図書館開館。
1909		42	*1-22* 和歌山市内電車,西汀丁・和歌浦間開通。*3-17* 歩兵第61聯隊,和歌山市に衛戍。*9-27* 南方熊楠,神社合祀反対運動をはじめる。
1910		43	*6-5* 大石誠之助ら逮捕(大逆事件)。
1911		44	*8-15* 夏目漱石,和歌山で「現代日本の開化」を講演。
1913	大正	2	*4-6* 加太町青年会,憲政擁護政談演説会開催。
1914		3	*2-6*「三悪税廃止・印紙税改正」の市民大会開催。*11-17* 由良浅次郎,アニリン製造に成功。
1918		7	*8-10* 県下で最初の米騒動,湯浅町で勃発,13〜15日にかけて和歌山市,郡部に波及。*8-13* 騒動鎮圧のため軍隊出動。この年,スペイン風邪,県下でも流行。翌年も流行。
1919		8	*3-* 第41帝国議会で紀勢線敷設可決。
1920		9	*6-21* 和歌山県普選期成同盟会結成。*8-15* 友愛会和歌山支部結成。*10-1* 第1回国勢調査実施,県人口75万411人。
1921		10	*5-1* 国粋会和歌山本部創立。*8-* 全国中等学校野球大会で和歌山中学校が優勝,翌年も連続優勝を達成。
1922		11	*10-21* 和歌山高等商業学校創立。
1923		12	*5-17* 和歌山県水平社創立。
1924		13	*2-28* 紀勢西線,和歌山・箕島間開通。*5-1* 県下初のメーデー挙行,約400人集合。
1925		14	*4-1* 和歌山市とその周辺,都市計画地域に指定。
1926		15	*4-24* 阪和電気鉄道株式会社設立。*11-26* 高野山金堂,全焼。
1927	昭和	2	*4-21* 金融恐慌勃発,県下の諸銀行で取付け頻発。*9-30* はじめて普通選挙による県会議員選挙を実施。
1928		3	*4-16* 県会議員ら国粋会員に殺傷される(三番丁事件)。
1929		4	この年末,日高郡湯川村・藤田村などで,小作争議勃発(御坊争議)。
1930		5	*6-16* 阪和電気鉄道,東和歌山・天王寺間の全線開通。*8-25* 四十三銀行,三十四銀行・紀陽銀行など6行に分割買収される。
1931		6	*1-8* 和歌山市会,内務大臣から解散を命じられる。
1932		7	*9-21* 救農県会開催。*11-8* 紀勢西線,田辺まで開通。
1934		9	*9-21* 室戸台風来襲,死者465人。
1936		11	*2-1* 熊野地方,吉野熊野国立公園に指定される。
1937		12	*4-* 歩兵第61聯隊が満州へ出動。
1938		13	*8-* 丸善石油下津製油所,操業開始,紀北湾岸地域への工場進出の最

			初。
1940	昭和	15	*12-27* 大政翼賛会和歌山県支部，発足。
1941		16	*4-1* 国民学校，発足。*12-8* 太平洋戦争はじまる。
1942		17	*4-11* 住友金属工業株式会社の和歌山製鉄所開設。
1944		19	*6-* 県下の中学生らの工場勤労動員が本格化。*12-7* 東南海大地震。
1945		20	*7-9* 和歌山市大空襲，死者1101人。*8-15* 終戦。*9-25* アメリカ軍，和歌山市に上陸開始。*9-* 占領軍による和歌山軍政部設置。
1946		21	*2-22* 田辺港，引揚受入港となる。*12-21* 南海道大地震。
1947		22	*4-15* 小野真次，初の民選知事に当選。*5-3* 新制中学校発足。
1948		23	*4-* 県立医科大学設置。*5-10* 県立高校21校が開校。*11-1* 教育委員会発足。
1949		24	*5-31* 和歌山大学設置。*10-31* 和歌山民事部(元和歌山軍政部)閉鎖。
1950		25	*5-18* 和歌浦・友ヶ島地区，瀬戸内海国立公園に編入。*9-3* ジェーン台風来襲。*11-1* 和歌山商工会議所発足。
1952		27	*4-* 吉野熊野地方総合開発審議会結成。
1953		28	*7-18* 大水害おこり，全県下に災害救助法を発動(7・18 水害)。*12-26* 和歌山県町村合併促進審議会条例公布，「昭和の大合併」はじまる。
1956		31	*10-5* 吉野熊野特定地域総合開発計画，閣議決定。
1958		33	*8-15* 勤務評定反対・民主教育をまもる国民中央大会開催，デモ行進，流血の惨事となる。*10-1* 和歌山城再建。
1959		34	*4-1* 和歌山放送開始。*7-25* 紀勢線，和歌山・亀山間で全線開通。
1960		35	*6-18* 安保批准阻止県民大会開催。
1961		36	*3-15* 住友金属和歌山工場，第1号高炉火入れ式挙行(順次，第5号高炉まで建設)。*9-16* 第2室戸台風来襲。
1962		37	*4-7* 日本初の水中翼船，阪神・白浜間に就航。
1964		39	*4-1* 和歌山工業高等専門学校創立。
1965		40	*3-1* 紀勢本線に特急「くろしお」号新設。
1966		41	*8-* 近畿圏整備法による和歌山都市開発区域建設計画が決定。*10-* 公害防止条例制定。
1968		43	*4-2* 南紀白浜空港完成。白浜・東京間に定期航空路開設。
1969		44	*12-6* 吉備町同和地区連絡協議会作成の「ドーン計画」，町議会請願採択。
1970		45	*9-17* 和歌山県公害白書発表。
1971		46	*3-31* 南海電鉄，和歌山市内軌道線廃止。*9-5* 黒潮国体開催。
1972		47	*7-14* 和歌山県自然環境保全条例公布。
1974		49	*3-10* 小野田寛郎元少尉，ルバング島で救出。*4-1* テレビ和歌山開局。*10-25* 阪和自動車道開通(県下で最初の高速道路)。
1976		51	*6-28* 運輸省，関西新空港についての説明会を和歌山市で開催。
1977		52	*6-15* 有田市でコレラ禍。
1978		53	*1-26* 紀州漆器，「伝統工芸品」に内定。*10-2* 紀勢線，電化完成。
1980		55	*7-20* 高野龍神スカイライン開通。
1981		56	*2-* 日高町小浦地区で原子力発電所建設の事前調査開始。
1982		57	*7-* 県議会，関西新空港推進要望を決議。

1984	昭和	59	*1-20* 関西電力御坊火力発電所第1号ボイラー火入れ式。
1985		60	*9-1* 和歌山大学の統合移転はじまる(和歌山市栄谷)。
1986		61	*1-* 住友金属和歌山製鉄所の合理化計画発表。*3-24* 半島振興法の適用地域指定(和歌山市を除く県下49市町村)。
1987		62	*1-22*「天神崎の自然を大切にする会」がナショナル・トラスト第1号に認定される。*11-7*「和歌山マリーナシティ」構想発表。
1988		63	*5-8* 和歌山県,「紀の国・黒潮リゾート構想(仮称)」をまとめる。
1990	平成	2	*6-* 中上健次ら,新宮で「熊野大学」はじめる。*8-18*「古道ピア」開幕。
1991		3	*11-21* 南方熊楠賞,第1回授賞式(バーバラ・ルーシュ)。
1992		4	*10-30*「田辺湾総合リゾート開発計画」挫折。
1993		5	*2-5*「全国木炭サミット」開催(南部川村)。
1994		6	*7-16*「世界リゾート博」開催。*9-14* 関西新空港開港に伴い,和歌山バス,関空リムジンバス運行。
1995		7	*1-17* 阪神・淡路大震災,和歌山市で震度4。
1996		8	*3-9* 南紀白浜空港,ジェット化開港。
1997		9	*4-1* 和歌山市,「中核都市」へ移行。
1999		11	*4-29*「南紀熊野体験博」開催。*9-1* 住友金属,和歌山製鉄所の「経営改革プラン」発表。
2000		12	*11-*「紀伊山地の霊場と参詣道」を世界文化遺産の暫定リストに追加登録。
2003		15	*1-16*「紀伊山地の霊場と参詣道」を世界文化遺産に登録することをユネスコに推薦。
2004		16	*7-1* 第28回世界遺産委員会が「紀伊山地の霊場と参詣道」を世界文化遺産に登録することを決定。

■ 沿革表

1. 国・郡沿革表

（2014年8月現在）

国名	延喜式 和名抄	吾妻鏡 その他	郡名考・ 天保郷帳	郡区編制	現在 郡	現在 市
紀伊	牟《む》婁《ろ》	牟婁 室	牟《む》婁《ろ》	北牟婁	北牟婁郡	尾鷲市（三重県）
				南牟婁	南牟婁郡	熊野市（三重県）
				東牟婁	東牟婁郡	新宮市
				西牟婁	西牟婁郡	田辺市
	日《ひ》高《だか》	日高	日《ひ》高《だか》	日高	日《ひ》高《だか》郡	御坊市
	在《あり》田《だ》	在田 有田	在《あり》田《だ》	有田	有《あり》田《だ》郡	有田市
	海《あ》部《ま》	海部 海士	海《あ》部《ま》	海部	海《かい》草《そう》郡	和歌山市・海南市
	名《な》草《くさ》	名草	名《な》草《ぐさ》	名草		
	那《な》賀《が》	那賀	那《な》賀《が》	那賀	那《な》賀《が》郡	和歌山市
	伊《い》都《と》	伊都	伊《い》都《と》	伊都	伊都郡	橋本市

2. 市・郡沿革表

（2014年8月現在）

和歌山《わかやま》市

明治22年4月1日　市制施行
大正10年11月1日　海草郡湊《みなと》村の一部を編入
昭和2年4月1日　海草郡雑賀《さいか》村を編入
昭和2年11月1日　海草郡宮《みや》村を編入
昭和8年6月1日　海草郡和歌浦《わかうら》町（明治32年3月16日，町制施行）・鳴神《なるかみ》村・四箇郷《しかごう》村・中之島《なかのしま》村・岡町《おかまち》村・雑賀崎《さいかざき》村・宮前《みやまえ》村を編入
昭和15年4月1日　海草郡紀三井寺《きみいでら》町（昭和10年2月11日，町制施行）・湊村・野崎《のざき》村・三《さん》田《だ》村を編入
昭和17年7月1日　海草郡松江《まつえ》村・木ノ本《きのもと》村・貴志《きし》村・楠見《くすみ》村を編入

昭和30年１月１日　海草郡西和佐《にしわさ》村・岡崎《おかざき》村を編入
昭和31年９月１日　海草郡西脇《にしわき》町(昭和29年１月１日，西脇野《にしわきの》村を改称，町制施行)・安原《やすはら》村・西山東《にしさんどう》村・東《ひがし》山東村・和佐村を編入
昭和33年４月１日　海草郡有功《いさお》村・直川《のうがわ》村・川永《かわなが》村，那賀郡小倉《おぐら》村(上三毛《かみみけ》の一部，山崎をのぞく)を編入
昭和33年７月１日　海草郡加太《かだ》町(明治32年４月１日，町制施行)を編入
昭和34年１月１日　海草郡山口村を編入
昭和34年４月１日　海草郡紀伊村を編入

海《かい》南《なん》市

昭和９年５月１日　海草郡黒江《くろえ》町(明治29年７月７日，町制施行)・日方《ひかた》町(明治29年４月１日，町制施行)・内海《うつみ》町(大正10年２月11日，町制施行)・大野《おおの》村合併，市制施行
昭和30年４月10日　海草郡北野上《きたのかみ》村・中野《なか》上村・南《みなみ》野上村・亀川《かめがわ》村・巽《たつみ》村を編入
平成17年４月１日　海草郡下津《しもつ》町(昭和13年６月１日，海草郡浜中《はまなか》村を改称，町制施行，昭和30年２月１日　海草郡下津村・大崎《おおさき》町〈昭和28年２月１日，町制施行〉・塩津《しおつ》村・加茂《かも》村・仁義《じんぎ》村合併)を合体

橋《はし》本《もと》市

明治27年５月10日　町制施行
昭和30年１月１日　伊都郡橋本町・岸上《きしかみ》村・山田《やまだ》村・紀見《きみ》村・隅田《すだ》村(昭和29年８月１日，隅田村・恋野《こいの》村合併)・学文路《かむろ》村合併，市制施行
平成18年３月１日　伊都郡高野口《こうやぐち》町(明治43年９月１日，名倉《なぐら》村を改称，町制施行，昭和30年４月15日，伊都郡高野口町・信太《しのだ》村・応其《おうご》村〈昭和27年１月１日，端場《はば》村編入〉合併)を合体

有《あり》田《だ》市

昭和29年９月19日　有田郡箕島《みのしま》町(明治34年３月16日，宮崎村を改称，町制施行)・保田《やすだ》村・宮原《みやはら》村・糸我《いとが》村合併，有田町となる
昭和31年５月１日　市制施行
昭和37年８月１日　初島《はつしま》町(昭和28年１月１日，椒《はじかみ》村を改称，町制施行)を編入

御《ご》坊《ぼう》市

明治30年２月１日　町制施行
昭和29年４月１日　日高郡御坊《ごぼう》町・湯川《ゆかわ》村・藤田《ふじた》村・野口《のぐち》村・名田《なだ》町・塩屋《しおや》村合併，市制施行
昭和34年４月１日　日高郡印南《いなみ》町明神川《みょうじんがわ》を編入
昭和53年11月１日　日高郡日高町(荊木《いばらき》)の一部を編入

田《た》辺《なべ》市

明治22年４月１日　町制施行
大正13年７月１日　湊村・西ノ谷村を編入

昭和17年５月20日　西牟婁郡田辺町・下芳養《しもはや》村合併，市制施行
昭和25年12月15日　西牟婁郡万呂《まろ》村・下秋津《しもあきづ》村・稲成《いなり》村を編入
昭和29年２月４日　西牟婁郡新庄《しんじょう》村を編入
昭和30年３月15日　西牟婁郡西富田《にしとんだ》村を編入
昭和33年７月１日　田辺市堅田《かたた》町・才野《さいの》町(旧西富田村)を白浜《しらはま》町に分離
昭和39年10月15日　西牟婁郡牟婁町(昭和31年９月30日，西牟婁郡中《なか》芳養村・上《かみ》芳養村・三栖《みす》村・秋津川村・上秋津川村・長野《ながの》村が合併，町制施行)を編入
平成17年５月１日　日高郡龍神《りゅうじん》村(明治22年４月１日，村制施行，昭和30年３月１日，日高郡龍神村・上山路《かみさんじ》村・中《なか》山路村・下《しも》山路村合併)，西牟婁郡中辺路《なかへち》町(昭和31年９月30日，西牟婁郡二川《ふたがわ》村・近野《ちかの》村・栗栖川《くりすがわ》村〈昭和31年９月30日，富里《とみさと》村の一部を編入〉合併，町制施行)・大塔《おおとう》村(昭和31年９月30日，西牟婁郡三川《みかわ》村〈大正4年４月１日，豊原《とよはら》村を編入〉と富里村・鮎川《あゆかわ》村の一部が合併)，東牟婁郡本宮《ほんぐう》町(昭和31年９月30日，東牟婁郡請川《うけかわ》村・三里《みさと》村・本宮村・四村《よむら》・敷屋《しきや》村〈高山《たかやま》・小《こ》津荷《つが》〉の一部が合併，町制施行)を合体

新宮《しんぐう》市

明治22年４月１日　町制施行
昭和８年10月１日　東牟婁郡新宮町・三輪崎《みわさき》町(明治40年６月１日，町制施行)合併，市制施行
昭和31年９月30日　東牟婁郡高田《たかた》村を編入
平成17年10月１日　東牟婁郡熊野川《くまのがわ》町(昭和31年９月30日，東牟婁郡三津ノ《みつの》村・小口《こぐち》村・九重《くじゅう》村・玉置口《たまきぐち》村・敷屋《しきや》村〈東屋敷・西屋敷・篠尾《ささび》〉の一部が合併，町制施行)を合体

紀の川《きのかわし》市

平成17年11月７日　那賀郡打田《うちた》町(昭和31年３月31日，那賀郡池田《いけだ》村・田中《たなか》村合併，町制施行)・粉河《こかわ》町(明治27年５月10日，町制施行，昭和30年４月１日，那賀郡粉河町・長田《ながた》村・龍門《りゅうもん》村・川原《かわはら》村合併，昭和30年７月１日，那賀郡王子《おうじ》村〈井田《いだ》・東《ひがし》野《の》〉の一部を編入，昭和31年９月30日，那賀郡鞆淵《ともぶち》村を編入)・那賀《なが》町(昭和30年７月１日，那賀郡名手《なて》町〈大正３年４月10日，町制施行〉・王子村〈井田・東野をのぞく〉・狩宿《かりしゅく》村・上《かみ》名手村・麻生津《おうづ》村合併，町制施行)・桃山《ももやま》町(昭和31年８月１日，那賀郡安楽川《あらかわ》町〈昭和28年１月１日，町制施行〉・奥安楽川村・調月《つかつき》村合併，町制施行，昭和32年８月１日，那賀郡細野《ほその》村〈垣内《かいと》・峯《みね》・中畑《なかはた》・根来窪《ねごろくぼ》〉の一部を編入)・貴志川《きしがわ》町(昭和30年３月31日，那賀郡 東貴志《ひがしきし》村・中貴志村・西貴志村・丸栖《まるす》村合併，町制施行)を合体，市制施行

岩出《いわでし》市

平成18年４月１日　那賀郡岩出町(明治41年８月１日，町制施行，昭和31年９月30日，那賀郡岩出町・山崎《やまさき》村・根来村・上岩出村・小倉村〈山崎・上三毛の一部〉の一部合併)市制施行

海《かい》草《そう》郡

紀美野町《きみのちょう》　平成18年1月1日　海草郡野上《のかみ》町(昭和2年1月1日，東《ひがし》野上村を改称，町制施行，東野上町となる，昭和30年4月1日，海草郡東野上町に志賀野《しがの》村を編入，野上町と改称，昭和30年4月16日，海草郡小川《おがわ》村を編入)・美里《みさと》町(昭和30年6月1日，海草郡下神野《しもこうの》村・上《かみ》神野村・国吉《くによし》村〈昭和26年10月1日，猿川《さるかわ》村を改称〉・長谷毛原《はせけばら》村・真国《まくに》村合併，町制施行，美里《みさと》町となる，昭和32年8月1日，細野村円明寺《えんみょうじ》・勝谷《かちや》・四郷《よごう》を編入)を合体，町制施行

伊《い》都《と》郡

かつらぎ町《ちょう》　昭和33年7月1日　伊都郡伊都町(昭和30年3月31日，伊都郡笠田《かせだ》町〈大正9年6月1日，町制施行〉・大谷《おおたに》村・四郷《しごう》村合併)・妙寺《みょうじ》町(明治43年9月1日，町制施行)・見好《みよし》村(昭和30年3月1日，見好村・天野《あまの》村合併)合併，町制施行

平成17年10月1日　伊都郡花園《はなその》村(明治22年4月1日，村制施行)を編入

九度山町《くどやまちょう》　明治43年9月1日　町制施行

昭和30年3月31日　伊都郡九度山町・河根《かね》村合併

高野町《こうやちょう》　昭和3年11月1日　町制施行

昭和33年6月1日　伊都郡富貴《ふき》村を編入

有《あり》田《だ》郡

湯浅町《ゆあさちょう》　明治29年6月22日　町制施行

昭和31年3月31日　有田郡田栖川《たすがわ》村を編入

広川町《ひろがわちょう》　昭和30年4月1日　有田郡広《ひろ》町(昭和25年10月1日，町制施行)・南広《みなみひろ》村・津《つ》木《ぎ》村合併，町制施行

有田川町《ありだがわちょう》　平成18年1月1日　有田郡吉備《きび》町(昭和30年4月16日，有田郡藤並《ふじなみ》村・田殿《たどの》村・御霊《ごりょう》村合併，町制施行)・金屋《かなや》町(昭和30年4月1日，有田郡鳥《と》屋城《やじょう》村〈同日，生石《うぶいし》村を編入〉・石垣《いしがき》村・五西月《さしき》村合併，町制施行，昭和34年4月1日，有田郡岩倉《いわくら》村〈岩野川《いわのがわ》・川口《かわぐち》・谷《たに》・立石《たていし》〉の一部を編入)・清水《しみず》町(昭和30年5月10日，有田郡城山《しろやま》村・八幡《やはた》村・安諦《あで》村合併，町制施行，昭和34年1月1日，有田郡五村《ごむら》・岩倉村〈粟生《あお》〉の一部を編入)を合体，町制施行

日《ひ》高《だか》郡

美浜町《みはまちょう》　昭和29年10月1日　日高郡松原《まつばら》村・和田《わだ》村・三尾《みお》村合併，町制施行

日高町《ひだかちょう》　昭和29年10月1日　日高郡内原《うちはら》村(昭和16年8月1日，東内原村・西内原村合併)・志賀《しが》村・比井崎《ひいざき》村合併，町制施行

由良町《ゆらちょう》　昭和22年10月15日　町制施行

昭和30年1月1日　日高郡由良町・白崎《しらさき》村・衣奈《えな》村合併

印南町《いなみちょう》　明治33年4月16日　町制施行

昭和31年9月30日　日高郡印南町・稲原《いなはら》村合併

昭和32年8月1日　印南町・切目川《きりめかわ》村(昭和31年9月30日，切目村・切目川村の一部が合併)・安住《あずみ》村(昭和31年9月30日，真妻《まづま》村・切目川村の一部が合併)合併

昭和34年4月1日　印南町明神川《みょうじんがわ》を御坊《ごぼう》市に分離

みなべ町《ちょう》　平成16年10月1日　日高郡南部川《みなべかわ》村(昭和29年4月1日，日高郡上南部《かみみなべ》村・高《たか》城《ぎ》村・清川《きよかわ》村合併)・南部町(明治30年9月11日，町制施行，昭和29年4月1日，日高郡岩代《いわしろ》村を編入)を合体，町制施行

日高川町《ひだかがわちょう》　平成17年5月1日　日高郡川辺《かわべ》町(昭和30年1月1日，日高郡丹生《にう》村・矢田《やた》村・早蘇《はやそ》村合併，町制施行，昭和37年4月1日，日高郡中津《なかつ》村〈藤野川〉の一部を編入)・中津村(昭和31年8月1日，日高郡船着《ふなつき》村・川中《かわなか》村合併，昭和37年4月1日，中津村(藤野川)の一部を川辺町に分離)・美山《みやま》村(昭和31年3月31日，日高郡川上《かわかみ》村・寒川《そうがわ》村合併)を合体，町制施行

西牟婁《にしむろ》郡

白浜町《しらはまちょう》　昭和15年3月1日　瀬戸鉛山《せとかなやま》村を改称，町制施行

昭和30年3月15日　西牟婁郡南富田《みなみとんだ》村を編入

昭和33年7月1日　西牟婁郡富田村(昭和31年9月30日，東富田村・北富田村合併)，田辺市堅田《かたた》町・才野《さいの》町(旧西富田村)を編入

平成18年3月1日　西牟婁郡日置川《ひきがわ》町(昭和31年7月1日，西牟婁郡日置《ひき》町〈大正13年2月11日，町制施行〉・三舞《みまい》村・川添《かわぞえ》村合併)を合体

上富田町《かみとんだちょう》　昭和33年3月31日　西牟婁郡富田川《とんだがわ》町(昭和31年9月30日，生馬《いくま》村・朝来《あっそ》村合併，町制施行)・上富田町(昭和31年9月30日，岩田《いわだ》村・市之瀬《いちのせ》村〈同日，鮎川村の一部を編入〉合併，町制施行)合併

すさみ町《ちょう》　昭和30年3月31日　西牟婁郡周参見《すさみ》町(大正13年2月11日，町制施行。昭和30年3月31日，三舞《みまい》村の一部を編入)・佐本《さもと》村・大都河《おおつが》村合併

昭和31年4月1日　大滝を江住《えすみ》村に分離

昭和34年3月25日　西牟婁郡江住村を編入

東牟婁《ひがしむろ》郡

那智勝浦町《なちかつうらちょう》　昭和30年4月1日　東牟婁郡那智町(昭和9年8月1日，町制施行)・勝浦町(明治41年5月1日，町制施行)・色川《いろかわ》村・宇久井《うぐい》村合併

昭和35年1月11日　東牟婁郡下里《しもさと》町(大正14年4月1日，町制施行)・太田《おおた》村(昭和18年2月11日，上太田村・下太田村合併)を編入

太地町《たいじちょう》　大正14年4月1日　町制施行

古座川町《こざかわちょう》　昭和31年3月31日　東牟婁郡高池《たかいけ》町(明治33年12月17日，町制施行)・明神《みょうじん》村・三尾川《みとがわ》村・小川《こがわ》村・七川《しちかわ》村合併

串本町《くしもとちょう》　明治30年11月12日　町制施行

大正13年6月30日　西牟婁郡富二橋《ふじばし》村を編入

昭和30年7月2日　西牟婁郡串本町・潮岬《しおのみさき》村・有田《ありだ》村・田並《たなみ》村・和深《わぶか》村合併

昭和33年1月15日　東牟婁郡大島《おおしま》村を編入

平成16年10月1日　日高郡南部川村《みなべがわ》(昭和29年4月1日，日高郡上南部《かみみなべ》村・高城《たかぎ》村・清川《きよかわ》村合併)・南部《みなべ》町(明治30年9月11日，町制施行，昭和29年4月1日，日高郡岩代村を編入)を編入

平成17年4月1日　東牟婁郡古座《こざ》町(明治34年3月20日，町制施行，昭和31年3月30日，東牟婁郡古座町・西向《にしむかい》町〈昭和10年6月1日，町制施行〉・田原《たわら》村合併)を合体し，郡の区域変更，東牟婁郡のうちとなる

北山村《きたやまむら》　明治22年4月1日　村制施行

■ 祭礼・行事

（2014年８月現在）

〔１月〕

1　**色川《いろかわ》の万歳楽《まんざいらく》**　➡東牟婁《ひがしむろ》郡那智勝浦《なちかつうら》町大野《おおの》・色川神社(JR 紀勢《きせい》本線紀伊《きい》勝浦駅よりバス籠《かご》行大野下車)
元旦の早朝，神社境内《けいだい》で行われる。構成は舞手１人・引手１人・叩き手２人の計４人。川むかいの巨岩に拝礼ののち，引手がうたいはじめ，やがて舞手も引手と同音でうたい舞いはじめる。こののち，色川中学校校庭でお弓神事が行われる。

2～7　**牛王神璽祭《ごおうしんじ》**　➡東牟婁郡那智勝浦町那智山・熊野《くまの》那智大社(JR 紀勢本線紀伊勝浦駅または那智《なち》駅よりバス那智山行神社・お寺前駐車場下車)
１日の迎水神事のおりに汲みあげられた若水を第四殿から取りだして，墨を摺《す》り，版木を用いて200枚の牛王神璽符を刷る。この刷りあげられた熊野牛王を御殿におさめ，７日間古式にのっとった行事を行う。

3　**中南《なかみなみ》のオコナイ**　➡伊都《いと》郡かつらぎ町花園《はなぞの》中南・地蔵寺《じぞうじ》(JR 紀勢本線藤並《ふじなみ》駅より有田《ありだ》鉄道バス梁瀬《やなせ》行終点下車)
版木捺《お》し・弓始めに続いて，本堂で修正会《しゅしょうえ》がはじまる。湯名子《ゆなこ》による初夜《しょや》の舞・読経《どきょう》・神名帳《しんめいちょう》の読み上げ・牛王紙の祈禱《きとう》・大般若経《だいはんにゃきょう》の転読が行われ，最後に全員で般若心経《しんぎょう》をとなえる。

3　**お弓神事**　➡日高《ひだか》郡日高川《ひだかがわ》町皆瀬《かいぜ》・下阿田木《しもあたぎ》神社(JR 紀勢本線御坊《ごぼう》駅よりバス川上行阿田木下車)
朝，オダイトウ(射手《いて》)と矢拾いとが弓宿に集合。神官と行司が同席してクジで弓を射る順番を決める。行列をつくって神社にむかい，本殿，東・西御殿，天神社に参拝。境内隣の刈田《かりた》で，大的・小的を射る。県指定無形民俗文化財。

8　**ぱちぱち祭**　➡日高郡日高川町串本《くしもと》・薬師堂《やくしどう》(JR 紀勢本線御坊駅よりバス川上行串本下車)
「八日のぱちぱち」ともいわれ，オコナイ行事のこと。僧の読経，神名帳の読誦ののち，厄年《やくどし》の人の姓名などを読みあげ，焼香《しょうこう》に移る。つぎに般若心経をとなえる段階で，参集の人びとが手にした黒文字の牛王木で，堂の柱や板壁を激しく打つ。この音からぱちぱち祭の名が生じた。

旧8　**粟生《あお》の堂徒式《どうとしき》**　➡有田《ありだ》郡有田川《ありだがわ》町粟生・吉祥寺《きっしょうじ》薬師堂(JR 紀勢本線藤並駅より有田鉄道バス清水行薬師堂前下車)
堂徒式は，午後３時ごろからはじまる。数え年３歳の子どもの村入りの行事で，お薬師さんに子どもの健康と幸福を祈願する。続いて薬師堂内で，おも講とよばれる，吉祥寺住職と12軒のおも株の当主とが無言で酒宴を開く行事が行われる。県指定無形民俗文化財。

旧8頃(隔年)　**花園《はなぞの》の御田の舞**　➡伊都郡かつらぎ町花園梁瀬・遍照寺《へんしょうじ》大日堂《だいにちどう》(JR 紀勢本線藤並駅より有田鉄道バス梁瀬行終点下車)

下花園神社から大日堂への3台の神輿《みこし》を先頭としての渡御にはじまる。大日堂では稲作にかかわるさまざまな所作が演じられ，鬼走りをもっておわる。予祝儀礼。渡御の途中，お旅所で春鍬固《くわがた》めが行われる。国指定無形民俗文化財。

第3日曜日　**天野《あまの》の御田《おんだ》祭**　➔伊都郡かつらぎ町上《かみ》天野・丹生都比売《にうつひめ》神社(JR 和歌山線笠田《かせだ》駅よりコミュニティーバス丹生都比売神社前下車)

天野の御田は平安時代にはじまり，現在のものは室町時代の姿を伝えるとされている。稲作の1年を神籬《ひもろぎ》の前で演じてみせる予祝《よしゅく》儀礼で，その素朴でユーモラスなしぐさに特徴がある。県指定無形民俗文化財。

14～15　**卯杖《うづえ》祭**　➔和歌山市伊太祁曾《いたきそ》・伊太祁曾神社(JR 紀勢本線和歌山駅乗換え南海貴志川《きしがわ》線伊太祁曾駅下車)

14日に，2升の米と1升の小豆《あずき》をいれた煮えたぎる粥《かゆ》のなかに，13品種名を記した竹筒13本をいれ，そこに鏡餅を加えて炊《た》いて引きあげる。15日に，13本の竹筒を割り，粥の入り具合をみて豊凶を占う。粥占い神事である。

15　**お的《まと》祭**　➔西牟婁郡串本町串本・潮崎本之宮《しおざきもとのみや》神社(JR 紀勢本線串本駅下車または串本駅よりバス高校前下車)

40mはなれた直径9尺(約3m)の大的《おおまと》にむかって，弓頭2人が肩脱ぎになって矢を射る。4本射おわってから，弓頭・矢取り・警固人は拝殿へと帰り，直会《なおらい》となる。射おわった大的は子どもたちがきそって奪いあう。

〔2月〕

6　**御燈《おとう》祭**　➔新宮《しんぐう》市新宮・神倉《かみくら》神社(JR 紀勢本線新宮駅よりバス裁判所前下車)

ごとびき岩をまつる神倉神社の玉垣《たまがき》内で，白装束に縄の帯をしめ，松明《たいまつ》を手にして待機していた上《のぼ》り子たちが，開門を合図に門外に走りでて538段の石段を駆けくだるさまは，「下り龍」のようだと称される。県指定無形民俗文化財。

11　**大島水門《おおしまみなと》祭**　➔西牟婁郡串本町大島・水門神社(JR 紀勢本線串本駅よりバス樫野行大島港下車)

朝，境内広場で弓頭2人によるお的《まと》の儀が行われ，つぎに拝殿前で大座《おおざ》の儀がはじまる。これは夕刻当屋でも行う。浜への渡御《とぎょ》があり，当船による苗我《みょうが》島への渡御へと移る。櫂伝馬《かいてんま》競漕，つるの儀，最後にお山倒しがある。県指定無形民俗文化財。

11(隔年)　**杉野原《すぎのはら》の御田《おんだ》舞**　➔有田郡有田川町杉野原・雨錫寺阿弥陀堂《うしゃくじあみだどう》(JR 紀勢本線藤並駅より有田鉄道バス梁瀬行杉野原下車)

氏神の河津《かわづ》明神に御田の舞奉納の報告をしたのち，境内の阿弥陀堂に移る。これを「お渡り」という。ここを舞台に「かいなんだし」にはじまり，米作りのすべてを演じてみせる。裸の若者による裸苗押《はだかなえお》しは圧巻。国選定無形民俗文化財。

11(隔年)　**久野原《くのはら》の御田**　➔有田郡有田川町久野原・岩倉《いわくら》神社(JR 紀勢本線藤並

駅より有田鉄道バス梁瀬行清水町農協前下車）
奇数年に行われる。御田宿《やど》から舅・婿・田植っ子5人がびんざさらを手にもち，お供の村人たちは太鼓にあわせてうたいはやしながら宮入りをする。1歳の赤ん坊もこの列に加わる。堂では，地謡《じうたい》にあわせて，舅が婿に田作りのさまを演じ教える。県指定無形民俗文化財。

〔3月〕

3　**雛《ひな》流し**　➡和歌山市加太《かだ》・淡嶋《あわしま》神社（南海加太線加太駅下車）
婦人病や安産祈願に著しい効験があるといわれる淡嶋神社に，各地から奉納されてきた雛人形を祈禱して，2艘の小舟にのせて加太の春の海に流す。

10　**おとう祭**　➡御坊市塩屋《しおや》町南塩屋・須佐《すさ》神社（JR紀勢本線御坊駅よりバス印《い》南《なみ》行王子川《おうじがわ》下車）
おとうの家では吉日を選んで芝立《しばたて》をする。祭りの当日，おとうは背負われて，お供をつれ神社へむかう。社務所での修祓《しゅうふつ》，神酒拝戴《おみきはいたい》ののち，長床《ながどこ》の儀，さらに白洲《しらす》の儀があり，本殿でのおとうによる大幣《たいへい》振りがある。県指定無形民俗文化財。

〔4月〕

3（現在中止）　**大飯《おい》の盛物《もりもの》**　➡紀《き》の川《かわ》市貴志川町国主《くにし》・大国主《おおくにぬし》神社（南海貴志川線貴志駅下車）
朝，出立ち儀式を行い，正午に出発。稚児《ちご》行列を先頭に，神輿，短尺《たんじゃく》（屋台のこと），盛物行列と続く。盛物は台車のうえに，数千本の竹串に餅，7000個あまりをつけた籠をつくって取りつけたものである。

13　**湯登《ゆのぼり》神事**　➡田辺市本宮《ほんぐう》町本宮・熊野本宮大社（JR紀勢本線新宮駅よりバス本宮行本宮大社前下車）
本殿での祝詞《のりと》奏上後，神官・伶人《れいじん》・神事《じんじ》・八撥《やさばき》の稚児・総代などが行列をくみ湯峰へむかう。稚児は「ウマ」とよぶ大人の肩車にのる。湯の峰温泉で禊《みそぎ》した稚児は，湯峰王子で八撥神事（ヤツハチ）を奉納。帰途，大日堂ほかでも奉納。県指定無形文化財。

15　**本宮祭**　➡田辺市本宮町本宮・熊野本宮大社（JR紀勢本線新宮駅よりバス本宮行本宮大社前下車）
午後1時ごろ，神輿・稚児・挑花《ちょうばな》などがでて渡御を開始。大社から閼伽井《あかい》までいき，一旦神輿をおろして神事を行い，ふたたび出発して旧社地までいき，大和《やまと》舞，田植舞，八撥神事を行う。最後にお花取りの行事がある。

27　**道成寺会式《どうじょうじえしき》**　➡日高郡日高川町鐘巻《かねまき》・道成寺（JR紀勢本線道成寺駅下車）
安珍《あんちん》・清姫《きよひめ》伝説で有名な道成寺の会式。蛇体と化した清姫によって焼き殺された安珍の霊をなぐさめるための鐘《かね》供養。ジャンジャカ踊りが行われる。絵説き説法が有名で，連日行われる。

29　**上阿田木《かみあたぎ》神社春祭**　➡日高郡日高川町初湯川《うぶゆがわ》・上阿田木神社（JR紀勢本線御坊駅からバス川上《かわかみ》行平《たいら》橋下車）
神事ののち，舞殿でヤツハチ2人と赤熊《しゃぐま》をかぶった獅子《しし》が，それぞれ3番ず

つ奉納。つぎに甲冑《かっちゅう》の武者を先導に天神《てんじん》社へ渡御。三角形の依代《よりしろ》がでる。3人の稚児は稚児車にのって供奉《ぐぶ》する。天神社でもヤツハチと獅子の舞を奉納。県指定無形民俗文化財。

〔5月〕

5　**真田《さなだ》祭**　➔伊都郡九度山《くどやま》町九度山・善名称院《ぜんみょうしょういん》(真田庵)(南海高野《こうや》線九度山駅下車)
真田幸村《ゆきむら》・大助《だいすけ》の父子をはじめ，真田十勇士《じゅうゆうし》に扮した騎馬武者の行列や稚児行列が町内を練る。

14　**得生寺来迎会式《とくしょうじらいごう》**　➔有田市糸我《いとが》町・得生寺(JR紀勢本線紀伊宮原《みやはら》駅下車)
二十五菩薩練供養《ぼさつねりくよう》ともいわれ，寺にまつる中将《ちゅうじょう》姫の命日にちなむ行事。子どもたちが菩薩となり，地蔵菩薩が二十五菩薩を引導して，境内に設けられた橋のうえをとおって法如堂《ほうにょどう》から玄関までお渡りをする。県指定無形民俗文化財。

中旬の土・日曜日　**和歌祭**　➔和歌山市和歌浦・東照宮《とうしょうぐう》(JR紀勢本線和歌山駅よりバス和歌浦行権現《ごんげん》前下車)
和歌浦東照宮の祭礼。かつては東照宮からお旅所への渡御が行われていたが，現在は市内で行われる。種々の役職・演目があり，百面《ひゃくめ》・雑賀《さいか》踊り・母衣《ほろ》などがでる。東照宮の急な石段を神輿をかつぎおろす姿は勇壮。

20　**加太春日《かだかすが》神社例祭**　➔和歌山市加太・加太春日神社(南海加太線加太駅下車)
家ごとに伊勢海老《えび》で祝うところから「えび祭」の名がある。渡御祭は第三土曜日で，渡御行列は，北の浜のお旅所と淡嶋神社前のお旅所とをまわって当社に帰りつく。この2カ所での獅子舞が有名で，高さ3mのところに丸太を組み，そのうえで舞う。

〔6月〕

15　**青葉《あおば》祭**　➔伊都郡高野《こうや》町高野山・金剛峯寺《こんごうぶじ》(南海高野線高野山駅よりバス千手院《せんじゅいん》橋下車)
総本山金剛峯寺で行われる宗祖降誕法会《ほうえ》で，一の橋から金棒びきを先頭に，稚児大師像を安置した御堂を稚児が引いて大師協会まで渡御する。このあと，各町内からの「大師踊り」がでる。

〔7月〕

14　**那智の火祭**　➔東牟婁郡那智勝浦町那智山・熊野那智大社(JR紀勢本線紀伊勝浦駅または那智駅よりバス神社・お寺前駐車場下車)
扇祭ともよばれる。12体の扇神輿が飛滝《ひろう》神社に渡御する。途中，石の参道で12体の大松明と競《せ》りあい，みごとな火の乱舞がみられる。10時ごろ，境内舞台で田楽《でんがく》(国指定無形民俗文化財)・大和舞・田植舞が奉納される。県指定無形民俗文化財。

24～25　**田辺《たなべ》祭**　➔田辺市湊《みなと》・闘鶏《とうけい》神社(JR紀勢本線田辺駅下車)
源平合戦のおり，紅白の鶏をたたかわせて勝敗を占った故事を伝える神社の祭礼。宵宮《よいみや》・本祭とも8台の笠鉾《かさほこ》や衣笠(住矢《すみや》)がでて町内を練る。流鏑馬《やぶさめ》神

事も行われる。本祭には暁《あかつき》の神事が行われ，夜には社前で笠鉾が囃子を奉納。県指定無形民俗文化財。

24～25　**河内祭《こうち》**　➔東牟婁郡古座川《こざがわ》町宇津木《うつぎ》・河内神社(JR紀勢本線古座駅よりバス七川《しちかわ》行宇津木下車)

宵宮には3艘の御船《みふね》が河内島に至り夜籠《よごも》りをする。本祭には神職・上臈《じょうろう》をのせた当船を先頭に，櫂伝馬《かいてんま》・屋形船などが川をさかのぼる。御船が河内島を3周したあと，櫂伝馬の競漕(戦合《せんごう》)や特色ある獅子舞が行われる。国重要無形民俗文化財。

最終日曜日　**粉河祭《こかわ》**　➔紀の川市粉河・粉河産土《うぶすな》神社(JR和歌山線粉河駅よりバス紀伊線大門《だいもん》前下車)

西国第3番札所粉河寺の鎮守・産土神社の祭礼。本祭の渡御行列には，武者・栗栖《くるす》のヒトツモノ・住職・大団扇《おおうちわ》・獅子頭など多数が参加し，行列ののちには暴れ神輿，各町内の山車《だし》13台が続く。灯明台は有名。

30～31　**茅輪祭《ちのわまつり》**　➔和歌山市伊太祁曾・伊太祁曾神社(南海貴志川線伊太祁曾駅下車)

茅《ちがや》を縄のように編んでつくった直径2mほどの輪をくぐって，無病息災を祈る。

〔8月〕

13～15　**大瀬《おおぜ》の大踊《おおど》り**　➔田辺市本宮町大瀬・吉祥院《きっしょういん》観音堂(JR紀勢本線田辺駅または新宮駅よりバス本宮行大瀬下車)

吉祥院観音堂内で盆踊りとして行われる。30人ばかりの男女がともに浴衣《ゆかた》姿で踊るが，うち3人の男の胸につけられた太鼓を2本のバチで，巧みに身を動かしながら，たたきつつ踊る姿がことにすばらしい。国選定無形民俗文化財。

14～15　**いな踊り**　➔海南市下津町塩津《しおつ》・塩津浜(JR紀勢本線加茂郷《かもごう》駅よりバス戸坂《とさか》行塩津下車)

大漁祈願をこめて踊られるもので，もともとイナが網のなかで勢いよくはねるさまを基本に振りつけられたものといわれる。県指定無形民俗文化財。

15　**興国寺《こうこくじ》の燈籠焼《とうろうやき》**　➔日高郡由良《ゆら》町門前《もんぜん》・興国寺(JR紀勢本線由良駅下車)

鎌倉時代から伝わるという，お盆の精霊《しょうりょう》送りの行事。松明踊りにはじまり，「どよう」とよばれる大松明かつぎ，開山燈籠を先頭に種々の檀家燈籠が火中に投じられる燈籠焼，六斎《ろくさい》念仏へと移る。県指定無形民俗文化財。

15　**流れ施餓鬼《せがき》**　➔田辺市下川上《しもかわかみ》・法伝寺《ほうでんじ》(JR紀勢本線田辺駅よりバス苔口《こけぐち》行苔口下車)

竹と麦藁《わら》で編んだ精霊船をつくり，これに藁《わら》人形と初盆の家の燈籠や提灯《ちょうちん》をのせて火をつけ川に流す。県指定無形民俗文化財。

15　**嵯峨谷《さがたに》の神踊《こおど》り**　➔橋本市高野口《こうやぐち》町嵯峨谷・若宮八幡神社(JR和歌山線高野口駅下車)

秋祭に奉納され，踊りはじめる前に神前に笹がささげられるところから，

「笹ばやし」ともいわれる。装束をつけた一行は，観音寺から行列をくみ若宮へと練る。芝舞台で「いりは踊り」から10曲を踊る。県指定無形民俗文化財。

15　**一ノ瀬《いちのせ》大踊り**　➡西牟婁郡上富田《かみとんだ》町市ノ瀬・小学校運動場(JR 紀勢本線田辺駅よりバス栗栖《くるす》川または鮎川新橋《あゆかわしんばし》行一ノ瀬下車)
先頭の男子が締太鼓を打ち，以下大団扇と簓《ささら》をもった男女が続き，円陣をつくる。男女とも編み笠をかぶって素足に草履《ぞうり》ばき，男は太刀を差して両手に大団扇，女は簓を摺《す》り鳴らして踊る。

15〜16　**浜の宮櫂《かい》踊り**　➡東牟婁郡那智勝浦町浜の宮・補陀洛山寺《ふだらくさんじ》境内(JR 紀勢本線那智駅下車)
⊕の印半纏《しるしばんてん》と腰蓑《こしみの》をつけ，海の男たちが向こう鉢巻で，6尺の櫂をもって踊る。県指定無形民俗文化財。

15〜16　**岡崎の団七《だんしち》踊り**　➡和歌山市岡崎・地区集会所前広場(南海貴志川線岡崎前駅下車)
3人1組で，男が団七に，女が団七に殺された与太郎の娘宮城野《みやぎの》と信夫《しのぶ》の姉妹に扮して，太鼓・鉦《かね》・拍子木《ひょうしぎ》の囃子と音頭にあわせて，仇討ち場面を再現して踊る。サラシ踊り・薙刀《なぎなた》踊り・太刀《たち》踊りの3部構成。県指定無形民俗文化財。

16　**椎出《しいで》の鬼の舞**　➡伊都郡九度山町椎出・厳島《いつくしま》神社(南海高野線九度山駅下車)
鬼の舞を伝承しているのは十人衆とよばれる若衆である。地蔵寺からの練り込みは太鼓にあわせて進み，神社広場では三三九度の舞がある。行列の一行が引きあげたあと，鬼が種々の祈願をして乱舞にはいる。県指定無形民俗文化財。

〔9月〕

15　**三輪崎《みわさき》の鯨《くじら》踊り**　➡新宮《しんぐう》市三輪崎・三輪崎八幡神社(JR 紀勢本線三輪崎駅下車)
大阪から学んだ「だいがく」を伝承していることでも知られる三輪崎八幡神社の例大祭に披露される鯨踊りは，殿中《でんちゅう》踊りと綾《あや》踊りからなっている。いずれも古式捕鯨の形を模したものである。採物《とりもの》は前者が扇，後者が綾棒である。県指定無形民俗文化財。

15　**勝浦八幡《はちまん》神社例大祭**　➡東牟婁郡那智勝浦町勝浦・八幡神社(JR 紀勢本線紀伊勝浦駅下車)
境内で餅搗《もちつ》き踊りや徒士山伏《かちやまぶし》行事・獅子舞・船謡《ふなうた》奉納が行われたのち，渡御に移る。夕刻，お旅所の勝浦港で神輿が海にはいり，陸と海の船とでこれを引きあう行事があり，最高の盛りあがりをみせる。

25　**天満《てんま》神社秋祭**　➡東牟婁郡串本町田並《たなみ》・天満神社(JR 紀勢本線田並駅下車)
神社から浜へむかっての神幸行列が行われる。16人の若者にかつがれた神輿が，海にはいって浜へあがろうとするのを，大幟の若者たちが押し戻そうとしてもみあう「突き合い」がみもの。

〔10月〕

1　**広《ひろ》八幡神社秋祭**　➔有田郡広川《ひろがわ》町上中野《かみなかの》・広八幡神社(JR紀勢本線広川ビーチ駅下車)
びんざさらや太鼓をもった子どものほかに，オニ・ワニ役各1人，獅子2人の青年が参加して田楽《でんがく》が奉納される。これを「しっぱら」とよぶ。雨乞い踊りとしても行われてきたといわれる。また乙田《おとんだ》の獅子舞も奉納される。田楽は国選定無形民俗文化財。乙田の獅子舞は県指定無形民俗文化財。

2　**印南《いなみ》祭**　➔日高郡印南町印南，山口八幡神社・宇杉《うすぎ》八幡神社(JR紀勢本線御坊駅よりバス印南行終点下車またはJR紀勢本線印南駅下車)
別々の場所で同日に行われている宇杉・山口両八幡の祭礼を一括して印南祭とよぶ。宇杉八幡の屋台や幟《のぼり》，神輿の川渡御は勇壮そのもので，踊り獅子と打ち囃子《ばやし》がみられる。山口八幡では屋台の競りあい，雑賀踊りが有名。

4～5　**御坊《ごぼう》祭**　➔御坊市薗《その》・小竹《しの》八幡神社(JR紀勢本線御坊駅乗換え紀州鉄道西御坊駅下車またはバス印南行小竹八幡神社前下車)
小竹八幡の秋祭。四ツ太鼓や屋台が町中を練る。戯瓢《けほん》踊り(国選定無形民俗文化財)が宵宮に日高別院で，本祭には神社境内で奉納される。本祭には美浜町浜之瀬のお旅所への渡御があり，神社では獅子舞・雀踊り・奴《やっこ》踊りがある。下組の雀踊りは県指定無形民俗文化財。

8～9　**雷公《なるかみ》神社祭典**　➔西牟婁郡串本町樫野《かしの》・雷公神社(JR紀勢本線串本駅よりバス樫野行樫野下車)
宵宮には「ハシリマイ」(走り参り)と称して，若者や子どもがニガタケ15本ばかりを束ねてつくった松明を手にして，神社の100段ほどの石段を駆けのぼる火祭が行われる。本祭には獅子舞を先頭に，子ども神輿が宮入りをする。

10　**泣き相撲**　➔海南市下津町市坪《いちつぼ》・山路王子《やまじおうじ》神社(JR紀勢本線加茂郷駅よりバス仁義《にんぎ》行橘本《きつもと》下車)
5，6歳の子どもが行司役となり，1歳から5歳くらいまでの幼児が，土俵上で赤ふんどしをして2番勝負をする。1勝1敗でおわることになっている。幼児の多くが泣くためこの名がある。県指定無形民俗文化財。

第1土曜日　**よみさし祭**　➔岩出《いわで》市宮・大宮神社(JR和歌山線岩出駅または船戸《ふなと》駅下車)
「よみさし」は「いみさし」で，お旅所に榊《さかき》をさす神事。深夜12時，下行《しもゆき》・上行《かみゆき》に分かれて，若者が駆けだす。その後を監督数人と依代の御榊をもった若者，さらに金棒・しゃもじをもった者が続く。

第1日曜日　**くえ祭**　➔日高郡日高町阿尾《あお》・白鬚《しらひげ》神社(JR紀勢本線紀伊内原駅よりバス阿尾行終点下車)
30kgともいわれるクエの肉の部分を取りのぞいて塩漬けにし，天日に干したものを新藁で棒に結びつけてつくったクエ御輿《みこし》を，若者たちが押して暴れまわる(現在廃止)。厳粛に行われる頭屋の儀式もみられる。県指定無形民俗文化財。

8～10　**杵荒《きなら》神社地芝居**　➡田辺市中辺路《なかへち》町栗栖川・杵荒神社（JR 紀勢本線朝来《あっそ》駅よりバス栗栖川行終点下車）
長床《ながとこ》を舞台に３日連続，地元の人びとによる素人《しろうと》芝居が奉納される。寛文《かんぶん》年間（1661～73）にはじまったと伝える。芝居の最初に演じられる「寿三番叟《ことぶきさんばそう》」は伝統がある。県指定無形民俗文化財。

体育の日前日　**紀道《きどう》祭**　➡日高郡日高川町三百瀬《みおせ》・紀道神社（JR 紀勢本線御坊駅よりバス川上行千鳥橋《ちどりばし》下車）
四ツ太鼓や山車《だし》がでてにぎわう。馬場先のお旅所で行われる神事としての頭屋《とうや》獅子は日高郡特有のもので，出色。２頭の馬により馬駆けも行われる。

体育の日前日　**長子《ちょうし》祭**　➡日高郡日高川町小釜本《こがもと》・長子八幡神社（JR 紀勢本線御坊駅よりバス川上行高津尾下車，中津線乗り換え田尻《たじり》下車）
神輿の先導役である２匹の鬼が，控え所からでようとするのを阻止する若衆とのあいだでもみ合いが生じる。これを鬼の追出しという。こののち，渡御に移り，屋台５台がでる。５組の獅子が舞い，特色ある頭屋獅子も登場する。

14　**千田《ちだ》祭**　➡有田市千田・須佐《すさ》神社（JR 紀勢本線箕島《みのしま》駅よりバス千田下車）
けんか祭の異名もある。つくりものでかざった組太鼓８台を先頭に，大榊・子ども神輿・目の下１尺の鯛のはいった唐櫃《からびつ》などがでて，浜へと渡御行列をする。浜では，やぐら上から６匹の鯛が投げられ，奪いあう。

体育の日　**えびすのお渡り**　➡伊都郡九度山町上古沢《かみこさわ》・厳島《いつくしま》神社（南海高野線上古沢駅下車）
旧家の岡家から厳島神社へと，えびすさまが24人の烏帽子《えぼし》姿の供をしたがえて渡御する。えびすさまが右と左の鼻をかむ所作や，先とびとえびすさまとの「えびすとび」が行われ，じつにユーモラスである。

15　**野上《のかみ》八幡神社秋祭**　➡海草郡紀美野《きみの》町小畑《しょうばた》・野上八幡神社（JR 紀勢本線海南駅よりバス八幡宮駅下車）
渡御行列には，梅の楚《すわえ》をささげもった総代を先頭に２基の神輿，稚児などが続く。お旅所では獅子舞があり，還御後，再度，本殿前で獅子舞が舞われる。

15～16　**速玉《はやたま》祭**　➡新宮市新宮・熊野速玉大社（JR 紀勢本線新宮駅よりバス権現前下車）
15日は阿須賀《あすか》神社への神馬《しんめ》渡御式が行われ，白馬に乗った人形のヒトツモノがでる。16日には乙基《おとも》河原への水上神幸があり，早船競漕が行われる。水上神幸のおり，鵜殿《うどの》からだされる諸手《もろた》船のうえで「ハリハリセー」踊りがみられる。県指定無形民俗文化財。

16　**二川《ふたがわ》歌舞伎芝居**　➡有田郡有田川《ありだがわ》町二川・城山《しろやま》西小学校体育館（JR 紀勢本線藤並駅より有田鉄道バス清水行二川下車）
本格的な農村歌舞伎で，宝箱持ち・姫・雄鶴・雌鶴などが登場する「寿式三番叟《さんばそう》」が演じられる。もと行われていた城山神社境内の廻り舞台が現存する。県指定無形民俗文化財。

17　**日出《ひので》神社秋祭**　➡西牟婁郡白浜《しらはま》町日置・日出神社（JR 紀勢本線日置駅よりバ

ス日出神社前下車)

日置浜への渡御行列には，神輿を安置した御船《みふね》も参加する。浜では御船の潮かけ神事が行われたあと，お旅所に安置される。還御の際には，御船は「入《いり》船《ふね》納め」をうたいながら帰る。

第2日曜日　**岩代《いわしろ》の子踊り**　➡日高郡みなべ町東岩代・東岩代八幡神社，西岩代・西岩代八幡神社(JR紀勢本線紀伊岩代駅下車)

子踊りは両八幡の秋祭に行われる。東岩代の「神よいさめ」以下4曲と西岩代の「黒髪の舞」以下5曲がある。いずれも3，4歳から12歳の少年によって踊られる。踊りのはじまる前に若衆の前口上《こうじょう》がある。県指定無形民俗文化財。

第2日曜日　**笑い祭**　➡日高郡日高川町江川・丹生《にう》神社(JR紀勢本線紀伊和佐駅下車)

丹生都比売《にうつひめ》が寝坊して出雲《いずも》での神々の集まりに遅れ，ほかの神々に笑われたのが起源という。渡御のおり，先達《せんだつ》と12人の桝《ます》持ちが「笑え笑え」と囃して大声で笑う。鬼の出会い・踊り獅子・奴踊り・雀踊り・竹馬競争がある。県指定無形民俗文化財。

第2日曜日　**藤白《ふじしろ》の獅子舞**　➡海南《かいなん》市藤白・藤白神社(JR紀勢本線海南駅からバス藤白下車)

穴獅子ともよばれ，穴から浮かれでた獅子が猿田彦《さるたひこ》のもつ巻物をとろうとして争うというもの。5人立ちでじつに優雅な舞をみせる。県指定無形民俗文化財。

第2日曜日　**隅田《すだ》八幡神社秋祭**　➡橋本市隅田町・隅田八幡神社(JR和歌山線隅田駅下車)

県内最大の屋台山車を100人近い若者でかつぐ。屋台後部の3個の太鼓を10人あまりの若者で打ち鳴らし，屋台山車を大きく左右にゆさぶりながら進むありさまは，迫力に富む。県指定無形民俗文化財。

第2または第3日曜日　**衣奈《えな》祭**　➡日高郡由良町衣奈・衣奈八幡神社(JR紀勢本線由良駅よりバス衣奈行衣奈下車)

御座衆の儀式や神前式ののち，渡御に移る。道中では勇壮な打ち囃子《はやし》がみられる。お旅所では，少年による「神の相撲《すもう》」があり，さらに小引《こびき》の童子相撲，神谷《かみや》の稚児踊り，三尾《みお》川の餅搗《つ》き踊りが行われ，吹井《ふけい》の唐船《とうふね》もでる。県指定無形民俗文化財。

第3日曜日　**土生《はぶ》祭**　➡日高郡日高川町土生・土生八幡神社(JR紀勢本線道成寺駅下車)

お頭《かしら》の舞い手は，獅子頭が双頭であるため4人。それに雌雄の鬼が加わってお頭神事が行われる。場所は神社の広庭とお旅所である。神賑《しんしん》行事として四ツ太鼓のほか，奴踊り・獅子舞が登場する。お頭神事は県指定無形民俗文化財。

第3日曜日とその前日　**木ノ本《きのもと》の獅子舞**　➡和歌山市木ノ本・木ノ本八幡神社

(南海本線和歌山市駅よりバス木ノ本行終点下車)

木ノ本八幡の秋祭に奉納される獅子舞。地上で演じるものと，地上5mにもおよぶ山車上にならべられた2本の青竹のうえで曲芸のような所作を演じる，いわゆる梯子《はしご》獅子とよばれるものとがある。県指定無形民俗文化財。

第3日曜日　**横浜《よこはま》の獅子舞**　➡日高郡由良町里《さと》・宇佐八幡神社(JR紀勢本線由良駅よりバス横浜《よこはま》下車)

由良祭に舞われるもので，伊勢大神楽《だいかぐら》系の継《つぎ》獅子が主である。地元では「野《の》辺勇《べいさみ》の舞」と称しており，いちばんの見せ場は「遠見《とおみ》の舞」である。大・小の太鼓，チャミセン(銅鈸子《どうばっし》)で囃す。県指定無形民俗文化財。

第3日曜日　**鹿島《かしま》祭**　➡日高郡みなべ町埴田《はねた》・鹿島神社(JR紀勢本線南部駅下車)

渡御行列には，神輿・御笠・扇御幣《ごへい》・山車《だんじり》に続いて，「おふね」とよばれる船山車《ふなだんじり》が登場する。この船山車のあとに化粧まわしをしめた奴が続き，武者行列が行われる。蒲団《ふとん》太鼓も練る。

〔11月〕

2～3　**芳養《はや》八幡秋祭**　➡田辺市中芳養・芳養八幡神社(JR紀勢本線芳養駅よりバス中芳養行芳養八幡下車)

宵宮の朝，下芳養海岸牛ノ鼻《うしのはな》で関係者の禊《みそぎ》ののち，馬駆けおよび流鏑《やぶさめ》馬用の馬にも潮かけをする。本祭には，各区の飾り馬がそれぞれの陣屋につながれ，のちに馬駆けが行われる。式後，馬場先端のお旅所への渡御となる。県指定無形民俗文化財。

3　**野中《のなか》の獅子舞**　➡田辺市中辺路町野中・近野《ちかの》神社(JR紀勢本線朝来駅よりバス栗栖川行一里石《いちりいし》下車)

宵宮には，当屋と継桜《つぎざくら》王子神社で獅子舞を行う。本祭には近野王子へとむかい，そこで幣《へい》の舞，花がかりなど6曲を奉納する。獅子はふたたび継桜王子へと戻り，社前で舞う。県指定無形民俗文化財。

3　**寒川《そうがわ》祭**　➡日高郡日高川町寒川・寒川神社(JR紀勢本線御坊駅よりバス寒川行終点下車)

寒川祭を代表するのは4人立ちの獅子舞で，王仁《おに》・和仁《わに》とともに息のあった舞をする。薙刀《なぎなた》を手にした稚児も登場する。お旅所までの道中も，獅子は王仁・和仁とともに舞いながら進む。裏祭にはお多福《たふく》の舞がでる。県指定無形民俗文化財。

3　**上野《うえの》の獅子舞**　➡田辺市下川下《しもかわしも》・春日神社(JR紀勢本線田辺駅からバス苔口《こけぐち》行打越《うちこし》下車)

春日神社秋祭(富里祭)に境内で9曲の獅子舞が演じられる。お神楽・幣《へい》の舞・くぐり・神《しん》ばやし・ごしゃく・花がかり・剣の舞などを舞ったのち，最後に天狗《てんぐ》とお多福が幣と扇子《せんす》をもって乱舞する。県指定無形民俗文化財。

第1日曜日　**山路《さんじ》祭**　➡田辺市龍神《りゅうじん》村東《ひがし》・丹生《にう》神社(JR紀勢本線田辺駅よりバス龍神温泉行西下車)

5台の屋台が境内を練る。午後1時すぎ，幟を立ててお旅所へむかう。ここで獅子舞が行われる。「渡り子」という風習があり，1歳の男女2人の赤ん坊を背負って当屋からお旅所まで渡御のお供をする。

14～15　**堅田《かたた》祭**　➔西牟婁郡白浜《しらはま》町堅田・八幡神社(JR紀勢本線白浜駅下車)

宵宮には，3人の稚児がヤツハチと獅子の舞を奉納。本祭には，地蔵堂でヤツハチ3番と獅子舞を舞う。渡御行列に移ると稚児はウマの左肩にのって進む。神社へはいると，稚児は本殿へ9番，脇宮へ6番の舞を奉納する。県指定無形民俗文化財。

22～23　**八上《やがみ》王子神社秋祭**　➔西牟婁郡上富田《かみとんだ》町岡・八上王子神社(JR紀勢本線朝来駅下車)

当屋《とうや》から出発した獅子に，御幣《おへ》さんとよばれる大幣《たいへい》を奉納する人びとの行列が合流して宮へむかう。大幣には童女が伴っていく。この童女をオバナチゴという。八上王子境内では岡の獅子舞(県指定無形民俗文化財)が奉納される。

第4日曜日　**和田《わだ》祭**　➔日高郡美浜町和田・御崎《みさき》神社(JR紀勢本線御坊駅よりバス日ノ岬《ひのみさき》パーク行御崎神社前下車)

渡御には，神官が馬にまたがってお旅所にむかう。鬼，榊，神輿，4台の山車，3台の屋台などが続く。お旅所では，鬼獅子(頭屋獅子)に続いて屋台の獅子が舞う。還御後も境内で同じように舞う。

〔12月〕

第1日曜日　**ねんねこ祭**　➔東牟婁郡串本町田原《たわら》・木葉《このは》神社(JR紀勢本線紀伊田原駅下車)

祝詞《のりと》奏上後，行列をくんで日の出遥拝にむかう。一行は境内を半周して本殿前に戻り修祓式を行う。つぎに拝殿畳の間で巻ござや赤布の枕，乳房の布形を用いての子守神事が行われる。弓取神事などもある。県指定無形民俗文化財。

5　**鯛釣《たいつ》り祭**　➔東牟婁郡古座川町小森川《こもりがわ》・神玉《かみたま》神社(JR紀勢本線古座駅よりバス田川行田川下車)

区長が腰に籠をつけ，釣り糸の先に鯛を型取った板をつけた竿を手にして鯛釣りの仕草をする。その後，鳥打ち・イモ洗い・猿追いといったユーモラスな行事が続く。

31　**御幣納め**　➔伊都郡高野町高野山・龍光《りゅうこう》院(南海高野線高野山駅下車)

1000年の伝統をもつといわれ，龍光院でつくられた御幣が，黒文字の大松明の明かりに照らされながら山間を進み，地主《じぬし》神である高野明《こうやみょうじん》神社まで運ばれて本殿に奉納される行事である。

31　**大松明押し**　➔かつらぎ町花園梁瀬・下《しも》花園神社(JR紀勢本線藤並駅より有田鉄道バス梁瀬行終点下車)

下花園神社境内で，神火を点じた長さ25尺もある大松明を押しまわしたのち，この大松明から祝い松明に火をつけ，それを左右にふりながらお旅所までおりてくる。川むこうの荒神《こうじん》さんを拝んだあと，各人の家に帰る。

〔随時〕 **花園の仏の舞** ➡かつらぎ町花園梁瀬・遍照寺(JR 紀勢本線藤並駅より有田鉄道バス梁瀬行終点下車)
法華経《ほけきょう》五の巻の女人成仏《にょにんじょうぶつ》を演劇化した教化劇。文殊《もんじゅ》菩薩と五如来《にょらい》が教化役を演じ，鬼どもを説得して龍女《りゅうじょ》を成仏させるという筋である。最後に演じられる太平楽《たいへいらく》の舞がすばらしい。61年に1度行われてきた。国選定無形民俗文化財。

■ 参考文献

【和歌山県における地域史研究の現状と課題】

和歌山県は地域史研究の伝統があり，近世には『紀伊続風土記』『紀伊国名所図会』，明治期には『南紀徳川史』など，水準の高い地誌や藩政史が編纂されている。この伝統をつぐのが『和歌山県史』であって，1975～94(昭和50～平成６)年に公刊された。全24巻のうち，史料編に18巻があてられ，県内外の基本的な史料の収集・翻刻に重きがおかれている。この県史編纂事業を基礎にして，1993(平成５)年，県立文書館《もんじょかん》(きのくに志学館内)が開館した。

市町村史の編纂も，県史編纂と同時期の1970～80年代にブームとなった。このブームは2000(平成12)年前後まで続き，県下の大半の市町村で編纂事業が行われた。現在では，市町村合併の動きが顕著となり，また自治体の財政難もあって，ほぼ終息にむかっている。規模の大きな本格的なものに『和歌山市史』全10巻(1975～92年)，『田辺市史』全10巻(1990～2003年)があり，町史では『粉河町史』全５巻(1986～2003年)，『かつらぎ町史』全４巻(1983～，通史未刊)などが充実している。1970年代半ば以降に公刊された自治体史は，若干の例外をのぞき，そのほとんどが史料編をもつところに特徴があり，地域史研究が進展する基礎ができた。ただし，史料のほとんどは文献史料であって，考古資料・民俗資料など，文献以外の史料の収録はきわめて不十分である。また，建築・美術・石造物・絵図などの文化財編を設けた自治体史もごく少数である。したがって，県下の自治体史編纂は，県史もふくめて将来に大きな課題をのこしている。また，編纂終了後の史料の保存・公開が強く要望されたにもかかわらず，文書館が設置されたのは県のみで，市町村に設置例がないのは遺憾である。

全県的な地域史の研究団体として1980(昭和55)年に結成された和歌山地方史研究会は，通常の例会のほか，文化財保存運動にも関わり，会誌『和歌山地方史研究』は46号に達している。もっとも伝統があるのは，田辺市を中心とする紀南文化財研究会で，2003(平成15)年12月に結成40周年を迎え，会誌『くちくまの』は125号，史料集『紀南郷土叢書』は14輯まででている。また，新宮市を中心とする熊野地方史研究会の『熊野誌』は，歴史にかぎらず文学などもふくむが，特集号が充実しており，現在49号である。熊野は三重県の東紀州にもおよんでいるので，県域を越えた地域史研究をめざしているのが，熊野歴史研究会である。まだその歴史は浅く，会誌『熊野歴史研究』は現在11号であるが，『熊野情報』というニュースレターを毎月だしているのが注目される。このほか，公的機関の紀要である『(和歌山大学)紀州経済史文化史研究所紀要』『和歌山県立博物館研究紀要』『和歌山市立博物館研究紀要』などにも，地域史研究の成果が多く掲載されている。

【県史・通史・辞典など】

安藤精一『和歌山県の歴史』 山川出版社 1970

安藤精一ほか『図説日本の歴史30 図説和歌山県の歴史』 河出書房新社 1988
和歌山県史編さん委員会編『和歌山県史』24冊 和歌山県 1975-94
和歌山県社会科教育研究会編『県別歴史シリーズ30 和歌山県』 ポプラ社 1991

安藤精一先生還暦記念論文集出版会編『地方史研究の諸視角』 国書刊行会 1982
安藤精一先生退官記念会編『和歌山地方史の研究―安藤精一先生退官記念論文集―』 安藤精一先生退官記念会 1987
安藤精一編『和歌山の研究』6冊 清文堂出版 1978-79
安藤精一編『紀州史研究』5冊 国書刊行会 1985-90
安藤精一編『都市史の研究―紀州田辺―』 清文堂出版 1993
安藤精一ほか『文化誌日本 和歌山県』 講談社 1984
梅田恵以子ほか『全国歴史散歩31 各駅停車和歌山県』 河出書房新社 1980
景山春樹『比叡山と高野山』〈教育社歴史新書〉 1980
加藤隆久編『熊野三山信仰事典』 戎光祥出版 1998
紀州古泉会編『紀州紙幣史の研究』 三重県郷土資料刊行会 1985
熊野路編さん委員会編『熊野中辺路―歴史と風土―』 熊野中辺路刊行会 1991
桑原康宏『熊野の集落と地名』 清文堂出版 1999
小池洋一ほか『和歌山県風土記』2冊 和歌山県書店組合 1986
神坂次郎『カラーブックス419 熊野路』 保育社 1977
御坊文化財研究会編『紀州の歴史と風土』 御坊文化財研究会 1996
小山靖憲・笠原正夫編『街道の日本史36 南紀と熊野古道』 吉川弘文館 2003
佐和隆研『カラーブックス33 高野山』 保育社 1963
杉中浩一郎『紀南雑考』 中央公論事業出版 1981
杉中浩一郎『郷土田辺―風土と文化―』 郷土田辺刊行会 1987
杉中浩一郎『熊野の民俗と歴史』 清文堂出版 1998
薗田香融監修『和歌の浦 歴史と文学』 和泉書院 1993
田中敬忠『紀州今昔―和歌山県の歴史と民俗―』 田中敬忠先生頌寿記念会 1979
田中重雄『紀州の歴史と文化』 国書刊行会 1984
田辺刊行会編『田辺―ふるさと再見―』 あおい書店 1980
地方史研究協議会編『半島・海と陸の生活と文化』 雄山閣出版 1996
中野榮治『流域の歴史地理―紀ノ川―』 古今書院 1991
中野榮治『山の歴史景観―紀伊山地―』 古今書院 1994
永廣芝雪『新宮あれこれ』 国書刊行会 1981
根来山誌編纂委員会編『根来山誌』 岩出町 1986
藤本清二郎『和歌の浦百景』 東方出版 1993
藤本清二郎・山陰加春夫編『街道の日本史35 和歌山・高野山と紀ノ川』 吉川弘文館 2003
部落問題研究所編『部落の歴史―近畿編―』 部落問題研究所出版部 1982
松長有慶ほか『高野山―その歴史と文化―』 法蔵館 1984

森浩一ほか『海と列島文化 8　伊勢と熊野の海』　小学館　1992
山本殖生構成『別冊太陽 熊野―異界への旅―』　平凡社　2002
和歌山県編『和歌山県災害史』　和歌山県　1963
和歌山県警察史編さん委員会編『和歌山県警察史』4冊　和歌山県警察本部　1983-95
和歌山県高等学校社会科研究協会編『和歌山県の歴史散歩』　山川出版社　1993
和歌山県酒造史編纂委員会編『和歌山県酒造史』　和歌山県酒造組合連合会　1999
和歌山県小学校社会科教育研究会編『和歌山の歴史ものがたり』　日本標準　1982
和歌山県同和委員会編『和歌山県同和運動史』2冊　和歌山県同和委員会　1995-98
和歌山県木材協同組合連合会編『和歌山県木材史』　和歌山県木材協同組合連合会　1993
和歌山市教育委員会編『和歌山城下まちしるべ』　和歌山市教育委員会　1987
和歌山大学編『和歌山県の風土と文化』　和歌山県　1981
和歌山地方気象台編『紀州災異誌』　和歌山県防災気象連絡会　1968
渡辺広先生退官記念会編『和歌山の歴史と教育』　渡辺広先生退官記念会　1979

『角川日本地名大辞典30 和歌山県』　角川書店　1985
小山豊編『郷土史事典 和歌山県』　昌平社　1979
小山譽城ほか編『奈良県・和歌山県の不思議事典』　新人物往来社　1998
坂上義和『郷土歴史人物事典 和歌山』　第一法規出版　1979
『日本歴史地名大系31 和歌山県の地名』　平凡社　1983
平凡社編『大和・紀伊 寺院神社大辞典』　平凡社　1997

【市町村史】
安宅常助『日置町誌』　日置町　1956
有田市誌編集委員会編『有田市誌』　有田市　1974
池田村編『池田村誌』　池田村　1960
印南町史編集室編『印南町史』3冊　第一法規出版　1987-90
岩出町誌編集委員会編『岩出町誌』　岩出町　1976
打田町史編さん委員会編『打田町史』3冊　打田町　1981-86
大塔村編『大塔村誌』　大塔村　1987
大塔村史編さん委員会編『大塔村史』4冊　2004-11
海草郡初島町教育委員会編『初島町誌』　海草郡初島町教育委員会　1962
海南市史編さん委員会編『海南市史』5冊　海南市　1979-2000
かつらぎ町郷土誌編纂委員会編『かつらぎ町誌』　かつらぎ町　1968
かつらぎ町史編集委員会編『かつらぎ町史』4冊　かつらぎ町　1983-2006
金屋町誌編集委員会編『金屋町誌』2冊　金屋町　1972-73
上富田町史編さん委員会編『上富田町史』5冊　上富田町　1989-98

上南部誌編纂委員会編『上南部誌』 南部川村 1963
川永村編『川永村沿革史』 川永村 1957
川辺町史編さん委員会編『川辺町史』4冊 川辺町 1985-91
貴志川町史編集委員会編『貴志川町史』3冊 貴志川町 1981-88
北山村史編纂委員会編『北山村史』2冊 北山村 1984-87
吉備町誌編纂委員会編『吉備町誌』2冊 吉備町 1979
串本町公民館編『串本のあゆみ』3冊 串本町公民館 1976-80
串本町史編さん委員会編『串本町史』2冊 串本町 1988-95
九度山町史編纂委員会編『九度山町史』 九度山町 1965
九度山町史編纂委員会編『改訂 九度山町史』3冊 九度山町 2003-2009
熊野川町史編さん委員会編『熊野川町史』3冊 熊野川町 2001-2008
高野口町誌編纂委員会編『高野口町誌』2冊 高野口町 1968
粉河町史編さん委員会編『粉河町史』5冊 粉河町 1986-2003
古座川町史編さん委員会編『古座川町史』4冊 古座川町 2005-13
御坊市史編さん委員会編『御坊市史』4冊 御坊市 1979-81
清水町誌編集委員会編『清水町誌』3冊 清水町 1982-98
下津町史編集委員会編『下津町史』3冊 下津町 1974-76
白浜町誌編さん委員会編『白浜町誌』5冊 白浜町 1980-88
新宮市史史料編編さん委員会編『新宮市史 史料編』3冊 新宮市 1983-86
新宮市史編さん委員会編『新宮市史』 新宮市 1972
すさみ町誌編さん委員会編『すさみ町誌』2冊 すさみ町 1978
寒川村誌編纂委員会編『寒川村誌』 寒川村誌編纂委員会 1969
続日高郡誌編集委員会編『続日高郡誌』2冊 日高郡町村会 1975
田辺市史編さん委員会編『田辺市史』10冊 田辺市 1990-2003
田辺市役所編『田辺市誌』2冊 田辺市 1952-71
那賀町史編集委員会編『那賀町史』 那賀町 1981
中津村史編纂委員会編『中津村史』3冊 中津村 1993-96
中辺路町誌編さん委員会編『中辺路町誌』3冊 中辺路町 1988-92
那智勝浦町史編纂委員会編『那智勝浦町史』6冊 那智勝浦町 1976-80
西山東村村誌編輯委員会編『西山東村誌』 元海草郡西山東村 1957
野上町誌編さん委員会編『野上町誌』2冊 野上町 1985
橋本市史編さん委員会編『橋本市史』3冊 橋本市 1974-75
橋本市史編さん委員会編『橋本市史史料編』5冊 橋本市 2001-12
浜中栄吉ほか編『太地町史』 太地町 1979
日置川町誌編さん委員会編『日置川町誌』2冊 日置川町 1996-2000
日置川町誌編さん委員会編『日置川町史』3冊 日置川町 2004-2008
日高町誌編集委員会編『日高町誌』2冊 日高町 1977
広川町誌編纂委員会編『広川町誌』2冊 広川町 1974
本宮町史編さん委員会編『本宮町史』4冊 本宮町 1997-2004

南部川村戦後五十年史編さん委員会編『南部川村戦後五十年史』2冊　南部川村　2001
南部町史編さん委員会編『南部町史』4冊　南部町　1991-97
箕島町誌編纂委員会編『たちばなのさと』箕島町　1951
美浜町史編集委員会編『美浜町史』3冊　美浜町　1984-91
美山村史編纂委員会編『美山村史』3冊　美山村　1991-97
桃山町企画室町誌編纂班編『桃山町誌 歴史との対話』桃山町　2002
矢田村誌編纂委員会編『矢田村誌』矢田村誌刊行会　1960
藪内虎彦編『桃山町史』桃山町　1972
湯浅町誌編纂委員会編『湯浅町誌』湯浅町　1967
由良町誌編集委員会編『由良町誌』3冊　由良町　1985-95
龍神村誌編さん委員会編『龍神村誌』2冊　龍神村　1985-87
和歌山市史編纂委員会編『和歌山市史』10冊　和歌山市　1975-92
和歌山市編『和歌山市史要』増補5版　和歌山市　1965

【原始・古代】

今泉隆雄『古代木簡の研究』吉川弘文館　1998
上横手雅敬『日本中世政治史研究』塙書房　1970
金田章裕『古代荘園図と景観』東京大学出版会　1998
関西大学考古学研究室編『岩橋千塚』和歌山市教育委員会　1967
岸俊男『日本古代政治史研究』塙書房　1966
久貝健「日本最古の金属鋳型和歌山県堅田遺跡」『考古学クロニクル 2000』朝日新聞社　2000
佐伯有清『新撰姓氏録の研究』考証篇第1　吉川弘文館　1981
栄原永遠男『奈良時代流通経済史の研究』塙書房　1992
栄原永遠男『紀伊古代史研究』思文閣出版　2004
坂本賞三『日本王朝国家体制論』東京大学出版会　1972
佐原真『銅鐸の考古学』東京大学出版会　2002
佐原真編『倭国乱る』朝日新聞社　1996
薗田香融『日本古代の貴族と地方豪族』塙書房　1991
津田左右吉『日本古典の研究』下　岩波書店　1950
都出比呂志『王陵の考古学』〈岩波新書〉2000
戸田芳実『日本領主制成立史の研究』岩波書店　1967
直木孝次郎『奈良時代史の諸問題』塙書房　1968
直木孝次郎『飛鳥奈良時代の考察』高科書店　1996
中村俊夫ほか『季刊考古学 第77号 年代と産地の考古学』雄山閣　2001
布目順郎『養蚕の起源と古代絹』雄山閣　1979
早川庄八『日本古代の財政制度』名著刊行会　2000
広瀬和雄『考古学の通説を疑う』洋泉社　2003

松嶋順正編『正倉院宝物銘文集成』 吉川弘文館 1978
村井康彦『古代国家解体過程の研究』 岩波書店 1965
弥永貞三『日本古代社会経済史研究』 岩波書店 1980
吉田晶『日本古代国家成立史論―国造制を中心として―』 東京大学出版会 1973
和歌山市立博物館編『平成13年秋期特別展 渡来文化の波―5～6世紀の紀伊国を探る―』 和歌山市教育委員会 2001

【中 世】

網野善彦ほか編『講座 日本荘園史8 近畿地方の荘園Ⅲ』 吉川弘文館 2001
石井進『中世を読み解く―古文書入門―』 東京大学出版会 1990
伊藤正敏『中世後期の村落』 吉川弘文館 1991
伊藤正敏『中世寺社勢力と境内都市』 吉川弘文館 1999
小川信『足利一門守護発展史の研究』 吉川弘文館 1980
黒田弘子『ミミヲキリ ハナヲソギ―片仮名書百姓申状論―』 吉川弘文館 1995
河野通明「阿氐河荘百姓カタカナ言上状全釈試案」1-4(『歴史地理教育』381～383, 389 1985)
小山靖憲『中世村落と荘園絵図』 東京大学出版会 1987
小山靖憲『中世寺社と荘園制』 塙書房 1998
小山靖憲『熊野古道』〈岩波新書〉 2000
五来重編『吉野・熊野信仰の研究』 名著出版 1975
新城常三『新稿 社寺参詣の社会経済史的研究』 塙書房 1982
高橋修『中世武士団と地域社会』 清文堂出版 2000
戸田芳実『歴史と古道―歩いて学ぶ中世史―』 人文書院 1992
豊島修『熊野信仰と修験道』 名著出版 1990
豊島修『死の国・熊野―日本人の聖地信仰―』〈講談社現代新書〉 1992
根来寺文化研究所編『根来寺の歴史と美術』 東京美術 1997
水島大二監修『定本 和歌山の城』 郷土出版社 1995
峰岸純夫編『戦国大名論集13 本願寺・一向一揆の研究』 吉川弘文館 1984
宮家準『熊野修験』 吉川弘文館 1992
宮家準編『熊野信仰』 雄山閣出版 1990
矢田俊文『日本中世戦国期権力構造の研究』 塙書房 1998
矢田俊文『日本中世戦国期の地域と民衆』 清文堂出版 2002
矢田俊文編『戦国期の権力と文書』 高志書院 2004
山陰加春夫『中世高野山史の研究』 清文堂出版 1997
山陰加春夫編『きのくに荘園の世界』上・下 清文堂出版 2000・2002
弓倉弘年『中世後期畿内近国守護の研究』 清文堂出版 2006
和歌山県立博物館編『歴史のなかの〝ともぶち〟』 和歌山県立博物館 2001

【近　世】
安藤精一編『近世和歌山の構造』 名著出版 1973
安藤精一「大畑才蔵著『地方の聞書』翻刻・現代語訳・解題」『日本農書全集』28 農山漁村文化協会 1982
伊東多三郎『近世史の研究』第4冊幕府と諸藩 吉川弘文館 1984
上村雅洋『近世日本海運史の研究』 吉川弘文館 1994
笠原正夫『近世漁村の史的研究』 名著出版 1993
笠原正夫『紀州藩の政治と社会』 清文堂出版 2002
柴田純『思想史における近世』 思文閣出版 1991
柴田純『江戸武士の日常生活』 講談社 2000
播磨良紀「太田城水攻めと原刀狩令」津田秀夫先生古稀記念会編『封建社会と近代』 同朋舎出版 1989
平山行三『紀州藩農村法の研究』 吉川弘文館 1972
広本満『紀州藩農政史の研究』 宇治書店 1992
藤井讓治編『日本の近世3 支配のしくみ』 中央公論社 1991
藤田貞一郎『近世経済思想の研究』 吉川弘文館 1966
藤田貞一郎『国益思想の系譜と展開』 清文堂出版 1998
松下忠『紀州の藩学』 鳳出版 1974
三尾功『城下町和歌山百話』 和歌山市 1985
三尾功『近世都市和歌山の研究』 思文閣出版 1994
宮地正人『幕末維新期の文化と情報』 名著刊行会 1994
渡辺広『未解放部落の史的研究』 吉川弘文館 1963
渡辺広『未解放部落の形成と展開』 吉川弘文館 1977
渡辺広『未解放部落の源流と変遷』 部落問題研究所 1994

【近代・現代】
伊藤隆・酒田正敏『岡崎邦輔関係文書・解説と小伝』 自由民主党和歌山県支部連合会 1985
伊藤之雄『立憲国家の確立と伊藤博文』 吉川弘文館 1999
太田保夫『紀州ネル業研究』 松太綿布株式会社調査課 1926
奥田晴樹『地租改正と地方制度』 山川出版社 1993
小田康徳『近代和歌山の歴史的研究—中央集権下の地域と人間—』 清文堂出版 1999
カナダ移住百年誌編集委員会編『カナダ移住百年誌』 カナダ移住百年誌編集委員会 1989
川合功一『太平洋戦争と和歌山県』 東京経済 1991
川崎正夫『松江の今昔 公害編』 三松産業株式会社 1979
紀南文化財研究会編『引揚港—田辺—』 紀南文化財研究会 1986
紀陽銀行編『紀陽銀行100年史』 紀陽銀行 1996

後藤正人『権利の法社会史』 法律文化社 1993
後藤正人『近代日本の法社会史―平和・人権・友愛―』 世界思想社 2003
重松正史『大正デモクラシーの研究』 清文堂出版 2002
住友金属工業株式会社社史編纂委員会編『住友金属工業最近十年史』 住友金属工業株式会社 1967
関山直太郎『初期社会主義資料―「牟婁新報」抄録―』 吉川弘文館 1959
高嶋雅明『和歌山県の百年』 山川出版社 1985
高嶋雅明『企業勃興と地域経済―和歌山県域の検証―』 清文堂出版 2004
武知京三『日本の地方鉄道網形成史―鉄道建設と地域社会―』 柏書房 1990
多田建次『日本近代学校成立史の研究―廃藩置県前後における福沢諭吉をめぐる地方の教育動向―』 玉川大学出版部 1988
田辺東部郷土史懇話会記念誌編集委員会編『田辺海兵団神子浜―体験・追憶記―』 田辺東部郷土史懇話会記念誌編集委員会 1996
中村隆一郎『和歌山県の空襲―非都市への爆撃―』 東方出版 1989
中村隆一郎『常民の戦争と海―〔聞書〕徴用された小型木造船―』 東方出版 1993
南海道総合研究所編『南海沿線百年誌』 南海電気鉄道株式会社 1985
半田美永『紀伊半島をめぐる文人―近代和歌山の文学風土―』 ゆのき書房 1987
日根輝己『和歌山県新聞史』 和歌山県新聞協会 1986
廣本満『和歌山近郊農村の構造』(私家版) 1983
吉田熊次郎『和歌山紡織株式会社五十年史』 和歌山紡織株式会社五十年史刊行会 1942
吉田昇三・安藤精一・殿井一郎『和歌山県繊維産業史』 和歌山県繊維工業振興対策協議会 1977
和歌浦を考える会編『和歌浦 不老橋』 和歌浦を考える会 1992
和歌山県商業教育研究会編『和歌山県の地域産業』 和歌山県商業教育研究会 1991
和歌山県政史編さん委員会編『和歌山県政史』5冊 和歌山県 1967-2002
和歌山県農地改革誌編纂委員編『和歌山県農地改革誌』 和歌山県農地改革誌刊行会 1951
和歌山市立博物館編『陸奥宗光―その光と影 '97秋季特別展』 和歌山市教育委員会 1997

■ 図版所蔵・提供者一覧

カバー　和歌山市観光課
見返し表　道成寺・東京国立博物館
　裏上　和歌山県教育委員会
　裏下　国(文化庁)保管・和歌山市立博物館
口絵2上右　奈良文化財研究所
　下　打田町教育委員会
　2上左・3上　京都国立博物館
　3下　粉河寺・京都国立博物館
　4上　清浄光寺・歓喜光寺
　5上　補陀洛山寺・和歌山県立博物館
　下　長保寺・和歌山県立博物館
　6上・7上右　個人蔵・熊野古道なかへち美術館
　下　新宮市教育委員会
　7中　医聖華岡青洲顕彰会
　下　青洲の里フラワーミュージアム
　8上　和歌山県立博物館
　下　和歌山県文化国際課
p. 3　国土交通省和歌山河川国道事務所
p. 9　海南市教育委員会
p. 13　御坊市教育委員会
p. 35　白浜観光協会
p. 41　西岡総合印刷株式会社
p. 47　和歌山市教育委員会
p. 55　日前神宮国懸神宮
p. 56　伊太祁曾神社
p. 58　独立行政法人国立公文書館
p. 65　和歌山市観光課
p. 83　京都国立博物館
p. 102　施無畏寺・和歌山県立博物館
p. 103　闘雞神社・堀純一郎
p. 108　神護寺・京都国立博物館
p. 112・113　金剛峯寺・高野山霊宝館
p. 119　白石博則
p. 122　粉河町産業経済課
p. 131　高野山観光協会
p. 132　白石博則
p. 137　岡本善積・和歌山県立博物館
p. 140　和歌山県立博物館
p. 145　岩出町農林経済課
p. 149　白石博則
p. 156　宮内庁書陵部
p. 164　宮内庁書陵部
p. 169　和歌山市観光課
p. 174　佐賀県立名護屋城博物館
p. 181　新宮市教育委員会
p. 189　和歌山市観光課
p. 193　田中弘倫
p. 209　和歌山市観光課
p. 213　三尾功
p. 221　株式会社東阪航空サービス 小野房雄・世界文化フォト
p. 229　田中弘倫
p. 238　和歌山県立博物館
p. 245　本居宣長記念館
p. 247　和歌山県立博物館
p. 253　玉城町教育委員会
p. 261　今宮戎神社
p. 267　田中弘倫
p. 272　小出潔
p. 273　和歌山県立図書館
p. 276右　和歌山市立博物館
　左　『古河潤吉君伝』
p. 284　粉河町役場町史編さん室
p. 289　『和歌山紡織株式会社五十年史』
p. 301　新宮市立図書館
p. 306　『和歌山市史』第8巻
p. 311　財団法人南方熊楠記念館
p. 313　『和歌山県史』近現代2
p. 317　毎日新聞社
p. 320　和歌山県立図書館
p. 327　毎日新聞社
p. 334　中上健次資料収集室

敬称は略させていただきました。

紙面構成の都合で個々に記載せず，巻末に一括しました。所蔵者不明の図版は，転載書名を掲載しました。万一，記載漏れなどがありましたら，お手数でも編集部までお申し出下さい。